行政機関情報公開法・独立行政法人等情報公開法

新・情報公開法
New Commentary on Information Disclosure Laws
の逐条解説
［第8版］

宇賀克也

有斐閣

は　し　が　き

　行政機関の保有する情報の公開に関する法律（行政機関情報公開法）が2001年4月1日に施行されてから約17年半，独立行政法人等の保有する情報の公開に関する法律（独立行政法人等情報公開法）が2002年10月1日に施行されてから約16年が経過した。
　2016年度における行政機関情報公開法に基づく開示請求数は12万6502件，同年度における独立行政法人等情報公開法に基づく開示請求数は7451件にのぼる。両法は，国民により広範に活用され，膨大な情報公開・個人情報保護審査会答申が蓄積されている。地方公共団体においても，普通地方公共団体のほぼすべてにおいて情報公開条例が制定され，情報公開（・個人情報保護）審査会の答申・裁判例も多数蓄積されている。国際的にも，情報公開法は民主主義国家の制度的インフラといえる状況になっており，すでに110を超える国において情報公開法が制定されている。オバマ大統領が提唱した「開かれた政府パートナーシップ」には79か国と20の州・自治体が加盟しており，情報公開の問題をグローバルな視座で理解する必要性は一層高まっている。このような内外の情勢を踏まえ，第8版を刊行することとした。

　今回の改訂は，以下の方針で行った。
　第1に，情報公開の基盤になる国の公文書管理において，実務上，重要な役割を果たしている「行政文書の管理に関するガイドライン」について，これまでの改正内容も含めて追記した。情報開示請求に対する文書不存在決定の中には，重要な行政文書であるが1年未満の保存期間が設定されていたもの等があり，かかる問題等に対処するため，2017年末に同ガイドラインが改正され，同ガイドラインに対する社会的関心が高まっていることに鑑み，同ガイドラインの説明も行っておいたほうがよいと考えたからである。
　第2に，改めて本書全体を読み直し，関連する裁判例を補充しておいたほう

がよいと考えた箇所で，裁判例を追記している。

　第3に，情報公開に関する講演等において聴講者の方からいただいたご質問を参考にして，説明を補充しておくべきと思われた箇所について，かなり大幅に加筆している。

　第4に，情報公開制度は，いまや民主主義国家の制度的インフラとなっており，毎年，情報公開法制定国が増加しているので，最新の状況について追記している。

　第5に，本書で引用している法令，条例，統計について，アップデートする作業を行っている。

　本書は，当初，『情報公開法の逐条解説』という書名で刊行したが，「独立行政法人等の保有する情報の公開に関する法律」，「情報公開・個人情報保護審査会設置法」を対象に加えるに当たり，『新・情報公開法の逐条解説』と書名を変更している。『情報公開法の逐条解説』を含めると，今回の改訂版は，実質的に第10版になる。本書の執筆を勧め，今回の改訂にいたるまで，この間一貫して，本書の編集を有斐閣書籍編集部の佐藤文子氏に担当していただいた。本書が刊行以来，改訂ごとになんらかの改善を図ることができていたとしたら，それは佐藤氏の精緻な編集作業によるところが大きい。ここに記して，改めて厚くお礼申し上げたい。

　　2018年11月

　　　　　　　　　　　　　　　　　　　　　　　　宇　賀　克　也

目　次

序　論　情報公開の基本知識　　1

1. 情報公開の概念　 1
2. 情報公開の歴史　 2
3. わが国における行政機関情報公開法・独立行政法人等情報公開法の制定　 9
4. 行政機関情報公開法・独立行政法人等情報公開法の見直し　 13
5. 公文書等の管理に関する法律の制定——文書管理法制の整備　 14
   (1) 従来の文書管理法制　14／(2) 公文書管理法制定の経緯　15／(3) 公文書管理法制定の意義　18／(4) 公文書管理法の概要　19／(5) 行政文書管理ガイドラインの作成　22／(6) 公文書管理法制定に伴う行政機関情報公開法・独立行政法人等情報公開法の改正　23
6. 「行政透明化検討チーム」による情報公開法改正の検討　 24
7. 2011年情報公開法改正案　 27

第1部　行政機関情報公開法の逐条解説　　31

第1章　総　則 …………………………………………………… 32
　　第1条（目的）　32／第2条（定義）　37
第2章　行政文書の開示 ………………………………………… 56
　　第3条（開示請求権）　56／第4条（開示請求の手続）　58／第5条（行政文書の開示義務）　66／第6条（部分開示）　128／第7条（公益上の理由による裁量的開示）　137／第8条（行政文書の存否に関する情報）　139／第9条（開示請求に対する措置）　144／第10条（開示決定等の期限）　159／第11条（開示決定等の期限の特例）　162／第12条（事案の移送）　166／第12条の2（独立行政法人等への事案の移送）　168／第13条（第三者に対する意見書提出の機会の付与等）　169／第14条（開示の実施）　176／第15条（他の法令による開示の実施との調整）　181／第16条（手数料）　185／第17条（権限又は事務の

委任）191

第3章　審査請求等 …………………………………………193

第18条（審理員による審理手続に関する規定の適用除外等）193／第19条（審査会への諮問）196／第20条（第三者からの審査請求を棄却する場合等における手続等）205／第21条（訴訟の移送の特例）209

第4章　補　　則 ……………………………………………213

第22条（開示請求をしようとする者に対する情報の提供等）213／第23条（施行の状況の公表）217／第24条（行政機関の保有する情報の提供に関する施策の充実）218／第25条（地方公共団体の情報公開）219／第26条（政令への委任）220

制定附則 ……………………………………………………………221

補　　論 ……………………………………………………………223

1 司法審査　223

　　(1) 抗告訴訟　223／(2) インカメラ審理　225

2 整備法の解説　228

　　(1) 会計検査院情報公開・個人情報保護審査会　228／(2) 著作権法との調整　229／(3) 適用除外　232

第2部　独立行政法人等情報公開法の解説　237

1 本法の制定　238

　　(1) 制定の経緯　238／(2) 指定法人等の情報公開　241

2 本法制定に伴う法改正　242

　　(1) 行政機関情報公開法の改正　242／(2) 刑事訴訟法，著作権法の改正　242

3 本法の見直し　243

4 本法の内容　244

　　(1) 目　的　244／(2) 対象法人　244／(3) 対象文書　246／(4) 開示請求権，開示請求の手続　247／(5) 不開示情報　247／(6) 部分開示，公益上の理由による裁量的開示，存否応答拒否　249／(7) 開示請求に対する措置，開示決定等の期限，開示決定等の期限の特例　249／(8) 事案の移送　249／(9) 第三者に対する意見書提出の機会の付与等　250／(10) 開示の実施　251／(11) 他の法令による開示の実施との調整　251／

(12) 手数料　252／(13) 審査請求等　252／(14) 情報提供　253／(15) 法人文書の管理　254／(16) 開示請求をしようとする者に対する情報の提供等，施行の状況の公表　255

第3部　情報公開・個人情報保護審査会設置法の逐条解説　257

第1章　総　則 …………………………………………………………258
第1条（趣旨）　258

第2章　設置及び組織 ……………………………………………259
第2条（設置）　259／第3条（組織）　260／第4条（委員）　262／第5条（会長）　264／第6条（合議体）　265／第7条（事務局）　266

第3章　審査会の調査審議の手続 ………………………………267
第8条（定義）　267／第9条（審査会の調査権限）　269／第10条（意見の陳述）　276／第11条（意見書等の提出）　278／第12条（委員による調査手続）　279／第13条（提出資料の写しの送付等）　280／第14条（調査審議手続の非公開）　288／第15条（審査請求の制限）　290／第16条（答申書の送付等）　292

第4章　雑　則 …………………………………………………………293
第17条（政令への委任）　293／第18条（罰則）　294

制定附則 …………………………………………………………………296

資　料

行政機関の保有する情報の公開に関する法律　298
行政機関の保有する情報の公開に関する法律案に対する附帯決議（衆議院，参議院）　307
行政機関の保有する情報の公開に関する法律施行令　309
会計検査院法（抜粋）　320
会計検査院情報公開・個人情報保護審査会規則　322
独立行政法人等の保有する情報の公開に関する法律　324
独立行政法人等の保有する情報の公開に関する法律案に対する附帯決議（衆議院，参議院）　335
独立行政法人等の保有する情報の公開に関する法律施行令　336

情報公開・個人情報保護審査会設置法　　341
　　情報公開・個人情報保護審査会設置法施行令　　345

◆ **判例・審査会答申索引**（347）
◆ **事項索引**（352）

著者紹介

宇賀克也（うが かつや）
　東京大学法学部卒。現在，東京大学大学院法学政治学研究科教授（東京大学法学部教授・公共政策大学院教授を兼担）。
　この間，ハーバード大学，カリフォルニア大学バークレー校，ジョージタウン大学客員研究員，ハーバード大学，コロンビア大学客員教授を務める。

〈主要著書〉

行政法一般
　行政法概説Ⅰ〔第6版〕（有斐閣，2017年）
　行政法概説Ⅱ〔第6版〕（有斐閣，2018年）
　行政法概説Ⅲ〔第4版〕（有斐閣，2015年）
　行政法〔第2版〕（有斐閣，2018年）
　判例で学ぶ行政法（第一法規，2015年）
　ブリッジブック行政法〔第3版〕（編著，信山社，2017年）
　対話で学ぶ行政法（共編著，有斐閣，2003年）
　アメリカ行政法〔第2版〕（弘文堂，2000年）
　行政法評論（有斐閣，2015年）

情報法関係
　個人情報保護法の逐条解説〔第6版〕（有斐閣，2018年）
　自治体のための解説個人情報保護制度──行政機関個人情報保護法から各分野の特別法まで（第一法規，2018年）
　論点解説 個人情報保護法と取扱実務（共著，日本法令，2017年）
　番号法の逐条解説〔第2版〕（有斐閣，2016年）
　マイナンバー法と企業実務（共著，日本法令，2015年）
　逐条解説公文書等の管理に関する法律〔第3版〕（第一法規，2015年）
　完全対応 特定個人情報保護評価のための番号法解説（監修，第一法規，2015年）
　完全対応 自治体職員のための番号法解説［実例編］（監修，第一法規，2015年）
　完全対応 自治体職員のための番号法解説［実務編］（共著，第一法規，2014年）
　完全対応 自治体職員のための番号法解説［制度編］（共著，第一法規，2014年）
　情報公開・個人情報保護──最新重要裁判例・審査会答申の紹介と分析（有斐閣，2013年）
　情報法（共編著，有斐閣，2012年）
　マイナンバー（共通番号）制度と自治体クラウド（共著，地域科学研究会，2012年）
　情報公開と公文書管理（有斐閣，2010年）

個人情報保護の理論と実務（有斐閣，2009 年）
　　地理空間情報の活用とプライバシー保護（共編著，地域科学研究会，2009 年）
　　災害弱者の救援計画とプライバシー保護（共編著，地域科学研究会，2007 年）
　　大量閲覧防止の情報セキュリティ（編著，地域科学研究会，2006 年）
　　情報公開の理論と実務（有斐閣，2005 年）
　　諸外国の情報公開法（編著，行政管理研究センター，2005 年）
　　情報公開法──アメリカの制度と運用（日本評論社，2004 年）
　　プライバシーの保護とセキュリティ（編著，地域科学研究会，2004 年）
　　解説個人情報の保護に関する法律（第一法規，2003 年）
　　個人情報保護の実務Ⅰ・Ⅱ（編著，第一法規，2003 年，加除式）
　　ケースブック情報公開法（有斐閣，2002 年）
　　情報公開法・情報公開条例（有斐閣，2001 年）
　　情報公開法の理論〔新版〕（有斐閣，2000 年）
　　行政手続・情報公開（弘文堂，1999 年）
　　情報公開の実務Ⅰ・Ⅱ・Ⅲ（編著，第一法規，1998 年，加除式）
　　アメリカの情報公開（良書普及会，1998 年）
行政手続関係
　　行政手続三法の解説〔第 2 次改訂版〕（学陽書房，2016 年）
　　行政手続法の解説〔第 6 次改訂版〕（学陽書房，2013 年）
　　行政手続と行政情報化（有斐閣，2006 年）
　　改正行政手続法とパブリック・コメント（編著，第一法規，2006 年）
　　行政手続オンライン化 3 法（第一法規，2003 年）
　　行政サービス・手続の電子化（編著，地域科学研究会，2002 年）
　　行政手続と監査制度（編著，地域科学研究会，1998 年）
　　自治体行政手続の改革（ぎょうせい，1996 年）
　　税務行政手続改革の課題（監修，第一法規，1996 年）
　　明解行政手続の手引（編著，新日本法規，1996 年）
　　行政手続法の理論（東京大学出版会，1995 年）
政策評価関係
　　政策評価の法制度──政策評価法・条例の解説（有斐閣，2002 年）
行政争訟関係
　　行政不服審査法の逐条解説〔第 2 版〕（有斐閣，2017 年）
　　解説行政不服審査法関連三法（弘文堂，2015 年）
　　Q & A 新しい行政不服審査法の解説（新日本法規，2014 年）
　　改正行政事件訴訟法〔補訂版〕（青林書院，2006 年）
国家補償関係
　　国家賠償法（昭和 22 年）（編著，信山社，2015 年）
　　国家補償法（有斐閣，1997 年）

著者紹介

　　国家責任法の分析（有斐閣，1988 年）
地方自治関係
　　2017 年地方自治法改正――実務への影響と対応のポイント（編著，第一法規，2017 年）
　　地方自治法概説〔第 7 版〕（有斐閣，2017 年）
　　環境対策条例の立法と運用（編著，地域科学研究会，2013 年）
　　地方分権――条例制定の要点（編著，新日本法規，2000 年）
法人法関係
　　Q & A 新しい社団・財団法人の設立・運営（共著，新日本法規，2007 年）
　　Q & A 新しい社団・財団法人制度のポイント（共著，新日本法規，2006 年）

序論　情報公開の基本知識

1　情報公開の概念

　情報公開という文言は，日常生活において，多様な意味で使用されている。たとえば，金融機関は不良債権について，もっと情報公開を進めるべきであるというように，民間企業によるディスクロージャーの意味で，この文言が用いられる場合もある。また，政府は，中央省庁幹部職員の学歴・経歴に関して情報公開すべきであるというように，必ずしも法的に義務づけられているわけではないけれども，政府のイニシアティブで国民に情報提供すべきであるという意味で，情報公開という文言が使われることもある。さらに，「政治倫理の確立のための国会議員の資産等の公開等に関する法律」によって国会議員の資産につき情報公開が行われているというように，情報の公表が法的に義務づけられている場合に，この文言が使われる例もある。

　情報公開法における情報公開という用語は，主権者である国民の信託を受けて活動を行う政府が，主権者に対するアカウンタビリティ（説明責務）の観点から，政府情報を公開していくことを意味し，民間企業によるディスクロージャー等は射程外である。1999年の通常国会で成立した「行政機関の保有する情報の公開に関する法律」（以下「行政機関情報公開法」という）は，国の行政機関に国民に対するアカウンタビリティを全うさせるためのものである。しかし，国からは独立した法人であっても，政府の一部としての性格を有するといえるものについて，アカウンタビリティの観点から，情報公開の法制化の必要があり，2001年11月，「独立行政法人等の保有する情報の公開に関する法律」（以下「独立行政法人等情報公開法」という）が制定されている。

　情報公開法や情報公開条例との関連で用いられる広義の情報公開のなかには，政府の裁量により行われる情報提供制度，私人の開示請求権の行使を前提とせずに情報公表が義務づけられている情報公表義務制度，開示請求権の行使に応じて行われる情報開示請求制度が含まれる。情報提供制度のなかにも，特定人

に対するものと一般人に対するものがあり，前者を主観的情報提供制度，後者を客観的情報提供制度と称することができる。情報公表義務制度のなかにも，特定の利害関係人との関係においてのみ情報公表が義務づけられる主観的情報公表義務制度と，一般に情報公表が義務づけられる客観的情報公表義務制度が存在する。また，情報開示請求制度のなかには，特別の利害関係を有する者のみに開示請求権を付与する主観的情報開示請求制度と，請求者の個人的利害関係とかかわりなく国民や住民一般に開示請求権が付与されている客観的情報開示請求制度がある（宇賀克也・行政手続法の理論（東京大学出版会，1995年）135〜136頁参照）。

　行政機関情報公開法24条は，「政府は，その保有する情報の公開の総合的な推進を図るため，行政機関の保有する情報が適時に，かつ，適切な方法で国民に明らかにされるよう，行政機関の保有する情報の提供に関する施策の充実に努めるものとする」と規定しているが，ここでいう「情報の公開」は，情報開示請求制度に限定せずに，情報提供制度や情報公表義務制度を包摂する意味で用いられている。また，福岡県情報公開条例34条は，「県は，その保有する情報を積極的に県民の利用に供するため，第2章に定めるところにより公文書の開示をするほか，情報提供施策及び情報公表制度の拡充を図ることによって，情報公開の総合的な推進に努めるものとする」と定めているが，ここでいう情報公開も，情報開示請求制度に限らず，情報提供制度，情報公表義務制度を包含するものになっている。

　しかし，情報公開条例の中心をなすのは，情報開示請求制度である。行政機関情報公開法においても，第2章「行政文書の開示」が中心を占めており，「行政機関の保有する情報の提供に関する施策の充実」に関する24条は，第4章「補則」に規定されているにとどまる。諸外国の情報公開法においてもこの点は同様である。したがって，情報公開法や情報公開条例を制定することにより情報公開制度を確立するとは，国民や住民に対して，個人的利害関係の有無を問わずに開示請求権を付与することであり，客観的情報開示請求制度を創設することを本質とする。

2　情報公開の歴史

　客観的情報開示請求制度としての情報公開制度を最初に創設したのは，スウ

ェーデンである。同国では，わが国では江戸時代にあたる1766年において，「出版の自由に関する法律（Freedom of the Press Act）」が制定されている。同法は，その名の示すとおり，出版の自由を確立することを眼目としたものであり，その目的のために，事前の検閲を原則として禁止し，公文書の印刷・配付の自由を認めたものである。しかし，同時に，公文書へのアクセス権も保障したのである。このように，出版の自由の一環として，公文書へのアクセス権の保障が位置づけられた点に大きな特色があるといえよう。同国では，その後，政権交代が行われたり，国王の権力が増大したりしたこと等の結果，出版の自由に関する法律に公文書へのアクセスに関する規定が存在しない状態が一時期発生したが，1809年，クーデターにより，グスタフ4世が失脚し，専制政治の時代が終わるとともに，公文書へのアクセス権を保障する出版の自由に関する法律が復活することになる。もっとも，欧州における国際的緊張の高まりを背景として，1937年には，従前，原則無制限に認められていた公文書へのアクセスに制限が課されることになった。すなわち，出版の自由に関する法律に別段の規定のない限りにおいて，公文書へのアクセスが認められることとされ，不開示事項は，具体的には秘密保護法において定めることとされたのである。このことは，実質的にみれば，公文書へのアクセスについて，従前の憲法上の保障を弱体化することを意味するといえよう。

　フィンランドは，13世紀以降，長らく，スウェーデンの統治下にあったため，1766年の出版の自由に関する法律の適用を受けたという歴史がある。そして，フィンランドがロシア皇帝統治下の自治大公国となった後も，スウェーデンの1809年の出版の自由に関する法律が継続して適用されてきた。このような経緯に照らせば，ロシア革命後，独立を達成したフィンランドが，1930年代から情報公開法制定の準備作業を開始したことは驚くにあたらない。この作業は，第2次大戦により中断されたが，結局，1951年に「公文書の公開性に関する法律（The Law on the Public Character of Official Documents）」が制定されることになった。この法律は1999年に廃止され，新法が制定されている（詳しくは，宇賀克也・情報公開法・情報公開条例（有斐閣，2001年）125頁以下参照）。

　北欧に位置するデンマークとノルウェーは，スウェーデンやフィンランドの影響を受けやすいといえる。そのこともあり，デンマークとノルウェーでは，第2次大戦後，比較的早期に，情報公開制度に関する議論が政府レベルで行わ

れている。そして，1950年にはデンマークで，1958年にはノルウェーで，情報公開制度に関する報告書が出されている。しかし，両国ともに，情報公開法の制定に対して政府部内に消極的な意見があり，そのため，両国が情報公開法の制定にこぎつけたのは，1970年である。

　以上みたように，情報公開法については，北欧諸国が先行していたのであるが，アメリカの連邦政府が，1966年に「情報自由法（Freedom of Information Act）」を成立させたことが，この制度を民主主義国家に広く普及させる契機となった。もっとも，連邦制をとるアメリカにおいては，各州は，独自に情報公開法を制定する権限を有し，イリノイ州（1957年），ニュージャージー州（1963年）のように，若干の州は，連邦政府に先駆けて情報公開法を制定していた。しかし，連邦情報自由法の誕生は，同国の州における情報公開法制定の動きに大きく拍車を掛けた（50州すべておよびコロンビア特別区も，独自の情報公開法を有するに至っている）にとどまらず，他の民主主義国家における情報公開法制定を促進することになったのである。

　そこで，アメリカの連邦情報自由法について簡単に説明しておくこととしよう。アメリカの連邦情報自由法制定の背景には，第2次大戦とそれに引き続く東西冷戦のなかで，国家安全保障にかかわる情報についての連邦政府の秘密主義が横行し，それに対して報道機関が，政府情報へのアクセス権の主張を展開したことがある。アメリカ新聞編集者協会は，この問題について，ハロルド・クロスに調査を委託し，その成果として，彼の著書が1953年に刊行されている（Harold L. Cross, The People's Right to Know）。この著書がもたらした反響はきわめて大きく，1955年には，連邦議会も，情報公開法の問題についての審議を開始している。そして，長年月にわたる審議の結果，1966年に，連邦行政手続法3条の改正として，連邦情報自由法が成立したのである。

　連邦情報自由法は，1974年，1976年，1978年，1984年，1986年，1996年，2002年，2007年，2009年，2016年に改正されている。1970年代の改正は，ウォーターゲート事件やベトナム戦争を契機とする強い行政不信の風潮のなかで，情報公開を積極的に進める方向のものであったといえる。他方，1986年の改正は，麻薬犯罪等の治安の悪化，国家安全保障重視の風潮のなかで，公共の安全等に関する情報や国家安全保障に関する情報の開示を制限すべきとするレーガン政権の意向を反映したものになっている。1996年の改正は，電子情

報への対応と，開示の遅滞現象への対応を二大目的としたものであり，不開示情報の規定は改正されていない。2002年の改正は，外国政府もしくは国際政府組織またはその代表者からの開示請求が諜報機関に対してなされた場合，開示を禁止するものである。2007年の改正は，記録管理の目的で契約に基づき受託者が行政機関のために保有している情報の記録媒体が開示請求の対象である「行政機関の記録」であることを明確化したり，国立公文書・記録管理院（NARA）内に政府情報サービス室を設置し，連邦情報自由法の行政機関による運用を審査して議会と大統領に改善を勧告させたり，開示請求者のために調停を行ったりさせること等を内容とする。2009年の改正は，他の法律における開示制限規定を援用して連邦情報自由法において不開示とする規定（Exemption 3）の改正である。すなわち，2009年10月28日より後にExemption 3に該当する個別法を制定する場合には，当該個別法は明示的にExemption 3を援用しなければならないとするものである。したがって，2009年10月28日以降に制定された個別法に開示制限規定があったとしても，当該規定がExemption 3が適用されることを明記していない限り，連邦情報自由法に基づく開示請求に対して，Exemption 3を援用して不開示にすることは許されないことになる（2002年，2007年，2009年の連邦情報自由法の改正について詳しくは，宇賀克也・情報公開と公文書管理（有斐閣，2010年）10章参照）。2016年の改正は，開示の推定規定を設け，オンラインによる開示請求を受け付ける統一のポータルサイトの設置を行政管理予算庁に義務づけている。また，行政機関が開示請求者への通知と開示等の決定期限を遵守しなかった場合には，5000頁を超える大量請求の場合を除き，検索と複写に要する手数料を課すことを禁止する。さらに，改正法制定後180日以内に，同改正に沿ってFOIA規則を改訂することを行政機関に義務づけ，他の行政機関の同意を得ることなく直接に議会に報告をしたり立法提言を行う権限を政府情報サービス室に付与している。それに加えて審議過程特権を理由とする不開示情報（Exemption 5）に25年間の期限を設け，実質的に同一の記録に対して今後も開示請求が行われる可能性があったり，過去に3回以上開示請求を受けたりした記録を公表することを行政機関に義務づけ，連邦情報自由法に関する通知および報告書を国民が閲覧できるように電子的形態で公開することを行政機関に義務づけている。

　フランスとオランダは，ともに，1978年に情報公開法を制定している。フ

ランスの場合，すでに1789年の「人および市民の権利宣言」15条に，「社会は，すべての公務員に対して，その行政に関して報告を求める権利を持つ」と規定されていたが，その権利の具体化に約2世紀を要したことになる。

　旧英連邦諸国であるオーストラリア，カナダ，ニュージーランドにおいては，1960年代ないし70年代から情報公開への関心が高まっていった。カナダでは，アメリカと同様，若干の州が連邦政府に先駆けて情報公開法を制定している。すなわち，ノバ・スコシア州が1977年に，ニュー・ブランズウィック州が1978年に情報公開法を成立させている。オーストラリアおよびカナダの連邦政府ならびにニュージーランドは，いずれも，1982年に情報公開法を制定することになる。このことは，情報公開法は大統領制をとる国家には適切かもしれないが，イギリス型議院内閣制をとる国家にはそぐわないという議論の説得力を失わせることになる。もっとも，これらの国の情報公開法において，議院内閣制への配慮がないわけではない。なお，ニュージーランドでは，1987年の改正で，地方公共団体にも情報公開法を適用することとしている。2016年にはバヌアツで情報公開法が制定された。

　イギリスにおいては，1985年，地方自治（情報アクセス）法において，地方公共団体についての情報公開制度が成立している。中央政府に関しては，1991年，メージャー政権のもとで，「市民憲章」により情報提供を進める施策がとられた。2年後の1993年には，労働党が情報公開法案を国会に提出し，翌1994年には，政府情報へのアクセスに関する要綱が実施されることになる。そして，1996年には，議会下院の特別委員会からも情報公開法制定を勧告する報告書が出されるに至る。労働党は情報公開法の制定を選挙公約の1つとしていたため，1997年，労働党のブレア政権のもとで情報公開法制定が政府の方針となり，同年末に情報公開に関する白書が，1999年5月には法律案草案が公表されている。そして，パブリック・コメントを経たのち，同年11月に政府の法案が国会に提出されている。そして，かなりの修正ののち，2000年11月に情報公開法が制定されている（宇賀・情報公開法・情報公開条例107頁参照）。議院内閣制と情報公開法はそぐわないというサッチャー政権時代の政府の主張は，もはや同国における情報公開法の制定を阻止する力を失ったのである。

　欧州においては，その他の国へも情報公開法制定の動きが広がり，ギリシアでは1986年に，オーストリアでは1987年に，イタリアでは1990年に，ハン

ガリー，スペインでは 1992 年（スペインでは，2013 年に新法制定）に，ポルトガル，ベルン州（スイス）では 1993 年に，ベルギーでは 1994 年に，アイスランドでは 1996 年に，アイルランドでは 1997 年に，チェコでは 1998 年に，リヒテンシュタインでは 1999 年に，ブルガリアでは 2000 年に，スコットランドでは 2002 年に，マルタでは 2008 年に情報公開法が制定されている。

旧 EC が，1990 年に環境情報への自由なアクセスに関する理事会指令を発し，加盟国に環境情報公開制度の法制化を義務づけたため，一般的な情報公開法を制定していなかったドイツにおいて，1994 年に環境情報法が制定された。ドイツは情報公開法に対しては消極的な国といわれてきたが，1998 年にはブランデンブルク州において，1999 年にはベルリン州において，2000 年にはシュレスヴィヒ＝ホルシュタイン州において，2001 年にはノルトライン＝ヴェストファーレン州において情報公開法が制定され，2005 年には連邦情報公開法が制定された。

EU（欧州連合）においては，1993 年,「理事会文書および欧州委員会文書への公衆のアクセスに関する行動規範」が制定され，これに基づき，理事会は同年に，欧州委員会は翌年に，情報公開に関する決定を行い，欧州市民が EU 情報へアクセスする制度が整備されることとなった。

東欧諸国および東西冷戦の終結に伴って誕生した NIS 諸国（新独立国家群）においては，1992 年のウクライナ情報法の中に情報公開に関する規定が置かれ（2011 年に新法制定），ハンガリーも 1992 年，リトアニアは 1996 年，ウズベキスタンでは 1997 年（2002 年に新法制定），ラトビアは 1998 年に，チェコ，アルバニア，グルジア（現ジョージア）では 1999 年に，ブルガリア，スロバキア，ボスニア・ヘルツェゴビナ，エストニア，モルドバでは 2000 年に，ルーマニアでは 2001 年，タジキスタンでは 2002 年に，スロベニア，アルメニア，クロアチア，コソボでは 2003 年に情報公開法を制定している。

中近東では，イスラエルが 1998 年に，ヨルダンが 2007 年に，イエメンが 2012 年に情報公開法を制定している。最も情報公開が遅れていた中近東地域においても，「アラブの春」以降，情報公開法制定の動きが強まっている。

中南米においては，コロンビアが 1985 年（2014 年に新法制定），チュブ州（アルゼンチン）が 1992 年，ベリーズが 1994 年，ブエノスアイレス市（アルゼンチン）が 1998 年，トリニダード・トバゴが 1999 年，パラグアイが 2001 年に情

報公開法を制定し，メキシコ，ペルー，ジャマイカでは 2002 年，ボリビアでは 2004 年，チリでは 2008 年，英領バミューダで 2010 年に，エルサルバドル，ブラジル，ガイアナでは 2011 年に，ミシオネス州（アルゼンチン）で 2012 年に，パラグアイでは 2014 年，アルゼンチンでは 2016 年に情報公開法が制定されている。

アフリカでは，南アフリカが 2000 年，ジンバブエ，アンゴラが 2002 年に，ウガンダが 2005 年に，リベリア，ギニアが 2010 年に，ナイジェリアおよび同国のエキティ州が 2011 年に，ルワンダ，シエラレオネ，コートジボワールが 2013 年に，スーダン，モザンビーク，ブルキナファソが 2015 年に，チュニジア，トーゴ，タンザニア，マラウイ，ケニアが 2016 年に情報公開法を制定している。

アジアにおいては，韓国が 1996 年に最初の情報公開法制定国になっている。韓国では，地方公共団体における情報公開条例の制定が情報公開法の制定に先行し，1992 年に清州市で，韓国初の情報公開条例が施行されている。その後，情報公開条例の制定は急速に進んでいる。韓国の情報公開条例は，わが国の情報公開条例の影響を強く受けたものである。タイでは 1997 年に，インドネシアでは 2008 年に，マレーシアのスランゴール州，ペナン州では 2011 年に情報公開法が制定されている。

香港では，1995 年に「情報アクセス要綱」が制定され，1997 年の中国への返還後も有効な要綱として施行されている。パキスタンでは 2002 年に情報公開法が制定された。インドでは，グジャラート州，ラージャスターン州，マディヤ＝プラディ州において，行政上の措置として，情報公開が実施されていたが，連邦においても，2003 年に情報公開法が制定されている。バングラデシュでは 2009 年に情報公開法が制定されている。パキスタンのカイバル・パクトゥンクワ州，パンジャーブ州では 2013 年に情報公開法を制定している。台湾では，1999 年制定の行政手続法第 1 章第 7 節に情報公開に関する規定が置かれ，同法 44 条 3 項で，同法公布後 2 年以内に情報公開法を制定することとしており，2001 年 2 月 21 日，情報公開に関する行政立法が公布・施行された。そして，2005 年に，政府情報公開法が制定されている。また，ネパールでは 2007 年，インドネシアでは 2008 年，バングラデシュでは 2009 年，モンゴルで 2011 年に，モルディブ，ブータン，アフガニスタンでは 2014 年に情報公開

法が制定されている。ベトナム，スリランカでは，2016年に情報公開法が制定され，フィリピンでは，同年，情報公開に関する大統領令が制定されている。

中国では，行政規程の形式で，広州市が2002年11月，上海市が2004年1月に情報公開規定を制定する等，30を超える省や市において情報公開制度が設けられていたが，全国レベルにおいても，2007年4月に最高行政機関である国務院が行政法規として「開かれた政府に関する中華人民共和国規則」を制定し，2008年5月1日から施行されている。これは，全国人民代表大会が制定する法律ではないものの，法規範であり，中央政府のみならず，省，県，郷の機関が保有する行政文書にも適用される。2014年10月20日から23日にかけて開かれた第18期中国共産党中央委員会第4回全体会議（四中全会）は，「法による国家統治」をテーマとして開催され，政府情報の公開を原則とし，非公開を例外とする決議を行った。四中全会決定は，自治体も含めて全国に適用され，全国人民代表大会，最高人民検察院および中国共産党にも適用される。この決議は，中国共産党が，同国における国家統治と法の支配の改善のために情報公開の推進が重要であるという認識を深めていることを明確にしたものといえる。ロシアにおいては，2007年1月に連邦議会に情報公開法案が提出され，2009年1月に可決され，同年2月に大統領が署名して成立しており，2010年1月から施行されている。

2016年4月1日現在，情報公開法制定国は100を超えている（諸外国の情報公開制度については，宇賀克也・情報公開の理論と実務（有斐閣，2005年）206頁以下，宇賀克也編・諸外国の情報公開法（行政管理研究センター，2005年）参照）。情報公開の推進のための国際協力も進展しており，オバマ大統領が提唱した「開かれた政府パートナーシップ」には，2018年3月20日現在，75か国および15の州・自治体が参加している。日本も参加資格を認められており，参加を検討すべきであろう。

3 わが国における行政機関情報公開法・独立行政法人等情報公開法の制定

第2次大戦後，アメリカの強い影響下で民主国家としての再生を模索したわが国においても，情報公開の理念が徐々に浸透してくることになる。すでに，1948年，1953年の新聞週間の標語において，「知る権利」という文言が使用され，1958年には，東京地判昭和33・12・24民集20巻5号1125頁が，公務員

またはその候補者について主権者である国民が知る権利を有すると判示している。また，1969年には，最大決昭和44・11・26刑集23巻11号1490頁が，博多駅テレビフィルム提出命令事件において，報道機関の報道が，国民の「知る権利」に奉仕すると述べている。

政府情報へのアクセスについての国民の関心を高める大きな契機となったのが，1971年のアメリカにおけるベトナム秘密文書報道事件や1972年のわが国の外務省秘密電文漏洩事件であるといえる。1972年には，奥平康弘，佐藤幸治，清水英夫，堀部政男の各教授が参加された法律時報の「『知る権利』の法的構造」と題する座談会（44巻7号27頁以下）において，情報公開法の制定が提案されている。

1976年に発覚したロッキード事件は，政府情報の公開が不十分であることを国民に強く認識させ，情報公開制度の整備を求める世論を喚起する大きな契機となった。さらに，ダグラス・グラマン事件が重なり，国民の政治不信が著しく高まることになる。こうした背景のもとで，野党は，情報公開法の制定を重要な政策として位置づけるようになる。1978年に，自由人権協会が発表した「情報公開法要綱」も大きな注目を集めることになった。1979年には，国会において，当時の大平正芳内閣総理大臣が，情報公開の必要性を認める発言を行い，自由民主党と新自由クラブ間の政策協定メモにおいても，情報公開法の制定が合意されることになる。そして，1980年には，「情報提供の改善措置等について」の閣議了解が行われ，各省庁において文書閲覧窓口が設置されるようになった。

先進的自治体においては，国に先駆けて，情報公開制度の法制化を図るための具体的検討が行われるようになった。日本における情報公開制度の揺籃期といえるこの時期においては，前例のない試みであるため，アメリカ法を中心とする比較法的検討が大きな寄与をした。

1980年には，学識経験者等からなる情報公開制度研究会が神奈川県に設置され，また，県民部を中心に前年に発足した情報公開準備委員会の中間報告も，同年に公表されている。そして，この年の11月に開催された神奈川県主催の情報公開シンポジウムが，マスコミで大きく報道され，情報公開への国民の関心を高めることに大きく貢献した。なお，同年には，「情報公開法を求める市民運動」というNGOが結成され，翌81年，「情報公開権利宣言」，「情報公開

8原則」を発表している。これは，その後の情報公開制度の法制化に際して，少なからぬ影響を与えることになる。また同年には，自由人権協会から，「情報公開モデル条例案」が公表されている。

このような流れのなかで，山形県金山町が，1982年3月に，わが国で最初の情報公開条例である「金山町公文書公開条例」を制定して注目を集めた。そして，同年，神奈川県が，都道府県レベルでは初の情報公開条例である「神奈川県の機関の公文書の公開に関する条例」を成立させている。

国においては，第2次臨時行政調査会が情報公開問題についての検討を行い，1983年の最終答申で，専門的調査研究を行う組織を設けることを提言している。これを受けて，総務庁に行政管理局長の私的諮問機関として，情報公開問題研究会が設置され，その中間報告が，1990年に公表されている（詳しくは，総務庁行政管理局監修・情報公開制度化への課題――情報公開問題研究会中間報告（第一法規，1990年）参照）。翌1991年には，各省庁の文書管理等を所管する担当課長等による「情報公開問題に関する連絡会議」において，「行政情報公開基準について」の申合せ（詳しくは，総務庁行政管理局監修・行政情報システム研究所編・解説行政情報公開基準（第一法規，1992年）。2001年3月6日に同会議申合せ「文書閲覧窓口制度の運営について」5(1)により廃止された）がなされ，同年の行政改革大綱により，同基準の的確な運用を図ることが閣議決定されている。

1993年には，参議院の6会派が，「行政情報公開法案」を共同提案している。そして，この年，政権交代があり，細川連立政権のもとで，情報公開制度の整備が重要な政治課題として取り上げられ，1994年3月に，行政改革委員会設置法案が国会に提出される運びとなり，情報公開に関する制度の審議が，同委員会の任務として位置づけられることになった。その後，再び，政権交代があり，自民党，社会党，さきがけの連立政権が発足したが，3党は，連立政権の合意事項として，情報公開法の制定を挙げていた。そこで，村山内閣のもとで，改めて，行政改革委員会設置法案が国会に提出されることとなるが，この法案では，行政改革委員会の所掌事務の1つとして，「行政機関の保有する情報を公開するための法律の制定その他の制度の整備に関する事項を調査審議する」こととされ，情報公開法の制定のための審議であることが，より明確にされている。この法案では，情報公開に関する行政改革委員会の意見具申の期間が2年以内とされた。

序論　情報公開の基本知識

　1995年3月には，行政改革委員会設置法施行令2条の規定に基づき，行政改革委員会に行政情報公開部会が設置され，情報公開法要綱案作成に向けた作業が開始された。同部会は，1996年1月12日に，「情報公開法についての検討方針」を公表し，同年4月24日には，情報公開法要綱案の中間報告を行っている。そして，同年11月1日に，情報公開法要綱案とその考え方からなる最終報告を行政改革委員会に提出している。その後，行政改革委員会において審議が行われ，同委員会は，同年12月16日に，「はじめに」，「情報公開法要綱案」，「情報公開法要綱案の考え方」からなる，「情報公開法制の確立に関する意見」と題する答申を内閣総理大臣に提出している。同年12月25日に閣議決定された「行政改革プログラム」において，行政改革委員会の前記答申を最大限に尊重して，1997年度末までに国会に情報公開法案を提出することとされた。
　行政情報公開部会においては，学説，地方公共団体の情報公開条例やそれに関する裁判例（情報公開裁判例については，情報公開実務研究会編・情報公開の実務第2巻（判例編）（第一法規，加除式）が争点別分類も行っている），外国の情報公開法の制度と運用等についての調査にとどまらず，マスコミ，市民団体，弁護士会，経済団体，労働団体，各省庁等からのヒアリングが行われている。また，審議過程の透明性を確保するため，毎回，議事要旨を公表し，ニフティサーブで検索しうるように配慮がなされた。そのこともあり，審議過程においては，多数の団体から意見が寄せられたが，それらは，毎回，行政情報公開部会に配付され，審議の参考に供されている。
　1997年10月3日においては，日本共産党が「情報公開法案」を提出し，同年11月14日に新進党，民主党，太陽党も共同で「行政情報の公開に関する法律案」を提出している。そして，1998年3月27日に，内閣から「行政機関の保有する情報の公開に関する法律案」が提出された。1998年の通常国会では，この内閣提出の情報公開法案のほか，民友連，平和・改革，自由党，無所属の会が前年の臨時国会に新進党等が提出したのとほぼ同内容の法案を共同で提出し，これらと日本共産党の情報公開法案の3本の法案が審査されることになった。内閣提出の情報公開法案は，1998年の第142回通常国会では衆議院内閣委員会で審査されたものの，継続審査となり，同年の第143回臨時国会では，野党統一修正案が自由民主党に提示され，自由民主党から回答が示されたが合意に至らず，続く第144回臨時国会でも継続審査となった。しかし，1999年

の第145回通常国会において，与野党の修正案に基づく修正のうえ，2月16日に政府案が衆議院で可決され，さらに，4月28日，参議院で与野党の修正案に基づき附則を修正したうえで可決され，再送付を受けた衆議院で5月7日に可決，成立した。衆参両院においては，附帯決議（本書307頁参照）がなされている。なお，行政機関情報公開法案とあわせて内閣より提出された「行政機関の保有する情報の公開に関する法律の施行に伴う関係法律の整備等に関する法律案」は，4月28日に参議院で可決・成立している。

行政機関情報公開法は，基本的に行政改革委員会の情報公開法要綱案に沿ったものになっている。細部における差異については，以下の「第1部　行政機関情報公開法の逐条解説」で言及することにする。2000年2月16日には，「行政機関の保有する情報の公開に関する法律施行令」（以下「行政機関情報公開法施行令」という），および，「行政機関の保有する情報の公開に関する法律の施行期日を定める政令」が制定され，後者により，行政機関情報公開法は，2001年4月1日から施行されている。2000年2月25日には，各省庁事務連絡会議申合せとして，「行政文書の管理方策に関するガイドライン」が作成されている。そして，翌2001年3月30日には，情報公開審査会令も制定されている。同年11月28日には，前述のように，独立行政法人等情報公開法も制定された（同法成立までの経緯について，詳しくは第2部 *1* 参照）。

なお，行政機関情報公開法のなかに含まれていた審査会に関する規定は，情報公開・個人情報保護審査会設置法の制定に伴い削除された。この改正は，2005年4月1日に全面施行された。情報公開審査会令は，情報公開・個人情報保護審査会設置法施行令の制定に伴い廃止されている。

4 行政機関情報公開法・独立行政法人等情報公開法の見直し

行政機関情報公開法制定附則2項は，「政府は，この法律の施行後4年を目途として，この法律の施行の状況及び情報公開訴訟の管轄の在り方について検討を加え，その結果に基づいて必要な措置を講ずるものとする」と規定し，独立行政法人等情報公開法制定附則2条も，「政府は，行政機関情報公開法附則第2項の検討の状況を踏まえ，この法律の施行の状況及び情報公開訴訟の管轄の在り方について検討を加え，その結果に基づいて必要な措置を講ずるものとする」と規定している。これを受けて，総務省の「情報公開法の制度運営に関

する検討会」で2004年4月から2005年3月にかけて両法の制度運営のあり方について検討が行われ，2005年3月29日に報告書が出された。この報告でなされた様々な改善措置等の提言を受けて，「行政機関の保有する情報の公開に関する法律及び独立行政法人等の保有する情報の公開に関する法律の趣旨の徹底等について」（平成17年4月28日総管管第13号各行政機関官房長・各独立行政法人等あて総務省行政管理局長通知）が出され，また，「情報公開に関する公務員の氏名・不服申立て事案の事務処理に関する取扱方針（各府省申合せ等）」として，「各行政機関における公務員の氏名の取扱いについて」「不服申立て事案の事務処理の迅速化について」「懇談会等行政運営上の会合における発言者の氏名について」（平成17年8月3日情報公開に関する連絡会議申合せ）が公表された。さらに，2005年12月21日には行政機関情報公開法施行令が改正され，新たな開示方法の追加と手数料額の改定が行われている。同日，独立行政法人等情報公開法施行令も改正され，「開示の実施の方法」の意義が政令において明確にされた。2006年2月3日には「行政手続法の一部を改正する法律の施行に伴う関係政令の整備に関する政令」により，行政機関情報公開法施行令別表第2に改正が加えられた。2016年の通常国会で成立した「行政機関等の保有する個人情報の適正かつ効果的な活用による新たな産業の創出並びに活力ある経済社会及び豊かな国民生活の実現に資するための関係法律の整備に関する法律」により，行政機関情報公開法の個人に関する情報にかかる不開示情報の規定および公益上の裁量的開示にかかる規定が改正された。

5　公文書等の管理に関する法律の制定——文書管理法制の整備

(1)　従来の文書管理法制

　行政機関情報公開法は，情報公開と文書管理が「車の両輪」という認識に立ち，同法に基づく開示請求の対象となる行政文書が適切に分類，作成，保存，廃棄されるよう，行政文書管理の基本原則について定める規定を4章「補則」の冒頭においていた（平成21年改正前22条）。開示請求の対象になるのは行政文書であるから，アカウンタビリティの観点から存在すべき行政文書が保存されていなかったり，その所在が不明で検索できなかったりするようでは，同法の円滑な運用は実現しない。適正な行政文書の管理は，同法の基礎といえる。
　かつて，行政機関にとって文書管理は，行政事務の効率的執行のためのもの

であり，行政文書は，行政機関が職務に用いる「公用物」であるという認識が一般的であったといえよう。しかし，行政機関情報公開法は，同法の適正かつ円滑な運用に資するための行政文書の管理を行う責務を明確にした。すなわち，行政文書の管理は，単に各行政機関が所掌事務を効率的に執行するという目的のために行われるのでは足りず，開示請求に適正かつ円滑に対応するという観点からも行われなければならないことになった。換言すれば，行政文書を何人もが利用する「公共用物」としても把握しなければならないことになった（宇賀克也・行政法概説Ⅲ〔第4版〕（有斐閣，2015年）515頁参照）。独立行政法人等の保有する法人文書の管理についても，独立行政法人等情報公開法により，同様の改革がなされた。

行政機関情報公開法制定前の「行政文書の管理に関する定め」は訓令の形式をとる文書管理規則（規程）であり，法規としての性格を有していなかった。また，行政機関に適用される統一的基準が存在しなかったため，保存年限を何段階にするかについても不統一がみられ，同種の行政文書の保存年限についても，行政機関によって異なる実態がみられた（詳しくは，宇賀・情報公開法の理論〔新版〕（有斐閣，2000年）239頁以下およびそこに掲げた文献参照）。このような状態を解消するために，行政機関情報公開法は，行政文書の分類，作成，保存および廃棄に関する基準その他の行政文書の管理に関する必要な事項について政令で定め，その政令で定めるところにより行政文書の管理に関する定めを設けるともに，これを一般の閲覧に供しなければならないこととした。

文書管理の詳細は行政機関情報公開法施行令で定められ，その内容をより具体化した「行政文書の管理方策に関するガイドライン」が，2000年2月25日に，各省庁事務連絡会議申合せとして作成された。政令の基準に従って各行政機関の長が定める「行政文書の管理に関する定め」の法形式については特段の指定はなく，各行政機関の長の裁量に委ねられていたので，省令の形式をとる可能性もあったが，実際には，訓令により文書管理規則（規程）が定められ，ホームページで公表されていた。

(2) 公文書管理法制定の経緯

行政機関情報公開法の立法過程においては，日本弁護士連合会が，1997年1月，行政機関情報公開法要綱案に対する意見書において，行政文書の管理に関

する基準を包括的に政令に委任せず,基本的事項について,行政機関情報公開法自身で定めるべきことを要望していた。また,行政機関情報公開法案の国会審議の過程において,野党から共同で,政府提出の行政機関情報公開法案37条2項・3項を,それぞれ,「行政機関の長は,別に法律で定めるところにより行政文書の管理に関する定めを設けるとともに,これを一般の閲覧に供しなければならない」「前項の法律においては,行政文書の分類,作成,保存及び廃棄に関する基準その他の行政文書の管理に関する必要な事項について定めるものとする」と修正する案が提示された。すなわち,公文書管理法の制定が提言されたのである。また,行政機関情報公開法案可決の際の参議院総務委員会附帯決議において,「行政文書管理法の制定等審議の過程において議論された事項については,引き続き検討すること」が求められた。

2003年5月に発足した内閣府大臣官房長の諮問機関である「歴史資料として重要な公文書等の適切な保存・利用等のための研究会」(以下「官房長研究会」という)は,同年7月に「中間とりまとめ」を公表し,直ちに取り組むべき事項と検討を継続すべき論点を整理し,同年12月には,「諸外国における公文書等の管理・保存・利用等にかかる実態調査報告書」を公にしている。官房長研究会を拡充改組して,同月,内閣官房長官の懇談会として,「公文書等の適切な管理,保存及び利用に関する懇談会」(以下「官房長官懇談会」という)が発足し,翌2004年6月に,「公文書等の適切な管理,保存及び利用のための体制整備について──未来に残す歴史的文書・アーカイブズの充実に向けて」と題する報告書を公表している。そこにおいては,「以下に述べる個別の提言をできる限り速やかに実現して,その効果を点検するとともに,情報技術及び電子政府化の急速な進展に対応した公文書等の作成,管理,移管,保存及び利用の在り方全般について,現用,非現用概念の見直しを含め,本格的な検討を行う必要がある。そうした成果を踏まえ,公文書等を幅広く対象とする新法の制定等抜本的な法的措置の検討を行うべきである」と述べられている(官房長研究会報告書および2004年の官房長官懇談会報告書は,内閣府大臣官房企画調整課監修・高山正也編・公文書ルネッサンス──新たな公文書館像を求めて(国立印刷局,2005年)に掲載されている)。

また,2006年3月,国立公文書館が「電子媒体による公文書等の適切な移管・保存・利用に向けて」と題する報告書を公表し,同年6月,官房長官懇談

会が,「中間段階における集中管理及び電子媒体による管理・移管・保存に関する報告書」を公表している(2006年の官房長官懇談会報告書が取り扱っているデジタル公文書の保存等の問題について論じたものとして,山田洋「電子媒体による公文書の管理・移管・保存——内閣府懇談会による報告書を契機として」自由と正義59巻7号(2008年)20頁以下参照)。このような検討の蓄積の結果,現行法の課題,法改正を要する論点も,相当程度明確になってきた。記録管理学会においても,2006年5月19日,「文書管理法(仮称)制定のための記録管理学会ガイドライン」が採択されている(壺阪龍哉「文書管理法(仮称)制定をめぐる諸活動と今後の課題」レコード・マネジメント52号(2006年)30頁以下参照)。

　2007年には,「消えた年金記録」,海上自衛隊補給艦「とわだ」の航海日誌の保存期間満了前の廃棄,防衛省の装備審査会議の議事録の未作成,C型肝炎関連資料の放置等,文書管理の不適切さを示す事件が社会の耳目を集めた。そのような背景のもと,公文書館推進議員懇談会(2005年3月に発足)が,2007年11月13日,「この国の歩みを将来への資産とするために——『緊急提言』」をまとめ,同年12月7日に内閣総理大臣に提出しているが,そこにおいて,文書管理法(仮称)の制定が提言されている。そして,同月,行政文書・公文書等の管理・保存に関する関係省庁連絡会議が設置され(同年12月14日関係省庁申合せ),「行政文書の管理の徹底について」が申し合わされ,2008年1月1日,内閣府に公文書等保存利用推進室が設置された。同月18日の衆議院本会議において,福田康夫内閣総理大臣(当時)は,「行政文書の管理のあり方を基本から見直し,法制化を検討するとともに,国立公文書館制度の拡充を含め,公文書の保存に向けた体制を整備します」と施政方針演説の中で明言した。

　同年2月29日に,上川陽子議員が公文書管理担当大臣に任じられ,同日,「公文書管理の在り方等に関する有識者会議の開催について」が,内閣官房長官により決裁された。そこにおいては,新たな文書管理法制のあり方を含む,国の機関における文書の作成から国立公文書館への移管,廃棄までを視野に入れた文書管理の今後のあり方および国立公文書館制度の拡充等について検討を行うため,「公文書管理の在り方等に関する有識者会議」(以下「有識者会議」という)を公文書管理担当大臣の下に開催することとされている。このように有識者会議は,「新たな文書管理法制の在り方」についての議論を行うことを期待されており,公文書管理法(仮称)のあり方を具体的に議論した点で,従前

の官房長官懇談会等と異なる。有識者会議は，同年7月1日に中間報告を公表し，同年11月4日に最終報告（「時を貫く記録としての公文書管理の在り方――今，国家事業として取り組む」）を公表している。

　2009年3月3日に「公文書等の管理に関する法律案」が閣議決定され，国会に提出され，同年5月21日に衆議院内閣委員会に付託され，同年6月10日，衆議院内閣委員会において，上川陽子議員ほか4名提出の修正案，修正部分を除く原案が全会一致で可決された。そして，自由民主党，民主党・無所属クラブ，公明党および社会民主党・市民連合の共同提案による附帯決議15項目が全会一致で付された。そして，翌11日に衆議院本会議において全会一致で可決され，同日参議院に送付され，同月15日に参議院内閣委員会に付託され，同月23日に参議院内閣委員会で全会一致で可決され，民主党・新緑風会・国民新党日本，自由民主党および公明党の各派ならびに各派に属しない糸数慶子議員の共同提案による附帯決議21項目が全会一致で付された。そして，翌24日に参議院本会議において全会一致で可決・成立し，同年7月1日，法律第66号として公布された。

(3) 公文書管理法制定の意義

　従来のわが国の現用文書の管理法制は，基本的には，行政機関情報公開法に基づく現用文書に対する開示請求を受けて開示・不開示の判断をするための文書管理法制であったといえる。他方，非現用文書の国立公文書館への移管については，国立公文書館法，行政機関情報公開法施行令で定められ，移管後の利用については，行政機関情報公開法施行令で利用制限について基本的事項が定められていたものの，詳細については，独立行政法人国立公文書館利用規則という内部規則に委ねられていた。現用文書と非現用文書を全体としてとらえたオムニバス方式ではなく，現用文書と非現用文書を別個に規制するセグメント方式の公文書管理法制であったといえよう。

　これに対し，公文書等の管理に関する法律（以下「公文書管理法」という）は，現用文書と非現用文書を包括した公文書のライフサイクル全体を対象としたオムニバス方式の一般法である。そして，行政機関情報公開法は，現用文書の開示請求権に基づく開示を主とし，広義の情報提供についても定めたものであるから，一般法である公文書管理法に対し，現用文書の利用についての特別法と

して位置づけることも可能である。また，行政機関情報公開法が現在の国民に対する説明責務を全うするための法律であるのに対し，公文書管理法は，現在のみならず将来の国民に対する説明責務も全うするための法律といえる。

(4) 公文書管理法の概要

1章「総則」においては，目的，定義，他の法令との関係について規定されている。

2章「行政文書の管理」では，国の行政機関の現用文書の管理についての規律を定めている。すなわち，文書の作成，行政文書の整理・保存，行政文書ファイル管理簿の作成・公表，文書の国立公文書館等への移管または廃棄，行政文書の管理状況の内閣総理大臣への報告，内閣総理大臣による報告のとりまとめと概要の公表，内閣総理大臣による報告または資料の提出の求め，行政文書管理規則の作成・公表について規定されている。

3章「法人文書の管理」では，独立行政法人等の現用文書である法人文書の管理について定めている。法人文書の管理の原則，法人文書ファイル管理簿の作成・公表，文書の国立公文書館等への移管または廃棄，法人文書の管理状況の内閣総理大臣への報告，内閣総理大臣による報告のとりまとめと概要の公表，法人文書管理規則の作成・公表について規定されている。

4章「歴史公文書等の保存，利用等」では，歴史公文書等の保存，利用等について定めている。具体的には，立法機関・司法機関が保有する歴史公文書等の保管および移管，国立公文書館等に移管された特定歴史公文書等の保存等，特定歴史公文書等の利用請求およびその取扱い，本人情報の取扱い，利用請求にかかる特定歴史公文書等に第三者に関する情報が記録されている場合における第三者に対する意見書提出の機会の付与等，特定歴史公文書等の利用の方法，利用者に課される手数料，利用請求に対する処分または利用請求にかかる不作為について不服がある者による審査請求と公文書管理委員会への諮問，国立公文書館等の長による特定歴史公文書等の利用の促進の努力義務，移管元行政機関による利用の特例，特定歴史公文書等の廃棄，特定歴史公文書等の利用の状況の内閣総理大臣への報告，内閣総理大臣による報告のとりまとめと概要の公表，特定歴史公文書等の利用等規則の作成・公表について規定されている。

5章「公文書管理委員会」は，公文書管理委員会について定めている。すな

わち，内閣府に公文書管理委員会をおくこと，公文書管理委員会への諮問事項，公文書管理委員会による資料の提出等の求めの権限が規定されている。

6章「雑則」は，内閣総理大臣の勧告権，行政機関の長・独立行政法人等・国立公文書館の研修実施義務，組織の見直しに伴う行政文書等の適正な管理のための措置，地方公共団体の文書管理について定めている。

制定附則においては，施行期日，特定歴史公文書等に関する経過措置，行政機関以外の国の機関が保有する歴史公文書等の保存および移管に関する経過措置，国立公文書館法の改正による国立公文書館の業務範囲の拡大等，行政機関情報公開法・独立行政法人等情報公開法の改正による文書管理に関する規定の削除等，刑事訴訟法の改正による訴訟に関する書類・押収物の適用除外，内閣府設置法の改正による内閣府の所掌事務の拡大，公文書管理法の施行後5年を目途とした行政文書および法人文書その他の事項についての検討，国会および裁判所の文書のあり方についての検討等が定められている。

公文書管理法の特色として，以下の点を指摘できよう。

第1に，従前は，現用文書の管理については総務省，歴史公文書等の管理については内閣府が中心的役割を担ってきたが，本法附則による内閣府設置法改正により，文書管理に関する事務が内閣府に一元化されたことである。これにより，公文書等のライフサイクル全体を視野に入れた行政が可能になる。

第2に，現用の行政文書の統一的管理ルール，すなわち作成基準（4条），分類基準（5条1項・3項），保存期間基準（5条1項・3項），行政文書ファイル管理簿の記載事項（7条1項），移管基準（5条5項，8条1項）を法令のレベルで規定することとしたことである。行政文書管理規則は，行政機関の長が作成するが（10条1項），統一ルールの下で作成されるので，不合理な不統一は是正されよう。

第3に，レコード・スケジュール制度が導入されることである。すなわち，行政機関の長は，行政文書ファイルおよび単独で管理している行政文書（以下「行政文書ファイル等」という）について，保存期間（延長された場合にあっては，延長後の保存期間。以下同じ）の満了前のできる限り早い時期に，保存期間が満了したときの措置として，歴史公文書等に該当するものにあっては政令で定めるところにより国立公文書館等への移管の措置を，それ以外のものにあっては廃棄の措置をとるべきことを定めなければならず（5条5項），保存期間が満了

した行政文書ファイル等について，この定めに基づき，国立公文書館等に移管し，または廃棄しなければならない（8条1項）。従前は，内閣総理大臣と移管元の行政機関の長が協議し，移管元の行政機関の合意が得られた場合のみ内閣総理大臣への移管が可能であったが，行政機関については，移管基準が適正に設定され，レコード・スケジュールがそれを遵守して制定される限り，移管元の行政機関による恣意的な移管拒否は抑止されることになろう。

第4に，コンプライアンスの確保措置が整備されたことが挙げられる。行政機関の長は，行政文書ファイル管理簿の記載状況その他の行政文書の管理の状況について，毎年，内閣総理大臣への報告を義務づけられており（9条1項），内閣総理大臣は，行政機関の長に対し，行政文書の管理について，その状況に関する報告もしくは資料の提出を求め，または当該職員に実地調査をさせることができ（同条3項），内閣総理大臣は，歴史公文書等の適切な移管を確保するために必要があると認めるときは，国立公文書館に，当該報告もしくは資料の提出を求めさせ，または実地調査をさせることができる（同条4項）。そして，内閣総理大臣は，この法律を実施するためにとくに必要があると認める場合には，行政機関の長に対し，公文書の管理について改善すべき旨の勧告をし，当該勧告の結果とられた措置について報告を求めることができる（31条）。

第5に，外部有識者や専門家の知見を可能な限り活用する仕組みが整えられたことである。すなわち，内閣府に公文書管理委員会が新設され，統一的管理ルールに関する政令案がこの委員会に諮問されることになる（29条1号）。内閣総理大臣が行政文書管理規則案に同意する場合（10条3項），特定歴史公文書等の廃棄に同意する場合（25条），国立公文書館等利用規則案に同意する場合（27条3項），勧告をしようとする場合（31条）も，公文書管理委員会に諮問される（29条2号・3号）。また，国立公文書館は中間書庫で行政文書の保存を行うことが可能になり（平成21年法律第66号による改正後の国立公文書館法11条1項2号・3項2号），本法9条4項の規定による報告もしくは資料の徴収または実地調査を行うことも可能になった。

第6に，独立行政法人等の法人文書の管理についても，行政文書の管理に準じた措置が講じられることとなり（3章），さらに，独立行政法人等の文書も，国立公文書館等への移管対象となったことにより（11条4項），国立公文書館等への移管対象文書が拡大したことである。

第7に，国立公文書館等へ移管された歴史公文書等の利用を促進するための措置が講じられたことが挙げられる。すなわち，利用請求権が法定され（16条1項），利用請求に対する処分または利用請求にかかる不作為について不服がある者は，国立公文書館等の長に対し，審査請求をすることができるようになり（21条1項），審査請求があったときは，原則として，公文書管理委員会に諮問することが義務づけられている（同条2項）。

公文書管理法は，地方公共団体に対し，この法律の趣旨にのっとり，その保有する文書の適正な管理に関して必要な施策を策定し，およびこれを実施するよう努めなければならないと定めている。すでに，熊本県宇土市，北海道ニセコ町，大阪市のように，公文書管理法制定前に（公）文書管理条例を制定していた地方公共団体もあるが，すべての地方公共団体は，（公）文書管理条例を制定するべきであろう（公文書管理条例については，宇賀克也・逐条解説公文書等の管理に関する法律〔第3版〕（第一法規，2015年）277頁以下参照）。

公文書管理法制定後，大阪市はいち早く，公文書管理法の趣旨にのっとり公文書管理条例を改正しており，また，島根県，熊本県，鳥取県，東京都，安芸高田市，志木市，札幌市，香川県，秋田市，相模原市，名古屋市，小布施町，三豊市，藤沢市でも公文書管理条例が制定されている。

(5) 行政文書管理ガイドラインの作成

行政文書の管理に関するガイドライン（以下「行政文書管理ガイドライン」という）は，各行政機関が適切に公文書管理法10条1項の規定に基づく行政文書管理規則を制定できるように，内閣府が各行政機関に対して示すものであり，2011年4月1日に内閣総理大臣決定された。

行政文書管理ガイドラインは公文書管理法で定められたものではない。しかし，各行政機関の長が行政文書管理規則を定めるに当たっては，内閣総理大臣と協議してその同意を得る必要があり（同条3項），内閣府が事前に作成した行政文書管理ガイドラインを参考に各行政機関の長が行政文書管理規則案を作成することにより，内閣総理大臣が同意することが困難な行政文書管理規則案の作成を回避し，行政文書管理規則の制定を円滑に行うことが可能になる。内閣総理大臣が行政文書管理規則案に同意するに当たっては，公文書管理委員会への諮問が義務づけられているため（同法29条2号），公文書管理委員会の意見

を反映した行政文書管理ガイドラインを作成すれば，行政文書管理規則案に対する公文書管理委員会の審議の効率化を図ることができる。そこで，行政文書管理ガイドラインは，公文書管理委員会の意見を聴取して作成され，その後，数次にわたり改正されている。

　行政文書管理ガイドラインの最初の改正は，東日本大震災に関連する会議における議事録等の作成の不備が社会問題となったことを踏まえて，2012年6月29日に行われた。次いで，内閣人事局が設置されたことに伴い，「内閣官房令」を別表に追加する等の改正が，2014年5月30日に行われている。また，すべての閣僚会議等について，開催日時，開催場所，出席者，発言者および発言内容を記載した議事の記録を作成することを義務づける改正が同年7月1日に行われた。さらに，特定秘密である情報が記録された行政文書についても公文書管理法の体系のもとで管理されることを明確化するとともに，特定秘密以外の公表しないこととされている情報が記録された行政文書についても，公文書管理法のもとで行政機関に共通の文書管理ルールを定める改正が2015年1月23日に行われた。同年3月13日の改正は，独立行政法人通則法の改正に伴うものである。2017年12月26日には，文書管理者を補佐する文書管理担当者の指名，重要な打合せや折衝にかかる文書作成の義務付け，文書の正確性にかかる確認の義務付け，保存期間を1年未満としうる文書の類型を例示し，それに該当しないものについての廃棄記録の作成・公表の義務付けなどを内容とする改正がされた。

(6) 公文書管理法制定に伴う行政機関情報公開法・独立行政法人等情報公開法の改正

　前述のように，公文書管理法2条4項における「行政文書」の定義と平仄を合わせるため，行政機関情報公開法2条2項ただし書は改正され，従前の行政機関情報公開法2条2項ただし書2号「政令で定める公文書館その他の機関において，政令で定めるところにより，歴史的若しくは文化的な資料又は学術研究用の資料として特別の管理がされているもの」が，「公文書等の管理に関する法律（平成21年法律第66号）第2条第7項に規定する特定歴史公文書等」（2号）と「政令で定める研究所その他の施設において，政令で定めるところにより，歴史的若しくは文化的な資料又は学術研究用の資料として特別の管理が

序論　情報公開の基本知識

されているもの（前号に掲げるものを除く。）」（3号）に書き分けられることとなった。「政令で定める公文書館その他の機関」という表現が「政令で定める研究所その他の施設」という表現に変わったのは、公文書館としての性格を有する機関が保存する文書は、一般に2号の問題となるので、それ以外の既存の施設でもっとも多いものを代表例として示したためである。また、公文書管理法2章に行政文書の管理についての規定が置かれたため、行政文書の管理について定めていた行政機関情報公開法22条（平成21年法律第66号による改正前のもの）の規定は削除された（公文書管理法制定附則5条）。

　また、独立行政法人等情報公開法2条2項ただし書も同様に公文書管理法2条5項に合わせるよう改正され、従前の独立行政法人等情報公開法2条2項ただし書2号「政令で定める公文書館その他の施設において、政令で定めるところにより、歴史的若しくは文化的な資料又は学術研究用の資料として特別の管理がされているもの」が、「公文書等の管理に関する法律（平成21年法律第66号）第2条第7項に規定する特定歴史公文書等」（2号）と「政令で定める博物館その他の施設において、政令で定めるところにより、歴史的若しくは文化的な資料又は学術研究用の資料として特別の管理がされているもの（前号に掲げるものを除く。）」（3号）に書き分けられることとなった。「政令で定める公文書館その他の施設」という表現が「政令で定める博物館その他の施設」という表現に変わったのは、行政機関情報公開法と同様に公文書館としての性格を有する機関以外の既存の施設でもっとも多いものを代表例として示したためである。また、公文書管理法3章に法人文書の管理についての規定が置かれたため、法人文書の管理について定めていた独立行政法人等情報公開法23条（平成21年法律第66号による改正前のもの）の規定は削除された（公文書管理法制定附則6条）。

6　「行政透明化検討チーム」による情報公開法改正の検討

　2010年4月、枝野幸男内閣府特命担当大臣（行政刷新担当）（当時）を座長とし、民主党が野党時代に対案として提出していた情報公開法案をベースに情報公開法を改正し、行政の透明化を進めるために、政務三役等で構成する「行政透明化検討チーム」が設置され、座長から、「情報公開制度の改正の方向性について」と題するペーパーが示された。「行政透明化検討チーム」は、この

方向性について検討を行い,政務三役等の意見を整理・公表することとしている。「情報公開制度の改正の方向性について」においては,以下のような方向が示されている。

第1に,行政機関情報公開法1条,独立行政法人等情報公開法1条,公文書管理法1条の目的規定において,「国民の知る権利」の保障の観点を明示すべきとされている。

第2に,不開示情報については,公務員等の氏名も原則として開示すること（行政機関情報公開法5条1号,独立行政法人等情報公開法5条1号関係）,法人等が行政機関・独立行政法人等の要請を受けて公にしないとの条件で任意に提供した情報を不開示とする規定を削除すること（行政機関情報公開法5条2号,独立行政法人等情報公開5条2号関係）,公にすることにより,国の安全が害されるおそれ,公共の安全と秩序の維持に支障を及ぼすおそれ等がある情報の不開示規定について,「おそれがあると行政機関の長が認めることにつき相当の理由がある情報」を「おそれがある情報」に改めること（行政機関情報公開法5条3号・4号関係）,国等における審議・検討等に関する情報で,公にすることにより,不当に国民の間に混乱を生じさせるおそれがある情報を不開示とする規定を削除すること（行政機関情報公開法5条5号,独立行政法人等情報公開法5条3号関係）,不開示情報が記録されている部分とそれ以外の情報が記録されている部分を区別することが困難な場合を除き部分開示を義務づけること（行政機関情報公開法6条1項,独立行政法人等情報公開法6条1項関係）が提言されている。

第3に,行政機関の長・独立行政法人等は,不開示決定をするときは,当該決定の根拠となる条項および当該条項に該当すると判断した具体的理由を書面により示さなくてはならないものとすることとされている。

第4に,行政機関の長が,開示請求にかかる行政文書の全部を開示しない旨の決定をしたときは,内閣総理大臣に対し,その旨を報告するものとし,内閣総理大臣は,とくに必要があると認めるときは,行政機関の長に対して不開示決定の取消しその他の必要な措置をとるよう求めることができるものとすることが提言されている。

第5に,開示決定等は,開示請求があった日から14日以内にしなければならないものとし（行政機関情報公開法10条1項,独立行政法人等情報公開法10条1項関係）,開示決定等の期限の特例を適用する場合において,行政機関の長・

独立行政法人等は，開示請求にかかる行政文書のうち相当の部分につき開示決定等をした日から60日以内に残りの行政文書について開示決定等をしなければならないものとすることとされている（行政機関情報公開法11条，独立行政法人等情報公開法11条関係）。すなわち，現在は開示決定等の期限を60日まで延長することができ，また，60日以内にすべてについて開示決定等をすることにより事務の遂行に著しい支障が生ずるおそれがある場合に，相当の期間内に処理すれば足りるとする期限の特例が設けられているが，この特例は廃止されることになる。そして，開示請求者は，行政機関の長・独立行政法人等が法定の期間内に開示決定等をしないときは，行政機関の長・独立行政法人等が当該行政文書について不開示決定をしたものとみなすことができるものとしている。

第6に，開示請求にかかる手数料を原則として廃止するとともに，開示の実施にかかる手数料を引き下げることとしている（行政機関情報公開法16条，独立行政法人等情報公開法17条関係）。

第7に，開示決定等について不服申立てがあった場合における情報公開・個人情報保護審査会に対する諮問は，当該不服申立てのあった日から14日以内にしなければならないものとすること，および，審査会を裁決機関とすることを検討課題として挙げている（行政機関情報公開法18条，独立行政法人等情報公開法18条関係）。

第8に，訴訟による事後救済を確実に行うための改正の方向性が示されているが，その内容は以下の3つである。第1が訴訟の管轄に関するもので，原告の訴訟にかかる負担に配慮して，行政事件訴訟法12条に定める裁判所のほか，原告の普通裁判籍の所在地を管轄する地方裁判所にも開示決定等またはこれにかかる不服申立てに対する裁決・決定等にかかる抗告訴訟を提起することができるものとすることとしている。第2が，いわゆるヴォーン・インデックスの作成・提出の手続に関するものである。すなわち，情報公開訴訟において，裁判所は，訴訟関係を明瞭にするため必要があると認めるときは，行政機関の長・独立行政法人等に対し，当該開示決定等にかかる行政文書・法人文書の標目，その開示をしない部分についてこれを特定するに足りる事項，その内容の要旨およびこれを開示しない理由その他必要な事項を，その裁判所の定める方式により分類または整理して記載した書面の作成・提出を求めることができるものとすることとしている。第3が，インカメラ審理に関する手続である。す

なわち，裁判所は，裁判官の全員一致により，審理の状況および当事者の訴訟遂行の状況その他の事情を考慮して，不開示事由の有無等につき，当該行政文書・法人文書の提出を受けなければ公正な判断をすることができないと認めるときは，申立てにより，決定で，当該行政文書・法人文書を保有する行政機関の長・独立行政法人等に対し，当該行政文書・法人文書の提出を命ずることができるものとし，この場合においては，何人も，裁判所に対し，提出された行政文書・法人文書の開示を求めることができないものとすること，裁判所は前記の決定をするに当たっては，あらかじめ，当事者の意見を聴かなければならないものとすること，裁判所は，前記の決定をしたときは，行政機関の長・独立行政法人等に対し，ヴォーン・インデックスの作成・提出を求めなければならないが，当該書面がすでに提出されている場合はこの限りではないものとすること，インカメラ審理の決定に対しては即時抗告をすることができるものとすることとしている。以上の情報公開訴訟に関する改正については，情報公開条例の規定による開示決定等またはこれにかかる不服申立てにおける裁決・決定に対する抗告訴訟にも準用することが検討課題とされている。

　第9に，衆参両院の事務局・法制局，国会図書館等の保有する立法行政事務，最高裁判所事務総局等の保有する司法行政事務にかかる文書の公開のあり方について，行政機関情報公開法と同等の開示請求制度導入の検討を促すこととしている。また，国から交付される補助金等が年間収入に占める割合，業務内容の公共性等の視点から，「独立行政法人等」に含まれる対象法人を拡大し，また，政府周辺法人の情報提供に関する施策をさらに充実させることとしている（独立行政法人等情報公開法2条1項・22条関係）。

　第10に，行政機関情報公開法および独立行政法人等情報公開法の所管を総務省から内閣府に移管することが検討課題として挙げられている（「行政透明化検討チームとりまとめ」について詳しくは，宇賀克也・情報公開・個人情報保護（有斐閣，2013年）26頁以下参照）。

7　2011年情報公開法改正案

　「行政透明化検討チームとりまとめ」を受けて，内閣官房情報公開法改正準備室が設置され，そこで改正の準備が進められ，2011年4月22日に「行政機関の保有する情報の公開に関する法律等の一部を改正する法律案」が閣議決定

され国会に提出された。その主要な内容は以下のとおりである。

　第1に，改正案は，情報公開制度が「国民の知る権利」を保障するものであることを明記している（行政機関情報公開法1条）。

　第2に，開示情報の範囲を拡大するために，(i)公務員等の氏名を原則開示することとし（同法5条1号ハ），(ii)審議会その他の合議制の機関または行政機関において開催された懇談会その他の会合において意見の表明または説明を行った場合において，当該情報のうち，当該個人の氏名および当該意見表明または説明の内容にかかる部分も原則公開とし（同号ニ），(iii)法人等の非公開約束条項を削除し（同条2号），(iv)国の安全に関する情報と公共の安全に関する情報の「相当の理由」がある情報を「十分な理由」がある情報に限定し（同条3号・4号），(v)審議・検討・協議に関する情報のうち「不当に国民の間に混乱を生じさせるおそれ」がある場合を除外し（同条5号），(vi)不開示情報を記録した部分に有意の情報が記録されていない場合に部分開示義務免除規定を削除している（同法6条1項）。

　第3に，情報提供制度を充実するために，①当該行政機関の組織および業務に関する基礎的な情報，②当該行政機関の所掌にかかる制度に関する基礎的な情報，③当該行政機関の所掌にかかる経費および収入の予算および決算に関する情報，④当該行政機関の組織および業務ならびに当該行政機関の所掌にかかる制度についての評価ならびに当該行政機関の所掌にかかる経費および収入の決算の検査に関する情報，⑤当該行政機関の所管にかかる独立行政法人その他の特別の法律により設立された法人のうち政令で定めるもの，当該行政機関の長が法律の規定に基づき指定した法人のうち政令で定めるもの，以上の法人に類するものとして政令で定める法人に関する基礎的な情報を適時に国民にわかりやすい形で，かつ国民が利用しやすい方法により提供することを行政機関の長に義務づけ（同法25条1項），同一の行政文書について2以上の者から開示請求があり，そのすべての開示請求に対して当該行政文書の全部を開示する旨の決定をした場合であって，当該行政文書についてさらに他の者から開示請求があると見込まれるときに，当該行政文書を適時に，かつ，国民が利用しやすい方法により提供する努力義務を行政機関の長に課している（同条2項）。

　第4に，国民の利用を容易にするため，開示請求手数料を原則として廃止し，営利目的の場合にのみ開示請求手数料を徴収することとしている（同法16条）。

第 5 に，迅速な開示決定等を実現するために，開示請求から開示決定等までの期限を，行政機関の休日を除き 14 日に短縮するとともに（同法 10 条 1 項），みなし拒否制度を採用している（同条 3 項・11 条 3 項）。

　第 6 に，不開示決定の根拠条項および当該条項に該当すると判断した理由をできる限り具体的に記載すべき旨を明記している（同法 9 条 3 項）。

　第 7 に，行政機関情報公開法，独立行政法人等情報公開法の所管を総務省から内閣府に移管している（内閣府設置法 4 条，総務省設置法 25 条）。

　第 8 に，不服申立処理の迅速化を図るために，不服申立てがなされてから情報公開・個人情報保護審査会に諮問するまでの期間が 90 日を超過した場合，その理由を記載することを義務づけている（行政機関情報公開法 18 条 2 項）。

　第 9 に，情報公開制度を所管する内閣府の長としての内閣総理大臣の権限を強化し，内閣総理大臣に勧告権を付与している（同法 21 条 2 項・28 条）。また，行政機関の長に，同法の施行状況について，毎年度，内閣総理大臣に報告することを義務づけ，内閣総理大臣は，その概要を公表する義務を負うとしている（同法 27 条）。

　第 10 に，情報公開訴訟の実効性を向上させるため，原告の普通裁判籍所在地の地方裁判所への提起を可能にすることとしている（同法 22 条）。また，ヴォーン・インデックス（同法 23 条）とインカメラ審理（同法 24 条）の手続を情報公開訴訟に導入することとしている。

　「行政機関の保有する情報の公開に関する法律等の一部を改正する法律案」は，審議されないまま，2012 年 11 月 26 日の衆議院解散により廃案となった。その後，2013 年の第 185 回臨時国会に，同内容の法案が枝野幸男議員ほか 2 名の議員から国会に提出されたが，継続審査になり，第 187 回国会における衆議院解散に伴い廃案になっている（この改正案の経緯と内容については，藤原静雄「情報公開法改正案についての備忘録——大臣試案に対する意見書と審議過程」法学新報 119 巻 7 = 8 号（2013 年）41 頁以下，三宅弘・原子力情報の公開と司法国家——情報公開法改正の課題と展望（日本評論社，2014 年）95 頁以下も参照）。その後，第 190 回国会にほぼ同内容の行政機関情報公開法改正案が提出され，継続審査になっている。

第1部
行政機関情報公開法の逐条解説

New Commentary on Information Disclosure Laws

第1章 総　則

> **（目的）**
> **第1条**　この法律は，国民主権の理念にのっとり，行政文書の開示を請求する権利につき定めること等により，行政機関の保有する情報の一層の公開を図り，もって政府の有するその諸活動を国民に説明する責務が全うされるようにするとともに，国民の的確な理解と批判の下にある公正で民主的な行政の推進に資することを目的とする。

　本条は，行政機関情報公開法の目的を簡潔に表現している。
　本条の目的規定の特色として，以下の点を挙げることができる。
　第1に，この法律が定める「行政文書の開示を請求する権利」が，国民主権という憲法原理に基礎をおくものであることが明示されていることである。行政改革委員会の行政情報公開部会が，1996年1月12日に公表した「情報公開法についての検討方針」において，すでに，「憲法の趣旨が本法の基礎にあることを明らかにする」と明記されており，同部会が同年4月24日に公表した情報公開法要綱案（中間報告）において，「国民主権の理念にのっとり」（第1）という文言が使用されていた。
　第2に，行政運営の「公開性（openness）」の向上と政府の「説明責務（accountability）」の確保を目的として明記していることである。この点も，すでに，「情報公開法についての検討方針」において，「行政運営の公開性を増進し，政府の諸活動について国民に説明する責務が全うされるようにする」ことが公にされていた。諸外国の情報公開法に関しても，公開性と説明責務が，情報公開法の目的として語られることが多い。アメリカの連邦情報自由法に関しても，1993年にクリントン大統領（当時）が各行政機関の長に対して発したメモランダムにおいて，政府の公開性はアカウンタビリティにとって不可欠であり，連邦情報自由法がアカウンタビリティを確保するために必須であることを指摘している。連邦情報自由法の所管省庁である司法省の情報プライバシー室が監修している連邦情報自由法のガイドブックにおいても，連邦情報自由法の基本目的として，統治する者を統治される者にとってアカウンタブルなものとするこ

第 1 条（目的）

とが挙げられている。ニュージーランドの情報公開法は目的規定において，南アフリカの情報公開法は前文および目的規定において，アカウンタビリティという用語を使用している。

　政府のアカウンタビリティは，国民主権原理のコロラリーとして導かれる。すなわち，主権者である国民の信託を受けている政府は，国民に対して，自らの諸活動を説明する責務を負わなければならず，この責務が果たされない場合，主権者は，「情報を与えられた市民（informed citizenry）」とはいえず，真の主権者とはいえなくなる。政府情報の公開こそ，国政に対する国民の的確な理解と批判を可能にし，主権者としての責任ある意思形成を促進するのである。アメリカ合衆国憲法の制定にも携わった第4代大統領ジェームズ・マディソンは，「人民が情報を持たず，それを取得する手段も有しないならば，人民による政府といっても，それは，茶番か悲劇の始まりであり，おそらく，その両者であろう。知識は永遠に無知を支配するであろう。人民が統治者であろうとするならば，知識の与える力で武装しなければならない」と述べているが，この言葉は，国民主権を実質化するために，情報公開制度が不可欠であることを端的に表現している。カナダ連邦政府の情報コミッショナーが，年次報告書（1993-1994年版）において述べているように，アカウンタブルな政府とは開かれた政府なのである。政府が主権者である国民に対してアカウンタビリティを負うという当然のことが，従前，必ずしも十分に認識されてこなかったことに鑑みれば，行政機関情報公開法の目的規定にアカウンタビリティが明記されたことの意義は大きく，官民双方における意識改革を促進することになろう。実際，行政情報公開部会が，「情報公開法についての検討方針」において，政府のアカウンタビリティの確保を情報公開法の目的とする方針を公表して以来，それまで，行政学者の専門用語としてごく限られた範囲で用いられていたアカウンタビリティという文言や「説明責任」という文言が，住専問題，エイズ問題等とも関連して広くマスコミ等によって使われるようになった。

　わが国が議院内閣制を採用していることから，行政府は，立法府に対してアカウンタビリティを負っているのであり，国民に対してアカウンタビリティを負う制度は，日本国憲法の定める統治構造に適合しないのでないかという見解もないわけではないが，日本国憲法は，国民主権を基本原理としており，国会も国民に対してアカウンタビリティを負っている。内閣の国会に対するアカウ

第 1 部 行政機関情報公開法の逐条解説

ンタビリティも究極的には国民に対するアカウンタビリティを確保するためのものであり，国民の政府情報開示請求権を確立することは，国民主権の理念にのっとった国政運営を実質化することにつながり，日本国憲法の理念に適合しているといえよう。このことは，オーストラリア，カナダ，イギリス等，議院内閣制をとる諸国においても，情報公開法が制定されていることによっても裏づけられよう（奥平康弘＝塩野宏「〈対談〉情報公開法制定に向けて」法律時報 69 巻 1 号（1997 年）11 頁参照）。

「知る権利」という文言を目的規定に入れるべきかについては，行政情報公開部会においても賛否両論があり，最後まで意見調整が行われたが，最終的には，この文言を明記することは見送られた。行政改革委員会の「情報公開法要綱案の考え方」1 (2) にも述べられているとおり，「知る権利」という表現が情報公開を進めるうえで，国民の情報公開法制への関心を高め，その制度化を推進するうえで重要な機能を果たしてきたことは何人も否定せず，積極的に評価されたといってよい。行政改革委員会は，決して「知る権利」を否定したのではなく（奥平＝塩野・前掲 10 頁（塩野発言）参照），「知る権利」という文言を目的規定に入れなかったのは，この文言を政府に対する国民の情報開示請求権として法律に明記するだけの成熟性がなお必ずしも十分とはいえないという判断によるものである。

政府に対する情報開示請求権という意味での「知る権利」は，国民主権の理念を背景として，表現の自由を定める憲法 21 条を根拠として主張されるのが一般的である。表現の自由は，国民が広く情報や思想を伝達する自由であるが，それを受け取る自由を含み，政府情報開示請求権も含まれると解する見解が有力であるが，憲法 21 条は，自由権を念頭においたものであり，請求権は含まれないとする見解も存在する。また，「知る権利」は抽象的権利であり，法律による具体化があってはじめて具体的な権利となるという説が有力であるものの，憲法上，すでに具体的な内容をもって存在する権利であるとする見解もあり，この点でも学説上完全にコンセンサスができているとはいえない。さらに，「知る権利」概念の内包・外延についても，自己情報開示請求権を含めた用法がされることがあり，この点は，「知る権利」という文言を使用した場合，本人開示を認めるかの議論と関係することになる。また，「知る権利」を支持する立場のなかにも，第三者情報は，その対象に含まれないという見解もある。

第 1 条（目的）

　最高裁判例のなかで，「知る権利」という文言を使用しているものとして，博多駅テレビフィルム提出命令事件についての最大決昭和 44・11・26 刑集 23 巻 11 号 1490 頁があるが，この決定は，「報道機関の報道は，民主主義社会において，国民が国政に関与するにつき，重要な判断の資料を提供し，国民の『知る権利』に奉仕するものである」とし，思想の表明の自由と並んで事実の報道の自由が憲法 21 条の保障のもとにあり，また，このような報道機関の報道が正しい内容を持つためには，報道の自由とともに，報道のための取材の自由も，憲法 21 条の理念に照らし，十分尊重に値すると判示したものであり，国民が直接に政府情報の開示を請求しうるという文脈で「知る権利」という文言が使われたわけではない。外務省秘密電文漏洩事件についての最決昭和 53・5・31 刑集 32 巻 3 号 457 頁や最決平成元・1・30 刑集 43 巻 1 号 19 頁も同様である。したがって，国民による政府情報開示請求権としての「知る権利」を認めた最高裁判例はいまだない。韓国の情報公開法は，目的規定において「知る権利」を明示しているが，同国の場合，1989 年に憲法裁判所が政府情報開示請求権としての「知る権利」が憲法上保障されていると判示しており，判例法上決着がついていたのであるが，わが国では状況が異なり，憲法上確立しているといえるかにつき議論のある段階で法律に明記することには慎重にならざるをえないと判断された。しかし，先に述べたように，行政改革委員会も，「知る権利」を否定したわけでは決してなく，また，判例法上も，政府情報開示請求権としての「知る権利」が否定されているというわけではない（最決平成 21・1・15 民集 63 巻 1 号 46 頁において，泉徳治，宮川光治の 2 名の裁判官の補足意見において，「知る権利」という言葉が政府情報への国民のアクセス権の意味で使用されたのが注目される）。憲法の理念を踏まえて充実した情報公開制度の確立をめざす点では，行政改革委員会の立場も，「知る権利」の明記を支持する立場と共通しているのである（「知る権利」とアカウンタビリティをめぐる議論につき，小早川光郎＝戸波江二＝堀部政男「〈鼎談〉情報公開法要綱案をめぐる基本的問題」ジュリスト 1107 号（1997 年）8 頁以下参照）。なお，「知る権利」の法律への明記については，引き続き検討を行うべき旨の附帯決議が衆参両院でなされている。都道府県の情報公開条例においては，47 都道府県のうち 6 県を除き，前文または目的規定でこの文言を使用しているし，2011 年の通常国会に提出された行政機関情報公開法改正案も，目的規定において「知る権利」という文言を用い

ていた。なお，2013年の第185回臨時国会で成立した「特定秘密の保護に関する法律」22条1項（「国民の知る権利の保障に資する報道又は取材の自由に十分に配慮しなければならない」）は，「知る権利」という文言を用いているが，報道の自由，取材の自由との関係でこの言葉を使っている。これに対し，原子力規制委員会設置法25条は，「原子力規制委員会は，国民の知る権利の保障に資するため，その保有する情報の公開を徹底することにより，その運営の透明性を確保しなければならない」と定めている。同条は，わが国の法律で「知る権利」という文言が用いられた初の例であるとともに，この文言が，行政情報に対する国民のアクセスの意味で用いられている点においても，注目に値する。

行政改革委員会の情報公開法要綱案第1においては，「行政文書の開示を請求する国民の権利につき定めることにより」とされていた部分が，本条では，「行政文書の開示を請求する権利につき定めること等により」と変更されており，「国民の権利」が「権利」に，「定めること」が「定めること等」となっている。「国民」という表現を用いていても，外国人を含む立法例はあるが（行政不服審査法1条1項，行政手続法1条1項），行政機関情報公開法の場合，外国に在住する外国人にも開示請求権を認めるものであり，この趣旨を明らかにするためには，「国民の」を削除したことは適切であったといえよう。また，行政機関情報公開法の中核部分が情報開示請求制度であることはいうまでもないが，情報提供制度も含めた「情報の公開の総合的な推進」（行政機関情報公開法24条）により，アカウンタビリティを確保するのが行政機関情報公開法の立場であり，その点を明確にするために，「等」を付加している。

なお，情報公開法要綱案第1において，「国民による行政の監視・参加の充実に資することを目的とするものとすること」とされていた部分が，行政機関情報公開法1条では，「国民の的確な理解と批判の下にある公正で民主的な行政の推進に資することを目的とする」という表現に変わっている。「国民の的確な理解と批判の下にある公正……な行政」の部分が「国民による行政の監視」を，「国民の的確な理解と批判の下にある……民主的な行政」の部分が「国民による行政の……参加」を，それぞれ意味しているとみることができよう。監視・参加という文言をここで用いることが，従前の法律上の用法に照らして必ずしも適切でないと法案作成過程において判断されたため，その趣旨を別の表現で表したものであり，行政改革委員会が念頭においていた監視・参加

第 2 条（定義）

の趣旨自体を否定するものではない（なお，「監視」という文言を用いている立法例として，人権擁護委員法 2 条，政治倫理の確立のための国会議員の資産等の公開等に関する法律 1 条等がある）。

　もっとも，行政機関情報公開法は請求の理由・目的を問わない制度であるので，商業目的で利用することも妨げられない。ベルギーの情報公開法 10 条のように，情報公開法に基づいて入手した文書を商業目的で頒布または利用することを禁止する例もあるが，わが国の行政機関情報公開法は，かかる制限を課していない。したがって，商業目的であれ，行政情報の有効活用が行政機関情報公開法の副次的効果として生ずるといえよう。なお，2007 年 6 月 18 日の横須賀市情報公開審査会答申（「公文書公開制度の一部見直しについて」）を受けて，同年 12 月 11 日に横須賀市情報公開条例が改正され（2008 年 4 月 1 日施行），公文書の写しを取得した者が，当該写しを公衆（特定かつ多数の者を含む）に対し，対価を得て提供してはならないとする規定が設けられた（5 条 2 項）。もっとも，責務規定であり違反に対する罰則は定められておらず，実効性の問題は残る。

（定義）
第 2 条　この法律において「行政機関」とは，次に掲げる機関をいう。
　一　法律の規定に基づき内閣に置かれる機関（内閣府を除く。）及び内閣の所轄の下に置かれる機関
　二　内閣府，宮内庁並びに内閣府設置法（平成 11 年法律第 89 号）第 49 条第 1 項及び第 2 項に規定する機関（これらの機関のうち第 4 号の政令で定める機関が置かれる機関にあっては，当該政令で定める機関を除く。）
　三　国家行政組織法（昭和 23 年法律第 120 号）第 3 条第 2 項に規定する機関（第 5 号の政令で定める機関が置かれる機関にあっては，当該政令で定める機関を除く。）
　四　内閣府設置法第 39 条及び第 55 条並びに宮内庁法（昭和 22 年法律第 70 号）第 16 条第 2 項の機関並びに内閣府設置法第 40 条及び第 56 条（宮内庁法第 18 条第 1 項において準用する場合を含む。）の特別の機関で，政令で定めるもの
　五　国家行政組織法第 8 条の 2 の施設等機関及び同法第 8 条の 3 の特別の機関で，政令で定めるもの

> 六　会計検査院
> 2　この法律において「行政文書」とは、行政機関の職員が職務上作成し、又は取得した文書、図画及び電磁的記録（電子的方式、磁気的方式その他人の知覚によっては認識することができない方式で作られた記録をいう。以下同じ。）であって、当該行政機関の職員が組織的に用いるものとして、当該行政機関が保有しているものをいう。ただし、次に掲げるものを除く。
> 　一　官報、白書、新聞、雑誌、書籍その他不特定多数の者に販売することを目的として発行されるもの
> 　二　公文書等の管理に関する法律（平成21年法律第66号）第2条第7項に規定する特定歴史公文書等
> 　三　政令で定める研究所その他の施設において、政令で定めるところにより、歴史的若しくは文化的な資料又は学術研究用の資料として特別の管理がされているもの（前号に掲げるものを除く。）

　本条は、本法で繰り返し用いられる「行政機関」、「行政文書」の意味を明確にするための定義規定である。

(1)　**行政機関**

　本条1項は、「行政機関」を、以下の6つに該当するものとして定義している。

　第1に、「法律の規定に基づき内閣に置かれる機関（内閣府を除く。）及び内閣の所轄の下に置かれる機関」（1号）である。「法律の規定に基づき内閣に置かれる機関（内閣府を除く。）」としては、内閣法12条の規定に基づく内閣官房、内閣法制局設置法1条の規定に基づく内閣法制局、国家安全保障会議設置法1条の規定に基づく国家安全保障会議、復興庁設置法2条の規定に基づく復興庁、原子力基本法3条の3の規定に基づく原子力防災会議、高度情報通信ネットワーク社会形成基本法25条の規定に基づく高度情報通信ネットワーク社会推進戦略本部、郵政民営化法10条の規定に基づく郵政民営化推進本部、都市再生特別措置法3条の規定に基づく都市再生本部、知的財産基本法24条の規定に基づく知的財産戦略本部、構造改革特別区域法37条の規定に基づく構造改革特別区域推進本部、地球温暖化対策の推進に関する法律10条の規定に基づく地球温暖化対策推進本部、地域再生法24条の規定に基づく地域再生本

第 2 条〔定義〕

部，中心市街地の活性化に関する法律 56 条の規定に基づく中心市街地活性化本部，道州制特別区域における広域行政の推進に関する法律 20 条の規定に基づく道州制特別区域推進本部，海洋基本法 29 条の規定に基づく総合海洋政策本部，宇宙基本法 25 条の規定に基づく宇宙開発戦略本部，強くしなやかな国民生活の実現を図るための防災・減災等に資する国土強靭化基本法 15 条の規定に基づく国土強靭化推進本部，健康・医療戦略推進法 20 条の規定に基づく健康・医療戦略推進本部，サイバーセキュリティ基本法 24 条の規定に基づくサイバーセキュリティ戦略本部，持続可能な社会保障制度の確立を図るための改革の推進に関する法律 7 条の規定に基づく社会保障制度改革推進本部，まち・ひと・しごと創生法 11 条の規定に基づくまち・ひと・しごと創生本部，水循環基本法 22 条の規定に基づく水循環政策本部，総合特別区域法 59 条の規定に基づく総合特別区域推進本部，原子力災害対策特別措置法 16 条の規定に基づく原子力災害対策本部，特定複合観光施設区域の整備の推進に関する法律 14 条の規定に基づく特定複合観光施設区域整備推進本部，平成 32 年東京オリンピック競技大会・東京パラリンピック競技大会特別措置法 2 条の規定に基づく東京オリンピック競技大会・東京パラリンピック競技大会推進本部がある。内閣におかれる機関であっても，法律の規定に基づかず閣議決定により設置された男女共同参画推進本部，行政改革推進本部，地方分権改革推進本部，日本経済再生本部，消費税の円滑かつ適正な転嫁等に関する対策推進本部，地域活性化統合本部会合，農林水産業・地域の活力創造本部，すべての女性が輝く社会づくり本部，TPP 等政府対策本部，国際組織犯罪等・国際テロ対策推進本部，障がい者制度改革推進本部，拉致問題対策本部，多重債務者対策本部は含まれない。また，「内閣の所轄の下に置かれる機関」としては，国家公務員法に基づく人事院がある。所轄とは，職権行使の独立性を持つ機関が形式的に他の機関に属することを示す表現である（所轄と統轄の相違について，宇賀克也・行政法概説Ⅲ〔第 4 版〕（有斐閣，2015 年）138 頁参照）。内閣自体は行政機関に含まれていないが，閣議文書は内閣官房にあるので，実質的には問題ないであろう。外国の情報公開法のなかには，ノルウェー，デンマークのように，閣議文書を一律に不開示とする方針を明記しているものもあるが，わが国の行政機関情報公開法は，閣議文書も対象文書としたうえで，情報の性格・内容に照らして，不開示事項に該当するかを判断する方針をとっている（「閣議等の議事の記録の

作成及び公表について」が 2014 年 3 月に閣議決定され，同年 4 月 1 日開催の閣議および閣僚懇談会から議事録を作成して，概ね 3 週間後に官邸ホームページで公表することとなった)。

　第 2 に，内閣府，宮内庁ならびに内閣府設置法 49 条 1 項および 2 項に規定する機関（これらの機関のうち 4 号の政令で定める機関がおかれる機関にあっては，当該政令で定める機関を除く）が挙げられている（2 号）。内閣府には，国家行政組織法の規定が原則として適用されないので（国家行政組織法 1 条参照）3 号の定める機関に当たらず，また，宮内庁は，内閣府におかれる機関であるが（内閣府設置法 48 条 1 項），内閣府とは独立の「行政機関」として，それぞれ行政機関情報公開法の開示請求処理の単位となる。内閣府設置法 49 条 1 項に規定する機関とは，内閣府の外局としておかれる委員会または庁であり，公正取引委員会，国家公安委員会，金融庁，消費者庁，個人情報保護委員会，カジノ管理委員会がこれに該当する（内閣府設置法 64 条）。なお，宮内庁は内閣府の外局でないのみならず，内閣府設置法 40 条が定める内閣府の特別の機関にも該当しない（宮内庁の行政組織法上の性格については，宇賀・行政法概説Ⅲ〔第 4 版〕152 頁参照）。内閣府設置法 49 条 2 項に規定する機関とは，内閣府の外局のうち，法律で国務大臣をもってその長に充てることと定められているものに，とくに必要がある場合におかれる委員会または庁のことであり，具体的には，省昇格前の防衛庁におかれていた防衛施設庁がこれに該当する。国家公安委員会が行政機関情報公開法の対象となる機関に含まれていることは，従前，都道府県の情報公開条例において，公安委員会が実施機関から除外されてきたことにかんがみると注目に値する。行政機関情報公開法において国家公安委員会が対象となることとなったこと，また，2000 年 7 月に警察刷新会議が出した「警察刷新に関する緊急提言」を受けて同年 8 月に国家公安委員会・警察庁がまとめた警察改革要綱に都道府県警察の情報公開に関する指導が盛り込まれたため，都道府県においても，公安委員会を実施機関に含める動きが進み，すべての都道府県が，公安委員会を実施機関とするに至った。

　第 3 に，国家行政組織法 3 条 2 項に規定する国の行政機関としておかれる機関（5 号の政令で定める機関がおかれる機関にあっては，当該政令で定める機関を除く）が挙げられている（3 号）。したがって，国家行政組織法別表第 1 に掲げられている省，委員会，庁で本条 1 項 5 号で対象になるもの以外は，本条 1 項 3 号で

すべて対象になることになる。外務省，防衛省のように，国家安全保障に関する情報を取り扱う行政機関も対象に含まれている。なお，国家行政組織法3条2項に規定する機関には，審議会等（同法8条），施設等機関（8条の2），特別の機関（8条の3），地方支分部局（9条）がおかれるが，これらの機関が保有する行政文書も，これらの機関がおかれる行政機関が保有するものとして，行政機関情報公開法の対象になる（ただし，行政機関情報公開法2条1項5号の場合を除く）。すなわち，本条1項の各号は，行政文書の開示請求を処理する単位を示しているのである。たとえば，法務省におかれている法制審議会の保有する行政文書は，法務省の保有する行政文書として，国税庁におかれている国税局の保有する行政文書は，国税庁の保有する行政文書として，行政機関情報公開法の規定の適用対象となる。

　第4に，内閣府設置法39条および55条ならびに宮内庁法16条2項の機関ならびに内閣府設置法40条および56条（宮内庁法18条1項において準用する場合を含む）の特別の機関で政令で定めるものが挙げられている（4号）。内閣府設置法39条は内閣府におかれる施設等機関に関する規定であり，同法55条は，内閣府におかれる委員会または庁におかれる施設等機関に関する規定である。同法40条は，内閣府におかれる特別の機関，同法56条は，内閣府におかれる委員会または庁の特別の機関に関する規定である。宮内庁法16条2項の機関とは，宮内庁におかれる施設等機関である。政令で実際に指定されているのは，内閣府におかれる国家公安委員会に，内閣府設置法56条の規定に基づき設置されている特別の機関である警察庁のみである（行政機関情報公開法施行令1条1項）。警察庁は，国家公安委員会の庶務を処理するのみならず（警察法13条），同法5条4項各号に掲げる警察に関する制度の企画立案，警察運営，警察行政の調整等に関する事務を，国家公安委員会の管理のもとにではあるが，自らの名において，独自の組織で行う機関であるので，情報開示請求を取り扱う行政機関の単位として，府・省・委員会・庁と同じ取り扱いにしている（行政改革会議の最終報告では，警察庁は「準省」として位置づけられている〔宇賀・行政法概説Ⅲ〔第4版〕204頁〕）。

　第5に，国家行政組織法8条の2の施設等機関および同法8条の3の特別の機関で，政令で定めるものが挙げられている（5号）。施設等機関および特別の機関のなかには，そのおかれている行政機関からの独立性や組織の実態等にそ

くして、開示請求を処理する独立の単位として位置づけることが適切なものがありうることが考慮されたのである。国家行政組織法8条の3の特別の機関のうち、政令で指定されたものとしては、検察庁（同施行令1条2項）がある。検察庁は、検察官の行う事務を統括すること（検察庁法1条1項）、刑事司法を担う機関であるため行政権からの独立性を確保する必要があり、法務大臣の検察事務に関する個別的指揮監督権も制限されていること（同法14条ただし書）、検察庁の保有する行政文書のなかには、個別具体の事件に関する報告、処理方針等、刑事司法権の行使に密接に関係するものが多いことから、情報開示請求事務に関しては、法務省とは独立の行政機関として位置づけることとしている。なお、検察庁とは、最高検察庁、各高等検察庁、各地方検察庁および各区検察庁を意味し（同法1条2項）、行政機関情報公開法施行令1条2項の検察庁も、これらの個々の検察庁を指している。

第6に、会計検査院が挙げられている（6号）。会計検査院は、内閣から独立した立場にあるが、実務上は行政機関と解されているので（国の機関における会計検査院の位置づけについては、宇賀・行政法概説Ⅲ〔第4版〕247頁以下参照）、行政機関情報公開法の規定の適用対象となっている。会計検査院を行政機関情報公開法の対象機関とすることに対しては、会計検査院を含めて異論のないところであった。ただし後述するように、会計検査院が内閣から独立した地位を有することに照らして、会計検査院の行った開示決定等に対して審査請求がなされた場合、内閣府におかれる情報公開・個人情報保護審査会ではなく、会計検査院におかれる会計検査院情報公開・個人情報保護審査会に諮問することとしている（会計検査院の情報公開については、早川和広「会計検査院の検査——情報公開・公文書管理を通じた国民からの統制」日本財政法学会編『会計検査院』（全国会計職員協会、2011年）90頁以下参照）。

本条1項の「行政機関」には内閣は含まれていないが、内閣の閣議等にかかる文書は内閣官房において保有しているので、実質的にすべての国の行政機関が対象になっているといってよい。

なお、国会、裁判所は行政機関情報公開法の対象機関に含まれていないが、行政改革委員会は、行政改革委員会設置法2条2項で、行政機関の保有する情報の公開について調査審議することを諮問されており、国会、裁判所の保有する情報の公開の問題は、所掌外である。したがって、行政改革委員会の作成し

第 2 条（定義）

た情報公開法要綱案も，行政機関の保有する情報の公開に関してのみ規定している。行政機関情報公開法（正式名称「行政機関の保有する情報の公開に関する法律」）は，名称自体において，国会，裁判所を対象機関から除外していることを明確にしている。もっとも，このことは，国会，裁判所の情報公開が現状でよいということを意味するわけではない。外国においては，スウェーデンの情報公開法が国会や裁判所を対象に含めており，韓国の情報公開法も，大法院，憲法裁判所，国会を対象としている。また，デンマークの情報公開法は，行政裁判所を情報公開法の対象としている。わが国でも，とりわけ，国会，裁判所における行政的性格の文書については，本来であれば，行政機関の保有する同種の文書と同様に情報公開請求の対象とすることが検討されるべきであろう。ノルウェーやオーストラリアの情報公開法，香港の「情報アクセス要綱」が，裁判所の行政活動に関する部分に関しては，行政機関と同様に対象としているのも，そのような認識に基づく。

わが国においては，2001 年 4 月 1 日より，「裁判所の保有する司法行政文書の開示に関する事務の基本的取扱いについて」（平成 13 年 3 月 29 日最高裁総 1 第 82 号，高等裁判所長官，地方裁判所長，家庭裁判所長あて，事務総長依命通達），「最高裁判所の保有する司法行政文書の開示等に関する事務の取扱要綱」により，司法行政文書の開示が行われるようになっている（司法行政文書の管理については，「最高裁判所司法行政文書取扱要領について」（平成 13 年 3 月 7 日最高裁秘書第 90 号）参照）。この要綱に基づきロッキード事件にかかる司法免責宣明書の発布についての裁判官会議の議事録の開示を求めたところ，不開示決定がなされたため，不開示決定に起因する国家賠償請求訴訟が提起された事件がある。東京地判平成 16・6・24 判例集不登載は請求を認めたが，東京高判平成 17・2・9 東高民時報 56 巻 1〜12 号 1 頁は，裁判官会議を非公開とする規定は，議事録中の論議や意見表明の部分を非開示とする趣旨を含むとして 1 審判決を取り消している。2015 年から最高裁判所に外部有識者 3 名からなる情報公開・個人情報保護審査委員会が設置され，全国の裁判所が行った司法行政文書または保有個人情報の開示・不開示等の判断に対する苦情について第三者的立場から調査審議を行い諮問することになった（「情報公開・個人情報保護審査委員会の運営について（通達）」〔平成 27 年 4 月 6 日最高裁秘書第 673 号〕参照）。

「行政機関」には地方公共団体は含まれないから，地方公共団体が保有する

第 1 部　行政機関情報公開法の逐条解説

情報については，本法の規定は適用されない。本法は 25 条で，地方公共団体に，本法の趣旨にのっとり，その保有する情報の公開に関し必要な施策を策定し，およびこれを実施する努力義務を課すにとどめている。比較法的にみると，国（連邦制の場合は州）の情報公開法が地方公共団体にも適用されるのが一般的であり，わが国の情報公開法制は，分権的な仕組みを採用している点に特色があるといえる。一方，わが国の地方公共団体においては，ほとんどすべて（2014 年 10 月 1 日現在，都道府県はすべて（そのうち，東京都のように議会独自の情報公開条例を制定している団体が 17 団体存在する），市区町村では情報公開条例を有する 1739 団体中 1735 団体）が，議会を情報公開条例の実施機関としているのに対して，国会の保有する文書についての情報開示請求制度を設けようとする動きは鈍かった。そのような中で，2006 年，衆議院予算の国政調査活動費，庁費が不適切な飲食に使用されていたことが，会計検査院長に対する情報開示請求で明らかになり，国会の情報公開制度の不備への批判が高まり，2007 年 10 月 29 日に，日弁連が「国会の情報公開シンポジウム」を開催している。そして，「衆議院事務局の保有する議院行政文書の開示等に関する事務取扱規程」が設けられ，2008 年 4 月 1 日から施行されている。何人でも開示の申出ができ，開示・不開示の連絡は，開示の申出があった日から原則として 30 日以内に行うものとされる。法令に別段の定めのあるとき，会派または議員の活動に関する情報であって，公にすることにより，その活動に支障を及ぼすおそれのあるものが記録されているとき，行政機関情報公開法 5 条に定める不開示情報に相当するものが記録されているとき以外は，開示することとされている。不開示とされた場合，事務局に苦情の申出ができ，申出があったときは，事務総長は，学識経験者からなる衆議院事務局情報公開苦情審査会に諮問しなければならない。その後，「参議院事務局の保有する事務局文書の開示に関する事務取扱規程」，「国立国会図書館事務文書開示規則」も定められた。これらは開示請求権を付与したものではないので，不開示決定に対して行政不服審査法に基づく審査請求，行政事件訴訟法に基づく抗告訴訟が提起できない。そのため，法制化が必要と思われる。

(2) 行政文書

行政機関情報公開法 2 条 2 項本文は，行政文書を「行政機関の職員が職務上

第 2 条（定義）

作成し，又は取得した文書，図画及び電磁的記録（電子的方式，磁気的方式その他人の知覚によっては認識することができない方式で作られた記録をいう。以下同じ。）であって，当該行政機関の職員が組織的に用いるものとして，当該行政機関が保有しているものをいう」と規定している。ここで定義された行政文書が 3 条で開示請求の対象とされているので，「行政文書」の定義は，開示請求の対象を画する重要な意味をもつことになる。

　この行政文書の定義で重要なのは，以下の点である。

　第 1 に，情報それ自体ではなく，「文書，図画及び電磁的記録」という記録媒体を対象としている点である。情報公開法のなかには，情報自体の公開を定めるものと，情報の記録された媒体の公開を定めるものがある。前者に属するのが，オランダ，ニュージーランド，韓国の情報公開法やドイツの環境情報法である（宇賀克也・情報公開法の理論〔新版〕（有斐閣，2000 年）50 頁）。わが国の行政機関情報公開法は後者に属することになる。したがって，「文書，図画及び電磁的記録」という媒体に記録されていない情報は対象外になる。最判平成 17・6・14 判時 1905 号 60 頁は，旧岐阜県情報公開条例（平成 12 年条例 56 号による全部改正前のもの）によれば開示請求の対象を「情報」ではなく「公文書」としていることが明らかであるから，請求者が，たとえば，「大垣土木事務所の県営渡船越立業務に関する情報が記録されている公文書」というように，記録されている情報の面から開示請求対象文書を特定した場合であっても，当該公文書のうちその情報が記録されている部分のみが開示請求の対象となるのではなく，当該公文書全体が対象となるのであるから，実施機関が，開示請求にかかる公文書に請求の対象外となる情報等が記録されている部分があるとし，その部分も開示するとそのすべてが開示請求にかかる事項に関するものであると混同されるおそれがあるとの理由で，その部分を開示しないことは許されないと判示している。これは，情報公開条例の「公文書」の解釈に関する判示であるが，行政機関情報公開法の「行政文書」の解釈にも影響を与えるものといえよう。実際，東京地判平成 19・1・26 訟月 55 巻 11 号 3235 頁も，行政機関情報公開に基づく開示請求の対象が「行政文書」であることから，開示請求の対象のとらえ方について，同様の判示を行っている。

　なお，わが国の情報公開条例においては，文書ではなく情報の公開を定めているものがある。福岡県直方市の情報公開条例がその例であって，文書等の記

録媒体に保管していないものの開示を求められたときは，できる限り速やかに当該情報を文書化し，開示することが実施機関に義務づけられている（3条3項）。

　第2に，開示請求時点において，「当該行政機関が保有しているもの」を行政文書としていることである。このことは，請求時点において保有していない行政文書を開示請求に応ずるために作成する必要はないことを意味する。開示請求制度に，行政機関の保有する情報を処理・加工して国民に提供させる機能まで付与するのではなく，開示請求時点において，存在する記録をあるがままの状態で開示すれば足りるという認識に基づく。諸外国の情報公開法においても，情報ではなく，記録の開示というシステムを採用している国は，開示請求時点において存在しない記録を開示請求に応ずるために作成する義務まで行政機関に課しているわけではない。ただし，電磁的記録の場合には，記録の検索と作成の限界が必ずしも明確でない場合がある。

　ニセコ町情報公開条例13条においては，公開請求にかかる町政情報が存在しないときは，実施機関は，公開請求があった日から起算して15日以内に，(1)当該町政情報が不存在であることを理由として公開をしない旨の決定をすること，(2)当該公開請求にかかる町政に関する文書等を新たに作成し，または取得して，当該文書等を請求者に対して公開する旨の決定をすることのいずれかの措置をとらなければならないとされている（1項）。公開請求にかかる町政情報を作成または取得することが不合理である場合には，(1)の非公開決定をし，不存在の理由を付記することになる。これに対し，公開請求にかかる町政情報を作成または取得することが可能であり，かつ，そのことが町の利益に資すると認められる場合には，新たに文書等を作成または取得して公開することになる。町の利益に資すると認められる場合とは，①作成する文書等が大量である等のために通常の業務に大きな影響を与える場合ではなく，②作成した文書等が町政情報として今後においても保存管理する価値があるものであるか，または，本来作成しておくべきものが未作成であった場合を意味する。前記①②の判断に当たっては，情報公開の趣旨にかんがみ，情報公開請求者の立場に立って対応するよう努めるものとされている（ニセコ町情報公開条例の手引き）。このように，ニセコ町においては，情報公開条例に基づく公開請求時点では不存在であった文書であっても，新たに作成または取得することに合理的理由が

第 2 条（定義）

ある場合には，新たに作成または取得することとされており，注目に値する。

　大阪市の「説明責任を果たすための公文書作成指針」（平成 20 年 5 月，総務局）は，公開請求の対象となる文書が存在しない場合においては，情報公開条例の原則公開の趣旨を尊重し，安易に不存在による非公開決定を行うのではなく，その時点で保有している資料，メモ，記憶等により，可能な限り作成・復元し，情報提供を行うよう努めなければならないとしている。作成，保存管理をとくに徹底すべき公文書に該当する例として，①意思決定に関係する会議や交渉の会議要旨や会議録，②会議要旨等の作成前の会議内容等を記録した速記録，録音テープ，③市長等への説明資料や説明時における指示等の内容，④職務上外部会議に出席し，取得した文書，⑤公有財産の取得，管理，運用，処分に関して権利者等と行った交渉の経過記録等が挙げられている。

　同市においては，情報公開審査会で行われる文書不存在による非公開案件に係る実施機関理由説明に公文書管理を所掌する行政管理担当職員がオブザーバーとして参加し，情報公開室公開制度等担当職員と一緒に対策を検討する体制がとられ，本来作成または保存すべき文書が不存在とされた場合には，可能な限り文書を作成して情報提供を行うよう指導がなされている。また，今後も情報公開請求に対して不存在を理由とする非公開決定が行われた事例を分析し，指針の改訂を行う意向であり，さらに公文書管理を所掌する行政管理担当職員は，情報公開室の公開制度等担当職員と職員研修を共同開催しており，情報公開と公文書管理が車の両輪として機能するように配慮されている。実際，情報公開条例に基づく開示請求に対して不存在を理由とする非公開決定がなされた割合が，2005 年度には約 33 パーセント，2006 年度には約 34 パーセントであったのが，公文書管理条例（大阪市の公文書管理条例については，宇賀克也・逐条解説公文書等の管理に関する法律〔第 3 版〕（第一法規，2015 年）296 頁以下参照）が施行され，行政管理担当職員と情報公開制度担当職員の連携体制が整備された 2007 年度には約 16 パーセントと半分以下に減少している。大阪市のこの取組みは，国や他の地方公共団体においても参考にされるべきと思われる。

　開示請求時点において「当該行政機関が保有しているもの」を対象とするということは，いわゆる施行日前文書も対象とすることを意味する。施行日前文書も対象とする方針は，情報公開法要綱案第 29：2 に明示されていたが，行政機関情報公開法は，行政文書の定義自体においてこのことが自明であるので，

施行日前文書についての特段の規定をおいていない。外国の情報公開法のなかには，デンマークのように，施行日前文書を対象外としている例があるし，わが国の地方公共団体においても，従前は，施行日前文書は限定的に対象とするのが一般的であった。これは，施行日前文書については情報公開に対応した文書管理が行われておらず，対象にした場合，文書の検索等で困難を生ずるという実際的配慮があったためである。行政機関情報公開法が施行日前文書につき制限を設けることなく対象としている点は注目に値するが，これは，行政機関において職員が現に組織的に用いるものとして保有している以上，施行日前文書といえども，アカウンタビリティの観点からは，本法の規定の適用を受けるとするのが合理的と考えられるからである。しかし，国の行政機関においても，施行日前文書について情報公開に対応した文書管理が十分に行われていないという実情は同じであるので，公文書管理法に基づく文書管理体制を整備することが重要課題である。

　「保有しているもの」という要件は，行政文書ファイル管理簿への登録や収受印があること等の手続がとられていることは，「行政文書」の要件ではないことも意味している。また，直接に占有している場合に限らず，事実上支配していれば，「保有していること」の要件を満たす。たとえば，倉庫業者に保管させている場合であっても，行政機関の長が閲覧・移管・廃棄等の権限を有しているのであれば，行政機関の長が保有しているといえる。他方，ある時点において，行政機関の長が直接に占有している場合であっても，一時的に私人等から借用しているにとどまり，当該文書を事実上支配しているといえない場合には，当該行政機関の長が保有しているとはいえない。

　第3に，すべての電磁的記録を対象としており，情報がいかなる記録媒体に保存されているかを問わずに行政機関情報公開法の規定を適用することとしていることである。電磁的記録という文言は刑法7条の2を参考にしたものであり，刑法上は，この文言は，「電子的方式，磁気的方式その他人の知覚によっては認識することができない方式で作られる記録であって，電子計算機による情報処理の用に供されるもの」であるが（電子署名及び認証業務に関する法律2条1項，行政手続等における情報通信の技術の利用に関する法律2条5号の「電磁的記録」も同じ），行政機関情報公開法2条2項2号では，「電子計算機による情報処理の用に供されるもの」という限定は付けていない。したがって，いわゆる電子

第 2 条（定義）

情報に限定する趣旨ではなく，再生機器を用いなければ情報を知覚しえない録画テープ，録音テープも含む。従前の情報公開条例のほとんどが電子情報を対象外としていたことに比較して，対象文書の範囲を大きく拡大している。情報公開法要綱案第 2 (2)は，「文書，図画，写真，フィルム，磁気テープその他政令で定めるもの」と規定しており，紙を素材とする文書に限定せずに，磁気テープ等についても例示し，その他の記録媒体，たとえば，磁気ディスク，光ディスクについても，行政機関の実情に応じて対象文書とすることができるようにするため，政令で指定することとしていた。このように，情報・通信システムの進展に即応して，行政文書を幅広くとらえる方針が採用されていたものの，磁気ディスク，光ディスク等については，行政機関の実情に即して対象とするか否かを考慮することとされていたため，これらが，行政機関情報公開法施行時に対象になるかについては必ずしも明確でなかった。しかし，行政機関情報公開法では，政令の指定を待つまでもなく，これらが対象に含まれることが明らかになっている。

　アカウンタビリティという観点からは，ある情報がいかなる記録媒体に記録されているかによって行政機関情報公開法の対象になるかが左右されることは妥当ではない。実際，地方公共団体において，フロッピーディスクにのみ記録された情報が，当該地方公共団体の情報公開条例がフロッピーディスクを対象文書としていないという理由で開示されなかった事例があるが，このような事態が好ましくないことはいうまでもない。行政機関情報公開法の対象となる記録媒体を限定した場合，適用除外となる記録媒体にのみ情報を保存することによって，行政機関情報公開法の規定の適用を免れうるようなことを認めれば，行政機関情報公開法は実効性を失うことになろう。1994 年 12 月 25 日に閣議決定された「行政情報化推進基本計画」（1997 年 12 月 20 日改定）において，行政情報化を急速に進めていくことが予定されているなかで，電磁的記録を対象外とすることは行政機関情報公開法の意義を大きく損なうおそれがあり，行政機関情報公開法が，電磁的記録を例外なく対象としたことは，高く評価されよう。諸外国の情報公開法においても，記録媒体の如何を問わずに情報公開法を適用するのが一般的傾向であり（宇賀・情報公開法の理論〔新版〕51 頁以下），わが国の地方公共団体においても，電磁的記録を例外なく対象とすることが一般化している。なお，電磁的記録が対象になることに付随して，電磁的記録にア

クセスするためのソフトウェア自体が行政文書といえるかという問題が生ずる（宇賀・同書198頁参照）。この点については，電子計算機による情報処理のためのソフトウェアも，本条2項ただし書に該当しない限り，電磁的記録として，「行政文書」に含まれると解すべきと思われる。なお，ディスプレイに情報を表示するために一時的にメモリに蓄積される情報，メモリ上に格納できない膨大なファイルの一部を一時退避させたり，編集途上のファイルのバックアップを作成するためのテンポラリファイルは，「行政文書」に含まれないと解すべきと思われる。

第4は，決裁，供覧という事案処理手続の終了を要件とせずに，行政機関の職員が組織的に用いるものであれば，広く対象に含めていることである。この方針は，行政情報公開部会の中間報告においてすでに採用されていた。事案処理手続が必要な場合であっても，起案手続に入る段階では，すでに実質的に内部の意思決定が終了しており，意思形成過程への住民参加という観点からは，さらに，それよりも早期の段階で，組織的に用いた文書の開示請求をする必要が生ずる場合がある。また，そもそも，事案処理手続を要しない文書のなかにも，アカウンタビリティという観点から，開示が必要なものがある。旧厚生省のエイズ研究班のようないわゆる私的諮問機関に出される資料のなかには，決裁・供覧の手続を経ていないものもありうるが，そのことのみによって，国民の生命・健康にかかわる重要な意思決定を行った会議資料へのアクセスの道が断たれることは適切ではない。わが国の従前の文書管理規程のなかには，決裁・供覧等の事案処理手続で対象文書を画するものが少なくなかったが，文書管理規程が行政事務の効率的執行という観点からのみ作成されていたことの反映でもあり，行政情報の公開という観点からは，事案処理手続を行政文書の要件とすることは必ずしも適切ではないのである。審議会等の議事録作成のための録音テープの場合，速記を委託された外部の速記者が確認用に持参した録音機で録音したものは組織共用文書とはいえないが，事務局が組織として保有している録音テープは組織共用文書と解すべきであろう。東京地判平成19・3・15判例集不登載は，司法試験委員会の会議に出席した事務取扱者がミニディスクレコーダーを用いて会議の内容を録音したミニディスクは組織共用文書に当たるとする。

行政機関情報公開法が，事案処理手続の終了を同法の行政文書の要件としな

第 2 条（定義）

かったことの意義はきわめて大きい。決裁，供覧という事案処理手続の終了を対象文書の要件としている場合，文書自体は存在しているにもかかわらず，開示請求対象文書が解釈上不存在とされるケースがありうるが，行政機関情報公開法のもとでは，組織共用文書であるかぎり，対象文書としたうえで，不開示事項に該当するかが判断されることになるのである。

「行政機関の職員が組織的に用いるもの」とは，作成または取得に関与した職員個人の段階にとどまるものではなく，組織としての共用文書の実質を備えた状態，すなわち，当該行政機関の組織において業務上の必要性から利用・保存している状態にあるものを意味する。アメリカの連邦情報自由法について採用されている「管理（control）テスト」（宇賀克也・情報公開法〔日本評論社，2004 年〕47 頁以下参照）と実質的に対応するものとみることができると思われる。職員の個人的な検討段階にあるもの，たとえば，職員が起案の下書きをしている段階，職員会議の資料を作成している段階のもの等は，組織共用文書とはいえない。また，正式文書が組織共用文書となっていても，職員が自己の執務の便宜のためにその写しを保有している場合，当該写しは，組織共用文書とはいえない。民事訴訟法 220 条が定める文書提出義務についても，「専ら文書の所持者の利用に供するための文書（国又は地方公共団体が所持する文書にあっては，公務員が組織的に用いるものを除く。）」（同条 4 号ニ）は，義務が免除されている。これは，公務員が個人的に使用する目的で作成したメモまで，文書提出義務の対象とした場合，公務員の自由な意思活動が不当に妨げられるおそれがあるからである。

組織共用といえるかの判断は，具体的には，作成・取得，利用，保存・廃棄の実態を踏まえて行う必要がある。すなわち，(i)職員個人の意思で自己の執務上の便宜のために作成または取得したか，上司の指示のもとに作成または取得したか，(ii)他の職員に配布され，利用に供されたか，(iii)作成または取得した職員個人の判断で廃棄しうるか，組織として共用されるファイルに保存されているか等を考慮して判断することになる。一般的には，決裁が必要な文書については起案文書が作成され稟議に付された時点において，組織共用文書であることが明確になるといえよう。また，行政機関の会議（審議会等に限らず懇談会等の行政運営上の会合〔宇賀・行政法概説Ⅲ〔第 4 版〕229 頁以下〕も含む）に提出された文書は，提出時点において，組織共用文書であることが明確になるといえる。

第 1 部 行政機関情報公開法の逐条解説

　私人から行政機関に提出された申請書・届出書は，行政機関の事務所に到達した時点で審査義務が生ずることになるので（行政手続法 7 条），その時点で組織共用文書といえる。当初は，職員個人のメモとして作成されたものであっても，その後，他の職員に配布され，組織共用文書になったのであれば，組織共用文書として保存・管理しなければならない。

　組織共用文書という要件も不要であるという意見も一部にあるが，組織として業務上の必要性に基づいて保有しているものが対象になれば，アカウンタビリティという観点からは，通常必要十分といえるし，組織共用文書以外の個人的メモ等まで対象とした場合，メモの作成を躊躇して，適正な事務処理を妨げたりするおそれもある。地方公共団体の情報公開条例のなかには，神奈川県や岐阜県のもののように，制定当初より，対象文書について，事案処理手続の終了のみならず，組織共用文書であることも要件として明示していない例もある。しかし，両県の情報公開条例とも，その手引から明らかなように，職員個人段階のメモまで対象とする趣旨ではなく，組織共用文書を対象とする運用がされている。　比較法的にみると，いかなる段階にある文書または情報が情報公開法の対象となるかについて，相当に詳細な規定をおく北欧型（スウェーデン，フィンランド，ノルウェー，デンマーク）と，この点について特段の定めをおかず，解釈に委ねるアメリカ型，および，その中間で，行政機関が管理する文書を対象とすると定めるカナダ型（ベルギーもこれに含まれる）がある（宇賀・情報公開法の理論〔新版〕53 頁）。わが国の行政機関情報公開法は，組織共用文書を対象とする旨規定しており，中間タイプに属するといえよう。

　なお，熊本県宇土市では，情報公開条例においては，開示請求の対象たる公文書を組織共用文書としているが，文書管理条例（同市の文書管理条例について詳しくは，宇賀・逐条解説公文書等の管理に関する法律〔第 3 版〕278 頁以下参照）においては，職務上作成または取得したものであれば，組織共用文書でなくても対象に含まれるので，職務上作成した個人的メモも対象になることになる。

　電子メールについては，組織共用文書に該当するか否かについての地方公共団体の判断基準は不統一である。1 対 1 メールは，送受信した職員が当該メールを他の職員に転送するなどして組織的に共用しなければ，個人として保有する文書にとどまるとする地方公共団体の主張を否定し，1 対 1 メールであっても，メールは送信者および受信者のそれぞれによって個人用メールボックスに

第 2 条（定義）

保有されることになり，一方当事者のみが保有するにすぎない個人的なメモとは同視できないので，市長と職員が庁内メールを利用して 1 対 1 で送受信したメールであって，他の職員に転送されるなどして他の職員と共用されていないもののなかにも，組織共用文書が含まれうると判示したものとして，大阪地判平成 28・9・9 判例集不登載，その控訴審の大阪高判平成 29・9・22 判例集不登載がある（電子メールの組織共用性の問題について，井上禎男「電子メールの公文書該当性——佐賀県情報公開・個人情報保護審査会平成 25 年 3 月 29 日答申（諮問第 72 号，実施機関・知事）」福岡大学法学論叢 58 巻 3 号（2013 年）535 頁以下参照）。

　本条 2 項ただし書においては，「官報，白書，新聞，雑誌，書籍その他不特定多数の者に販売することを目的として発行されるもの」(1 号)，「公文書等の管理に関する法律（平成 21 年法律第 66 号）第 2 条第 7 項に規定する特定歴史公文書等」(2 号)，「政令で定める研究所その他の施設において，政令で定めるところにより，歴史的若しくは文化的な資料又は学術研究用の資料として特別の管理がされているもの（前号に掲げるものを除く。）」(3 号) を適用除外としている。1 号の場合には，市販されており，行政機関情報公開法の対象とする必要がないこと，もし開示請求の対象に含めれば，自らコピーをとる手間を省くため，または，費用を節約するために開示請求がなされて，行政機関に過大な負担を課すおそれがあることによる。また，2 号，3 号の場合には，貴重資料の保存，学術研究への寄与等の観点から，独自のアクセス制度が定められており，行政機関情報公開法の対象とすることが適切とはいえないことによる（特定歴史公文書等については公文書管理法 16 条 1 項参照）。

　情報公開法要綱案第 2(2)イが 1 号に対応するのであるが，そこでは，「一般に容易に入手することができるもの又は一般に利用することができる施設において閲覧に供されているもの」と規定されている。行政機関情報公開法 2 条 2 項 1 号は，開示請求権の対象範囲にかかわることでもあり，可能な限り明確に規定するという方針のもと，より具体的に規定している。「不特定多数の者に販売することを目的として発行されるもの」は，紙媒体のものに限られない。インターネット上で不特定多数の者に有償で販売されている新聞等も含まれる。また，「販売することを目的として発行されるもの」となっているので，無償で文書閲覧室等で配付されるものは適用除外にならないことになる。情報公開法要綱案の場合には，情報公開法要綱案の考え方 2(2)ウにみられるとおり，窓

口におかれた広報用資料等も行政機関情報公開法の規定の適用除外とする趣旨であったので，この点に関しては，行政機関情報公開法のほうが同法の適用対象を広げたことになる。これは，かかる情報提供は，その対象，期間，場所，方法等が行政機関の長の裁量にゆだねられており，継続的・普遍的な国民のアクセスという観点から，一律に適用除外にしてしまうことには問題があるからである。もっとも，実務上は，広報用資料等で情報提供されているものについては，行政機関のウェブサイト等で国民に教示する運用をすべきであろう。なお，「販売することを目的として発行されるもの」のなかには，絶版になっており，古書店のみで入手しうるようなものもありうるが，入手の容易性の判定は困難であるので，ひとたび市販されたものはすべて1号に含む趣旨である。もっとも，官報，白書等，行政機関が監修しているものについて入手困難な状況があると認められるときは，情報提供により対応すべきであろう。

　なお，横須賀市情報公開条例においては，市政情報コーナー等，市の施設において市民の利用に供されることを目的として無償で閲覧に供している公文書は，適用除外としている（15条2項）。これは，市政情報コーナー等において市民が閲覧し複写をとることが可能であるにもかかわらず，実施機関の職員に複写作業を行わせる目的で開示請求がなされる例があったために，2007年の改正で設けられた規定である。

　また，情報公開法要綱案第2(2)ロが2号，3号に対応するのであるが，そこでは，「公文書館等において歴史的若しくは文化的な資料又は学術研究用の資料として特別に保有しているもの」となっていた。行政機関情報公開法2条2項2号の特定歴史公文書等は，公文書管理法2条7項において定義されているように，国立公文書館等に移管または寄贈もしくは寄託された歴史資料として重要な公文書その他の文書を意味する。行政機関情報公開法2条2項3号は，対象機関と管理方法の両面において，政令指定要件を付加することによって，適用対象文書の明確化を図っている。行政機関情報公開法2条2項3号の「政令で定める研究所その他の施設」は，行政機関情報公開法施行令2条で，公文書管理法3条1項の規定（研究所，博物館，美術館，図書館その他これらに類する施設であって，保有する歴史的もしくは文化的な資料または学術研究用の資料について公文書管理法施行令4条の規定による適切な管理を行うものとして内閣総理大臣が指定したもの）により内閣総理大臣が指定した施設とされている。内閣総理大臣の指

第 2 条（定義）

定を受けてはじめて行政機関情報公開法2条2項3号の政令で定める機関となるので，指定を受けたことを一般に周知する必要がある。そこで，内閣総理大臣は，公文書管理法施行令3条1項の規定により指定をしたときは，当該指定をした機関の名称および所在地を官報で公示するものとされ，公示した事項に変更があったとき，または指定を取り消したときも同様とするとされている（同施行令3条2項）。

行政機関情報公開法2条2項3号の歴史的もしくは文化的な資料または学術研究用の資料は，行政機関情報公開法施行令3条により，公文書管理法施行令4条に規定する方法，すなわち，①当該資料が専用の場所において適切に保存されていること（1号），②当該資料の目録が作成され，かつ，当該目録が一般の閲覧に供されていること（2号），③原則として，一般の利用の制限が行われていないこと（3号），④当該資料の利用の方法および期間に関する定めが設けられ，かつ，当該定めが一般の閲覧に供されていること（4号），⑤当該資料に個人情報が記録されている場合にあっては，当該個人情報の漏えい防止のために必要な措置を講じていること（5号）の5つの要件を満たす方法により管理されているものでなければならないと定められている。一般の利用の制限が行われていないという3号の要件については，(イ)当該資料に行政機関情報公開法5条1号および2号に掲げる情報が記録されていると認められる場合において，当該資料（当該情報が記録されている部分に限る）の一般の利用を制限すること，(ロ)当該資料の全部または一部を一定の期間公にしないことを条件に個人または公文書管理法2条7項4号に規定する法人等から寄贈または寄託を受けている場合において，当該期間が経過するまでの間，当該資料の全部または一部の一般の利用を制限すること，(ハ)当該資料の原本を利用させることにより当該原本の破損もしくはその汚損を生じるおそれがある場合または当該資料を保有する施設において当該原本が現に使用されている場合において，当該原本の一般の利用の方法または期間を制限すること，の3つの場合には例外が認められている。

研究所等が保有する文書であっても，「歴史的若しくは文化的な資料又は学術研究用の資料として特別の管理がされているもの」ではないもの，たとえば，研究所としての事務処理に関する財務会計文書等，一般の行政事務処理のために保有している行政文書は，適用除外とはならない。また，研究所等の保存す

る歴史的文書のなかには，古代のものなどきわめて古いものも存在するが，そのことのみで当然に対象文書でなくなるわけではなく，当該研究所等およびその管理方法が行政機関情報公開法施行令3条の要件に合致している場合にはじめて適用除外になる（歴史的文書の管理・保存・利用について詳しくは，宇賀・情報公開の理論と実務281頁以下参照）。

第2章　行政文書の開示

> （開示請求権）
> 第3条　何人も，この法律の定めるところにより，行政機関の長（前条第1項第4号及び第5号の政令で定める機関にあっては，その機関ごとに政令で定める者をいう。以下同じ。）に対し，当該行政機関の保有する行政文書の開示を請求することができる。

　本条は，従前，1991年12月に情報公開問題に関する連絡会議で申し合わされた「行政情報公開基準」（2001年3月6日廃止）のもとで運用上の措置として行われてきた開示請求制度を開示請求権に基づく法的関係に変革することを明確にするものであり，行政機関情報公開法の核心をなす規定といえる。あわせて，開示請求権者が誰であるのか，誰に対して開示請求をするのかも明らかにしている。

　開示請求権を有する者は，「何人も」となっており，法人も含まれ，また外国に居住する外国人も含まれることになる。行政機関情報公開法が国民主権の理念にのっとり制定されるものであるとすると，国民に開示請求権を付与すれば足りるとも考えられるが，その場合でも，主権者としての国民を日本国籍保持者に限定することが妥当か否かという問題がある。主権が集合体としての国民に帰属するとするナシオン主権の立場からは主権主体は国籍保持者の全体と解されやすいが，主権が具体的市民に帰属するとするプープル主権の立場からは，定住外国人も主権主体に含まれるとみるのが整合的であるという見方も可能である（辻村みよ子「市民の政治参画」ジュリスト1133号（1998年）67頁）。また，主権者とみうるかという点はおくとしても，在日外国人は，納税者としても国政に関心をもつのは当然であるし，とくに，戦前からの歴史的経緯から日本に

第 3 条（開示請求権）

定住するに至った外国人を多くかかえるわが国としては，国籍を開示請求権の要件とすることは適切ではないであろう。しかし，外国に在住する外国人一般に開示請求権を付与することは，国民主権の理念からは導かれえないし，政策論としても，開示請求権を付与すべきという強い要請があるとまでは必ずしもいいえないであろう。行政改革委員会もそのことは十分に認識しており，立法政策上，外国人にどこまで開示請求権を付与すべきかが議論されている。国家賠償法6条のような相互保証主義（その意味について，宇賀克也・国家補償法（有斐閣，1997年）357頁以下参照）の採用も検討されたが，行政機関情報公開法は理由を問わずに請求することを認めるものであり，開示請求権者を限定しても，開示請求権者に依頼することにより，限定の趣旨は容易に潜脱されうるので，限定することの実際的意義は乏しいと考えられること，外国人を排除する積極的意義に乏しいこと，また，フランス等，諸外国の情報公開法においては，「何人」にも開示請求権を付与するもののほうが多く（宇賀・情報公開法の理論〔新版〕54頁），わが国が国際協調主義の立場から広く世界に情報の窓を開くことに政策的意義が認められることに照らして，開示請求権者を限定しないこととなった。もっとも，外国人にも開示請求権を付与するとはいっても，多様な言語による請求に対応しなければならないのでは，行政機関の負担が過重になる。そこで，開示を請求する書面は日本語で記載すべきということが，情報公開法要綱案の考え方5(4)アに示されている。わが国に在住しない外国人に日本の法律で一方的に義務を課すことはできないが，本法のように権利を付与することは支障がないと考えられる。もっとも，わが国は，原則として，外国の裁判権には服さないので，外国に在住する外国人が開示請求を拒否されたため，訴訟を提起する場合も，わが国の裁判所に出訴することになる。また，「何人」には，自然人，法人に限らず，法人でない社団または財団で管理人の定めのあるものも含まれる（情報公開訴訟において，法人でない社団の当事者能力が争点になった事例として，東京高判平成9・5・13判時1604号39頁参照）。

　本条は，開示請求を「行政機関の長」に対して行うこととしているので，「行政機関の長」が何かを明確にする必要が生ずる。行政機関情報公開法2条1項4号および5号の政令で定める機関（施設等機関および特別の機関で政令で定めるもの）の場合には，「行政機関の長」に該当する者が必ずしも明確ではないため，政令で明確にすることとされている。具体的に政令でどのように規定さ

第1部　行政機関情報公開法の逐条解説

れたかを示すと、行政機関情報公開法施行令4条1項では、「警察庁にあっては、警察庁長官」、「最高検察庁にあっては、検事総長」、「高等検察庁にあっては、その庁の検事長」、「地方検察庁にあっては、その庁の検事正」、「区検察庁にあっては、その庁の対応する裁判所の所在地を管轄する地方裁判所に対応する地方検察庁の検事正」が指定されている。検察庁について、これらの者が指定されたのは、庁の職員を指揮監督する権限に限らず、本法にかかる事務と検察官の事務について必要な調整を行うため、指揮監督する検察官の事務を自ら取り扱い、またはその指揮監督する他の検察官に取り扱わせることができる事務引取移転権限（検察庁法12条）を有する者とすることが適当と考えられたからである。

また、本条は、開示請求の対象になるのが、「行政機関の保有する行政文書」であることを明らかにしているので、「行政文書」の定義が重要になるが、この点は、本法2条2項で解説したとおりである。開示請求権の対象となるのは、「当該」行政機関の保有する行政文書であるから（この点は、情報公開法要綱案では明確になっていなかった）、他の行政機関の保有する行政文書の開示請求に応答する義務はないことになる。ただし、可能なかぎり当該行政文書を保有する行政機関を教示する運用をすべきであろう。

なお、この開示請求権は一身専属的なものであり、原告の死亡により訴訟は当然に終了する（訴訟実務上は、判決主文において訴訟終了宣言がなされる）ものと解される（最判平成16・2・24判時1854号41頁参照）。

（開示請求の手続）
第4条　前条の規定による開示の請求（以下「開示請求」という。）は、次に掲げる事項を記載した書面（以下「開示請求書」という。）を行政機関の長に提出してしなければならない。
　一　開示請求をする者の氏名又は名称及び住所又は居所並びに法人その他の団体にあっては代表者の氏名
　二　行政文書の名称その他の開示請求に係る行政文書を特定するに足りる事項
2　行政機関の長は、開示請求書に形式上の不備があると認めるときは、開示請求をした者（以下「開示請求者」という。）に対し、相当の期間を定めて、

> その補正を求めることができる。この場合において，行政機関の長は，開示請求者に対し，補正の参考となる情報を提供するよう努めなければならない。

　本条は，開示請求をいかなる手続で行うべきか，また，開示請求書に形式上の不備があると認められるとき，行政機関の長はいかなる対応をすべきかを明確にするものである。

(1)　請求書の記載事項

　開示請求をしようとする者は，「開示請求をする者の氏名又は名称及び住所又は居所並びに法人その他の団体にあっては代表者の氏名」（1号），「行政文書の名称その他の開示請求に係る行政文書を特定するに足りる事項」（2号）を記載した書面を行政機関の長に提出しなければならない。

　情報公開法要綱案第4は，「行政文書の開示を請求しようとする者は，行政機関の長に対し，請求に係る行政文書を特定するために必要な事項その他所定の事項を記載した書面を提出しなければならないものとすること」としていたが，本条1項は，「行政文書を特定するために必要な事項」の部分を「行政文書の名称その他の開示請求に係る行政文書を特定するに足りる事項」として「行政文書の名称」を例示するとともに，「その他所定の事項」の部分を「開示請求をする者の氏名又は名称及び住所又は居所並びに法人その他の団体にあっては代表者の氏名」と明確にしている。住所や居所とは無関係に何人にも開示請求権を認めているのであるから，住所等の記載を要求しているのは，開示請求権者の要件の充足を審査するためではなく，請求者の同一性を確認し，行政機関が開示請求者と連絡をとる場合や，開示請求者に開示決定等を通知する場合に必要であるからである。

　2号の記載を義務づけているのは，開示請求対象文書を行政機関が検索・審査し開示決定等を行う際して，請求対象文書を特定しうることが当然の前提になるからである。行政文書の名称は，法令上の正式の名称である必要はない。たとえば，「『私的独占の禁止及び公正取引の確保に関する法律』の施行状況調査に関する記録」の開示請求は，「独占禁止法（または独禁法）の施行状況調査に関する記録」という開示請求で十分に特定しうる。また，行政文書の名称は，行政文書を特定する事項の例示であり，行政文書の名称が書かれていなければ，

第1部 行政機関情報公開法の逐条解説

行政文書の特定が常に不可能なわけではない。実際，インターネット上のデータベースとして提供されている行政文書ファイル管理簿（公文書管理法7条）においても，原則として行政文書ファイルの名称が示され，当該ファイルに含まれている個々の行政文書の名称までは記載されていないので，請求者に行政文書の名称の記載を要求することには無理が伴うことが少なくない。請求を受けた行政機関の専門職員が合理的努力で特定しうる程度の記載があれば，2号の記載としては十分であるとみるべきであろう。もっとも，請求者による行政文書の特定をどの程度期待しうるかは，本法22条に基づいて，行政文書の特定に資する情報の提供が行政機関の長によって十分に行われるかとも関係してくる。逆に，行政文書の名称さえ記載されていれば，常に行政文書の特定が可能になるわけではないことにも留意が必要である。たとえば，「独禁法関係資料」というだけでは，一般的にいって，行政文書の特定として十分とはいえないと思われる。「開示請求書に対する文書一式（協議文書，照会を含む　H19年度）」とする開示請求が行われた事案において，名古屋地判平成20・7・30判例集不登載は，「行政機関の職員において当該記載から開示請求者が求める行政文書を他の行政文書と識別できる程度の記載がされることが必要というべきである」とし，当該請求は，この要件を満たしていないとする。また，内閣府情報公開・個人情報保護審査会答申平成20・11・5（平成20年度（行情）第308号）は，「平成11年度総理府一般会計証明書類　警察関係すべて（既に請求済みの分を除く）」という開示請求は文書特定の要件を満たしていないとする。横須賀市情報公開条例にかかる事案であるが，「平成13年度の土木部道路建設課及び用地課の公文書すべて」という開示請求について，横浜地判平成22・10・6判例自治345号25頁は，公文書特定の要件を満たしているとしたが，その控訴審の東京高判平成23・7・20判例自治354号9頁は，公文書の公開請求の請求書の必要的記載事項として「公文書の名称その他の公開請求に係る公文書を指定するために必要な事項」を定めることとしている趣旨は，当該記載をもとに，処分行政庁の担当職員において，請求対象公文書を他の公文書と識別したうえで，請求対象公文書の存否の判断や，非開示事由の有無の調査・判断などの必要な判断を適切に実行できるようにする点にあると判示している。そして，請求対象公文書を「○○課の業務によって生じた公文書」とする記載（特定の部署の公文書を包括的に請求する趣旨の記載）は，文書の範囲は，形式的・

第 4 条（開示請求の手続）

外形的には一応明確であり，形式論理的にみると「公文書を指定するために必要な事項」の記載があるということも不可能ではないが，行政組織の活動は多種多様であるところ，開示請求者が特定の部署の行政文書の全部の開示を希望しているとは通常は考え難いことや，前記のような包括的請求における対象行政文書の量は膨大になるのが通常であることなどに照らして，本件条例の開示請求権制度上は，特定の部署の公文書を包括的に請求する趣旨の記載は，「公文書を指定するために必要な事項」の記載としては，原則として不十分であると考えられるとする。すなわち，「公文書を指定するために必要な事項」を必要的記載事項とするのは，処分行政庁の担当職員において，請求の対象となる公文書を識別したうえ，請求の対象となる公文書の全部について非開示事由の有無の調査・判断を行うことを可能とするためであるところ，請求者が開示を希望しない文書（その量が膨大になるのが通常である）についてもそのような調査・判断を行わせることは，処分行政庁の担当職員および行政組織をいたずらに疲弊させ，行政機関の他の行政活動をいわれなく停滞させる原因ともなるものであって，「公文書を指定するために必要な事項」を必要的記載事項とした趣旨を没却させることになるというのである。以上のように，「公文書を指定するために必要な事項」が必要的記載事項とされた趣旨を考慮すると，文言を形式論理的に解釈するのは必ずしも適当ではなく，本件条例の定める公文書の公開請求制度上は，特定部署の公文書を包括請求する趣旨の記載は，特段の事情のない限り，「公文書を指定するために必要な事項」の記載には当たらないと解すべきであると判示している。そして，特段の事情のある場合とは，「公文書を指定するために必要な事項」が必要的記載事項とされた趣旨を没却しないような例外的な事情がある場合，例えば，請求者が真に特定部署の公文書全部の閲覧等を希望しており，かつ，請求対象公文書の全部の閲覧等を相当期間内に実行することのできる態勢を整えており，行政機関をいたずらに疲弊させるものでないような場合に限られるとする。そして，同事件においては，包括記載部分は，その文理上，用地課または道路建設課において平成13年度に生じた公文書全部を包括的に請求するものと解するほかはないところ，開示請求者は用地課または道路建設課の公文書全部の閲覧等を希望しているわけではないこと，処分行政庁においては本件条例4条2項所定の公文書目録その他の公文書の検索に必要な資料の作成およびこれを一般の閲覧に供することを怠って

いるものの，横須賀市の担当課は，本件条例4条3項（請求の容易，的確な実行を支援すべき処分行政庁の責務。現4項），10条2項（形式上の不備についての補正の促し）の趣旨に従い，開示請求者にどのような情報が必要であるのか3回繰り返して文書で質問し，請求の特定を促したが，開示請求者は文書の特定に協力しない対応に終始し，行政機関をいたずらに疲弊させかねない対応をしていることが認められるので，前記特段の事情があるということはできず，包括記載部分に係る本件公開請求は，「公文書を指定するために必要な事項」の記載を欠く点において公開請求書に不備があり，不適法であると判示している。このように，文書特定の要件について，形式論理的に解するのではなく，行政コストも勘案して実質的に判断している点に特色がある（東京高判平成23・11・30訟月58巻12号4115頁も同様の解釈をとり，開示請求文書が特定されているとする原審の東京地判平成23・5・26訟月58巻12号4131頁の判断を否定した）。

　請求書の記載事項には，開示請求の理由・目的は含まれていない。本法の定める開示請求は，請求の理由・目的の如何を問わず，また，開示請求者と開示請求対象文書との関係を問うことなく認められるのであるから，開示請求の理由・目的，開示請求対象文書との関係等の記載は要求されない。もっとも，統計をとる目的で，任意に開示請求の理由・目的の記載を求めることまでは禁じられていない。実際，地方公共団体においても，請求書に開示請求の理由欄を設けて，統計のために使用していることがある。しかし，請求書に理由・目的の記載欄を設けた場合であっても，法的には，かかる記載は義務づけられていないのであるから，目的・理由の記載がなくても，開示請求の形式的要件が欠けていることにはならないことは当然である。なお，3条の解説で述べたように，請求書は日本語で記載しなければならない。

　行政機関が作成した開示請求書の様式を用いる場合には，本法に基づく開示請求であることや開示請求先の行政機関の長の名称は，あらかじめ印字されているが，それを用いない場合には，開示請求書には，これらを明記すべきであろう。住所については郵便番号の記載は不要であるが，記載することが望ましい。電話番号を記載する必要はないが，補正の便宜のため，記載することが望ましいといえよう。開示請求者の押印は不要である。

第4条（開示請求の手続）

(2) 請求書の提出

　開示請求については，口頭主義ではなく書面主義が採用されている（スウェーデン，フランスのように口頭による請求を認める国もある）。開示請求に関する法律関係の内容という重要事項を明確にするという観点からは，口頭による請求を認めることには問題があるからである。条文には明示されていないが，遠隔地に居住する者の便宜を考慮して，書面の提出は郵送によることも認められる（情報公開法要綱案の考え方5(4)ア）。地方公共団体の多くにおいては，郵送による請求を認めていても，実際には，行政機関の窓口に赴き，口頭で相談し行政文書を特定して，その場で請求書を記載して提出する運用が原則化しているが，行政機関情報公開法の場合，遠隔地居住者が行政機関の窓口を訪問することにかなりの費用と時間がかかることが少なくないので，郵送による請求が相当な割合を占めているのではないかと推測される。とりわけ，外国在住者の場合，ほとんどすべての事例で郵送による請求ということになろう。なお，情報公開条例の中には，例外的に実施機関が認めた場合には書面によらない開示請求を可能とするものがある（北海道，山梨県，新潟県，愛知県，広島県等）。

　ファックス，電子メール等による請求については，行政機関における施設の整備状況その他の事務処理上の問題を勘案しつつ，開示請求をしようとする者の便宜が図られるよう，適切な対応を検討すべきであるというのが，行政改革委員会の立場であった（情報公開法要綱案の考え方5(4)ア）。ファックス，電子メールによる開示請求は認められなかったが，2002年に成立した「行政手続等における情報通信の技術の利用に関する法律」（以下「行政手続オンライン化法」という）3条1項により，主務省令で定めるところにより，オンラインによる開示請求が法制上可能になった（宇賀克也・行政手続オンライン化3法（第一法規，2003年）41頁以下参照）。そして，オンラインで開示請求があった場合には，オンラインで開示を実施することも政令で認められるにいたった（行政機関情報公開法施行令9条3項3号ヘ参照）。これを受けて，「行政手続等における情報通信の技術の利用に関する法律の施行に伴う行政機関の保有する情報の公開に関する法律に係る対象手続等を定める省令」（平成16年3月16日総務省令第39号）が制定され，同年3月31日から施行されている。その特色は，開示請求や開示の実施方法の申出（再申出を含む）については，電子署名を要しないとされていることである（3条3項）。これは，行政機関情報公開法に基づく開示請求

は，何人でも行うことができ，請求者が誰であるかを問わずに開示・不開示の判断がなされるからである。実際，2004年3月31日までに，ほとんどの行政機関において，オンラインによる開示請求を受け付ける体制が整えられた。従前の行政機関の電子申請システムにおいては，統一的な基本仕様に含まれていない詳細についての利用方法が不統一であったため，利用者にとり不便な面があった。そのため，電子政府の総合窓口において一元的な窓口システムの機能が整備された。地方公共団体の中には，神戸市のように，ファックスやインターネットによる請求を認めているものもある。

なお，ドイツの環境情報法，情報公開法は，同一形式による多数の者からの申立ての場合について，行政手続法の多数当事者手続の規定を準用しているので，利害関係を同じくする50人以上の者が請求を行った場合，共同代理人を指名しなければ行政手続の秩序ある執行が阻害されると認められるときは，行政機関の長は共同代理人の選任を要求することができるが，わが国の行政機関情報公開法にはかかる規定はない。

(3) 補　　正

開示請求にかかる行政文書の特定は，開示請求の適法要件であるが，実際には，請求者にとって，この特定は容易でないことが多いと予想される。そのため，行政機関情報公開法22条は，開示請求をしようとする者に対する情報の提供等に関する努力義務を行政機関の長に課している。しかし，それでもなお，特定が不十分な請求が行われることは避けられないと思われる。そこで，本条2項は，行政機関の長は，開示請求書に形式上の不備があると認めるときは，開示請求者に対し，相当の期間を定めて，その補正を求めることができること，この場合において，行政機関の長は，開示請求者に対し，補正の参考となる情報を提供するよう努めなければならないことを規定している。この部分は，情報公開法要綱案にはなく，法案作成過程で付加されたものである。行政機関情報公開法に基づく開示請求は，行政手続法上の申請に該当するので，行政手続法2章の「申請に対する処分」の規定が適用される。したがって，同法7条により，行政機関の長は，請求が不適法な場合は補正を求めることができることになる。その限りでは，本条2項は確認的意味をもつにとどまる。しかし，補正を求めるに際して，補正の参考となる情報を提供する努力義務を行政機関に

第 4 条（開示請求の手続）

課している部分は，創設的意義をもつ。行政手続法 9 条 2 項は，「行政庁は，申請をしようとする者又は申請者の求めに応じ，申請書の記載及び添付書類に関する事項その他の申請に必要な情報の提供に努めなければならない」と規定しているが，そこでは，「求めに応じ」となっており，求めがなくても，積極的に情報提供することは念頭におかれていないのに対して，本条 2 項における情報提供は，請求者から求めがなくても行うよう努めなければならないからである。開示請求書に形式上の不備がある場合のなかには，住所の記載漏れ等もありえないわけではないし，外国語で記載されている場合も，「形式上の不備」であり，日本語に翻訳するよう補正を求めるべきであろう（ただし，開示請求者の氏名，住所や外国語表記の行政文書の名称を日本語に書き直させる必要はない）が，本条 2 項があえて補正の参考となる情報の提供に関する規定を設けたのは，本条 1 項 2 号の「行政文書を特定するに足りる事項」を請求者が的確に記載することが困難な場合が少なくないと思われるからである。行政機関の長が適切な情報提供を行うことにより行政文書の特定を援助しなければ，情報公開制度の円滑な運用が阻害され，請求者と行政機関との間に不必要な摩擦が生ずるおそれがある。かかる観点から，本条 2 項には重要な意義が認められよう。補正の参考になる情報としては，開示請求対象文書特定の参考になる行政文書ファイル名，開示請求対象文書に該当する可能性のある文書名，それに記載されている情報の概要等が考えられる。補正の求めは書面で行う必要はなく，口頭で行ってもよい。

　前掲名古屋地判平成 20・7・30 は，補正を求めるか否かは行政機関の長の裁量にゆだねられていると解されるから，補正を求めることなく開示請求を却下したことが違法となるのは，そのような処分をしたことにつき，行政機関の長がその裁量権を逸脱し，またはこれを濫用したと認められる場合に限られるものと解されると述べ，①担当職員が，原告に対し，本件開示請求に係る対象文書の内容を確認したにもかかわらず，原告は，「書いてあるとおりである。特定できないなら，処分をすればいい」と述べて質問に答えようとしなかったこと，②文書が特定できない場合には補正を求める旨を伝えた窓口の職員に対しても，原告は，「補正にははじめから答えませんから」と述べていたこと，③原告は，本件開示請求以前にも，対象文書の特定に至らない開示請求に対する名古屋矯正管区の取扱いを確認したいとして，あえて形式上の不備のある開示

請求を多数繰り返していたことにかんがみると，原告が補正の求めに回答しない意思をあらかじめ明らかにしていたと認められると指摘し，本件で，補正を求めることなく不開示決定を行ったことは，その裁量権の逸脱濫用とはいえないと判示している。

また，東京地判平成23・2・18判例集不登載は，開示請求書の記載によって開示請求にかかる文書が特定されていると認められる場合には，行政機関の長は開示請求書の記載によって特定された文書を開示すれば足りると解するのが相当であり，この場合，開示請求書の記載から通常読み取れる文書以外の文書の開示請求の機会を与えるため，開示請求を受けた行政機関において，開示請求者に対し補正を促す必要はないと判示している。

なお，開示請求の対象が，そもそも行政文書でない場合や行政機関の長が当該文書を保有していない場合には，「形式上の不備」には当たらないので，補正を求める努力義務はかからないことになる。

（行政文書の開示義務）

第5条 行政機関の長は，開示請求があったときは，開示請求に係る行政文書に次の各号に掲げる情報（以下「不開示情報」という。）のいずれかが記録されている場合を除き，開示請求者に対し，当該行政文書を開示しなければならない。

一 個人に関する情報（事業を営む個人の当該事業に関する情報を除く。）であって，当該情報に含まれる氏名，生年月日その他の記述等（文書，図画若しくは電磁的記録に記載され，若しくは記録され，又は音声，動作その他の方法を用いて表された一切の事項をいう。次条第2項において同じ。）により特定の個人を識別することができるもの（他の情報と照合することにより，特定の個人を識別することができることとなるものを含む。）又は特定の個人を識別することはできないが，公にすることにより，なお個人の権利利益を害するおそれがあるもの。ただし，次に掲げる情報を除く。

　　イ 法令の規定により又は慣行として公にされ，又は公にすることが予定されている情報

　　ロ 人の生命，健康，生活又は財産を保護するため，公にすることが必要であると認められる情報

第5条（行政文書の開示義務）

　　　ハ　当該個人が公務員等（国家公務員法（昭和22年法律第120号）第2条第1項に規定する国家公務員（独立行政法人通則法（平成11年法律第103号）第2条第4項に規定する行政執行法人の役員及び職員を除く。），独立行政法人等（独立行政法人等の保有する情報の公開に関する法律（平成13年法律第140号。以下「独立行政法人等情報公開法」という。）第2条第1項に規定する独立行政法人等をいう。以下同じ。）の役員及び職員，地方公務員法（昭和25年法律第261号）第2条に規定する地方公務員並びに地方独立行政法人（地方独立行政法人法（平成15年法律第118号）第2条第1項に規定する地方独立行政法人をいう。以下同じ。）の役員及び職員をいう。）である場合において，当該情報がその職務の遂行に係る情報であるときは，当該情報のうち，当該公務員等の職及び当該職務遂行の内容に係る部分
　一の二　行政機関の保有する個人情報の保護に関する法律（平成15年法律第58号）第2条第9項に規定する行政機関非識別加工情報（同条第10項に規定する行政機関非識別加工情報ファイルを構成するものに限る。以下この号において「行政機関非識別加工情報」という。）若しくは行政機関非識別加工情報の作成に用いた同条第5項に規定する保有個人情報（他の情報と照合することができ，それにより特定の個人を識別することができることとなるもの（他の情報と容易に照合することができ，それにより特定の個人を識別することができることとなるものを除く。）を除く。）から削除した同条第2項第1号に規定する記述等若しくは同条第3項に規定する個人識別符号又は独立行政法人等の保有する個人情報の保護に関する法律（平成15年法律第59号）第2条第9項に規定する独立行政法人等非識別加工情報（同条第10項に規定する独立行政法人等非識別加工情報ファイルを構成するものに限る。以下この号において「独立行政法人等非識別加工情報」という。）若しくは独立行政法人等非識別加工情報の作成に用いた同条第5項に規定する保有個人情報（他の情報と照合することができ，それにより特定の個人を識別することができることとなるもの（他の情報と容易に照合することができ，それにより特定の個人を識別することができることとなるものを除く。）を除く。）から削除した同条第2項第1号に規定する記述等若しくは同条第3項に規定する個人識別符号
　二　法人その他の団体（国，独立行政法人等，地方公共団体及び地方独立行政法人を除く。以下「法人等」という。）に関する情報又は事業を営む個

人の当該事業に関する情報であって、次に掲げるもの。ただし、人の生命、健康、生活又は財産を保護するため、公にすることが必要であると認められる情報を除く。
　　イ　公にすることにより、当該法人等又は当該個人の権利、競争上の地位その他正当な利益を害するおそれがあるもの
　　ロ　行政機関の要請を受けて、公にしないとの条件で任意に提供されたものであって、法人等又は個人における通例として公にしないこととされているものその他の当該条件を付することが当該情報の性質、当時の状況等に照らして合理的であると認められるもの
　三　公にすることにより、国の安全が害されるおそれ、他国若しくは国際機関との信頼関係が損なわれるおそれ又は他国若しくは国際機関との交渉上不利益を被るおそれがあると行政機関の長が認めることにつき相当の理由がある情報
　四　公にすることにより、犯罪の予防、鎮圧又は捜査、公訴の維持、刑の執行その他の公共の安全と秩序の維持に支障を及ぼすおそれがあると行政機関の長が認めることにつき相当の理由がある情報
　五　国の機関、独立行政法人等、地方公共団体及び地方独立行政法人の内部又は相互間における審議、検討又は協議に関する情報であって、公にすることにより、率直な意見の交換若しくは意思決定の中立性が不当に損なわれるおそれ、不当に国民の間に混乱を生じさせるおそれ又は特定の者に不当に利益を与え若しくは不利益を及ぼすおそれがあるもの
　六　国の機関、独立行政法人等、地方公共団体又は地方独立行政法人が行う事務又は事業に関する情報であって、公にすることにより、次に掲げるおそれその他当該事務又は事業の性質上、当該事務又は事業の適正な遂行に支障を及ぼすおそれがあるもの
　　イ　監査、検査、取締り、試験又は租税の賦課若しくは徴収に係る事務に関し、正確な事実の把握を困難にするおそれ又は違法若しくは不当な行為を容易にし、若しくはその発見を困難にするおそれ
　　ロ　契約、交渉又は争訟に係る事務に関し、国、独立行政法人等、地方公共団体又は地方独立行政法人の財産上の利益又は当事者としての地位を不当に害するおそれ
　　ハ　調査研究に係る事務に関し、その公正かつ能率的な遂行を不当に阻害するおそれ

> ニ 人事管理に係る事務に関し，公正かつ円滑な人事の確保に支障を及ぼすおそれ
> ホ 独立行政法人等，地方公共団体が経営する企業又は地方独立行政法人に係る事業に関し，その企業経営上の正当な利益を害するおそれ

　本条は，行政文書は原則開示すべきことを明確に定めるとともに，例外的に不開示にすべき情報として，1号から6号までの6類型の情報を限定列挙している。

(1) 開示・不開示の枠組み

　行政文書は原則開示すべきであるが，不開示にすることが私人の権利利益の保護や公益の保護のために必要な場合がある。したがって，いずれの国の情報公開法も，開示することの利益と不開示にすることの利益を調整し不開示事項を定めている。本条は，行政機関の長は，開示請求があったときは，開示請求にかかる行政文書に1号から6号までの各号のいずれかに掲げる情報が記録されている場合を除き，開示請求者に対し，当該行政文書を開示しなければならないと規定している（ある不開示情報が複数の不開示規定に該当することはありうる）。本条の不開示情報の規定に該当するときに開示が禁止されるかについては，本条自体からは明確ではないが，7条により公益上の裁量的開示が認められており，したがって，本条自体は，不開示情報の開示を禁止しており，7条でその例外が認められうるという構造になっていることが理解される。このような構造にしている理由は，不開示情報は開示されないことの利益を保護しようとするものであるから，本来開示されるべきではなく（5条），例外的に，高度の行政的判断として，開示することの公益が不開示にすることの利益に優越する場合に，行政機関の長の判断で裁量的開示を認めるべき（7条）と考えられたからである。地方公共団体の情報公開条例においては，従前，不開示情報に該当する場合には，①「公開しないことができる」，「非公開とすることができる」という規定の仕方をしている例が多く，少数の情報公開条例が②「公開しないものとする」と規定するか，①と②を不開示情報に応じて使い分ける型をとっていたが（藤原静雄・情報公開法制（弘文堂，1998年）107頁），行政改革委員会が情報公開法要綱案で，行政機関情報公開法5条・7条のような開示・不

開示の枠組みを採用して以来，これに倣う例が増加しつつある（外国の情報公開法における開示・不開示の枠組みの定め方については，宇賀・情報公開法の理論〔新版〕57頁参照）。

(2) 不開示情報
(a) 不開示情報の定め方の原則

　不開示情報の規定をいかに定めるかが，情報公開法の立案に際しての最重要課題の1つであることは異論のないところであろう。必要以上に不開示情報の範囲が広がりすぎないように，また，不開示にされるべきものが開示されないように，可能なかぎり明確に不開示情報の範囲を定めなければならない。不開示情報を規定する際の要素として，行政事務の種類等の事項的要素（「検査に関する行政文書」等），開示することによる支障を個別具体的に判断するための定性的要素（「行政事務に著しい支障が生ずるおそれ」等），および時間的要素（「作成後30年を経過した行政文書」等）があるが，本条は，前二者の要素を組み合わせることを基本としている。事項的要素の場合，事項の単位を包括的にすると，必要以上に不開示の範囲が広がってしまうし，逆に細分化すると，列挙事項が膨大になり，網羅的に列挙することが困難になる。他方，定性的要素のみでは，不開示情報の範囲を画する基準としては抽象的にすぎ，明確性に欠ける。したがって，事項的要素と定性的要素を適切に結合させることが望ましいと判断されたのである。外国の情報公開法には時間的要素を考慮に入れる例もみられ（フィンランド等），行政情報公開部会においても，この要素を考慮すべきかにつき議論されたが，開示すべきか否かの判断は開示請求のつど行われるものであり，ひとたび不開示とされた行政文書であっても，のちに開示請求があった場合には，情勢の変化を斟酌してあらためて開示の是非が判断されることになるのであるから，不開示情報の規定において，一定年数経過後は開示するというような規定を設けることは必要でもないし適切でもないという結論になった。地方公共団体の情報公開条例のなかには，不開示決定をする場合，開示できる時期を示すことができる場合には，請求者にその時期を教示することを義務づけている例がある（三重県情報公開条例15条2項，津市情報公開条例14条2項，山口市情報公開条例10条2項，直方市情報公開条例12条4項4号，桶川市情報公開条例13条2項参照）。行政機関情報公開法は，かかる義務は定めていないが，運用上，

第 5 条（行政文書の開示義務）

　前記のような教示を行うことは望ましいといえよう。なお，直方市情報公開条例 10 条 3 項，逗子市情報公開条例 6 条 2 項は，開示請求に係る情報を当該時点では開示することができなくても，時間の経過等により開示を拒む理由がなくなったときは，開示することを義務づけている。東京都情報公開条例 13 条 2 項のように，不開示決定の日から 1 年以内にその全部または一部を開示することができるようになることが明らかであるときに限り，開示請求者にその旨を通知することを義務づけている例もある。

　また，逗子市情報公開条例 6 条の 2 は，非公開情報に該当することを理由に非公開とされた情報であって，非公開とされた年度の翌年度から起算して 20 年を経過したものは，その時点で情報公開請求がない場合であっても，当該情報を 1 年間公表するものとし，例外として，①その時点で公表することにより個人の権利利益を侵害するとされた情報については公表しないことができるが，公表しない情報については，非公開とした年度の翌年度から起算して 50 年を経過するまで 10 年ごとに公表の可否について判断を行うものとし，②個人に関する情報以外の非公開情報であって，非公開とされた年度の翌年度から起算して 20 年の時点でも明白に非公開事項に当たるとされた情報については公表しないことができるとしている。そして，①②により公表しないと判断した場合については，公表しない情報およびその理由を逗子市情報公開審査委員に報告しなければならないとしている。

　国の行政機関は多様であり，その保有する行政文書も多様であるから，不開示情報を法律で明確に規定するには限界がある。しかし，行政機関情報公開法に基づく請求は，行政手続法の申請に該当するので，行政手続法 5 条の規定に基づき行政機関の長は審査基準をできるだけ具体的に作成し，行政上特別の支障があるときを除き，これを公にしておく義務がある（衆参両院において，この趣旨を確認する附帯決議がなされている）。したがって，審査基準の段階で不開示情報の範囲の明確化がある程度図られよう。審査基準は裁判所を拘束するものではないので，法律の解釈として不開示にすべきでない情報を不開示とする審査基準に基づく不開示決定は違法として取り消されることになる。

　本法は，不開示情報該当性の主張・立証責任について，明文の規定を設けていない。これは，情報公開条例にかかる訴訟において，実施機関が不開示情報該当性について主張・立証責任を負うことが判例上確立していたので（最判平

成6・2・8民集48巻2号255頁。その他の裁判例については，宇賀克也・情報公開法・情報公開条例（有斐閣，2001年）149頁以下参照)，規定をおくまでもないと考えられたためである。情報公開条例のなかには，不開示事由該当性の立証責任を実施機関が負うことについて，明文の規定をおく例がある（直方市情報公開条例8条，佐世保市情報公開条例12条，西海市情報公開条例9条）。

(b) 守秘義務との関係

外国では，デンマークの情報公開法（14条）のように，刑法，公務員法等の一般的守秘義務規定は，情報公開法上は不開示の根拠となしえないことを明示している例があるが，わが国の行政機関情報公開法は，守秘義務との関係について明示的規定はおいていない。国家公務員は，国家公務員法100条1項等により，守秘義務を負っている（特別職の公務員の守秘義務については，宇賀・行政法概説Ⅲ〔第4版〕476頁以下参照）。行政機関の職員に守秘義務を課す規定における秘密は実質秘，すなわち，非公知の事項であって，実質的にもそれを秘密として保護するに値すると認められるものである（最決昭和52・12・19刑集31巻7号1053頁，最決昭和53・5・31刑集32巻3号457頁）。実質秘をもらした場合，国家公務員法109条12号等により刑罰を科されたり，同法82条により懲戒処分を受けたりする可能性がある。他方，行政機関情報公開法は，不開示情報以外の行政情報の開示を義務づけている。行政機関情報公開法上，開示を義務づけられている情報は，そもそも実質秘には該当しないとも考えられるが，実質秘に該当するか否かを問わず，行政機関情報公開法上の義務として開示することは，国家公務員法100条1項等にいう漏洩行為には当たらず，守秘義務違反にはならないと解すべきであろう。国家公務員の守秘義務については，行政機関情報公開法7条による裁量的開示の場合も同様に考えられる（守秘義務規定と情報公開条例の不開示情報の関係について，名古屋地判平成16・7・15判例自治266号13頁参照）。

問題は，行政機関情報公開法の開示請求に対して，誠実に開示決定をしたところ，結果として，当該開示決定が違法であったという場合である。この場合，不開示情報は開示してはならないという職務義務（ただし，7条の公益上の裁量的開示が可能な場合は除く）に違反したことになる。また，当該情報が実質秘に該当する場合には，守秘義務との関係が問題になる。オーストラリアの連邦情報公開法92条やニュージーランドの情報公開法48条のように，結果として違

法な開示であっても，情報公開法のもとで開示が認められると信じて開示した者を訴追しない旨の明文の規定をおく例もあるが，わが国においても，行政機関情報公開法を誠実に執行する過程で誤って開示をした場合については，守秘義務違反として訴追をすべきではないであろう（かかる場合は故意ではないため漏洩行為に当たらないと解される）。もとより，請求者と共謀して，行政機関情報公開法の請求に基づく開示という形態を装って，故意に実質秘を開示したような場合には，守秘義務違反として訴追すべきであろう。違法な開示決定を故意に行い原告らのプライバシーを侵害したとして国家賠償請求がなされた事案において，松山地判平成15・10・2判時1858号134頁は，故意があったとまでは断定しなかったが，少なくとも過失があったとして請求を一部認容している（高松高判平成16・4・15判タ1150号125頁は控訴棄却）。

(c) 個人に関する情報（1号）

(ア) 個人に関する情報の範囲　　個人に関する情報の不開示規定は，いずれの国の情報公開法においても例外なく設けられている（詳しくは，宇賀・情報公開法の理論〔新版〕57頁参照）。個人に関する情報には，個人の思想，信条，身分，地位，健康状態，その他一切の個人に関する情報が含まれる。事業を営む個人の当該事業に関する情報も個人に関する情報ではあるが，その開示・不開示の判断は，法人等の事業活動情報と同様の基準で行われるべきと考えられたため，個人に関する情報からは除かれている。この点については議論のありうるところで，「行政情報公開基準」（2001年3月6日廃止）では，個人事業情報とその他の個人に関する情報を区別することが困難であり，個人に関する情報の取扱いに伴う個人の権利利益の侵害へのおそれは，個人によって異なり，また，利用目的，処理方法によっても異なりうる相対的なものであって，個人に関する情報の種類によって取扱いが異なることは適当でないとして，個人に関する情報として扱うこととしていた（総務庁行政管理局監修・解説行政情報公開基準47頁参照）。しかし，わが国の情報公開条例においては，事業を営む個人の当該事業に関する情報を法人等に関する情報として取り扱う方式が一般にとられており，行政機関情報公開法もそれと平仄を合わせている。

情報公開法要綱案第6(1)においては，「個人に関する情報（事業を営む個人の当該事業に関する情報を除く。）であって，特定の個人が識別され又は他の情報と照合することにより識別され得るもの」という表現になっていたが，本

条 1 号本文では,「当該情報に含まれる氏名,生年月日その他の記述等……により」の部分が「特定の個人を識別することができるもの」の前に付加されている。その結果,氏名,住所,生年月日等,それ自体として個人を識別しうる情報のみならず,「平成元年に肺癌に罹患」という個人の病歴の部分等も,「個人に関する情報」に含まれることがより明確になっている。「文書,図画若しくは電磁的記録に記載され,若しくは記録され,又は音声,動作その他の方法を用いて表された一切の事項をいう。……)」(1 項 1 号)の部分は,「その他の記述等」の内容を明確にするために,2016 年通常国会における改正で追記された。指紋,筆跡,ビデオの映像,録音テープの音声,モールス信号の音,手話の動作で表示される場合も含み,また,映像等により特定の個人を識別できる場合も,「その他の記述等」に含まれる。個人識別符号については,次号に規定されているため,本号からは除かれている。

　なお,公務員等の職務遂行にかかる公務員等の職・氏名,職務遂行の内容については,そもそも原則としてプライバシーが問題になる余地はなく,「個人に関する情報」には当たらないという裁判例(仙台地判平成 8・7・29 判時 1575 号 31 頁等)が,地方公共団体の情報公開条例に関する訴訟においてみられる。また,最判平成 15・11・11 民集 57 巻 10 号 1387 頁は,大阪市公文書公開条例について,「国及び地方公共団体の公務員の職務の遂行に関する情報は,公務員個人の社会的活動としての側面を有するが,公務員個人の私事に関する情報が含まれる場合を除き,公務員個人が同条 2 号にいう『個人』に当たることを理由に同号の非公開情報に当たるとはいえないものと解するのが相当である」と判示している。ただし,この最高裁判決は,行政機関情報公開法のように公務員等情報も「個人に関する情報」であることを前提として,例外的に公務員等の職および当該職務遂行の内容にかかる部分の開示を義務づける法律は,判旨の射程外にしていると思われる。本条 1 号ハは,公務員等の職務遂行にかかる情報は,当該公務員等の個人の活動に関する情報でもあるという前提に立っているので,本判決の射程外といえよう。

　また,不開示情報全体についていえることであるが,情報公開法要綱案の「開示すること」という表現を「公にすること」という表現に改めることによって,当該開示請求者のみならず,何人にも当該情報を明らかにできない趣旨であることを明確にしている。

(イ)　個人識別情報型　　個人に関する情報を保護する目的は，個人の正当な権利利益の保護であり，その中核的部分は，プライバシーである。そのため，個人に関する情報についての不開示の範囲をプライバシーという概念で画することが考えられる。比較法的には，アメリカやニュージーランドがこの類型に属する。また，わが国の地方公共団体においても，大阪府情報公開条例（「特定の個人が識別され得るもののうち，一般に他人に知られたくないと望むことが正当であると認められるもの」）等，少数ではあるが，プライバシー情報型をとるものがある。プライバシー情報型は，個人に関する情報につき，不開示の範囲が必要以上に広がらないようにするためには適切な方式ということもでき，この方式を支持する意見も少なくない。しかし，プライバシーの概念が必ずしも明確ではなく，個人の価値観により，その範囲につき見解が分かれることが少なくないため，プライバシー情報型では，制度の安定的運用が困難ではないかが懸念される。そこで，個人識別情報を原則不開示としたうえで，個人の権利利益を侵害せず不開示にする必要のないもの，および，個人の権利利益を侵害しても開示することの公益が優越するため開示すべきものをただし書で例外的開示事項として列挙する個人識別情報型が採用されたのである。比較法的には，カナダ等がこの型をとっており，わが国の情報公開条例の大半も同様である（行政機関の保有する個人情報の保護に関する法律〔以下「行政機関個人情報保護法」という〕も個人識別情報をメルクマールとしている）。なお，韓国の情報公開法は，当初，個人識別情報型をとっていたが，2004年の改正により，プライバシー情報型を採用している（宇賀克也編・諸外国の情報公開法（行政管理研究センター，2005年）40頁〔金映蘭執筆〕参照）。

　「他の情報と照合することにより，特定の個人を識別することができることとなるものを含む」の部分は，「モザイク・アプローチ（mosaic approach）」（詳しくは，宇賀・情報公開法219頁参照）と呼ばれるもので，理論的には，個人に関する情報に限らず，すべての不開示情報との関係で問題になるのであるが，個人に関する情報については，個人情報保護の観点から，モザイク・アプローチによる慎重な判断がとりわけ重要であり，とくに確認的に規定されたものとみることができよう（大阪高判平成24・11・29判時2185号49頁も同旨）。「他の情報と照合することにより」の部分は，全国紙掲載情報のように国民一般が容易に入手しうる情報を基準に考えるのか，県民版掲載情報のように，当該県民に

とっては容易に入手しうるが国民一般にとっては必ずしもそうではないものも含めるかにより判断が相違することになるが、行政機関情報公開法は、何人にも開示請求権を認めており、当該県民も開示請求をする可能性があるのであるから、国民一般が容易に入手しうる情報のみを基準としてモザイク・アプローチを行うことは適切とはいえないであろう（名古屋高判平成15・5・8判例集不登載参照）。沖縄県の新聞では報道されたが全国紙では報道されなかった事実について、東京地判昭和62・11・20判時1258号22頁は、沖縄以外の人々にとっては未だ公表されていない事実であると判示していることも参考になる。東京地判平成20・3・28判例集不登載は、行政機関情報公開法が何人にも開示請求権を認めているため、当該個人と特殊な関係にある者が開示請求をする可能性があることや、本条1号本文前段が、単に「他の情報」とのみ規定し、その範囲に文言上の限定を加えていないことにかんがみると、一般人が知りうる報道や公刊物の情報だけでなく、当該個人の近親者や関係者のみが知りうる情報が含まれると解するのが相当であるとし、その控訴審の東京高判平成20・12・17判例集不登載も、一般に知られておらず、当該個人の近親者や関係者のみが知りうる情報と相まって個人が識別される情報についても、それが開示されると、結局は、情報の伝播により個人のプライバシー侵害を招くことになるから、本条1号の「他の情報」は一般人の知りうる情報に限定すべきでなく、当該個人の近親者や関係者のみが知りうる情報をも含むと解すべきと判示している。

　前掲大阪高判平成24・11・29は、個人情報の保護に関する法律（以下「個人情報保護法」という）2条1項（平成27年法律第65号による改正前）が、同法の個人情報の意義について、「他の情報と容易に照合することができ、それにより特定の個人を識別することができることとなるものを含む」と規定しているのに対し、本法5条1号は照合の容易性を要件としていないのは、個人情報保護法が民間企業にも適用されるため、営業の自由への配慮から個人情報をある程度限定する必要があるのに対し、公的部門が保有する情報に関する本法は、より厳格な個人情報保護を求めたものと解されるとして、特定範疇の者にとって容易に入手しうる情報も、本法5条1号にいう「他の情報」に当たると解すべきとする。東京地判平成27・2・27判タ1423号233頁も、本法が何人にも開示請求権を認めており、様々な立場の者が様々な目的で開示請求をする可能性

第5条（行政文書の開示義務）

があることを考慮すると，特定の個人の識別可能性を判断するに当たって基準となるべき他の情報は，必ずしも国民一般が容易に入手することができるものに限られないと解すべきとして，当該患者の子の誕生日を知る者や当該患者の入院先や手術日を知る者による照合可能性も考慮に入れている（鹿児島地判平成27・12・15判時2298号28頁も同旨。他方，モザイク・アプローチにおいて，特定の立場の者が有するにすぎない情報との照合につき検討を要する場合を，照合の結果，特定人の生命・身体に危害が及ぶなど，深刻な事態の起こる蓋然性が高い場合に限定するものとして，京都地判平成27・6・19判例集不登載がある）。

　モザイク・アプローチは，すべての不開示情報との関係で必要になるが，最高裁は，個人に関する情報以外の不開示情報について，特定人基準により，モザイク・アプローチを行っている。本条2号の法人等に関する情報について，最判平成23・10・14判時2159号59頁は，競業者にとって，当該数値情報が開示された場合，自らの同種の数値に関する情報等との比較検討を加味することによって，さらに精度の高い推計を行うことができ，これを自社の設備や技術の改善計画等に用いることが可能になるとして，不開示情報該当性を肯定している。すなわち，そこでは，競業者という特殊な者のみが有する自社の内部情報との照合により，競争上の不利益が生じうることを不開示情報該当性を肯定する理由の一つとしているのである。国の安全等に関する情報についても，最判平成30・1・19判時2377号4頁は，一般人ではなく，きわめて特殊な情報を保有していたり，特殊な情報解析能力を有する者による開示請求がなされた場合も念頭に置いている。行政機関情報公開法に基づく開示請求権は何人にも与えられているから，判決で明示されているわけではないが，外国の諜報機関の職員による開示請求も想定しているものと思われる。公共の安全等に関する情報についても，滋賀県情報公開条例の事案についてであるが，最判平成19・5・29判時1979号52頁は，「事件関係者等において，本件領収書の記載の内容やその筆跡等を手掛りとして，内情等を捜査機関に提供し得る立場にある者に関する知識や犯罪捜査等に関して知り得る情報等を総合することにより，本件領収書の作成者を特定することが容易になる可能性も否定することができない」と判示している。すなわち，筆跡等を手掛りとして，「内情等を捜査機関に提供し得る立場にある者に関する知識や犯罪捜査等に関して知り得る情報等」という特殊な立場にある者のみが有する情報と照合することにより，本件

領収書の作成者を特定される可能性を肯定し，不開示情報該当性を認めているのである。この判示は，直接的には，公共の安全に関する情報についてのモザイク・アプローチに関するものであるが，個人の識別について，特殊な情報を持つ者による識別可能性を考慮していることからして，いわゆる一般人基準では不開示情報の保護に不十分な場合があると考えているものと思われる。最判平成21・7・9判時2057号3頁も，犯罪を企てている出所者が，自分が出所情報ファイルの記録対象となっていることなどを確実に知った場合に，より周到に犯罪を計画し，より細心の注意を払ってそれを実行しようとする可能性を否定できず，また，出所情報を活用した捜査方法の一端でも知ったときは，その捜査方法の裏をかくような対抗策に出る可能性があることも否めないとして，不開示情報該当性を肯定している。すなわち，そこでは，犯罪を企てている出所者というきわめて特殊な者が有する自分が犯した犯罪についての情報との照合が問題とされているのである。この判決は，情報公開条例についてのものであるが，行政機関情報公開法5条4号と同種の不開示情報が争点になったものであり，同号についても最高裁が同様に解するであろうことは明らかであろう。一般人基準・特定人基準の議論は，行政機関情報公開法5条1号の個人に関する情報該当性のみを念頭に置いて行われることが多く，これは，同号についてのみモザイク・アプローチについての規定が置かれていることに起因すると思われるが，他の情報との照合による不開示情報該当性は，すべての不開示情報との関係で審査されるべきであるから，モザイク・アプローチの方法も，不開示情報全般について統一的になされるべきであろう。とりわけ，不開示情報を開示しないように最も注意を要する個人に関する情報についてのみ一般人基準を採用し，その他の不開示情報については特定人基準を採用することは，明らかに均衡を欠くといえよう。そして，個人に関する情報についての一般人基準は，特殊な情報を有する者による開示請求により，個人の権利利益の侵害が生じる場合には，「特定の個人を識別することはできないが，公にすることにより，なお個人の権利利益を害するおそれがあるもの」（行政機関情報公開法5条1号柱書本文）という不開示規定を用いることにより，不開示とするのであるから，実質的にみれば，特定人基準と変わらない。換言すれば，個人に関する情報の場合には，行政機関情報公開法5条1号柱書本文のような規定があるので，それを用いることにより，表面上，一般人基準をとり，実質的に特定人

基準をとることが可能になるが、それに対応する規定がない他の不開示情報の場合には、正面から特定人基準をとらざるをえないことになる。個人に関する情報についての特定人基準への批判は、それでは、家族・親族等、本人に関して特殊な情報を有する者が開示請求をした場合も念頭に置くことになり、不開示情報の範囲が広がりすぎるという懸念に基づいている。この懸念はもっともなものであるが、本人は家族・親族等に対しては、一般にプライバシーを放棄していると考えられるので、これらの者との関係では、プライバシーを中心とする個人の権利利益の保護の必要性はないといえよう。したがって、家族・親族等のみが有する情報との照合の必要性はないと思われる。

　個人情報保護法2条1項1号が「他の情報と容易に照合することができ」と規定し、照合の容易性を要件としているのに対して、本条1号は、行政機関個人情報保護法2条2項1号と同様、行政機関が保護する個人情報の範囲を民間部門よりも広げるために照合の容易性を要件としていない点に留意する必要がある（宇賀克也・自治体のための解説個人情報保護制度（第一法規、2018年）4頁、同・個人情報保護法の逐条解説〔第6版〕（有斐閣、2018年）411頁参照）。

　個人識別性の判断に際しては、対象となる集団の規模が重要な考慮要素になることがある（内閣府情報公開・個人情報保護審査会答申平成15・11・28〔平成15年度（行情）第412号〕、内閣府情報公開・個人情報保護審査会答申平成20・7・29〔平成20年度（行情）第175号〕は、直接的には個人識別性の問題として論じていないが、実質的には、対象となる集団が小規模であることにより個人が識別される可能性を考慮して、不開示決定を妥当としている）。たとえば、ある集団のなかの1人が解雇されたという情報の場合、当該集団の構成員の数が多い場合には、他の情報と照合することによって当該個人が識別される可能性は一般的にいって低いが、構成員がごく少数の場合には、モザイク・アプローチにより個人が識別される可能性が高くなる。また、構成員がごく少数の場合には、たとえ個人が識別されなくても、集団の不名誉が直ちに構成員の不名誉に結びつく傾向がある。さらに、ある集団の構成員が必ずしも少数ではない場合であっても、情報の性質、内容によっては、当該集団に属する構成員全員が不利益を受ける可能性がありうる。個人識別性の判断に際しては、このような事情も考慮に入れて解釈する必要がある。

　「特定の個人を識別することはできないが、公にすることにより、なお個人

の権利利益を害するおそれがあるもの」を不開示とする部分は，情報公開法要綱案第6(1)ロでは，「氏名その他特定の個人が識別され得る情報の部分を除くことにより，開示しても，本号により保護される個人の利益が害されるおそれがないと認められることとなる部分の情報」を例外的に開示する規定によって含意されていた。すなわち，情報公開法要綱案第6(1)ロは，一方において，組織体の構成員としての個人の活動に関する情報が一般にそうであるように，個人が識別されない部分を開示しても，個人の権利利益が害されない場合には，その部分を開示すべきことを明らかにするとともに，その反対解釈として，たとえ，個人が識別されない部分であっても，それを開示することが，個人の権利利益を害することがありうるという前提に立ち，かかる部分は開示を禁ずる趣旨である。たとえば，カルテ，反省文のように，個人の人格と密接に関係する情報については，当該個人がその流通をコントロールすることが可能であるべきであり，本人の同意なしに第三者に流通させることは適切でないというのが行政改革委員会の判断であり（情報公開法要綱案の考え方4(2)エ)，個人識別性がない場合であっても，開示されることにはならない。本条においては，この趣旨を明確にするため，端的に不開示情報として表現している。なお，三重県松阪市情報公開条例8条1号のように，個人識別性がなくても個人の権利利益を害するおそれがある情報を不開示とする規定を設けないものもある。

　兵庫県情報公開条例についてのものであるが，神戸地判平成22・9・14判例集不登載は，加害教員の反省または謝罪は，加害教員個人の人格に密接に結びつくものであり，反省文や謝罪文ではなく，あくまでも当該体罰についてその報告に必要な程度において記載された情報であるとしても，個人識別性がなくても個人の権利利益を害するおそれがある情報であるとする。また，被害児童生徒の保護者の発言のうちの心情の吐露等を示す情報についても，保護者の人格と密接に結びついたものであり，また，被害児童生徒の体罰後の心身の状況は，そもそもきわめて個人的な事柄に属するものであるし，心身の状況の内容次第では，それが公開されることによってさらに心身ともに重大な悪影響を被る可能性もあり，個人識別性がなくても，公開されることによって被害児童生徒の権利利益を害するおそれのある情報であるとする（同じく兵庫県情報公開条例についての大阪高判平成18・12・22判タ1254号132頁も参照）。

　個人に関する情報についてのモザイク・アプローチにおける一般人基準と特

第5条（行政文書の開示義務）

定人基準の問題について，内閣府情報公開・個人情報保護審査会は一般人基準をとっているが，実際には，筆跡等により個人が特定される場合には，「特定の個人を識別することはできないが，公にすることにより，なお個人の権利利益を害するおそれがあるもの」として不開示にすることを是認しており，実質的には，特定人基準にほかならない。本条1号については，「特定の個人を識別することはできないが，公にすることにより，なお個人の権利利益を害するおそれがあるもの」という規定を援用することにより，形式的に一般人基準をとっているにすぎず，かかる規定がない本条2号から6号までにおいて，個人が識別されることが不開示情報に該当する場合（公務員個人が特定されることによりテロ等の犯罪の標的になると行政機関の長が認めることにつき相当の理由がある場合等）には，一般人基準を採用することの問題が露見せざるをえなくなる。もっとも，同居の家族のみが有している情報との照合によってのみ個人が識別されうる場合には，一般に同居の家族間ではプライバシーが放棄されていると考えられることにかんがみると，特定人基準のもとでも，個人識別性を肯定すべきではないと思われる。

　(ウ)　死者に関する情報　　「個人」に死者を含むかについて明文の規定はない。アメリカの連邦情報自由法のように死者個人のプライバシーは保護せず，遺族のプライバシーとして保護するかを判断する運用をしている国もあれば，フランスの情報公開法，オーストラリアの連邦情報公開法のように，明示的に死者の情報も個人情報として保護する例もある。わが国の行政機関個人情報保護法2条2項柱書は，「個人情報」を「生存する個人に関する情報であって……特定の個人を識別できるもの」と定義しているが，これは，死者が開示請求権を行使しえない等，同法の対象とする意義に乏しいという事情を考慮したものであり，本人から開示請求がなされた保有個人情報に第三者である死者が識別される情報が含まれている場合には，原則として当該情報を不開示とするため，「個人情報」ではなく，「個人に関する情報」という文言を用いている（14条2号。宇賀・個人情報保護法の逐条解説〔第6版〕486頁参照）。死者の名誉，プライバシーに関するわが国の国民感情や，死者の情報開示が遺族のプライバシー侵害になりうること等を考慮すると，本法の「個人」には死者も含むと解すべきであろう（東京地判平成20・3・28判例集不登載参照。死者の名誉毀損に関する刑法230条2項，著作者等が死亡した後における人格的利益の保護に関する著作権法

60条・116条も参照)。

　(エ)　**公領域 (public domain) 情報**　本条1号イは、「法令の規定により又は慣行として公にされ、又は公にすることが予定されている情報」を例外的開示事由として挙げている。「法令の規定」は、何人に対しても、かつ、理由の如何を問わず公開するものに限られる。「慣行として」とは、慣習法とまではいえなくても、事実上の慣習であれば足りる。開示請求の対象になった情報と同種の情報が公にされた先例があるとしても、それが個別事例として位置づけられるにとどまり、先例として踏襲されていない場合には、「慣行として」とはいえない。「法令の規定により又は慣行として」は「公にすることが予定されている情報」にもかかる。「公にされ……ている情報」とは、現在、公知の事実である必要はないが、何人も知りうる状態に置かれている情報をいう。したがって、10年前に広く報道された事実であったとしても、現在は、限られた少数の者しか知りうる状態にはない場合には、当該情報は、「公にされ……ている情報」とはいえない。東京地判平成19・7・12判例集不登載は、過去に公にされた情報であっても、開示請求の時点では何人でも知りうる状態に置かれていないのであれば、開示請求時に不開示情報とすることにより保護すべき利益が存しないということにはならないのであるから、当然に公領域情報とはいえず、むしろ、当該情報の性質、過去に公表された根拠やその態様等を考慮した上で、過去に公表されたことによって、当該情報を不開示情報とすることにより保護すべき利益が失われている場合にのみ、公領域情報に該当すると解するのが相当であると判示している。

　法令の規定により公にされている情報として立法時に想定されていたものは、登記簿に記載されている法人の役員に関する情報、不動産の権利関係に関する情報等である (情報公開法要綱案の考え方4(2)ウ)。ただし、登記簿に記載されている法人の役員に関する情報を「個人に関する情報」と解すべきか、「法人等に関する情報」と解すべきかについては議論がありうる (最判平成15・11・11民集57巻10号1387頁参照)。慣行として公にされている情報とは、叙勲者名簿、中央省庁の職員録等である。「公にすることが予定されている情報」とは、請求時点においては公にされていないが、将来、公にすることが予定されている情報を意味する (公表が予定されている場合に限られず、求めに応じて何人にも情報提供を予定している場合も含まれる)。たとえば、毎年公表している報告書であっ

第 5 条（行政文書の開示義務）

て，当該年度においても公表する予定で行政機関内部ではすでに作成されているが対外的にはまだ公にしていない時点で開示請求があった場合には，「慣行として……公にすることが予定されている情報」として開示されることになる。また，公にする時期につき具体的計画がない場合であっても，当該情報の性質上通例公にされるべきものも，「公にすることが予定されている情報」に含めて解釈しうる。したがって，開示請求対象文書に記載された情報と同種の情報が公にされており，開示請求対象文書のみ公にしないのは不合理と考えられる場合にも，「公にすることが予定されている情報」に該当する。

　公務員でなくても，公人としての活動が公領域情報として，開示されるべきとされることがある。内閣府情報公開審査会答申平成 14・9・20（平成 14 年度（行情）第 181 号）は，まったくの私人たる天皇の個人に関する情報を除き，天皇が公人として行う行為である外国の国王・王族，大統領の接遇や外国訪問などといったいわゆる「ご公務」に関する情報については，これをすべて個人に関する情報として不開示とすることが妥当であるとはいえないとする。すなわち，天皇は公務員ではないが，公人としての行為に関する情報のうちには，その内容・性質にかんがみ，時期の問題は別として，行政機関情報公開法 5 条 1 号ただし書イの規定の適用により開示することが相当とされるものがあると解されるというのである。また，内閣府情報公開審査会答申平成 15・7・14（平成 15 年度（行情）第 188 号）は，侍従職は公務員に該当するものではないが，その職名自体，純然たる私的立場にすぎないことを示すとは言いがたく，本件個人が本件職位にある間に行った職務の実態は公的色彩のきわめて強いものであったこと等の事実が認められ，これらの事実によると，本件個人の本件職位への就任は東宮大夫への就任に匹敵するような公的なものとして取り扱われ，その職務は公的なものであるととらえるのが一般的であったとみられるばかりでなく，本件個人自身もそのように認識しており，その実際に行った職務の内容も実態は公的なものであったとみることができること等に照らし，本件侍従の活動に関する情報は，行政機関情報公開法 5 条 1 号ただし書イの「公にすることが予定されている情報」に該当すると認めるのが相当であるとする。なお，懇談会等の行政運営上の会合は，私的諮問機関とも呼ばれ，法律や政令に基づき設置される審議会等（内閣府設置法 37 条，国家行政組織法 8 条）とは異なり，構成員に対して公務員としての発令は行われず，民法上の委任契約によるもの

と解されるが、2005年8月3日の情報公開に関する連絡会議申合せ(「懇談会等行政運営上の会合における発言者の氏名について」)は、「懇談会等行政運営上の会合の議事録等における発言者の氏名については、特段の理由がない限り、当該発言者が公務員であるか否かを問わず公開するものであることに留意する」としている。

なお、行政機関個人情報保護法が2005年4月1日から施行され、個人情報保護が大幅に強化されることになったことを契機に、各府省において、従前公表してきた幹部公務員の略歴の公表慣行の見直しが行われ、内閣府では、2005年7月16日、生年月日、本籍地、公務員採用試験区分を非公表とする運用に改められた。そこで、2005年9月12日現在の内閣府国民生活局の課長級以上の氏名、本籍地(出身地)、最終学歴、公務員採用試験区分、採用後の略歴、生年月日の分かる文書の開示請求が行われた。内閣府官房長は、氏名、役職名のほか、採用試験種別、主な経歴等は開示したが、本籍地、最終学歴および生年月日は不開示としたところ、不開示部分の開示等を求めて内閣総理大臣に審査請求がなされた。内閣府情報公開・個人情報保護審査会は、2006(平成18)年6月30日、国民生活局長については、行政機関個人情報保護法が施行される前に、不開示とされた情報を含む略歴が公表されていたため、本法5条1号ただし書イの「慣行として公にされ……ている情報」に該当し、開示すべきとし、他方、その他の者については、不開示としたことは妥当としたのであるが、今後検討を要すべき課題について、以下のような付言をしている点がとくに注目される。すなわち、幹部公務員の人事異動時に公表する略歴の掲載情報が行政機関ごとに異なっているのであれば、国民の視点ないし公益的な観点からみた場合には、賛同を得ることは困難であると思われること、内閣府において、行政機関個人情報保護法の施行を契機としたものであるとはいえ、公表する幹部公務員の略歴の掲載情報を縮小したことが、国民の視点ないし公益的な観点からみた場合に、はたして適当であるといえるかについても検討の余地があることを指摘し、たとえ一般職公務員であっても、所管行政の専門家として大臣等を直接補佐し重要政策の企画立案および実施に当たる一定の上級幹部公務員については、人事異動時に略歴を第三者(報道関係者)に提供することに行政機関個人情報保護法8条2項4号の「特別の理由」があると認められる余地があるかどうか十分に検討し、その上で各行政機関の判断が適正に行われるよう、

第5条（行政文書の開示義務）

判断に当たっての具体的なガイドラインを示す等の検討を政府部内の人事担当部局において行うべきであると思われること，仮に「特別の理由」がないとしても，これらの上級幹部公務員については，就任時に本件の不開示情報（生年月日，本籍および最終学歴）を含めた略歴を公表することについて，たとえば包括的な同意を得るシステムを構築することにより，各行政機関における取扱いを統一することができないか等の検討を行うべきであると思われることが指摘されたのである（平成18年度（行情）第155号）。

　本件答申で前記のような付言がなされたこと，および個人情報保護法制の見直しについて検討していた内閣府国民生活審議会個人情報保護部会が「国の行政機関において，従来公表していた情報を公表しなくなった，又は公表する幹部職員の情報にバラツキがある等の指摘があるが，その取扱いをどのように考えるか。情報公開との関係で整理が必要なものがあるのではないか」（平成18年7月28日の個人情報保護部会配布資料「個人情報保護に関する主な検討課題（案）」）を今後の主な検討課題の1つとして挙げたことが契機となり，総務省行政管理局において，この問題の検討が行われ，政府内における調整がつき，2007（平成19）年5月22日，総務省行政管理局から，各府省に対して，「国の行政機関における幹部公務員の略歴の公表の在り方について」が通知された。これは，国民の信頼を確保するために必要な情報を可能な限り提供し，行政機関個人情報保護法の統一的運用を図るという観点から，幹部公務員の略歴の公表に関する基本的考え方をとりまとめたものである。そこでは，幹部公務員の略歴書の記載項目は，氏名，生年月日，出身地（原則として，本籍地の属する都道府県名），最終学歴，採用試験の種類および区分（選考による採用の場合はその旨），職歴（採用府省，採用年月，本府省企画官相当職以降の職名およびその発令年月）とされ，顔写真の提供等，一層の情報提供を図るために前記を上回る措置を講ずることを妨げないとされている。そして，幹部公務員については，原則，略歴書を公表することとされている。本通知に示した事項を内容とする幹部公務員の略歴書の作成・公表等は，その職責にかんがみ，行政機関個人情報保護法8条2項4号に規定する「特別の理由」がある場合に該当するものとして行われ，同条2項1号に規定する「本人の同意」を得て行われるものではないことが明記されている。これにより，本件答申の付言で提起された課題への対応が行われたことになる。この通知に沿って，幹部公務員の略歴情報の慣行が形成されれば，

行政機関情報公開法に基づく開示請求が行われた場合に，同法5条1号ただし書イの解釈に影響が及び，公領域情報との判断がなされることとなろう（詳しくは，宇賀克也・情報公開・個人情報保護（有斐閣，2013年）393頁以下参照）。

　本条1号イが定める公領域情報には，個人のプライバシーを侵害する可能性のある情報も含まれうるが，受忍限度内にとどまるものと考えられるため，開示することとしている（その他，公領域情報に関する内閣府情報公開審査会答申については，宇賀・情報公開・個人情報保護380頁以下参照）。

　(オ)　**公益上の義務的開示**　本条1号ロは，「人の生命，健康，生活又は財産を保護するため，公にすることが必要であると認められる情報」の開示を義務づけている。情報公開法要綱案第6(1)ニは，「人の生命，身体，健康，財産又は生活を保護するため，開示することがより必要であると認められる情報」と規定しており，「より必要であると認められる」という表現で，不開示により保護される利益と開示により保護される利益の比較衡量が行われること，比較衡量の結果，後者が前者に優越すると認められるときに開示が義務づけられることを示していた。本条1号ロには，「より」という文言はないが，このような比較衡量が行われるべきという趣旨を変更するものではない。この比較衡量に際しては，不開示により保護される利益と開示により保護される利益の双方につき，各利益の具体的性格を慎重に検討する必要がある。すなわち，不開示により保護される利益のなかでも，高度にセンシティブな情報に関するものもあれば，そうでないものもあるし，他方，開示により保護される利益についても，生命，身体等の非財産的法益と財産的法益の場合では要保護性に差異が生ずる。「人の生命，健康，生活又は財産を保護するため」とは，「人の生命，健康，生活又は財産」に現実に被害が発生している場合に限られず，これらの法益が侵害されるおそれがある場合を含みうる（本条2号ただし書の場合も同様である）。

　実際に，本条1号ロの公益上の義務的開示を認めたものとして，内閣府情報公開審査会答申平成14・4・12（平成14年度第8号）がある。これは，特定の医薬品に係る医薬品副作用・感染症症例票に記載された副作用症例は，当該医薬品の安全な使用の観点から，これを公にする意義が大きいので，個人を識別することになる部分を除いて開示すべきとされたものである（本条1号ロの公益上の義務的開示に関する内閣府情報公開審査会の答申については，宇賀・情報公開・個

第5条（行政文書の開示義務）

人情報保護 435 頁以下参照）。

　(カ)　公務員等情報　　本条1号ハは，公務員等情報に関する例外的開示規定である。公務員等の職務遂行にかかる情報は，そもそも，「個人に関する情報」には該当しないという前提に立てば，このような例外的開示規定は不要になるはずであり，本条がそのような前提に立っていないことはすでに述べたとおりである。ここでいう「公務員等」は，国家公務員法2条1項に規定する国家公務員（行政執行法人の役員および職員を除く），独立行政法人等情報公開法2条1項に規定する独立行政法人等の役員および職員，地方公務員法2条に規定する地方公務員ならびに地方独立行政法人の役員および職員である。

　国家公務員法2条1項に規定する国家公務員は，一般職のみならず特別職も含むので，同法2条3項に規定する国務大臣（2号），国会議員（9号），裁判官（13号）等も，ここでいう公務員に含まれる。常勤であるか非常勤であるかも問わないので，非常勤の審議会委員も含む。同様に，地方公務員法2条に規定する地方公務員も，地方公共団体のすべての公務員であり（同条かっこ書），一般職と特別職の双方を含むので（3条1項），同法3条3項の規定する地方議会議員（1号），委員会（審議会等を含む）の構成員の職で臨時または非常勤のもの（2号）等も，ここでいう公務員に該当することになる。行政執行法人の役員および職員も国家公務員であるが（独立行政法人通則法51条），独立行政法人等情報公開法2条1項に規定する独立行政法人等の役員および職員に含まれるので，本条1号ハの国家公務員からは除かれている。地方独立行政法人のうち，特定地方独立行政法人の役員および職員は地方公務員であるが（地方独立行政法人法47条），地方公務員法2条に規定する地方公務員は，地方公共団体の公務員を意味するので，特定地方独立行政法人の役員および職員は含まない。地方公務員法2条に規定する地方公務員から特定地方独立行政法人の役員および職員を除いていないのはそのためである（地方公共団体の公務員と特定地方独立行政法人の役員および職員の両者を含める場合には，地方公務員法3条1項が引用される。行政手続法3条1項9号参照。宇賀克也・行政手続三法の解説〔第2次改訂版〕（学陽書房，2016年）69頁参照）。なお，「公務員等」であるためには，国，地方公共団体，独立行政法人，地方独立行政法人と雇用関係にあることが必要である。労働者派遣事業の適正な運営の確保及び派遣労働者の就業条件の整備等に関する法律2条2号の派遣労働者が国，地方公共団体，独立行政法人，地方独立行政法人

87

で勤務する場合は，当該派遣労働者は，労働者派遣事業の事業主との雇用関係のもとにあり（2条1号），国，地方公共団体，独立行政法人，地方独立行政法人に雇用されているわけではないので，「公務員等」には含まれない。また，公務員であっても，外国政府に勤務するものは，ここでいう「公務員等」には含まれない（北九州市情報公開条例の不開示規定における「国又は地方公共団体の公務員」に外国の公務員が含まれないと判示したものとして，福岡高判平成21・6・23判例集不登載参照）。当該者がすでに公務員ではない場合であっても，公務員であった当時の情報については，本条1号ハの規定が適用される。

「公務員等の職務の遂行に係る情報」とは，行政庁（公正取引委員会等）もしくはその補助機関（公正取引委員会事務総長等）等として，または独立行政法人等もしくは地方独立行政法人の役員・職員として分任する職務の遂行にかかる情報である。したがって，ある公務員AがBによって分限免職処分を受けた場合，当該処分を行うことはBの職務の遂行にかかる情報ではあるが，Aにとっては職務に関する情報ではあっても，職務の遂行にかかる情報ではない。懲戒処分を受けることが，被処分者に分任された職務遂行に係る情報とはいえないとしたものとして，内閣府情報公開・個人情報保護審査会答申平成19・2・9（平成18年度（行情）第379号）参照。

行政情報公開部会の情報公開法要綱案（中間報告）第6①ロにおいては，「公務員の職務遂行に際して記録された情報に含まれる当該公務員（一定の範囲の者）の官職及び氏名」の開示を義務づけることとしていたが，同部会最終報告は，職と氏名を区別し，職についてはすべて公開する方針をとった。本条1号ハも，行政改革委員会の答申に従い，公務員等情報のうち，職に関する情報と氏名に関する情報を分けている。すなわち，公務員等の職に関する情報は，行政情報でもあり，公務員等の個人に関する情報でもあるが，前者の観点からみた場合，その職務遂行にかかる情報と密接不可分の関係にあり，アカウンタビリティの観点から開示する意義が大きいと考えられる。ある職についている者が1人しかいない場合等，職を開示することによって公務員等個人が識別され，当該公務員等が不利益を受ける可能性もあるが，アカウンタビリティを優先させて，職に関しては，例外なく開示することとしているのである。他方，公務員等の氏名は，行政事務を遂行した公務員等を特定するために行政文書等に記録することが一般的ではあるが，同時に，公務員等の私生活における個人識別

第 5 条（行政文書の開示義務）

のための基本情報としての性格も有しており，開示した場合に公務員等の私生活に影響を及ぼす可能性が低くない。そこで，公務員等の氏名については，民間の職員の場合と区別することなく，本条 1 号イにより開示の是非を判断することとしている。なお，「情報公開に関する公務員の氏名・不服申立て事案の事務処理に関する取扱方針（各府省申合せ等）」中の「各行政機関における公務員の氏名の取扱いについて」（平成 17 年 8 月 3 日情報公開に関する連絡会議申合せ）では，「各行政機関は，その所属する職員（補助的業務に従事する非常勤職員を除く。）の職務遂行に係る情報に含まれる当該職員の氏名については，特段の支障の生ずるおそれがある場合を除き，公にするものとする。なお，特段の支障の生ずるおそれがある場合とは，以下の場合をいう。①氏名を公にすることにより，情報公開法第 5 条第 2 号から第 6 号までに掲げる不開示情報を公にすることとなるような場合，②氏名を公にすることにより，個人の権利利益を害することとなるような場合」とし，「上記取扱方針に基づき行政機関が公にするものとした職務遂行に係る公務員の氏名については，今後は，情報公開法に基づく開示請求がなされた場合には，『慣行として公にされ，又は公にすることが予定されている情報』（第 5 条第 1 号ただし書イ）に該当することとなり，開示されることとなる」と述べている。内閣府情報公開・個人情報保護審査会答申平成 21・9・3（平成 21 年度（行情）第 192 号）は，氏名等を公にした場合，当該職員が非違行為を行った，あるいはその疑いが濃厚であると同僚，知人等から誤認されるとともに，公務員としての資質に疑いを持たれるおそれがあるから，当該職員個人の権利利益を害することとなると認められ，申合せに定める特段の支障の生ずるおそれがある場合に該当するとしている。

　本条 1 号ハにより，当該個人が公務員等である場合において，当該情報がその職務の遂行にかかる情報であるときは，当該公務員等の職および当該職務の遂行の内容にかかる部分が開示されることになるが，「当該公務員等の職及び当該職務遂行の内容に係る部分」が同時に他の公務員等の個人に関する情報にあたる場合があることに留意する必要がある。たとえば，上司が部下の職員を対象に人事評価を行った場合，当該評価に関する情報は，当該上司にとっては当該職務遂行の内容にかかる情報であるといえる。しかし，評価された職員にとっては職務遂行との直接的関連はなく，職務遂行の内容にかかる情報とはいえない。したがって，人事評価の結果は，当該職員の個人に関する情報として

原則として不開示にされることになる。また，公務員等の職務遂行にかかる情報であっても，それを開示すると当該公務員等がテロの対象になる可能性が高いなど，公務員等の生命身体に危険が及ぶおそれがある場合には，本条4号により職や職務遂行の内容も不開示にしうると解すべきであろう。

　㈻　**虚偽情報**　請求対象になった公文書に虚偽記載があり，氏名が冒用された場合，個人に関する情報の不開示規定の解釈に際して，そのことをどのように評価すべきかという問題がある。東京地判平成9・9・25判時1630号44頁は，実際には出席していない会議の出席者として自分の氏名を冒用された公務員の職・氏名の記載が個人に関する情報として不開示にされるべきかが問題になった事案であり，公文書の作成者自身が氏名を冒用したことを認めていたのであるが，判決は，自己の名を不正な行為に冒用されたという事実そのものは，被冒用者にとって不快な出来事であることは明らかであり，また，その公表を望まない情報であると一般的に推認することができ，他面，この情報を公開することが，被冒用者の名誉を毀損するおそれも否定することはできないのであるから，本件不開示部分の個人情報該当性を否定すべき事情はないと述べている。この事案は，東京都公文書の開示等に関する条例（平成11年東京都条例第5号による改正前のもの）にかかるものであり，同条例は，個人識別情報型を採用している。本件判決は，個人識別情報型のもとでもプライバシー侵害のおそれがない場合には，個人情報の開示の余地があることを肯定している。本件事案の場合には，氏名冒用という事実に着目して不開示を適法と判示しているので，もし，虚偽記載でなければ，当該公務員の職・氏名の不開示は違法と判示されていた可能性がある。なお，本判決に対して控訴がなされたが，東京高判平成10・3・30判例集不登載は，氏名冒用の事実を指摘し本件と無関係である旨の注記をすることのみによってプライバシー侵害を回避できないことは明らかであるとして控訴を棄却し，最判平成11・2・4判例集不登載において上告が却下され確定している。

　本条1号ハは，当該個人が公務員等である場合において，当該情報がその職務の遂行にかかる情報であるときは，当該情報のうち，当該公務員等の職および当該職務遂行の内容にかかる部分の開示を義務づけているが，当該公務員等の職を開示することによって，氏名まで特定されてしまうということはありうる。同条項は，たとえプライバシー侵害となっても，アカウンタビリティの観

第5条（行政文書の開示義務）

点から職は開示すべきという立法政策をとったのであるが，氏名を冒用された者にとっては，たとえ，その者が公務員等であったとしても，アカウンタビリティのために自己の信用・名誉等への侵害を受忍すべきいわれはなく，不開示とすることによって，被冒用者の権利利益を保護すべきであるという本判決のような解釈も成立しうると思われる。

　仙台地判平成20・3・31判例自治324号88頁は，氏名冒用の場合とまったくの架空人物名の場合を区別することが困難であるとして，宮城県情報公開条例8条1項2号の「特定の個人を識別することはできないが，公開することにより，なお個人の権利利益が害されるおそれがあるもの」を不開示とする規定を，架空支出に係る領収書で作成者を個人とするものを不開示とするために援用している。

　これとは対照的に，架空であったために所要経費を返還した会議に関する公文書に記載されている相手方の氏名および氏名が識別されうる具体的な役職名については，開示した場合に相手方の名誉を故なく傷つけるとともに，私生活への影響も考えられることから不開示とすべきと東京都知事が主張した事案において，東京高判平成10・3・25判時1668号44頁は，当該文書が真実を記載したものではなく，しかも，そこに懇談会の出席者として記載された者は，その役職名を冒用されたものであり，そこにその役職名が記載されていることも知らなかったものであってみれば，当該各文書に記載された内容は，その者に結びつく情報を何らその内容に含むものではないことが明らかであるから，当該文書はそもそも被冒用者の「個人に関する情報」を記載したものではないという立場をとっている。そして，当該各文書の各葉には「支出命令取消により返還済」という印が押されているから，当該各文書が不適正な会計処理にかかるものであることはこれにより推認されるし，会議の開催について決裁文書が作成されながら，その会議が実際には開催されなかった場合には，その決裁文書に出席者として記載されている者がその文書にかかる不適正な処理に加担したとみるのが通常であるとはいえないから，東京都知事が主張するような誤解を招くおそれがあるとは認めがたいとする。また，各文書の記載から前記のような誤解をする者がまったくないとはいえないにしても，そのことから当該文書が個人に関する情報を記録した公文書であることになるものではないと判示している。そして，最判平成11・6・11判例集不登載は，この判断を是認する

ことができないではないとして，上告を棄却している。また，大阪高判平成9・4・16判タ956号172頁は，知事交際費にかかる公文書に記載された相手方に現実に香典が供えられたとは認められず，当該公文書に記載された相手方に関する真実の情報が記載されているとは認められないから，個人に関する情報として不開示にすることはできないと判示し，最判平成13・5・29判時1754号63頁は，原審のこの事実認定は是認しえないわけではなく，かかる事実関係のもとにおいては，これらの交際費に関する情報が個人に関する情報として不開示にできないとした原審の判断は，是認するに足りると判示している。

岡山地判平成4・12・9判例集不登載（確定）の事案においても，開示請求対象文書に記載された個人に関する情報が虚偽であるので不開示情報として保護されるものでないという主張が原告からなされ，本人と思われる者から開示に同意する旨の陳述書が出されている場合，個人に関する情報であっても開示すべきかが争点になっている。判決は，個人に関する情報が虚偽であるか否かは，開示の是非に影響を与えないと判示している。同判決の事案は，請求者から虚偽記載であるという主張がなされた事例ではあるが，作成者が虚偽記載であると認めているわけではなく，真に虚偽記載であったか否かは確認されていない。かかる場合，単に虚偽記載であるという請求者の主張のみで，個人に関する情報を開示してしまうことは問題であろう。請求を受けた行政機関に，虚偽記載であるという主張が真実か否かを確認することを義務づけることも，行政機関に過大な負担を課すことになろう。しかし，当該個人情報の本人と確認しうる者から開示に同意する旨の陳述書が提出されている場合には，どうであろうか。この場合には，当該個人の権利利益を守るために不開示にする必要はないので，開示すべきという考えもありうるであろう。他方，情報公開制度においては，請求者が何人かを問わずに開示・不開示が決定されるべきであることに照らすと，当人が開示に同意しているか否かを問題にすべきではないという考えもありえよう。これは，本人開示と共通する問題であるので，そこで言及することとしたい。

当該文書に記載されている氏名は冒用されたものであり，被冒用者が虚偽記載に関与していないという情報が，当該文書にアクセスする者すべてに確実に伝達される措置が講じられる場合には，当該文書を開示することも考えられよう（宇賀克也・ケースブック情報公開法（有斐閣，2002年）2頁以下）。

なお，開示・不開示の決定を審理する職員は，一般的には，請求にかかる全文書の内容の調査をすることは義務づけられておらず，文書の記載内容に基づいて迅速に開示等の決定を行うことが予定されている（最判平成18・4・20集民220号165頁）。しかし，記載内容がきわめて不自然なものであることに容易に気がついてしかるべきときには，記載内容の真偽を調査する義務を負うという考えも成立しうる（同判決における泉徳治裁判官の反対意見参照）。

(ク) 本人開示　　個人に関する情報については，本人開示を認めるべきという意見が強い。地方公共団体においても，個人情報保護条例がない場合，情報公開条例を用いて本人開示請求がなされる例があり，かかる請求を認めるかにつき，下級審の裁判例は分かれた状況にあった（最判平成13・12・18民集55巻7号1603頁は，プライバシー情報型の情報公開条例に基づく本人開示の事例において，①個人情報保護制度が採用されていない状況のもとにおいて，②情報公開条例に本人開示を許さない趣旨の規定がおかれておらず，③本人開示が個人の権利利益を害さないことが請求自体において明らかなときは，個人に関する情報であることを理由として不開示とすることはできないと判示している）。行政情報公開部会においても，この問題は議論されたが，本人開示は，個人の権利利益の保護のための制度であり，行政部門のみならず民間部門にも共通する問題として，その保有機関による収集制限・適正管理等，本人の訂正請求の仕組み等も視野に入れて制度を構築する必要があり，個人情報保護法制のもとで自己情報開示の問題として処理するのが本筋であると考えられること，わが国で本人開示の希望が強い分野は，医療情報と教育情報であり，これらについては，国立，公立，私立を問わずに共通するシステムを考えるべきであり，また，本人に対してであっても，どこまで，また，いかなる方法でかかる情報を開示すべきかについて，専門家の間でも意見の一致をみていない（行政機関の保有する電子計算機処理に係る個人情報の保護に関する法律〔以下「旧法」という〕においても，医療情報，教育情報に対しては，原則として開示請求権が認められていなかった）ことにかんがみ，行政機関情報公開法では，本人開示を認めないという方針がとられた。

そのこともあり，内閣府情報公開（・個人情報保護）審査会は，一貫して本人開示を否定し，前記最判平成13・12・18後についても，兵庫県公文書公開条例と行政機関情報公開法は，立法の経緯や条文の文言等異なるとして，前記最高裁判決は，審査会の判断を左右するものではないとする立場を採ってきた

(答申については、宇賀・情報公開・個人情報保護 359 頁以下参照)。裁判例も、行政機関情報公開法に基づく本人開示を否定している。たとえば、医薬品副作用等報告書の本人開示が行政機関情報公開法に基づき行われた事案において、名古屋地判平成 14・10・30 判時 1812 号 79 頁は、同法 5 条 1 号の「個人に関する情報」の不開示規定は、不開示の根拠として、個人のプライバシー保護の必要性を直接の判断基準とする立場に立たず、特定の個人を識別できる情報は原則として不開示とする立場を採っていると解し、本人開示請求であっても、個人が識別される以上、不開示とされるべきと判示している。控訴審の名古屋高判平成 15・5・8 判例集不登載も、同様の理由で控訴を棄却している。その後の判決も、行政機関情報公開法に基づく本人開示を否定している（東京地判平成 15・6・18 判例集不登載、大阪地判平成 16・9・8 判例集不登載、東京地判平成 16・12・1 判例集不登載、名古屋地判平成 17・3・28 判例集不登載）。

　もっとも、自己の医療情報、教育情報にアクセスしたいという要望は十分に理解できるところであり、行政改革委員会は、早急に専門的検討を進めることを要望していた（情報公開法要綱案の考え方 8(1)）。その後、診療報酬明細書やカルテの開示の動きが進んだ（岩井郁子＝大熊由紀子＝樋口範雄＝松谷有希雄＝宮坂雄平＝森島昭夫「〈座談会〉『カルテ等の診療情報の活用に関する検討会報告書』をめぐって」ジュリスト 1142 号（1998 年）4 頁以下参照）。また、旧法を全部改正した行政機関個人情報保護法は、電子計算機処理された情報に限らず、手作業（マニュアル処理）の情報も対象に含め、医療情報、教育情報についても開示請求権を認めたため、行政機関情報公開法に基づく本人開示を認める実際上の必要性はなくなり、行政改革委員会が課した個人情報保護法制の検討という宿題が解決されたといえる（宇賀・個人情報保護法の逐条解説〔第 6 版〕415 頁以下の「保有個人情報」の解説参照）。

　前述したように、本人開示と同様の問題は、本人 A の情報を記載する文書を A 自身がプライバシーを放棄する旨の証明書を添付して、本人以外の者 B が開示請求した場合にも生じうる。本人 A が同意している以上、A の保護のために不開示にする必要はないという解釈も考えられるが（アメリカがその例である）、本人開示につき述べた行政機関情報公開法の立法者意思に照らすと、この場合にも本人開示の場合と同様に判断されることになろう（本人開示の問題につき、平松毅・情報公開条例の解釈（信山社、1998 年）115 頁以下、中川丈久「情

報公開制度における本人開示について（上）（下）」自治研究74巻7号67頁，8号54頁（1998年），戸部真澄「『情報公開制度における本人開示』再考」山形大学法政論叢32号（2004年）1頁，松本和彦「情報公開と個人情報保護の交錯と谷間——情報公開制度の下での個人情報の本人開示をめぐって」阪大法学55巻1号（2005年）1頁，井上亜紀「情報公開制度における自己情報開示請求権」手島孝先生古稀祝賀『新世紀の公法学』（法律文化社，2003年）337頁以下参照）。

(d) 行政機関非識別加工情報等（1号の2）

2016年の通常国会で成立した「行政機関等の保有する個人情報の適正かつ効果的な活用による新たな産業の創出並びに活力ある経済社会及び豊かな国民生活の実現に資するための関係法律の整備に関する法律」3条により，行政機関情報公開法5条1号の次に，1号の2として，行政機関非識別加工情報等に関する規定が加えられた。行政機関非識別加工情報とは，(i)行政機関個人情報保護法11条2項各号のいずれかに該当するもの，または同条3項の規定により同条1項に規定する個人情報ファイル簿に掲載しないこととされるものではないこと，(ii)行政機関情報公開法3条に規定する行政機関の長に対し，当該個人情報ファイルを構成する保有個人情報が記録されている行政文書の同条の規定による開示の請求があったとしたならば，当該行政機関の長が，(ア)当該行政文書に記録されている保有個人情報の全部または一部を開示する旨の決定をすること，または(イ)同法13条1項または2項の規定により意見書の提出の機会を与えることのいずれかを行うこととなるものであること，(iii)行政の適正かつ円滑な運営に支障のない範囲内で，行政機関個人情報保護法44条の10第1項の基準に従い，当該個人情報ファイルを構成する保有個人情報（他の情報と照合することができ，それにより特定の個人を識別することができることとなるもの〔他の情報と容易に照合することができ，それにより特定の個人を識別することとなるものを除く〕を除く）を加工して非識別加工情報を作成することができること，のいずれにも該当する個人情報ファイルを構成する保有個人情報（他の情報と照合することができ，それにより特定の個人を識別することができることとなるもの〔他の情報と容易に照合することができ，それにより特定の個人を識別することができることとなるものを除く〕を除く）の全部または一部（これらの一部に行政機関情報公開法5条に規定する不開示情報〔同条1号に掲げる情報を除く〕が含まれているときは，当該不開示情報に該当する部分を除く）を加工して得られる非識別加工

情報を意味する。

本号では，行政機関非識別加工情報の取扱いに対する国民の信頼を確保し，個人情報保護を徹底するため，①行政機関非識別加工情報（行政機関非識別加工情報ファイルを構成するものに限る），②行政機関非識別加工情報の作成に用いた保有個人情報（他の情報と照合することができ，それにより特定の個人を識別することができることとなるもの〔他の情報と容易に照合することができ，それにより特定の個人を識別することができることとなるものを除く〕を除く）から削除した記述等および個人識別符号，③独立行政法人等非識別加工情報（独立行政法人等非識別加工情報ファイルを構成するものに限る），④独立行政法人等非識別加工情報の作成に用いた保有個人情報（他の情報と照合することができ，それにより特定の個人を識別することができることとなるもの〔他の情報と容易に照合することができ，それにより特定の個人を識別することができることとなるものを除く〕を除く）から削除した記述等および個人識別符号を不開示情報としている。

(e) **法人等に関する情報（2 号）**

(ア) 法人その他の団体の意義　　本条 2 号は，法人その他の団体に関する情報または事業を営む個人の当該事業に関する情報を保護している。

大阪市公文書公開条例は，「個人に関する情報」から「事業を営む個人に関する情報」（個人事業情報）を除外し，後者を「法人その他の団体に関する情報」と同一類型の非開示情報として扱うこととしていたが，最判平成 15・11・11 民集 57 巻 10 号 1387 頁は，「法人等を代表する者が職務として行う行為等当該法人等の行為そのものと評価される行為に関する情報については，専ら法人等に関する情報としての非公開事由が規定されているものと解するのが相当である」とし，法人等の行為そのものと評価される行為に関する情報は，個人に関する情報の非公開情報には当たらないと判示する。そして，このような情報には，法人等の代表者またはこれに準ずる地位にある者が当該法人等の職務として行う行為に関する情報のほか，その他の者の行為に関する情報であっても，権限に基づいて当該法人のために行う契約の締結等に関する情報が含まれると解するのが相当であると述べている。この判例は，行政機関情報公開法 5 条 2 号の「事業を営む個人の当該事業に関する情報」の解釈においても参考になろう。ただし，行為ではなく氏名についても，このような分類が妥当かについては議論がありうるところであり，この最高裁判決後も，内閣府情報公

第5条（行政文書の開示義務）

開・個人情報保護審査会答申（平成17・3・15答申〔平成16年度（行情）第630号〕等）においては，役員の氏名を「個人に関する情報」として取り扱っている。立法過程においても，法人等の構成員に関する情報は，法人等に関する情報であり，個人に関する情報でもあると整理されていた。何が「法人等の代表者」であるかについては個別の検討を要するが，福岡高判平成18・10・19判時1970号50頁は，所長，幹事長，支店長，支社長，会長，議長，社長，委員長，代表取締役，館長，営業所長，副会長，常務取締役，常務理事，専務理事等の肩書を付された者は法人等の代表者であると認められるが，事務長，事務局長，室長，監査室長の場合，一般には法人等の代表者と認めることはできないと判示している。

　法人等に関する情報の不開示規定も，外国の情報公開法やわが国の情報公開条例に一般的にみられるものである。法人には特段限定が付されていないから，会社のように営利を目的とするものに限られず，学校法人，宗教法人，政党，社会福祉法人，公益法人，特定非営利法人等も含まれる。政党の自律的な意思形成や活動に支障が生ずるおそれがあるとして，本条2号イにより不開示とすることを妥当としたものとして，内閣府情報公開・個人情報保護審査会答申平成19・10・15（平成19年度（行情）第268号）がある。

　ただし，国，独立行政法人等，地方公共団体および地方独立行政法人は除かれている。独立行政法人等情報公開法の対象となる法人は，実質的に政府の一部を構成するとみられる法人であるので，国と同様，本条2号の法人から除かれたのである（特殊法人情報公開検討委員会「特殊法人等の情報公開制度の整備充実に関する意見」第42⑴イ，宇賀・情報公開法・情報公開条例171頁以下参照）。地方独立行政法人も，実質的に地方公共団体の一部を構成するとみられる法人であるので，地方公共団体と同様，本条2号の法人から除かれている。独立行政法人等，地方公共団体および地方独立行政法人も経済活動を行うことがあるが，それは，本号ではなく，本条6号の規定の適用を受けることになる。法人以外の団体も含まれるため，権利能力なき社団の利益も本号で保護されることになる。なお，個人の事業活動情報も，本号の規定の適用を受けることは先に述べた。

　(イ)　公益上の義務的開示　　法人等に関する情報であっても，人の生命，健康，生活または財産を保護するため，公にすることが必要であると認められる

97

情報は，常に開示が義務づけられることになる（本条2号ただし書）。この公益上の義務的開示の規定は，わが国の情報公開条例に一般的にみられる規定である。情報公開条例の制定過程においては，外国法を模範にしたというよりも（カナダの連邦情報公開法20条6項には，公衆の健康，安全の保護のための開示規定があるが，裁量的開示になっている），「情報公開法を求める市民運動」が1981年1月にまとめた「情報公開8原則」と，これを受けて社団法人自由人権協会が同年5月に公表した「情報公開モデル条例案」の規定の影響を受けて，公益上の義務的開示規定が設けられたのである（詳しくは，秋山幹男「法人等の情報」ジュリスト1107号（1997年）48頁）。その意味で，この公益上の義務的開示規定は，わが国の行政機関情報公開法に市民運動が影響を与えた例として注目に値する。公にすることが必要であると認められるか否かは，開示することによる利益（人の生命，健康，生活または財産の保護）と不開示にすることによる利益の比較衡量によって判断されることになり，前者が後者を上回る場合に公益上の義務的開示が認められる（大阪地判平成17・3・17判夕1182号182頁）。本条1号ロについて述べたと同様，この比較衡量に際しては，開示により保護される利益と不開示により保護される利益の双方について，利益の具体的内容・性格を慎重に検討する必要がある。前者については，生命，健康という法益と生活または財産という法益では，開示による利益が異なりうるし，後者についても，製品の製造上のノウハウに関する情報と採用計画に関する情報では保護の程度が異なりうる。

　実際に本条2号ただし書の公益上の義務的開示が認められた内閣府情報公開（・個人情報保護）審査会答申として，内閣府情報公開審査会答申平成16・2・20（平成15年度（行情）第617号）がある。これは，特定製薬会社が特定医薬品の納入に関して厚生労働省に提出した文書の一部不開示決定が争われた事案であり，異議申立人は，本件不開示情報は，特定医薬品の使用によってC型肝炎に感染したにもかかわらず，感染の自覚のない者に対し，自らの感染可能性を知らしめ，肝炎に関する検査の受診を促すために開示する必要があると主張した。審査会は，①1986年から1987年までに特定医薬品を投与し，肝炎を発症した患者が出た疑いがあると推認できる医療機関，②1988年7月から1989年1月までの間に特定医薬品を在庫として保有していたことが推認される医療機関，③特定医薬品を投与し，肝炎の発症の有無について1988年7月から

第5条（行政文書の開示義務）

1989年1月までの間に特定製薬会社に報告したと推認される医療機関については，当該医療機関において特定医薬品を投与された患者が他に存在すると推認されること，そのような患者にとって特定医薬品が投与された可能性を示す情報が少ないこと，感染の可能性のある者にとって肝炎検査の早期実施が何より重要であることを踏まえると，当該医療機関の名称を公にすることは，感染の可能性のある者にとって肝炎検査の実施の端緒となりうるものであるから，人の生命，健康等に対する被害等が発生することを防止する必要性は大きいとして，公益上の義務的開示が行われるべきとした（本条2号ただし書の公益上の義務的開示に関する内閣府情報公開審査会の答申一般については，宇賀・情報公開・個人情報保護429頁以下参照）。

　公益上の義務的開示を否定した例として，イレッサ承認申請事件における東京地判平成19・1・26訟月55巻11号3235頁がある（東京高判平成19・11・16訟月55巻11号3203頁は控訴棄却，最決平成21・6・18判例集不登載は上告不受理）。この東京地裁判決が公益上の義務的開示を否定した一因は，公益上の義務的開示を例外的なものとして位置づけ，例外が認められるためには，開示が人の生命，健康等の保護に資することが相当程度具体的に見込まれる場合であって，法人等や個人に不利益を強いることもやむをえないと評価するに足りるような事情があることが必要であると解したことにある。

　(ウ)　権利，競争上の地位その他正当な利益　　本条2号イは，「公にすることにより，当該法人等又は当該個人の権利，競争上の地位その他正当な利益を害するおそれがあるもの」を不開示としている（公益上の義務的開示の場合を除く）。情報公開法要綱案第6⑵イにおいては，「競争上の地位，財産権その他正当な利益」とされていた部分が，「権利，競争上の地位その他正当な利益」と変わっている。これは，「財産権」という言葉よりも，「権利」のほうが，宗教法人の信教の自由，学校法人の学問の自由等，非財産的権利が対象になることを明確にしうるからである。本条2号イに該当するためには，「競争上の地位，財産権その他正当な利益」が害される蓋然性が客観的に認められることが必要である（最判平成23・10・14集民238号57頁）。東京地判平成16・12・24判タ1211号69頁は，本条2号イ該当性の判断に当たり，当該文書の個別具体的な記載文言等から当該法人等の権利が具体的にどのように害される蓋然性があるかが明らかにされなければならないとすることは，結果的に当該行政文書の開

示を要求するということに等しく、不開示情報を定めた情報公開法の趣旨に反することは明らかであるとして、当該情報が、どのような法人等に関するどのような種類のものであるかなどといった一般的な性質から、当該法人等の権利利益等を害するおそれがあるかを否か客観的に判断することが相当であると判示している。名古屋地判平成18・10・5判タ1266号207頁は、本条2号イに該当するか否かの判断に当たっては、法人やそれが属する業界の多様な種類、業態、性格、商圏その他の諸要素を勘案し、当該法人について問題となる利益の内容、性質をも考慮したうえ、それに応じて、当該法人の権利保護の必要性、程度等の諸事情を検討して行う必要があるとし、国会審議の際に、当該情報は公開を予定していないことを前提とする立案担当者の説明がなされた経緯があったとしても、そのことのみをもって本条2号イにに該当することの根拠とすることはできないと判示している。

　最判平成23・10・14集民238号57頁は、エネルギーの使用の合理化に関する法律（以下「省エネ法」という）に基づく定期報告書の開示請求に対する一部不開示決定の取消訴訟、開示決定の義務付け訴訟が提起された事案において、省エネ法と地球温暖化対策推進法を関係法令ととらえて、省エネ法に基づく定期報告書の「燃料等の使用料、電気の使用量」等の部分に記録されている情報（以下「本件数値情報」という）よりも抽象度の高い情報ですら、地球温暖化対策推進法においては事業者の権利利益に配慮して開示の範囲を制限することが特に定められていることから、省エネ法における本件数値情報については一層、事業者の権利利益への配慮が必要であるという論理を展開し、そのことを本件数値情報の本条2号イ該当性を肯定する論拠の1つとしている。東京地判平成20・4・22判例集不登載は、三六協定届の「時間外労働をさせる必要のある具体的事由」「休日労働をさせる必要のある具体的事由」「業務の種類」「労働者数」は、企業戦略、人事戦略等の経営上のノウハウであり、本条2号イに該当すると判示している。

　監督官庁による行政指導文書についても、本条2号イに該当するとする裁判例が一般的といえる（東京地判平成20・11・27判例集不登載、名古屋地判平成21・3・25判例集不登載、東京地判平成21・5・21判例集不登載）。内閣府情報公開・個人情報保護審査会答申平成21・4・9（平成21年度（行情）第5号）は、法令違反の重大性によっては、行政指導の内容が公表されることはありうるが、そう

第5条（行政文書の開示義務）

でない場合には，法令違反等の内容を公表することは，法人等の権利，競争上の地位その他正当な利益を害するおそれがあるとする。

　なお，A会社の情報の開示請求があった場合，A会社が属する業界の一般的な事業者の正当な利益が害されるおそれがあるかを判断するのみならず，A会社の個別事情も併せて検討する必要がある（名古屋地判平成18・10・5判タ1266号207頁，大阪地判平成19・1・30判例集不登載）。

　債権者の口座番号や印影の開示によって，債権者の正当な利益を害するおそれがあるか否かについて争われることが稀でない。この点について，最判平成14・9・12集民207号77頁は，口座番号は，飲食代金の請求書に飲食業者である債権者が記載したものであり，代金の振込送金先を指定する趣旨のものであると認められるとし，一般的な飲食業者の業務態様をみれば，不特定多数の者が新規にその顧客となりうるのが通例であり，代金の請求書に口座番号を記載して顧客に交付している飲食業者にあっては，口座番号を内部限りにおいて管理することよりも，決済の便宜に資することを優先させているものと考えられ，請求書に記載して顧客に交付することにより，口座番号が多数の顧客に広く知れ渡ることを容認し，当該顧客を介してこれがさらに広く知られうる状態に置いているものということができると指摘する。そして，このような情報の管理の実態にかんがみれば，顧客が県であるからこそ債権者が特別に口座番号を開示したなど特段の事情がない限り，口座番号は，これを開示しても債権者の正当な利益等が損なわれると認められるものには当たらないと判示した。また，同判決は，印影については，債権者の請求書に押なつされているものであり，通常は銀行取引に使用する印章を請求書に押なつすることはないと考えられるから，請求書に押なつされている飲食業者の印影を開示しても債権者の正当な利益等が損なわれると認められるものには当たらないことが明らかであると判示した。

　また，開示請求権は何人にも付与されているので，法人等に関する情報については，競業他社がネガティブキャンペーンの目的で開示請求することもありえないわけではない。有線ラジオ放送事業者の設備の設置ならびに業務の開始届および変更届等に関し，競業他社Aからの開示請求に対して一部開示決定がなされ，これに対し当該届出等を行った者Bからの審査請求を一部認容する裁決がなされたため，Aらにより当該裁決の取消訴訟が提起された事案に

おいて，東京地判平成18・9・26判時1962号62頁は，原告やその関連会社が，本件不開示部分にかかる情報を入手し，それと現地の状況を照合することによってBによる違法営業の事実を具体的に把握した場合には，そのことを利用した宣伝広告活動を行う可能性は十分にありうるものと考えられると認定した。しかし，本件不開示部分が開示されるということは，Bによる適法営業地域と違法営業地域とが客観的資料に基づいて明らかになり，しかも，その検証が誰にでも可能になるということを意味するのであるから，仮にAらにおいて，Bが適法に事業を行うことができる地域においても違法な事業を行っているかのような誤解を生じさせる宣伝広告活動を行ったとすれば，故意に基づく誹謗中傷行為との非難を免れないこととなるし（現に客観的資料を入手している以上，誤解をしたなどという弁解をする余地はないとする），誰もが，客観的資料に基づいて，Aらの行為を批判することが可能となるから，Aらが，このような非難を受ける行為を敢えて行おうとするかどうかには疑問があるのみならず，そのような行為が行われたとしても，それがどの程度実効性を持つのかは疑問というべきであって，結局，憶測に基づいてBの違法営業の事実が指摘されている現状と比べ，本件不開示部分が開示され，客観的事実関係が明らかにされることによってBの公正な競争上の地位に看過しがたい不利益が生ずるおそれがあると認めることは困難であるといわざるをえないので，本件不開示部分が開示されることにより，Bの公正な競争上の地位が害されるとする被告の主張に客観的な根拠があるとはいえないと判示した。

　(エ)　非公開約束条項　　法人であれ，その他の団体であれ，法的に提出が義務づけられていない情報については，それを他人に流通させるか否か，させるとした場合，いかなる条件のもとで流通させるかについて，自らの判断で決定することが原則として認められるべきである。このことは，個人に関する情報の場合についてもいえることであるが，行政機関が行政指導により情報の提供を求めるのは，法人等に関する情報であることが通例であるので，行政機関情報公開法は，とくに法人等に関する情報につき，非公開約束条項を設けている（本条2号ロ）。非公開を前提として行政機関に提出した情報を行政機関が行政機関情報公開法に基づいて一方的に開示するとすれば，将来の協力が得られなくなり事務または事業に支障を生ずるおそれがあるにとどまらず（行政機関の情報収集への支障の回避は本条6号の問題である），契約違反または信義則違反によ

第5条（行政文書の開示義務）

る損害賠償責任を負うことになりうる（阿部泰隆・論争・提案情報公開（日本評論社，1997年）21頁も，基本的に同様の理由で非公開約束条項を支持する）。諸外国の情報公開法においても，非公開約束条項を設けたり（オランダ，オーストラリア等），有力な判例において（アメリカ），非公開約束が保護されているのも，このような理由を考慮したものといえる。

他面において，かかる非公開約束が公序良俗に違反して無効といえるような場合，約束に違反して公開することが緊急避難として正当化されるような場合には，情報提供者の非公開への期待と信頼を破っても開示することが認められるべきであり，かかる場合には，国は損害賠償責任を負わないと解することができよう。行政機関情報公開法では，約束は原則として遵守しなければならないという要請と，開示による利益との調整を図っている。

本条2号ロは，「行政機関の要請を受けて，公にしないとの条件で任意に提供されたものであって，法人等又は個人における通例として公にしないこととされているものその他の当該条件を付することが当該情報の性質，当時の状況等に照らして合理的であると認められるもの」を不開示とすることとしているが，この場合にも，同号本文ただし書の公益上の義務的開示の規定が適用されることになる。

「行政機関の要請を受けて」という要件を設けたのは，法人等が自己に有利な政策決定を求めて，そのための資料を行政機関に持ち込んだような場合の非公開約束は保護に値しないと考えられたからである。行政機関が行政事務を行ううえで必要であるため，法人等に提出を依頼した場合に限って，非公開約束条項の保護対象になる。法令により付与された報告徴収権限に基づく命令は「要請」に当たらないのは当然であるが，報告徴収権限を行使せずに，行政指導により提出を要請した場合に非公開約束条項が適用されるかには議論がある。

情報公開法要綱案第6(2)ロにおいては，「当該約束の締結が状況に照らし合理的であると認められるもの」という表現であったが（情報公開法要綱案における非公開約束規定をめぐる議論につき詳しくは，宇賀・情報公開法の理論〔新版〕29頁以下参照），法律では，この部分が，「当該条件を付することが当該情報の性質，当時の状況等に照らして合理的であると認められるもの」と変更されており，より具体的に規定されている。

情報公開法要綱案で用いられていた「約束」という文言が法律では「条件」

に変わったのは、「約束」という文言が法律用語として一般に用いられていないからであり、趣旨を変更するものではない。したがって、法人等が非公開の条件を一方的に付しただけでは、「公にしないとの条件で任意に提供されたもの」には該当せず、行政機関が当該条件を了承していることが必要である。この了承は、書面で行われることは必ずしも必要ないが、後日、了承の有無が争われることを避けるため、書面により行うことが望ましい。

「法人等又は個人における通例として」とは、当該法人等または個人ではなく、当該法人等または個人が属する業界、業種の通常の慣行に照らして判断することを意味する。したがって、当該法人等または個人が非公開とすることが通例であると主張しさえすれば足りるわけではなく、客観的にみて、当該法人等または個人が属する業界、業種において、非公開とする慣行が存在するかを判断することになる。

また、情報公開法要綱案にはなかった「当該情報の性質」という文言が付加されたことによって、当該情報の性質が考慮要素になることが明確になっている。「当時の状況等」とは、当該条件が付された時点における諸事情を基本に判断することを意味すると同時に、他方において、爾後の事情の変更を勘案する余地も残す趣旨である。したがって、たとえば、約束を締結した法人が解散してしまい、存在しなくなった場合、爾後の事情の変更を考慮して開示する余地が生ずる。以上のような要件のもとで約束の合理性が審査され、不合理な約束は保護されないことになる。

行政機関は、法律上提出が義務づけられているか否かを問わず、行政指導により情報を提出させることが多く、情報提供者側は、非公開を暗黙の前提として、行政指導に応じることが多かった。今後は、国民の生命、健康等を保護するため行政上不可欠な情報については、提出の根拠規定を設けるよう努めるとともに、情報公表義務制度を拡充すべきであるし、他方、必ずしも必要のない情報を安易に行政指導で提出させることのないようにすべきであろう。また、行政機関から情報提供の要請を受ける側においても、行政機関情報公開法の規定を念頭において、要請に応ずるかを判断するとともに、要請に応ずる場合には、非公開を望むか否かを明確にしておく必要がある。

A会社がB会社に非公開約束をして提供した情報をB会社がA会社の同意なしに行政機関の要請を受けて行政機関に任意提供してしまった場合、行政機

第5条（行政文書の開示義務）

関情報公開法5条2号イの規定が適用されるのか，ロの規定が適用されるのかという問題がある。B会社が非公開約束をして行政機関に提供したのであれば，ロの規定の適用の有無を審査することになるが，B会社が非公開約束をしていない場合には，文言上は，ロの規定の適用はないようにみえる。しかし，A会社は直接に行政機関から要請を受けていれば，非公開約束をしたはずであるにもかかわらず，その機会を得ることなく，ロの規定の射程外におかれるのは不合理といえよう。したがって，このような場合には，A会社が非公開を望むかぎり，ロの規定を適用すべきと思われる。日本銀行法44条1項の規定に基づく考査に際し，都市銀行が日本銀行に非公開約束をして提出した資料を日本銀行が同条3項に基づいて金融庁長官に非公開約束をしないで提出したような場合にも，ロの規定の適用が問題になりうる。

(オ) 逆FOIA訴訟　開示決定により権利利益を侵害されるおそれのある第三者が開示決定の取消しを求めて提起する訴訟を逆FOIA訴訟という（アメリカにおける逆FOIA訴訟について詳しくは，宇賀・情報公開法230頁参照）。逆FOIA訴訟は個人に関する情報について提起されることもありうるが，法人等情報について提起されるものが多く，そのほとんどが企業の情報に関するものである。東京地判平成19・1・26訟月55巻11号3235頁および東京高判平成19・11・16訟月55巻11号3203頁は製薬会社，東京地判平成22・3・25判例集不登載は医療機器製造会社，広島地判平成20・8・28判例集不登載は農薬等の輸出入・販売等を行う会社が提起したものである（行政上の不服申立てについてであるが，企業以外の者が開示決定の取消しを求めた例として，政党が不服申立てを行った事案（内閣府情報公開・個人情報保護審査会答申平成19・10・15〔平成19年度（行情）第268号〕がある）。

(カ) 本人開示　本人開示は，理論的には国以外の第三者に関するいわゆる第三者情報に共通する問題であり，法人等に関する情報についてもありうる。たとえば，ある企業に対して行われた検査報告書の開示を当該企業が求めた場合，当該企業の営業秘密に関する情報を行政機関情報公開法5条2号イにより不開示にしうるかという問題である。この点についても，立法政策としては，本人開示を認めることは不可能ではないが，行政機関情報公開法は，何人に対しても同様の回答をすることを前提としており，個人に関する情報の場合と同様，本人開示を許容する趣旨ではないとするのが立法者意思とみられる。ただ

し、個人に関する情報の場合には、行政機関情報公開法とは別個に行政機関個人情報保護法が存在するが、法人等に関する情報については、行政機関個人情報保護法に対応するものがない。法人やその他の団体にはプライバシーはないにしても、自己に関する誤った情報を行政機関が保有しており、それが行政施策に用いられることをチェックする仕組みがないことは問題である。法人やその他の団体の自己情報開示制度や訂正申出制度を整備する必要があるように思われる。中国の広州市や上海市の情報公開規定においては、法人等の団体も、自己情報の開示・訂正を請求する権利を付与されている。

なお、2001年に制定されたアメリカの「情報の質に関する法律」は、行政機関が保有し公開する情報の正確性を担保するため、当該情報によって影響を受ける者（法人等を含む）による訂正申出制度を定めている（宇賀・情報公開法20頁以下参照）。また、秦野市個人情報保護条例42条は、保有個人情報の開示に関する規定を保有法人情報（実施機関の職員が職務上作成し、または取得した法人情報〔法人その他の団体に関する情報または事業を営む個人のその事業に関する情報で、特定の法人その他の団体または個人が識別され、または他の情報と照合することで特定の法人その他の団体または個人が識別されうるものをいう〕で、行政情報として、その実施機関が保有しているもの）の開示について準用している。これにより、法人その他の団体も自己情報の開示請求が可能となっており、注目される。

(f) 国の安全等に関する情報（3号）

本条3号は、「公にすることにより、国の安全が害されるおそれ、他国若しくは国際機関との信頼関係が損なわれるおそれ又は他国若しくは国際機関との交渉上不利益を被るおそれがあると行政機関の長が認めることにつき相当の理由がある情報」を不開示とすることとしている。「国の安全」とは、国家の構成要素である国土、国民および統治体制が平和な状態に保たれていること、すなわち、国家社会の基本的な秩序が平穏に維持されていることである（情報公開法要綱案の考え方4(4)ア）。「他国」には、わが国と国交のない地域やその政府機関なども含まれる。通貨の安定のために国際協調により為替相場に介入するが、相互の合意事項については非公開とする取決めをしているような場合には、開示により「他国若しくは国際機関との信頼関係が損なわれるおそれ」があると認められうる。

情報公開法要綱案第6(3)は、「不利益を被るおそれがあると認めるに足りる

第 5 条（行政文書の開示義務）

相当の理由がある情報」と規定していたが，「認める（に足りる）相当の理由がある情報」という文言は，行政機関の裁量を広く認める趣旨で用いられる場合もあれば，逆に制限する趣旨で使用される場合もある。出入国管理及び難民認定法 21 条 3 項は，外国人による在留期間の更新の申請があった場合には，「法務大臣は，当該外国人が提出した文書により在留期間の更新を適当と認めるに足りる相当の理由があるときに限り，これを許可することができる」と規定しているが，ここでいう「認めるに足りる相当の理由がある」とは，法務大臣の裁量を広く認める趣旨である。すなわち，最大判昭和 53・10・4 民集 32 巻 7 号 1223 頁は，「右判断が法務大臣の裁量権の行使としてされたものであることを前提として，その判断の基礎とされた重要な事実に誤認があること等により右判断が全く事実の基礎を欠くかどうか，又は事実に対する評価が明白に合理性を欠くこと等により右判断が社会通念に照らし著しく妥当性を欠くことが明らかであるかどうかについて審理」すると判示しているのである。

本条 3 号の「認めることにつき相当の理由がある情報」という表現は，出入国管理及び難民認定法 21 条 3 項を 1 つの参考にしている。他方，警察官職務執行法 7 条は，「警察官は，犯人の逮捕若しくは逃走の防止，自己若しくは他人に対する防護又は公務執行に対する抵抗の抑止のため必要であると認める相当な理由のある場合においては，その事態に応じ合理的に必要と判断される限度において，武器を使用することができる」と規定しているが，ここでいう「認める相当な理由のある」は，警察官の裁量を制限する趣旨である。このように，「認める（に足りる）相当の理由がある情報」という文言のみでは行政機関の長の裁量を尊重する趣旨が必ずしも明瞭ではないので，本条 3 号は，「行政機関の長が認めることにつき相当の理由がある情報」という表現を用いることによって，行政機関の長の裁量を尊重する趣旨を明確にしている。

国の安全等に関する情報について，覆審的司法審査を行わず，行政機関の長の判断の合理性の司法審査にとどめることとしたのは，この種の情報については，開示・不開示の判断に高度の政策的判断が伴い，また，国防，外交上の専門的，技術的判断を要するという特殊性が認められると判断されるからである。比較法的にみても，国の安全等に関する情報の開示については，司法審査につき特別の考慮が払われていることが稀でない（詳しくは，宇賀・情報公開法の理論〔新版〕61 頁以下参照）。なお，文書提出命令の申立てがあった場合において

も，監督官庁が，「国の安全が害されるおそれ，他国若しくは国際機関との信頼関係が損なわれるおそれ又は他国若しくは国際機関との交渉上不利益を被るおそれ」があることを理由として，「公務員の職務上の秘密に関する文書でその提出により公共の利益を害し，又は公務の遂行に著しい支障を生ずるおそれがあるもの」（民事訴訟法220条4号ロ）に該当する旨の意見を述べたときは，裁判所は，その意見について相当の理由があると認めるに足りない場合に限り，文書の所持者に対し，その提出を命ずることができるとされている（同法223条4項）。

　国交正常化を目的とする日韓会談に関する文書を本条3号により不開示とすることの適法性が争われたのが，東京地判平成21・12・16判例集不登載である。同判決は，わが国と北朝鮮との関係は，その歴史的経緯や法的地位等につき，わが国と韓国との関係に類似していることから，日朝国交正常化交渉において取り扱われる可能性のある問題においては，財産・請求権問題のほか，在日朝鮮人の法的地位の問題，文化財の問題等，本件各文書の主題である日韓国交正常化交渉において取り上げられた問題と類似する部分が多いことが容易に認められることなどに照らせば，財産・請求権問題につきわが国がいかなる検討をしたうえで日韓国交正常化交渉に臨んだかなどについては，北朝鮮当局において高い関心を有し，協議を自らに有利に進展させるために可能な限りの情報収集を図ることも容易に認めることができることを指摘し，各不開示部分に記録されている情報については，一般的または類型的にみて，日朝国交正常化交渉におけるわが国の利益の確保に関するものに当たることを推認することができると述べている。そして，日韓国交正常化交渉の実施や日韓基本条約等の締結から相当程度期間が経過していることを考慮しても，前記の問題に関するわが国の検討内容等を事前に相手側である北朝鮮当局に推測されるおそれがあり，これにより，前記の問題に関する交渉において，わが国が不利な立場に置かれる可能性が高いといえると指摘する。また，日朝国交正常化交渉においては，財産・請求権問題のみが協議されるものではなく，拉致問題ならびに核およびミサイル問題を含め，わが国と北朝鮮との間に存在する諸問題について包括的に解決することが外交方針として志向されているところ，交渉に当たって，これらの諸問題についていかなる考え方に立ち，その解決のために北朝鮮当局にいかなる提案をするかなどについては，これらの諸問題をめぐる国内外の諸

第5条（行政文書の開示義務）

事情を総合的に考慮したうえで，高度に政策的な判断を求められるものであるとする。そして，これらの諸問題の一部であり，前記の考慮に当たり重要な要素となるべき財産・請求権問題に関する検討内容等を北朝鮮当局に事前に推測されることになれば，これらの諸問題に関する交渉全般においても，わが国が不利な立場に置かれる可能性が高いといえるとして，本条3号該当性を肯定している。日韓国交正常化は40年以上前の過去のことであるが，将来の日朝国交正常化交渉への支障が認められた事例であり，本判決の射程は限定されていると思われる。

　その控訴審の東京高判平成22・6・23判例集不登載は，控訴審における控訴人らの補足的主張に答えている。本件対象文書が作成されてから50年以上を経過し，歴史的文書となっているという控訴人の主張に対しては，一般に，長年月が経過すれば，不開示とする根拠が減少するであろうことは認められるが，本件においては，現在わが国が直面する重大かつ微妙な問題である日朝国交正常化交渉および日韓の竹島問題に関して本件対象文書の一部または全部が不開示とされているのであるから，長期間の時の経過が当然に不開示とする理由の相当性を減少させるとまではいえず，外国等との交渉においては，過去の経緯が相当の重みを持つ場合のあることは明らかであるから，かなりの時を経過した情報であっても，交渉の当事者である外務大臣の第1次的判断を尊重すべき理由が減少するとはいえないとする。また，他の公開文書および韓国の外交文書公開によって不開示文書の内容が推測できるものについては，不開示とする判断に相当の理由がないという控訴人らの主張に対しては，仮に推測が可能な情報であっても推測にとどまる場合と実際に公開した場合では，外国等との交渉において生じる不利益に格段の違いがあると考えられるから，交渉当事者である外務大臣の判断を尊重すべきことに変わりはないと判示している。

　外務省大臣官房および4か国の在外日本大使館で支出された報償費支出に関する書類等の開示請求がなされた事案において，東京地判平成18・2・28判時1948号35頁は，被告の主張立証が尽くされていないとして，不開示決定のかなりの部分を取り消している。その控訴審の東京高判平成20・1・31判例集不登載は，不開示決定を適法とする範囲を拡大している。すなわち，情報提供の対価として支出された報償費については，行政機関情報公開法5条3号および6号柱書に該当するので不開示決定を適法とし，情報収集のための会合の経費

のうち直接接触に係る文書（相手方と直接接触した会合の経費に係る文書）については，「支払予定日」「支払日」「支払予定額」「支払額」のみ開示すべきとし，その他は行政機関情報公開法5条3号・6号柱書に該当するので不開示決定を適法としている。情報収集のための会合の経費のうち間接接触にかかる文書（交渉の準備あるいは交渉結果を踏まえた対応の検討のための会合の経費に係る文書）については，会合場所が明らかになる情報（「支払予定先」「支払先」）を行政機関情報公開法5条6号柱書に該当するので不開示決定を適法とし，会合の「目的・内容」「支払予定日」「支払日」「支払予定額」「支払額」等は開示すべきとする。そして，大規模レセプション経費にかかる文書，酒類購入経費にかかる文書，本邦関係者が外国訪問した際の車両借上げ等の事務経費等については，「支払予定額」「支払額」等の部分は開示すべきとする。そして，最決平成21・2・17判例集不登載は，上告を棄却し，上告申立てを不受理としている。

　仙台地判平成20・3・11判例集不登載も，外務省在外公館の報償費にかかるものである。同判決は，情報提供の対価として支出された報償費，情報収集のための会合の経費のうち直接接触にかかる文書については，行政機関情報公開法5条3号・6号に該当すると認定している。そして，情報収集のための会合の経費のうち間接接触にかかる文書については，会合経費に関する文書に記載された情報のうち，「文書作成者氏名」，「決裁者名」，「起案・決済日」，「支払手続日」，「取扱者名」，「支払額」，「支払予定額」，「目的・内容」については，行政機関情報公開法5条3号・6号に該当しないとし不開示決定を取り消したが，会合経費に関する文書に記載された「支払先」，「支出予定先」の情報については，会合場所が明らかとなるので，行政機関情報公開法5条3号・6号該当するとした。また，「請求書」，「領収書」のうち，担当部局職員が立替払を行った場合に内部的に作成される立替金請求・領収書なる書面を除く書面については，支払先または支出予定先が独自に作成したものであり，その紙片の大きさ，書式，文字の特徴などの様式から，支払先または支出予定先が推測されるおそれがあるから，行政機関情報公開法5条3号・6号に該当するとした。そして，事務経費に関する文書に記載された「支払先」，「支出予定先」の情報については，行政機関情報公開法5条3号・6号に該当するが，それ以外の情報は行政機関情報公開法5条3号・6号に該当しないとした。大規模レセプション経費にかかる文書に記載された料理の調達先，調達の具体的内容，招待者

第 5 条（行政文書の開示義務）

の氏名・肩書，調達経費の総額，酒類購入経費にかかる文書，本邦関係者が外国訪問した際の車両借上げ等の事務経費についても，行政機関情報公開法 5 条 3 号・6 号に該当するとした。

このように，同判決は，在外公館報償費の不開示情報該当性を広く認めたが，その控訴審の仙台高判平成 21・4・28 訟月 55 巻 11 号 3286 頁は，全面的に不開示決定を適法とするものであった。すなわち，情報提供の対価として支出された報償費，情報収集のための会合の経費のうち直接接触にかかる文書，情報収集のための会合の経費のうち間接接触にかかる文書であって国会議員等，政府関係者，内閣総理大臣との会合については，行政機関情報公開法 5 条 3 号該当性を認めた。また，間接接触にかかる文書であって外務大臣および当該在外公館職員以外の外務省職員との会合にかかる文書，大規模レセプション経費にかかる文書，酒類購入経費にかかる文書，本邦関係者が外国訪問した際の車両借上げ等の事務経費については，行政機関情報公開法 5 条 3 号には該当しないとしたが，6 号該当性を認めている。同判決においては，テロ行為等のおそれを行政機関情報公開法 5 条 4 号でなく 6 号の問題と解している点が注目される。

在外公館報償費にかかる一連の訴訟において，外部からはベールに包まれていたその使途について，おおまかな分類が明らかになり，使途の適正化の議論が深まったといえ，開示された部分は限定的であっても，これらの訴訟の果たした意義は大きかったと思われる。

内閣官房報償費については，最判平成 30・1・19 判時 2377 号 4 頁が初の最高裁判決である。同判決は，一般に，内閣の行う政策や施策は，わが国の内政および外政の根幹に関わるものとして，絶えず関心が寄せられ，とりわけ内閣官房報償費の支出の対象となるような重要政策等に関しては，特に高度の関心が寄せられ，様々な手段により，これに関連する情報の積極的な収集，分析等が試みられる蓋然性があることを指摘する。他方，重要政策等に関して内閣官房から非公式の協力依頼等を受けた関係者は，上記のような事柄の性質上，自らが関与するなどした事実が公にならないことを前提にこれに応じることが通常であると考えられるので，上記事実に関する情報またはこれを推知しうる情報が開示された場合には，当該関係者からの信頼が失われ，重要政策等に関する事務の遂行に支障が生ずるおそれがあるとともに，内閣官房への協力や情報提供等が控えられることとなる結果，今後の内閣官房の活動全般に支障が生ず

ることもありうるとする。また，このような関係者等の氏名または名称が明らかになると，これらの者への不正な働き掛けが可能となり，その安全が脅かされたり，情報が漏えいしたりすることによって，内閣官房の活動の円滑かつ効果的な遂行に支障が生ずるおそれもあるという考えが示されている。

　以上を踏まえ，報償費支払明細書のうち調査情報対策費および活動関係費の各支払決定にかかる記録部分が開示された場合，その支払相手方や具体的使途が直ちに明らかになるものではないが，支払決定日や具体的な支払金額が明らかになることから，上記のような内閣官房報償費に関する情報の性質を考慮すれば，当該時期の国内外の政治情勢や政策課題，内閣官房において対応するものと推測される重要な出来事，内閣官房長官の行動等の内容いかんによっては，これらに関する情報との照合や分析等を行うことにより，その支払相手方や具体的使途についても相当程度の確実さをもって特定することが可能になる場合があるものと考えられるので，上記記録部分に記録された情報は，これを公にすることにより，内閣官房において行うわが国の重要政策等に関する事務の適正な遂行に支障を及ぼすおそれがあるものと認められ，さらに，上記情報のうちわが国の外交関係や他国等の利害に関係する事項に関するものについては，これを公にすることにより，国の安全が害され，他国等との信頼関係が損なわれ，または他国等との交渉上不利益を被るおそれがあるとした内閣官房内閣総務官の判断に相当な理由があるものと認められるとして，上記情報は，行政機関情報公開法5条3号または6号所定の不開示情報に該当すると判示している。

　これに対し，政策推進費受払簿ならびに出納管理簿および報償費支払明細書のうちそれぞれ政策推進費の繰入れにかかる記録部分が開示されても，政策推進費の繰入れがされた時期やその金額，政策推進費の前回の繰入時から今回の繰入時までの期間内における政策推進費の支払合計額等が明らかになるにすぎず，また，出納管理簿のうち月分計等記録部分および報償費支払明細書のうち繰越記録部分が開示されても，内閣官房報償費の各月における支払合計額および年度当初から特定の月の月末までの間の支払合計額のほか，年度末における残額が明らかになるにすぎないことが指摘される。そして，政策推進費の繰入れは，内閣官房報償費から政策推進費として使用する額を区分する行為にすぎないから，その時期や金額が明らかになっても，その後関係者等に対してされた個々の支払の日付や金額等が直ちに明らかになるものではなく，また，一定

第5条（行政文書の開示義務）

期間における政策推進費または内閣官房報償費全体の支払合計額が明らかになっても，その支払が1度にまとめて行われたのか複数回に分けて行われたのか，支払相手方が1名か複数名かなどについては明らかになるものではないことからすると，内閣官房報償費に関する情報の性質を考慮しても，これによって内閣が推進しようとしている政策や施策の具体的内容，その支払相手方や具体的使途等を相当程度の確実さをもって特定することは困難であるというほかないとする。以上のことは，本件対象期間にかかる政策推進費受払簿の記載上，政策推進費の繰入れがほぼ毎月2回または3回の頻度で行われ，次の繰入れがされるまでに残額が0円となるような運用がされている期間があるという事情によっても，左右されるものではないので，上記の文書および各記録部分に記録された情報は，行政機関情報公開法5条3号または6号所定の不開示情報に該当しないとする。

　(g)　公共の安全等に関する情報（4号）

　本条4号は，「公にすることにより，犯罪の予防，鎮圧又は捜査，公訴の維持，刑の執行その他の公共の安全と秩序の維持に支障を及ぼすおそれがあると行政機関の長が認めることにつき相当の理由がある情報」を不開示とすることとしている。この規定は，いわゆる司法警察を念頭においたものであり，伝染病の予防，建築規制，食品・薬品の安全規制等の行政警察は，6号の問題になる。もっとも，食中毒を発生させたレストランの食品衛生法違反の調査などは，業務上過失傷害罪等の捜査に結びつく可能性もあるが，一般的には，行政警察の問題になる。「その他」ではなく，「その他の」とすることによって，「犯罪の予防，鎮圧又は捜査，公訴の維持，刑の執行」が，ここでいう「公共の安全と秩序の維持」の代表例であり，刑事法の執行を中心としたものに限定されていることを明確にしている。情報公開法要綱案第6(4)にあった「警備」という文言をとったのは，そこで念頭におかれていた「警備」は犯罪の予防に含めて解釈することが可能である一方，この言葉を用いることによって，災害警備という行政警察を含む趣旨に解されかねないからである。逆に情報公開法要綱案第6(4)にはなかった「鎮圧」という表現が使用されたのは，警察法2条1項と平仄を合わせたものである。「犯罪の……捜査」は，検察官，検察事務官，一般司法警察職員のみならず，特別司法警察職員（海上保安官，麻薬取締官，労働基準監督官等）により行われるものも含む。「刑の執行」自体ではないが，それ

と密接に関連する保護観察，勾留・保護処分・観察措置・補導処分・監置の執行に関する情報であって，公にすることにより，公共の安全と秩序の維持に支障を及ぼすおそれがあると行政機関の長が認めることにつき相当の理由があるものも，本号の対象になる。また，形式的には行政手続であるが，実質的には刑事手続といえる犯則調査，犯罪の予防・捜査との関連が密接な暴力主義的破壊活動（破壊活動防止法4条1項）を行った団体や無差別大量殺人行為（無差別大量殺人行為を行った団体の規制に関する法律4条1項）を行った団体の規制，暴力団員（暴力団員による不当な行為の防止等に関する法律2条6号）による不当な行為の防止，つきまとい等（ストーカー行為等の規制等に関する法律2条1項）の規制，強制退去手続（出入国管理及び難民認定法51条～53条）に関する情報であって，公にすることにより，公共の安全と秩序の維持に支障を及ぼすおそれがあると行政機関の長が認めることにつき相当の理由があるものも，本号の対象になる。施設の設計図のように，公にすることにより，テロや放火・窃盗等の犯罪を容易にしたり，被疑者・被告人の逃亡の幇助を容易にしたりすることにより，公共の安全と秩序の維持に支障を及ぼすおそれがあると行政機関の長が認めることにつき相当の理由があるものも，本号の対象になる。

　なお，3号と同様，「支障を及ぼすおそれがあると行政機関の長が認めることにつき相当の理由がある情報」という表現を用いることによって，行政機関の長の裁量を尊重する趣旨を示している（公共の安全等に関する情報についての外国法の特殊な取扱いの例については，宇賀・情報公開法の理論〔新版〕63頁以下参照。また，公共の安全に関する情報の司法審査については，高橋正人「公共安全情報該当性に関する司法審査のあり方について」静岡大学法政研究15巻2～4号（2011年）91頁以下，荻野徹「警察における情報公開と個人情報保護――いわゆる『公共安全情報』をめぐって」情報公開実務研究会編『情報公開の実務』個人情報保護研究会編『個人情報保護の実務』別冊IP26号（2012年）10頁以下参照）。なお，文書提出命令の申立てがあった場合においても，監督官庁が，「犯罪の予防，鎮圧又は捜査，公訴の維持，刑の執行その他の公共の安全と秩序の維持に支障を及ぼすおそれ」があることを理由として，「公務員の職務上の秘密に関する文書でその提出により公共の利益を害し，又は公務の遂行に著しい支障を生ずるおそれがあるもの」（民事訴訟法220条4号ロ）に該当する旨の意見を述べたときは，裁判所は，その意見について相当の理由があると認めるに足りない場合に限り，文書の所持

者に対し，その提出を命ずることができるとされている（同法223条4項）。

高知県情報公開条例6条2項は，開示請求にかかる文書に非開示情報（法令または条例の規定により開示することができないとされている情報を除く）が記録されている場合であっても，当該公文書の開示をしないことにより保護される利益に明らかに優越する公益上の理由があると認められるときは，当該公文書を開示するものとすると規定している。そして，同条例の解釈運用基準においては，同項の趣旨は，「非開示情報であっても，開示することに優越的な公益があると認められる場合には，開示することを定めたもの」であるとされている。高知地判平成17・5・27判タ1237号217頁は，「開示することができる」ではなく「開示するものとする」と規定されていることに照らせば，非開示情報を開示することに明らかに優越的な公益があると認められる場合についてまで，当該非開示情報を開示するか否かの裁量権を実施機関に許容したものであるとは解しがたいとして，同項は，非開示とすることによって保護される利益よりも，開示することによって得られる公益が明らかに優越する場合には，実施機関に当該情報を開示すべき義務を定めたものと解している。この解釈によれば，同項は，公共の安全に関する情報についても，公益上の義務的開示を認めていることになる。そして，前掲高知地判平成17・5・27は，実際，一部の文書については，公共の安全に関する情報であっても警察会計の透明化を促進するという観点から公益上の義務的開示を認めている。また，その控訴審の高松高判平成18・9・29判タ1237号211頁は，組織的疑惑が存在するにかかわらずいまだに解明されていないこと，捜査費の使途に関する情報は高知県民の公金の使途に関する情報であることに照らし，本件条例の目的である「県民の県政に対する理解と信頼を深める」ため，1審判決より広く，公益上の開示をすべきと判示している（確定）。

本条4号に関する裁判例として，以下のようなものがある。

「設計原図（大阪拘置所　ただし，死刑場に関する部分）」の開示請求にかかる事案において，東京地判平成20・1・18判例集不登載は，本件文書を開示すれば，建物の外部からの侵入，襲撃，死刑執行等の妨害を容易にし，死刑確定者の自殺，自傷行為，逃走を誘発したりするなど，死刑の執行を不能にさせ，あるいは遅延させるなど，刑の執行に支障を生じさせるおそれがあると認められると述べ，同号該当性を認めている。その控訴審の東京高判平成20・7・29

判例集不登載は，控訴を棄却している（最決平成 21・2・17 判例集不登載は上告棄却）。同様に，死刑執行指揮書，死刑執行速報，死刑執行上申書，死刑執行命令書，死刑執行始末書の開示請求にかかる事案において，東京地判平成 20・3・28 判例集不登載は，開示により，死刑確定者の自殺，自傷行為，逃走を誘発し，刑の執行に支障を生じさせるおそれがあると認められるとし，不開示決定を適法としている。

労働基準監督官が司法警察職員でもあることから，労働基準監督官作成にかかる監督復命書および行政指導文書が，公共の安全に関する情報にも該当するとして不開示決定がされることがある。千葉労働局長に対する監督復命書の開示請求にかかる訴訟において，東京地判平成 19・11・16 判例集不登載は，監督復命書の「重措置内容」欄に「甲交付（司法処理基準該当）」との記載があるか否か，および「基準番号」欄に司法処理基準に該当する番号が記録されているか否かを明らかにすれば，当該各欄に対応する「違反法条項・指導事項等」欄に記載された事項が司法処理基準に該当するか否かが明らかになること，監督復命書の「重措置内容」欄および「基準番号」欄の内容を明らかにすれば，司法処理基準の内容を明らかにするのと同様に，司法処理基準においてどのような違反事実が司法処理の対象とされ，または対象外とされているのかが明らかになり，司法処理の対象外とされている違反事実については，刑事罰による威嚇的効果が減少することにより違反事実を未然に防止することが困難になるおそれがあり，また，司法処理の対象とされている違反事実については，当該違反事実に関する証拠を重点的に隠ぺいすることが可能になることにより当該違反事実の発見が困難になるおそれがあるということができると判示している。東京地判平成 20・1・25 判例集不登載，東京地判平成 20・11・27 判例集不登載も同様の判示をしている。

情報公開条例における公共の安全に関する情報については，警察庁刑事局刑事企画課長から都道府県警察本部長等に宛てて発した通達文書の開示請求にかかる最判平成 21・7・9 判時 2057 号 3 頁が注目される。当該通達は，警察庁は法務省から提供された凶悪犯罪等に関する出所情報を犯罪捜査に活用するために出所情報管理システムの構築を予定しているが，それが完成するまでの暫定措置として出所情報ファイルを作成し送付することとしたので，当該通達の示すところに従い，その有効活用および適正な取扱いの確保を図られたいとする

第5条（行政文書の開示義務）

内容のものであった。「出所者の入所罪名」、「出所者の出所事由の種別」、「出所情報ファイルの有効活用」にかかる情報が記録された部分を不開示とする部分開示決定に対し、新潟地判平成 18・11・17 判タ 1248 号 203 頁、東京高判平成 19・6・13 判例自治 329 号 72 頁は、不開示決定は違法としたが、前掲最判平成 21・7・9 は、破棄自判の判決を下している。その理由は、「出所者の入所罪名」、「出所者の出所事由の種別」にかかる情報が公開されれば、出所者自身が出所情報ファイルの記録対象となるかについて、単なる推測にとどまらず、より確実に判別をすることが可能になり、「出所情報ファイルの有効活用」にかかる情報が公にされれば、一定の限度ではあるにしても、出所情報ファイルを活用した捜査の方法を明かす結果を招くから、新潟県警察本部長の判断は合理性を持つものとして許容される限度を超えたものとはいえないというものである。

この判決に対しては、子供を対象とする暴力的性犯罪にかかる出所者の出所情報の活用についての通達を全面公開したこととの整合性をどのように説明するか、重大なプライバシーに関する情報の提供を通達で行ってよいのか（法律の根拠は必要でないか）、自分が出所情報ファイルの記録対象となり出所情報の活用の対象とされるか否かについて、単なる推測にとどまらず、より確実な判別をすることが可能になった場合、むしろ犯罪の決行を躊躇する可能性を考慮しなくてよいのか等の点についても説明がほしかったところである。

情報公開条例の公共の安全に関する情報についての近年の裁判例で多いのが、捜査報償費関係のものである。滋賀県警捜査報償費にかかる大津地判平成 17・1・31 判タ 1216 号 133 頁は、ペンネームが使用されていても自筆の場合、住所・日付等により本人が特定される可能性があり、また、直ちに情報提供者等が特定されなかったとしても、本件情報が公開されることによって、自己が情報提供者等であることが事件関係者等に明らかになるのではないかとの危惧感を情報提供者等に抱かせ、その結果、捜査への協力が得られなくなり、捜査に支障が生じる可能性も否定できないとして、不開示決定を適法と判示している。これに対し、その控訴審の大阪高判平成 18・3・29 判例集不登載は、本件対象文書に含まれる情報は、せいぜい、氏名、住所、年月日、金額程度の情報であって、しかも、領収書の作成者が、その記載により自らが情報の提供者ないし捜査協力者として特定されることを回避するため、あえて、自己を顕わす

符丁としてのペンネームを使用したものであるから，事柄の性質上，容易に自己が特定されるような体裁の記載をしていないと推認するのが合理的とし，被告の犯罪捜査情報該当性判断についての主張は抽象的にすぎ具体性が希薄であるとして，1審判決を一部取り消している（個人識別情報該当性も否定している）。このように1審判決と控訴審判決の判断が大きく分かれたため，最高裁の判断が注目されたが，最判平成19・5・29判時1979号52頁は，滋賀県情報公開条例に基づき本件領収書の記載が公にされることになれば，①情報提供者等に対して自己が情報提供者等であることが事件関係者等に明らかになるのではないかとの危ぐを抱かせ，その結果，滋賀県警において情報提供者等から捜査協力を受けることが困難になる可能性を否定することはできないこと，②事件関係者等において，本件領収書の記載の内容やその筆跡等を手掛りとして，内情等を捜査機関に提供しうる立場にある者に関する知識や犯罪捜査等に関して知りうる情報等を総合することにより，本件領収書の作成者を特定することが容易になる可能性も否定することができないことを指摘し，本件領収書には本件条例6条3号所定の公共の安全に関する非公開情報が記録されているというべきであるとして，原審判決を破棄している。

　宮城県警捜査報償費訴訟にかかる仙台地判平成20・3・31判例自治324号88頁は，犯罪捜査協力報償費支払明細兼残高証明書等の行政文書に記載された捜査協力者等に関する情報ならびに捜査報償費の執行日時および執行金額に関する情報等のほぼすべてが架空支出と認定し，捜査報償費の支出に関する情報が記録されていることを前提に不開示情報に該当すると判断したことは裁量権の逸脱濫用であり違法と判示した。また，施行伺に記載された警察職員の氏名および印影の情報についても，当該職員が攻撃の対象になる等の犯罪の予防または捜査等に支障が生ずる事態に至るおそれがあると認めることはできないとしている。その控訴審の仙台高判平成21・1・29判時2052号24頁は，犯罪捜査協力者に支払われる報償費にかかる支出明細兼残高証明書に記載された捜査協力者に関する情報ならびに当該報償費の執行日時および執行金額に関する情報の開示により，協力者との信頼関係が損なわれたり，協力者等の生命身体に危害が及ぶおそれがあるとし，また，捜査報償費の資金前渡の施行伺に記載された警察職員の氏名・印影で本件処分当時公表されていなかった警部補以下のものに関する情報の開示請求についても，その公開により，事件の捜査に当

第 5 条（行政文書の開示義務）

たった警察職員やその家族に攻撃が加えられたり，警察活動を妨害するための行為が行われるおそれがあるとしている。

仙台高判平成 13・6・28 判例集不登載は，宮城県情報公開条例に基づき，平成 7 年度の宮城県警察本部総務室の食糧費支出に関する一切の資料の開示請求がされた事案において，単に警察に弁当等を納入しているからといって，納入業者が嫌がらせを受ける可能性があるとはにわかに考えることができず，特定の業者のみから弁当等を購入する場合には，捜査を妨害しようとする者が弁当等に毒物などを混入させるおそれが考えられないではないものの，仮にそのようなおそれがあるというのであれば，適宜，納入業者を変えるなどの措置によって対応することも考えられるとし，受取人情報が開示されると，警察に弁当等を納入する業者がいなくなるかのように主張するのは過ぎたる懸念であると指摘する。また，同判決は，飲食費が支出された会合のうちの一部は警察本部の庁舎内において飲食物を提供して行われ，その余は外部の飲食店において行われたものと認められるところ，飲食物の納入業者に関する受取人情報についても，弁当等の納入業者の場合と同様，開示されることにより被告が主張するような事態の発生を予想させるような事例の存在を裏付けるべき資料はなく，仮にそのようなおそれがあるというのであれば，警察本部の庁舎内を含め，そのようなおそれが生じない場所で協議等を行うことも容易というべきであるとして，不開示決定を取り消している。

国の安全または公共の安全に関する情報該当性にかかる主張立証責任については，一般の裁量処分の場合と同様，原告（開示請求者）が主張立証責任を負うとするもの（東京地判平成 15・9・16 訟月 50 巻 5 号 1580 頁），被告（国または都道府県）が主張立証責任を負うとするもの（新潟地判平成 18・11・17 判タ 1248 号 203 頁，東京高判平成 19・6・13 判例自治 329 号 72 頁）もあるが，大半は，まず，被告において，当該文書に記録された情報が外形的事実等から一般的，類型的にみて国の安全または公共の安全に支障を及ぼすおそれがあると行政機関の長または実施機関が判断しうる情報であることを主張立証し，次いで，原告において，その判断の基礎とされた重要な事実に誤認があること等によりその判断がまったく事実の基礎を欠くか，または事実に対する評価が明白に合理性を欠くこと等によりその判断が社会通念に照らし著しく合理性を欠き，裁量の逸脱濫用に当たることを主張立証しなければならないとする 2 段階型審理を行って

いる (仙台地判平成16・2・24訟月50巻4号1349頁, 仙台高判平成16・9・30判例集不登載, 東京地判平成18・2・28判時1948号35頁, 東京高判平成20・1・31判例集不登載, 仙台地判平成20・3・11判例集不登載, 仙台高判平成21・4・28訟月55巻11号3286頁, 仙台地判平成20・3・31判例自治324号88頁, 東京地判平成21・12・16判例集不登載)。

(h) **審議，検討または協議に関する情報（5号）**

本条5号は，「国の機関，独立行政法人等，地方公共団体及び地方独立行政法人の内部又は相互間における審議，検討又は協議に関する情報であって，公にすることにより，率直な意見の交換若しくは意思決定の中立性が不当に損なわれるおそれ，不当に国民の間に混乱を生じさせるおそれ又は特定の者に不当に利益を与え若しくは不利益を及ぼすおそれがあるもの」を不開示とすることとしている。

この規定は，情報公開条例について，意思形成過程情報と一般に称されているものであるが，この言葉が，連続した行政過程を包括的にとらえるかたちで理解されることによって，過度に広くこの不開示規定が解釈されるおそれがあることから，本条5号は，意識的にこの文言の使用を避けている。3号・4号とは異なり，「不利益を及ぼすおそれがあるもの」となっており，不開示規定該当性について，行政機関の長に広範な裁量が認められるわけではない。

行政機関情報公開法2条2項で行政文書の要件を組織共用文書としたため，決裁等の事案処理手続が終了していない文書のかなりの部分が行政機関情報公開法の規定の適用を受けることになる。しかし，これらの情報を時期尚早な段階で開示することによって，外部からの干渉，圧力等により率直な意見の交換，意思決定の中立性が損なわれたり，未成熟な情報が確定的情報と誤解され国民の間に混乱を生じさせたり，投機等により特定の者に利益を与えたり不利益を及ぼすことがありうる。違法・不当な行為が行われた可能性があるため調査を行っていた段階の情報が公にされたが，結果として違法・不当な行為が行われていなかったことが判明した場合，調査段階の情報が公にされることにより，被調査者の信用が毀損され不利益を及ぼすおそれがある。比較法的にみても，審議，検討または協議に関する情報を保護するために，対象文書を限定したり（スウェーデン，フィンランド），不開示規定を設けたりするのが（アメリカ，オランダ）一般的である（詳しくは，宇賀・情報公開法の理論〔新版〕64頁以下）。他面

第5条（行政文書の開示義務）

において，「国民の的確な理解と批判の下にある公正で民主的な行政の推進」（1条）という行政機関情報公開法の目的に照らせば，むしろ最終的な意思決定前に情報を開示することが必要なことが少なくない。したがって，審議，検討または協議に関する情報の公開に際しては，アカウンタビリティの観点から開示することによる利益と，開示により適正な意思決定等にもたらされる支障を比較衡量する必要がある。そのため，それぞれの支障につき「不当」という文言を付加することによって，開示することの利益を斟酌しても，なお，開示のもたらす支障が重大な場合であり，不開示とすることに合理性が認められる場合に不開示とすることとしている。なお，本条1号・2号に存在する公益上の義務的開示に相当する規定が5号にはおかれていないが，「不当」の要件の審査に際して，開示することによる利益が比較衡量の対象になる。

　デンマーク，オーストラリアの情報公開法のように，審議，検討または協議に関する不開示情報の規定は，事実に関する情報については適用しないことを明文で定めている例もあるし，アメリカの場合は，判例法上，政策情報と事実情報を区別し，後者には原則として審議過程特権に関する不開示規定を適用しないこととしている（宇賀・情報公開法252頁以下参照）。わが国においても，安威川ダム訴訟において大阪高判平成6・6・29判タ890号85頁が，専門家が調査した自然界の客観的，科学的な事実，およびこれについての客観的，科学的な分析の情報自体が，調査研究，企画などを遂行するうえで誤解を生じさせるものではないと判示している（最判平成7・4・27判例集不登載は上告棄却）。大阪府交野市情報公開条例も，審議，協議等に関する不開示情報の規定は，事実に関する情報には適用されないことを明記している。本条5号を解釈するに際しても，政策，意見に関する情報と事実に関する情報を区別して考える必要がある。ただし，ある事実を取り上げたこと自体が一定の方針を示唆する等，政策情報と事実情報が密接不可分な場合もあることに留意する必要がある。

　地方公共団体の情報公開条例のなかには，合議制機関情報についての特別の不開示規定を設け，当該合議制機関が議事運営規程や議決により不開示にすると決定した場合には，当該情報の性質・内容を問うことなく不開示にすることとしている例がある（山口市情報公開条例5条8号，北海道足寄町情報公開条例9条8号等）。しかし，これは，実質的には，合議制機関を情報公開条例の実施機関から除外する効果をもつ。行政機関情報公開法は，かかる合議制機関情報につ

いての特別の不開示規定を設けてはいない。したがって，審議会等の合議制機関情報についても，本条5号の規定を適用し，個別具体的に開示の是非を判断することになる。その際，審議会の会議または議事録につき，中央省庁等改革基本法30条5号において，原則公開の方針がとられていることに留意すべきであろう。

　情報公開法要綱案第6(5)では，「行政機関内部又は行政機関相互の審議・検討又は協議に関する情報」という表現であったのに対して，本条5号は，「国の機関，独立行政法人等，地方公共団体及び地方独立行政法人の内部又は相互間における審議，検討又は協議に関する情報」という文言に変更している。国の行政機関は，国会，裁判所および地方公共団体（以下「国会等」という）に関して自ら作成し，または国会等から取得した情報を保有しているが，情報公開法要綱案自体は，これらの情報の取扱いについて，特段の規定を設けていない。しかし，情報公開法要綱案の考え方4(7)（国会，裁判所及び地方公共団体に関する情報）において，「行政機関と国会等との間の協議に関する情報や，国会等の事務・事業に関する情報の中には，行政機関相互の協議に関する情報や行政機関の事務・事業に関する情報に関し，第6第5号（審議・検討等に関する情報）及び第6号（行政機関の事務・事業に関する情報）の不開示情報の規定を設けることとしたところと同様に，開示すると，国会等の適正な意思決定を不当に損ない，又は国会等の事務・事業の適正な遂行に支障を及ぼすおそれがあり，これを不開示情報とする合理的な理由があるものがある。そこで，情報公開法の立案を政府が行うに当たっては，行政機関が保有する国会等に関する情報であって，行政機関の場合における第6第5号及び第6号に相当するものを不開示情報とする旨の規定を設けることについて検討する必要がある」と指摘していた。本条5号は，この指摘を受けて，「国の機関，独立行政法人等，地方公共団体及び地方独立行政法人の内部又は相互間」という表現に変更したのである。この「国の機関，独立行政法人等，地方公共団体及び地方独立行政法人の内部又は相互間」という表現により，「国の機関……の内部」，「独立行政法人等……の内部」，「地方公共団体……の内部」，「地方独立行政法人の内部」，「国の機関……相互間」，「国の機関……地方公共団体……相互間」，「独立行政法人等……相互間」，「国の機関，独立行政法人等……相互間」，「独立行政法人等，地方公共団体……相互間」，「地方公共団体……相互間」，「国の機関……地

第5条（行政文書の開示義務）

方独立行政法人……相互間」,「独立行政法人等……地方独立行政法人……相互間」,「地方公共団体……地方独立行政法人……相互間」,「地方独立行政法人……相互間」のすべてが包含されることになる。また, 行政機関情報公開法2条1項で定義されている「行政機関」には内閣は含まれないが, 本条5号の「国の機関」は内閣を含む。

　行政機関情報公開法13条1項の第三者に対する意見書提出の機会の付与の規定は, 国, 独立行政法人等, 地方公共団体, 地方独立行政法人を対象外としているので, 国会, 裁判所, 独立行政法人等, 地方公共団体, 地方独立行政法人には, 同項の規定は適用されないが, 国会, 裁判所, 独立行政法人等, 地方公共団体, 地方独立行政法人の適正な意思決定を不当に損なうかを行政機関が判断するに際しては, 必要に応じ, 国会, 裁判所, 独立行政法人等, 地方公共団体, 地方独立行政法人に事前の意見表明の機会を与える運用を行うべきであろう。国会, 裁判所, 地方公共団体が開示に反対の意見を述べたときには, 当該機関, 団体の憲法上の地位に照らして, その意見を十分に斟酌すべきと思われる（情報公開法要綱案の考え方4⑺）。

　東京地判平成23・8・2判時2149号61頁は, 本条5号の「おそれ」は単なる確率的な可能性ではなく, 法的保護に値する蓋然性がなければならないと判示している。また, 高松高判平成17・1・25判タ1214号184頁は, 本号にいう「当該事務又は事業の性質上, 当該事務又は事業の適正な遂行に支障を及ぼすおそれ」があるといえるためには, 単に行政機関においてそのおそれがあると判断するだけではなく客観的にそのおそれがあると認められることが必要であるが, 行政機関としては当該行政文書の内容自体を立証することはできないのであるから, 高度な蓋然性があることまで要求することはできないと判示している。そして, 国立療養所の再編成に関する厚生労働省と地元関係者との協議会の議事録が開示請求された事案において, 本件再編成協議会では, 経営移譲か廃止かの対処方策の期限が定められた状況下にあるので, 各構成員が公式見解を述べあうだけでなく, むしろ各自の自由かつ率直な意見を交換し, あるいはそれに対して国側から説明をすることが, よりよい政策決定に資するし, その出席者の間ではその議事録も公開されない（ただし, 議事概要は公開する）ことが前提とされていたと推認され, このような協議会の議事録が公開されれば, 公開されないことを期待して発言した出席者との関係で信頼関係を損ない,

本件の経営移譲に悪影響を及ぼしかねないし，再編成計画は全国規模で遂行されている施策であるので，本件再編成協議会の議事録を公開すると，他の再編成協議会において，反対の立場の者からのいわれなき非難や誤解等がされることを避けるために，発言が萎縮し，自由で率直な意見交換が困難になり，再編成計画の遂行にも悪影響を及ぼす可能性が相当程度認められるので，本件行政文書は，本号に該当すると判示している。

「率直な意見の交換若しくは意思決定の中立性が不当に損なわれるおそれ」を認めた例としては，東京地判平成15・9・5訟月50巻5号1548頁もある。これらにおいては，現在のみならず，将来の「率直な意見の交換若しくは意思決定の中立性が不当に損なわれるおそれ」がある場合にも，本号が適用されるとしている。「不当に国民の間に混乱を生じさせるおそれ又は特定の者に不当に利益を与え若しくは不利益を及ぼすおそれがあるもの」の該当性が否定された例として，東京地判平成23・8・2判時2149号61頁がある。同判決は，不開示とされた流域分布図や流出モデル図は，構想段階の洪水調整施設周辺の土地を購入することができるくらいの正確性をもって特定できるだけの現地復元性がある図面であるとは到底認めがたいので，当該図面を公にすることになると，構想段階にとどまる洪水調節施設の位置を特定され，当該予定地周辺での不適正な土地取引が助長されて，地域住民を含めて不当に国民の間に混乱を生じさせ，あるいは特定の者に不当に利益を与えるおそれがあるとはいえないとする。

(i) 事務または事業に関する情報（6号）

本条6号は，事務または事業の適正な遂行に支障を及ぼすおそれのある情報を不開示とする規定であり，わが国の情報公開条例における行政運営情報の規定を参考にしている。情報公開法要綱案第6(6)においては，「行政機関の事務又は事業に関する情報」と規定されていたが，本条6号では，「国の機関，独立行政法人等，地方公共団体又は地方独立行政法人が行う事務又は事業に関する情報」という表現に変更されている。これは，5号について述べたのと同様に，情報公開法要綱案の考え方4(7)の指摘を踏まえて，国会，裁判所，地方公共団体の事務または事業に関する支障も念頭においた規定とするため，および，独立行政法人等情報公開法，地方独立行政法人法の制定をふまえて，実質的に政府の一部を構成するとみられる独立行政法人等，実質的に地方公共団体の一

部を構成するとみられる地方独立行政法人の事務または事業に関する支障にも配慮した規定とするためである。「国の機関」は，2条1項で定義されている「行政機関」のほか，内閣，国会，裁判所のすべてを含む。

　また，情報公開法要綱案第6(6)は，「監査，検査，取締り，争訟，交渉，契約，試験，調査，研究，人事管理，現業の事業経営」を例示していたが，本条6号では，これらをイからホまでの5つにグルーピングして，それぞれのグループごとに，公にすることによる典型的な支障の例を挙げている。これによって，要件の明確化が図られ，理解しやすい規定になったということができる。

　本条6号柱書は，「国の機関，独立行政法人等，地方公共団体又は地方独立行政法人が行う事務又は事業に関する情報であって，……次に掲げるおそれその他当該事務又は事業の性質上，当該事務又は事業の適正な遂行に支障を及ぼすおそれがあるもの」という書き方をしている。したがって，イからホは，限定列挙ではなく，開示により事務または事業の適正な遂行に支障を及ぼすおそれがある情報を含むことが容易に想定される事項を例示したにすぎない。その他の事務または事業に関する情報も本号の対象になるし，イからホに掲げた支障（「次に掲げるおそれ」）も典型的な例を示したにとどまるので，イからホの類型につき，他の支障が生ずる場合を除外する趣旨ではない。他の支障については，柱書の「その他当該事務又は事業の性質上，当該事務又は事業の適正な遂行に支障を及ぼすおそれがあるもの」で読むことになる。

　本号は，事項的基準と定性的基準を組み合わせているので，列挙された事項についても，当該事務または事業の適正な遂行に支障を及ぼすおそれがあるかを慎重に判断する必要があることは当然である。「事務又は事業の性質上」という表現は，当該事務または事業の内在的性格に照らして保護に値する場合のみ不開示にしうることを明確にする趣旨である。「適正」という要件を判断するに際しては，開示のもたらす支障のみならず，開示のもたらす利益も比較衡量しなければならない。本条1号・2号におかれている公益上の義務的開示の規定が6号におかれていないのは，「適正」の要件の判断に際して，公益上の開示の必要性も考慮されるからである（大阪地判平成19・6・29判タ1260号186頁）。「支障」の程度については，名目的なものでは足りず，実質的なものであることが必要であり，「おそれ」も，抽象的な可能性では足りず，法的保護に値する程度の蓋然性が要求される。したがって，一般的にいって，本号は，行

政機関に広範な裁量を与える趣旨ではない（情報公開法要綱案の考え方4(6)）。前掲大阪地判平成19・6・29は、「当該事務又は事業の適正な遂行に支障を及ぼすおそれ」とは、名目的、抽象的に当該事務または事業の適正な遂行に支障が生じる可能性があるだけでは足りず、実質的、具体的に当該事務または事業の適正な遂行に支障が生じる相当の蓋然性が認められることが必要というべきであると判示している。

高松高判平成17・1・25判タ1214号184頁は、本号にいう「当該事務又は事業の性質上、当該事務又は事業の適正な遂行に支障を及ぼすおそれ」とは、単に行政機関においてそのおそれがあると判断するだけではなく客観的にそのおそれがあると認められることが必要であるというべきであるが、行政機関としては当該行政文書の内容自体を立証することはできないのであるから、高度な蓋然性があることまで要求することはできないと判示している。そして、国立療養所の再編成に関する厚生労働省と地元関係者との協議会においては、経営移譲か廃止かの対処方策の期限が定められた状況下にあるので、各構成員が公式見解を述べあうだけでなく、むしろ各自の自由かつ率直な意見を交換し、あるいはそれに対して国側から説明をすることが、よりよい政策決定に資するというべきであるし、その出席者の間ではその議事録も公開されない（ただし、議事概要は公開する）ことが前提とされていたと推認され、このような協議の議事録が公開されれば、公開されないことを期待して発言した出席者との関係で信頼関係を損ない、本件の経営移譲に悪影響を及ぼしかねないし、再編成計画は全国規模で遂行されている施策であるので、本件再編成協議会の議事録を公開すると、他の再編成協議会において、反対の立場の者からのいわれなき非難や誤解等がされることを避けるために、発言が萎縮し、自由で率直な意見交換が困難になり、再編成計画の遂行にも悪影響を及ぼす可能性が相当程度認められるので、本件行政文書は、本号に該当すると判示している。

なお、地方公共団体の情報公開条例においては、当該事務または事業と将来の事務または事業を区別して規定している例がみられる。行政情報公開部会も、中間報告においては、そのような規定の仕方をしていたが（情報公開法要綱案（中間報告）第6⑥）、将来の事務または事業も「当該事務又は事業」で読みうるし、将来の事務または事業について明示的に言及することにより拡張解釈を招くことが懸念されたこともあり、最終報告では、「将来の事務又は事業」とい

う文言を削除している（情報公開法要綱案第6⑹参照）。したがって，同種の事務または事業が反復される場合，当該情報の開示が将来の事務または事業の適正な遂行に支障を及ぼすおそれがある場合にも，本号の規定を適用することを否定する趣旨ではない。

　本条6号イの情報については，特定の事案の監査等が終了した後であっても，監査の方法・重点等が公になることにより，将来，監査を潜脱する行為がなされるおそれがあるような場合には，公にすることによる支障が生ずるおそれがあることになる。

　本条6号ロの「争訟に係る事務」の解釈に際して参考になるのが，最判平成11・11・19民集53巻8号1862頁である。同判決は，住民監査請求に関する一件記録に含まれる関係人の事情聴取記録が，逗子市情報公開条例5条2号ウ（当時）の「争訟の方針に関する情報」に該当するかについての判断を示している。同判決は，同号ウは，逗子市，国もしくは他の地方公共団体またはその機関が一方当事者として争訟に対処するための内部的な方針に関する情報が公開されると，それが正規の交渉等の場を経ないで相手方当事者に伝わるなどして，紛争の公正，円滑な解決を妨げるおそれがあるために設けられたと解している。したがって，同規定にいう「争訟の方針に関する情報」は，争訟の帰趨に影響を与える情報のすべてを指すものと解するのは相当でないが，現に係属し，または係属が具体的に予想される事案に即した具体的方針に限定されると解すべきではなく，前記団体またはその機関が行うことのあるべき争訟に対処するための一般的方針をも含むものと解するのが相当であるとする。そして，横浜防衛施設局施設管理課職員からの事情聴取書には，全国の未登記土地に関する国と所有名義人との間における民事上の紛争の処理の仕方，手法についての供述や，国の民事訴訟解決の手の内も示されているというのであり，これらの情報は国の争訟の方針に関する情報に当たり，これが公開されることになれば，現在および将来の国のかかわる未登記土地等に関する争訟の遂行に著しい支障を生ずることになる可能性があるから，「争訟の方針に関する情報」に当たると判示している。

　公共事業の予定価格については，事後に開示することが入札事務の適正な遂行に支障を生ずるおそれがあるとはいえないとするのが裁判例の大勢であるが（宇賀・ケースブック情報公開108頁以下参照），業務委託契約の場合には，事前に

予定価格の推定を容易にするため事務・事業情報に該当するという被告の主張を否定するもの（高知地判平成25・3・29判例集不登載）と肯定するもの（札幌地判平成18・11・16判タ1239号129頁）に分かれている。

なお，本条6号ハの調査研究は，施設等機関としての研究所（科学警察研究所，国土交通政策研究所等）の調査研究を主として念頭においたものである。一般の行政機関も，企画立案に際して調査研究を行うが，その過程の情報については，一般に本条5号の規定の適用の問題となろう。また，6号のイ，ロ，ニ，ホについても，それぞれ調査研究が問題になるが，たとえば，取締りのための調査は，ハではなくイに，契約のための調査は，ハではなくロに該当する。

本条6号ニは，人事評価に関する情報を公にすることにより，率直な評価が困難になったりする場合等を念頭に置いている。

本条6号ホを2号の法人等に関する情報の規定に含めず，事務または事業に関する情報の問題として処理することとしたのは，地方公営企業，独立行政法人等または地方独立行政法人の事業の場合，2号情報と基本的に共通するものの，とくに地方公共団体，独立行政法人等または地方独立行政法人が経営していることに照らしてアカウンタビリティの観点を重視した判断が必要になるからである。

> **（部分開示）**
> **第6条** 行政機関の長は，開示請求に係る行政文書の一部に不開示情報が記録されている場合において，不開示情報が記録されている部分を容易に区分して除くことができるときは，開示請求者に対し，当該部分を除いた部分につき開示しなければならない。ただし，当該部分を除いた部分に有意の情報が記録されていないと認められるときは，この限りでない。
> 2 開示請求に係る行政文書に前条第1号の情報（特定の個人を識別することができるものに限る。）が記録されている場合において，当該情報のうち，氏名，生年月日その他の特定の個人を識別することができることとなる記述等の部分を除くことにより，公にしても，個人の権利利益が害されるおそれがないと認められるときは，当該部分を除いた部分は，同号の情報に含まれないものとみなして，前項の規定を適用する。

開示請求の対象になった行政文書は，その一部に不開示情報が含まれている

第6条（部分開示）

ことを理由として，当然に全体を不開示にすべきではなく，原則として，開示可能な部分は開示すべきである。また，個人に関する情報については，個人識別性のある部分を除いて開示すれば，通常は，当該個人の権利利益を害することはない。したがって，原則として，個人識別性のある部分を除いて部分開示すべきである。本条は，この趣旨を明確にしている。

(1) 一般的部分開示

　請求対象となった行政文書の一部にのみ不開示情報が含まれているが，他に開示しうる情報が存在する場合には，最大限の開示を実現するために，不開示情報と開示情報を区別し，後者を開示するようにしなければならない。これが部分開示の問題で，わが国の情報公開条例においても，一般に部分開示規定がおかれている。

　ただし，不開示情報と開示情報を容易に区分しえない場合には，部分開示を行えなくてもやむをえない。自筆による文書に不開示情報は含まれていないが，筆跡により特定の個人を識別できる場合には，特定の個人を識別できる部分を容易に区分して除くことはできないので，全部を不開示にせざるをえない場合が生じうる。録音されている内容には不開示情報は含まれないが，音声で特定の個人を識別することができる場合にも，同様である。情報公開法要綱案第5：2では，「容易に区分することができる」という表現になっていたが，本条1項では，「容易に区分して除くことができる」という表現に変えられている。これは，電磁的記録の場合，不開示情報と開示情報の区分自体は容易であっても，両者の分離が技術的に困難な場合がありうるので，不開示情報を「容易に……除く」ことができない場合も，部分開示義務がないことを明確にするためである。なお，電磁的記録の場合には，紙の記録の場合と異なり，削除の箇所と分量が請求者にわからないかたちで削除がなされうる。このことは，請求者が部分開示の是非を争うことを困難にする。アメリカの連邦情報自由法が，1996年の改正（詳しくは，宇賀・情報公開法の理論〔新版〕170頁以下参照）において，開示を全部または一部拒否する場合において，拒否された記録の量を見積もる合理的努力をし，その見積もりを不開示とされた箇所に記載して請求者に示す義務を行政機関に課している（ただし，当該見積もりを提示することが不開示の根拠規定が保護しようとしている利益を損なうと認められるときは，この限りではな

い）のも，前記の問題への対応の必要性を認識したからである。わが国においても，電磁的記録で開示する際に，部分開示がなされた場合，削除の箇所と分量が請求者に理解できるように配慮すべきであろう（アメリカの連邦情報自由法の 2007 年の改正により，不開示とした箇所に不開示情報の種類も記載することが義務づけられた）。この点に関して，内閣府情報公開・個人情報保護審査会答申平成 22・3・16（平成 21 年度（行情）第 603 号）が，開示を実施した DVD は，不開示部分を単純に削除したものであるため，開示請求者が不開示部分を容易に特定できない結果となっており適当とはいえないので，今後，開示決定にかかる DVD の写しを作成する際には，不開示部分が容易に判別できる方式を工夫するなど適切に処理することが望まれると付言していることが注目される。なお，紙の記録の場合であっても，文書が大量の場合，開示情報と不開示情報を区分し，後者を削除するのに多大な時間と労力を要することはありうるが，このことは，部分開示義務を免除する理由にはならない。

　不開示情報を容易に区分して除くことができる場合であっても，不開示情報を除いた部分に「有意の情報が記録されていないと認められるとき」には部分開示の義務はない。情報公開法要綱案第 5：2 における「当該部分を除いて開示することが制度の趣旨に合致しないと認められるときは」の部分が，本条 1 項では，「当該部分を除いた部分に有意の情報が記録されていないと認められるときは」という表現に変更されているのは，情報公開法要綱案の趣旨の明確化を図ったものである。「有意の情報が記録されていないと認められるとき」とは，不開示情報を除いた残部が，それ自体としては無意味な文字，数字のみとなる場合等である。この場合に部分開示義務を課することは，請求者にとっても利益にならないし，行政機関にとっては不要な負担を負うことになるからである。もっとも，何が「有意の情報」かについて，行政機関の長の見解と請求者の見解が異なる場合もありうるから，「有意の情報」ではないと明確に判断できる場合以外は，部分開示を行うか，あるいは，請求者の意見を聴取して部分開示を行うかを判断する運用が望ましいと思われる（部分開示によって有意の情報が残るかにつき判示したものとして，東京地判平成 4・10・15 判時 1436 号 6 頁参照）。直方市情報公開条例 10 条 1 項は，請求の趣旨を最大限尊重して除外部分を最小限にとどめて部分開示をしなければならない旨を明記している。

　部分開示決定は，部分不開示決定でもあるから，不開示決定の部分につき，

第6条（部分開示）

行政手続法8条の規定に基づき理由提示の義務が生ずるのは当然である（不開示決定に対する理由提示を適切に行うべきことは衆参両院における行政機関情報公開法案可決の際の附帯決議でも確認されている）。また，請求対象文書のなかに開示可能な情報が含まれているにもかかわらず，不開示情報が記録されている部分を容易に区分して除くことができないため，または，当該部分を除いた部分に有意の情報が記録されていないと認められるために部分開示を行わない場合にも，「不開示部分と開示部分の分離が，既存のプログラムでは行えず，両者を分離するためのプログラムの作成に多額の費用を要するため」，「不開示情報の部分を除くと，それ自体としては無意味な数字のみとなるため」等の理由を請求者に提示する義務がある。

(2) 個人に関する情報の部分開示

情報公開法要綱案第6(1)ロは，個人に関する不開示情報の例外として，「氏名その他特定の個人が識別され得る情報の部分を除くことにより，開示しても，本号により保護される個人の利益が害されるおそれがないと認められることとなる部分の情報」の開示を義務づけていた。しかし，不開示情報の規定における例外として位置づけるよりも，個人を識別することができることとなる記述等の部分を除くことにより個人に関する情報の開示根拠を与えることを重視して，本条2項は，これを部分開示の一形態として位置づけている。

個人に関する情報は，「氏名その他特定の個人が識別され得る情報の部分」に限られないから，氏名，生年月日その他の特定の個人を識別することができることとなる記述等の部分を除いた部分も，行政機関情報公開法5条1号ただし書に該当しないかぎり不開示とすべきことになるが，個人識別性のある部分を除くことによって，公にしても個人の権利利益が害されるおそれがないと認められるときは，これを不開示にする意義に乏しく，最大限の開示を実現する観点からは，部分開示をすることが望ましい。そこで，このような場合には，個人識別性のある部分を削除した残りの部分については，5条1号の個人に関する情報には含まれないとみなして部分開示を行うこととしたのである。「みなして」という表現から窺えるように，理論的には個人に関する情報であるが，個人に関する情報とは取り扱わないということである。この点が，開示情報と不開示情報を区分する本条1項の一般的部分開示とは異なるので，本条2項で

特別の部分開示規定を設けたのである。かかる運用は、地方公共団体の情報公開条例においても明文の規定はなくても一般的に行われてきたが（前掲東京地判平成4・10・15参照），明文を設けるものが増加している（東京都情報公開条例8条2項，愛媛県情報公開条例8条2項等参照）。なお，個人識別性のある部分を除いても，なお個人の権利利益を害するおそれがある場合には不開示にすべきことは，5条1号本文に規定するとおりである。

(3) 情報単位論（独立一体説）

大阪府知事交際費訴訟第2次上告審判決（最判平成13・3・27民集55巻2号530頁）は，大阪府公文書公開等条例（平成11年大阪府条例39号による全部改正前のもの）10条の部分開示規定について，不開示情報に該当する独立した一体的な情報をさらに細分化し，その一部を非公開とし，その余の部分にはもはや不開示情報に該当する情報は記録されていないものとみなして，これを開示することまでをも実施機関に義務づけているものと解することはできないと判示した（同判決については，宇賀・ケースブック情報公開法181頁以下およびそこに掲げた文献参照）。かかる考え方は，その後，「情報単位論」ないし「独立一体説」と呼ばれるようになった。これは，行政機関情報公開法6条2項のような個人に関する情報の部分開示についての特別の規定がない条例に関するものであり，この判決の射程は，行政機関情報公開法の下での個人に関する情報には及ばないものと考えられる。問題は，個人に関する情報以外の不開示情報が同判決の射程に入るのかである。

行政機関情報公開法の対象機関の長の中には，大阪府知事交際費訴訟第2次上告審判決の「情報単位論」を個人情報以外の不開示情報に適用して，部分開示義務を否定する主張をするものがみられる。すなわち，「情報単位論」によれば，行政機関情報公開法6条2項のような特別の部分開示規定がない個人に関する情報以外の不開示情報については，独立した一体的な情報をさらに細分化して部分開示をする義務はないというのである。このような主張に対し，内閣府情報公開（・個人情報保護）審査会がどのような解釈を示すかが注目されていた。内閣府情報公開審査会答申平成14・7・17（平成14年度第123号）は，この点についての同審査会の立場を初めて明確に示したものである。

本件で，異議申立人は，第70回総合エネルギー調査会原子力部会に提出さ

第 6 条（部分開示）

れた通商産業省（当時）作成資料「原子力発電の経済性について」（以下「部会資料」という）の中の燃料費（核燃料サイクルコスト）内訳の算出根拠に関連する資料の開示請求を行ったところ，諮問庁（資源エネルギー庁長官）は，不開示部分について，大阪府知事交際費訴訟第 2 次上告審判決を援用して，部分開示義務を否定した。審査会答申は，この点に関して，情報は，ある事柄についての知らせを意味するものであり，社会通念上意味を有するひとまとまりの大きさを有していると考えられるとしつつ，このひとまとまりの大きさについては，重層的な捉え方が可能である場合が多いとする。そして，不開示情報についても，重層的な捉え方が可能である場合には，不開示とする合理的な理由のない情報は開示するという行政機関情報公開法の定める開示請求制度の趣旨に照らし，開示することが適当でないと認められるひとまとまりをもって，その範囲を画することが適当であるとする。このような前提に立って，本答申は，行政機関情報公開法が個人に関する情報についてのみ，不開示情報をさらに細分化する規定を設けている理由を以下のように説明している。

　特定の個人を識別することができる情報については，その全体を一律に不開示とすると個人の権利利益の保護の必要性を超えて不開示の範囲が広くなりすぎるおそれがあるから 6 条 2 項が設けられたが，その他の不開示情報にあっては，重層的な捉え方が可能な情報に対して一定の利益を保護するために開示することが適当でないと認められるひとまとまり，すなわち，5 条の不開示事由とされている「おそれ」等を生じさせる原因となる情報の範囲で捉えれば，不開示の範囲が不必要に広くなりすぎるおそれはないというのである。したがって，不開示情報該当性の判断の前提として，独立した一体的な情報を単位に捉えるとしても，特定の個人を識別することができる情報以外の不開示情報にあっては，その範囲は，重層的な各階層で捉えていった結果，最終的には不開示事由たる「おそれ」等を生じさせる原因となる情報の範囲となるべきものであるとする。

　この説明はやや難解であるが，5 条 2 号イの法人等情報の規定（「公にすることにより，当該法人等又は当該個人の権利，競争上の地位その他正当な利益を害するおそれがあるもの」）を例にとれば，次のように敷衍できると思われる。

　「ABC」という法人等情報について，これ全体をひとつの情報単位とみることもできれば，「AB」と「C」，「A」と「BC」というように情報の単位を捉え

ることもできる場合,「C」を開示すれば当該法人等の正当な利益を害するが「AB」を開示してもかかるおそれがないのであれば,不開示情報の該当性判断に際しては,「AB」と「C」という単位で情報を捉えるべきというのである。このような単位で捉えると,不開示情報に該当するのは「C」のみであり,「AB」は不開示情報に該当しないことになるから,「AB」については,6条1項により部分開示が可能となる。これは,不開示情報を独立した一体的な情報の単位で捉えるという大阪府知事交際費訴訟第2次上告審判決の立場を前提とした上で,個人情報以外の情報については,結局,不開示事由たる「おそれ」を生じさせる原因となる情報の範囲が,独立した一体的な情報の単位と一致すると解すべきとするものであり,最高裁判決との正面からの抵触を回避しながら,部分開示についての従前の行政実務,裁判実務に適合した解釈を示したものといえよう。同答申は,行政情報を可能な限り開示するという基本原則に忠実な解釈を示したものであり,行政機関情報公開法の立法者意思に照らしても妥当な解釈といえよう。

　次に,この問題についての裁判例をみることとする。「自動車ユーザー等事案処理システム」による自動車ユーザーからの苦情申出情報（国土交通省中部運輸局保有分）についての不開示決定取消訴訟において,被告中部運輸局長は,対象情報を「申告情報」「対応情報」「調査情報」に分類し,各情報の中にさらに部分開示が可能なものがあるのかの主張立証を行わなかった。しかし,名古屋地判平成14・5・24訟月50巻1号237頁は,被告が部分開示の適法性を基礎づける主張を行わなかったとして,不開示決定は違法であると判示している。そして,その控訴審判決である名古屋高判平成14・12・5判例集不登載（確定）は,明確に被告の唱えた「情報単位論」を否定している。すなわち,有意性が否定されていない部分について,それが「1個の情報」ではないという形式的な根拠から部分開示情報に当たらないと解釈することは,必要以上に部分開示情報の範囲を限定するもので,行政機関情報公開法の趣旨,目的と整合せず,採用することができないと明言している。これらの下級審判決は,大阪府知事交際費訴訟第2次上告審判決に言及しているわけではないので,この最高裁判決の射程をどのように解しているかは明らかでないものの,部分開示義務を否定する方向で同最高裁判決を援用することに対しては消極的であることは確かであるように思われる。また,大阪高判平成18・12・22判タ1254号132

第 6 条（部分開示）

頁は，行政機関情報公開法 6 条 2 項のような規定のない兵庫県情報公開条例について，「情報単位論」を否定している。

　他方において，仙台地判平成 15・12・1 判時 1882 号 11 頁のように，大阪府知事交際費訴訟第 2 次上告審判決を援用して，行政機関情報公開法 5 条 4 号について「情報単位論」を採用するものもみられる。名古屋高判平成 17・11・17 判例集不登載も，本条 2 項に相当する規定を持たない情報公開条例について，公開されるべき公務員の出席に関する情報と非公開にすべき公務員以外の者の出席に関する情報とに共通する題名欄等の記載部分が文書中にある場合，当該部分は，公務員以外の者に関する情報の一部をなし，その情報をさらに細分化することはできないから，当該題名欄等の部分のみを公開することはできないと判示した（東京地判平成 27・2・27 判タ 1423 号 233 頁も，本法 6 条 1 項の解釈につき，情報単位論を採用している）。このように下級審の裁判例は分かれている。最高裁判決の中には，最判平成 14・2・28 民集 56 巻 2 号 467 頁のように，「情報単位論」をとるものもあるが，最判平成 15・11・11 判時 1847 号 21 頁のように，「情報単位論」を採用しているとはみられないものもある。そのようななかで，最判平成 19・4・17 判時 1971 号 109 頁は，原審の前掲名古屋高判平成 17・11・17 を批判し，非公開情報に該当しない公務員の懇談会出席に関する情報とこれに該当する公務員以外の者の懇談会出席に関する情報とに共通する記載部分がある場合，それ自体非公開情報に該当すると認められる記載部分を除く記載部分は，公開すべき公務員の本件各懇談会出席に関する情報として公開すべきであると判示した。この最高裁判決には，藤田宙靖裁判官の補足意見が付されており，そこにおいては，「情報単位論」を採用した前掲最判平成 13・3・27，最判平成 14・2・28 は，法令の解釈を誤るものであり，その限りにおいて，これらの判例は，本来変更されてしかるべきと述べられている。最判平成 19・4・17 の解釈が，立法者意思にも従前の実務にも適合したものであり，開示により支障が生じない情報は最大限開示するという情報開示請求制度の理念にも適合したものといえよう。

　最判平成 30・1・19 判時 2377 号 4 頁における山本庸幸裁判官の意見は，最判平成 13・3・27 民集 55 巻 2 号 530 頁（大阪府知事交際費訴訟第 2 次上告審判決）の「独立一体的情報論」について，第 1 に，その独立一体と捉える情報の範囲が論者あるいは立場によって異なるばかりか，第 2 に，情報公開の観点からの

> 第1部　行政機関情報公開法の逐条解説

個々の情報の牽連性を十分に考慮できないという技術的な問題があることに加えて，第3に，そもそも不開示の範囲が無用に広がり過ぎるおそれがあるという行政機関情報公開法の本旨に反する本質的な問題があるとし，具体例を挙げる。すなわち，情報公開が求められている文書の中に，支出した①年月日，②相手方，③予算の区分についての情報があり，そのうち②については行政機関情報公開法5条各号のいずれかに該当することが明らかである場合，②は不開示となるが，①も，③と突き合わせることによって②が合理的に推察できるのであれば，これも同条各号のいずれかに該当するものと解されることから，やはり不開示にすべきものとなるが，①が不開示となったことから，③だけでは同条各号のいずれにも該当しないのであれば，③は開示すべきものとなることを指摘する。

ところが独立一体的情報論をこのようなケースに適用すれば，個々の情報のどれが行政機関情報公開法5条各号のいずれかに該当するかという本来行われるべき解釈論を離れて，まずどこからどこまでの情報が独立一体的情報かという抽象的な議論が先行してしまいがちである結果，①から③までの関係性が個々に検討されることなく，およそそのすべてが全体として独立一体的情報として取り扱われることが概ね考えられる結末ではないかと思われ，それでは，ここに掲げたような相互の情報または事項の関係性を踏まえた分析的な法解釈をする余地がなくなってしまうという大きな問題があるとする。

そして，最判平成19・4・17判時1971号109頁の藤田宙靖裁判官の補足意見中に，「ある文書上に記載された有意な情報は，本来，最小単位の情報から，これらが集積して形成されるより包括的な情報に至るまで，重層構造を成すのであって・・・行政機関が，そのいずれかの位相をもって開示に値する情報であるか否かを適宜決定するなどということは，およそ我が国の現行情報公開法制の想定するところではない」とあるのは，上記のことを別の表現で指摘したものではないかと推察していると述べる。したがって，ア・プリオリに，独立一体的情報はどこまでかという無用の議論をするのではなく，むしろ，一般的に，文書の場合であれば文，段落等を，図表の場合であれば個々の部分，欄等を単位として，相互の関係性を踏まえながら個々に検討していき，それぞれが行政機関情報公開法5条各号のいずれかに該当するか否かを判断することで，必要かつ十分であるという考えを披歴している。

第7条（公益上の理由による裁量的開示）

> **（公益上の理由による裁量的開示）**
> **第7条** 行政機関の長は，開示請求に係る行政文書に不開示情報（第5条第1号の2に掲げる情報を除く。）が記録されている場合であっても，公益上特に必要があると認めるときは，開示請求者に対し，当該行政文書を開示することができる。

　本条は，行政機関情報公開法5条により開示が禁止される情報について，行政機関の長の高度な行政的判断により裁量的開示を行うことができることを明確にするものである。

　5条では，行政機関の長は，不開示情報が記録されている場合を除き，開示請求者に対し，当該行政文書を開示しなければならないと規定しており，不開示情報が記録されている場合に，開示が禁止されるのか，裁量的開示が可能なのかについては明示していない。しかし，5条各号は，1号ロ・2号ただし書のように，公益上の義務的開示を規定していたり，5号の「不当」，6号の「適正」の要件の判断において，開示することの公益を斟酌することとしている。したがって，かかる利益衡量の結果，不開示とすることによる利益が開示による利益に優越すると判断されたものを，行政機関の長が恣意的に開示することは禁止されることになる。しかし，5条の判断自体においては，不開示にすることの必要性が認められる場合であっても，個々の事例における特殊な事情によっては，開示することの利益が不開示にすることによる利益に優越すると認められる場合がありうることは否定できない。したがって，行政機関の長の高度な行政的判断により裁量的開示を行う余地を残しておくべきと考えられた。本条は，5条で不開示情報に該当するものについては開示が禁止されていることを前提として，前記のような観点から，公益上の裁量的開示の根拠を与えたものである。不開示情報の規定において，不開示とすることによる利益と開示することによる公益との比較衡量を行う以上，公益上の裁量的開示を認める必要はないという考えから，本条に対応する規定を設けない情報公開条例も存在する（横浜市の保有する情報の公開に関する条例参照）。

　本条による裁量的開示を行うに際しては，不開示情報の性質と開示による公益を比較衡量することになる。その際，個人に関する情報の場合には，格別の配慮が必要である。行政情報公開部会の情報公開法要綱案（中間報告）第6に

おいては，個人に関する情報についてのみ公益上の裁量的開示を禁止していたし，大阪府情報公開条例が，公益上の理由による開示について，行政運営情報等が記録されている場合については全部または一部を公開しなければならないとしながら，個人に関する情報が記録されている場合については，全部または一部を公開することができるとしているのも，個人の人格的な権利利益がみだりに侵害されることを防ぐ趣旨である。本条は，個人に関する情報についても，裁量的開示を認めているが，個人の人格的な権利利益を侵害しないような慎重な配慮がなされることを前提としている。

2016年の通常国会で成立した「行政機関等の保有する個人情報の適正かつ効果的な活用による新たな産業の創出並びに活力ある経済社会及び豊かな国民生活の実現に資するための関係法律の整備に関する法律」により，「（第5条第1号の2に掲げる情報を除く。）」の部分が追加された。行政機関情報公開法5条1号の2に掲げる情報とは，①行政機関非識別加工情報（行政機関非識別加工情報ファイルを構成するものに限る），②行政機関非識別加工情報の作成に用いた保有個人情報（他の情報と照合することができ，それにより特定の個人を識別することができることとなるもの〔他の情報と容易に照合することができ，それにより特定の個人を識別することができることとなるものを除く〕を除く）から削除した記述等または個人識別符号，③独立行政法人等非識別加工情報（独立行政法人等非識別加工情報ファイルを構成するものに限る），④独立行政法人等非識別加工情報の作成に用いた保有個人情報（他の情報と照合することができ，それにより特定の個人を識別することができることとなるもの〔他の情報と容易に照合することができ，それにより特定の個人を識別することができることとなるものを除く〕を除く）から削除した記述等または個人識別符号である。これらの情報を裁量的に開示することは，行政機関非識別加工情報の制度の趣旨に反するので，それを禁止している。

本条の裁量的開示が適切に行われたかについては，行政不服審査法に基づく審査請求がなされた場合，情報公開・個人情報保護審査会が審査することが可能であり（情報公開・個人情報保護審査会設置法2条参照），裁量権の逸脱濫用の有無につき司法審査も可能である。行政機関情報公開法については，2001年度から2011年度までに32件，独立行政法人等情報公開法については，2002年度から2011年度までに11件，公益上の裁量的開示が行われている。たとえば，日本銀行や預金保険機構が，退職した職員の再就職先に関する個人情報につい

て，公益上の裁量的開示を行った例がある。しかし，内閣府情報公開（・個人情報保護）審査会や裁判所が公益上の裁量的開示を行わなかったことを裁量権の逸脱濫用であるとした例はまだない。なお，直方市情報公開条例7条のように，公益上の理由による裁量的開示を行おうとするときは，情報公開審査会の意見聴取を義務づけている例がある。

なお，（一部）不開示決定の取消しを求める異議申立ての棄却決定後に当該棄却決定を撤回して公益上の裁量的開示を行ったところ，行政処分の撤回は，当該処分が名宛人に対する不利益処分であると同時に，利害関係人の権利ないし利益を保護する複効的処分である場合には，後発的事情をも考慮すると，利害関係人の権利ないし利益の保護の必要性が減少し，他方，当該処分の効果を消滅させて公益適合性を確保する必要性が発生ないし増大するなどして，私的権利ないし利益よりも当該公益が優先されるべき状況となったと認められる場合でなければ許されないとして，当該事件では撤回の要件を満たしていないと判示したものとして，横浜地判平成25・3・6判時2195号10頁がある。

> **（行政文書の存否に関する情報）**
> **第8条** 開示請求に対し，当該開示請求に係る行政文書が存在しているか否かを答えるだけで，不開示情報を開示することとなるときは，行政機関の長は，当該行政文書の存否を明らかにしないで，当該開示請求を拒否することができる。

本条は，例外的に，行政文書の存否自体を明確にしないで拒否処分をなしうることを明確にしている。

開示請求がなされた場合，請求対象文書が存在すれば，不開示情報に該当しない部分は開示決定をし，該当する部分は不開示決定をする。不開示決定をする場合には，理由を提示することになる。もし，請求対象文書が存在しない場合には，不存在の理由を提示して拒否処分をすることになる。しかし，例外的に，開示請求にかかる行政文書の存否自体を明らかにすることによって，不開示情報の規定により保護しようとしている利益が損なわれる場合がある。これが，いわゆるグローマー拒否（詳しくは，宇賀・情報公開法76頁以下参照）の問題であり，本条は，このグローマー拒否を明文化したものである。

第1部 行政機関情報公開法の逐条解説

　行政文書の存否自体を答えると不開示情報の規定の保護利益が害される可能性は，理論的には，すべての不開示情報について存在するといわざるをえない。個人に関する情報（5条1号）についていえば，ある人を名指しして，法務大臣に前科記録の開示請求があった場合，当該行政文書はあるが行政機関情報公開法5条1号により不開示と回答したのでは，そのことのみで名指しされた者に前科がある事実が明らかになり，プライバシー侵害となる。法人等に関する情報（5条2号）についても，特定企業を名指しした新商品の認可申請書の開示請求に対して当該文書の有無を明らかにすることにより，特定企業の企業戦略が競争企業に知られ，競争上の地位を侵害することがありうる。国の安全等に関する情報（5条3号）の場合についても，外国から文書の存在自体を明らかにしないという条件で入手した文書の存在を明らかにした場合，当該国との信頼関係が損なわれるおそれがある。公共の安全等に関する情報（5条4号）の場合には，犯人が無関係の第三者に依頼して内偵捜査に関する行政文書の開示請求をしたような場合，当該文書の存在を知られることにより，捜査の密行性が損なわれ，証拠湮滅を容易にしたりするおそれがある。審議，検討または協議に関する情報（5条5号）の場合にも，首都機能移転の候補地を非公開で検討している審議会の行政文書につき，A市という特定の市の名前を挙げて探索的な請求をすることにより，移転候補地を推測され，投機を招くおそれがある。事務または事業に関する情報（5条6号）については，司法試験の問題作成後，試験実施前に可罰的違法性に関する司法試験問題に関する文書（当該年度）というように特定分野に限定した請求が出された場合，文書は存在するが5条6号により不開示と答えた場合には，当該問題が出題されることを請求者に知らせてしまうことになるし，不存在と回答すれば，当該問題が出題されないことを知らせてしまうことになる。北海道情報公開条例12条のように個人に関する情報に限定して存否応答拒否を認める例があり，外国においてもオーストラリア，ニュージーランドのように存否応答拒否を認める不開示情報を限定して規定している例があるが，理論的にすべての不開示情報について存否応答拒否が必要な場合がありうることから，本条は，存否応答拒否が可能な不開示情報を限定していない。

　存否応答拒否を行いうるのは，不開示情報が保護しようとしている利益を著しく侵害する場合に限定すべきという意見もあるが，不開示情報がすでに諸般

第8条（行政文書の存否に関する情報）

の事情の比較衡量のもとで合理的な範囲に限定されている以上，存否応答拒否の場合に限って，保護利益の侵害の程度を高めることは一貫性を欠くことになるので，かかる考え方は採用されていない。

東京地判平成19・9・20判時1995号78頁は，本条に基づいて，行政文書の存否を明らかにしないことが許されるのは，当該行政文書の存否を回答すること自体から不開示情報を開示したこととなる場合や，当該行政文書の存否に関する情報と開示請求に含まれる情報とが結合することにより，当該行政文書は存在するが不開示とする，または当該行政文書は存在しないと回答するだけで，不開示情報を開示したことになる場合に限られると判断した。そして，本件の文書について，在外公館がわが国の特定の国会議員のために行ったとされる飲食を伴う会合に関する行政文書の存否を回答すること自体から直ちに，公にすることを前提としない会合の存否という不開示情報を開示したこととなるということはできず，また，当該行政文書の存否に関する情報と開示請求に含まれる情報とが結合することにより，当該行政文書は存在するが不開示とする，または当該行政文書は存在しないと回答することだけで，前記不開示情報を開示したことになると認めることもできないと判断した。そのうえで，判決は，すでに公となった情報や各国がそれぞれ収集した情報等と重ね合わせることによって，公にすることを前提としない会合の存否が明らかになりうるかどうかは当該情報が行政機関情報公開法5条各号の不開示情報に該当するかどうかの問題であるとし，これについては，本来文書の存否を明らかにしたうえで，不開示情報に関する同法5条や部分開示に関する同法6条の定めを適切に運用することなどによって対処すべきものであり，同法8条による存否応答拒否を理由づけることはできないと述べ，存否応答拒否は違法とした。その控訴審の東京高判平成20・5・29判例集不登載も，行政機関情報公開法上，行政機関の長は，開示請求を拒否するときは，開示請求にかかる行政文書の存否を明らかにしたうえで拒否することが原則であるから，同法8条の規定に基づき開示請求を拒否するときは，当該拒否決定において，必要にして十分な拒否理由を提示しなければならないものと解されるところ，本件処分において提示された理由は，本件文書の存否を答えるだけですでに公になっているほかの情報と相まって，個別具体的な外交活動および事務に関する情報で，同法5条3号および6号に規定する不開示情報を開示することになるというものであって，具体性を欠く

不十分な理由であるといわざるをえず，また，当該理由を根拠づける事実の立証があったとも認められないから，同条に基づき本件文書の存否を明らかにしないでされた処分は違法といわざるをえないと判示している。

他方，福岡地判平成20・4・22判例集不登載は，「大分刑務所にある原告の身分帳に記載の接見（面会）と発信の記録の全部」の開示請求に対する存否応答拒否処分を適法としている。その理由は，その存否を答えるだけで，原告が刑事収容施設に収容されていた事実の有無が明らかになり，かかる事実の有無は，行政機関情報公開法5条1号の不開示情報に該当するからである。

金融庁の金融証券検査官Aの行為が法令遵守上問題がないかについて金融庁法令等遵守調査室長宛てに調査依頼書を送付した原告が，行政機関情報公開法に基づき，「平成20年1月18日付で貴庁法令等遵守調査室にご送付したA金融証券検査官に係る調査依頼書に関する書面」の開示請求を行った事案において，東京地判平成22・4・23判時2110号31頁は，本件対象文書は，特定の職員の行為にかかる法令等遵守の観点からの疑義について，原告から本件調査依頼書による調査依頼がされたことが前提となるのであって，本件存否情報を明らかにすることは，少なくとも，その特定の職員についての法令等遵守の観点からの疑義についての調査依頼の有無という情報（以下「本件情報」という）を明らかにすることになり，本件情報は，それ自体，当該特定の職員個人に関する事実，評価等に関する情報ということができるから，行政機関情報公開法5条1号本文前段の個人に関する情報に当たり，しかも，氏名により特定されているから，「特定の個人を識別することができるもの」に当たることも明らかであるとする。そして，本件情報は，Aが金融庁の一員として担任する職務，すなわち検査業務を遂行する場合の当該活動と直接の関連を有する情報ではないというべきであるから，それはAの「職務の遂行に係る情報」ではないので，行政機関情報公開法5条1号ただし書ハには該当しないとする。また，本件情報が不開示とされることにより，原告の財産に対する侵害が発生し，あるいは将来侵害される蓋然性があるとも考えられず，他方，本件情報を開示することにより，少なくともAの特定の行為にかかる法令等遵守の観点からの疑義についての調査依頼の有無という個人情報が開示されることになり，それはAのプライバシーにかかわるものであって保護の必要性が認められるから，行政機関情報公開法5条1号ただし書ロの公益上の義務的開示の要件を満たさ

第8条（行政文書の存否に関する情報）

ないとする。さらに，氏名により特定されたAの行為の法令等遵守の観点からの疑義についての調査依頼の有無という本件情報について，これを何人に対しても等しく公開するような法令の規定や事実上の慣習の存在は認められず，また，本件情報と同種の情報についてそのような法令の規定や事実上の慣習も認められないから，本件情報は行政機関情報公開法5条1号ただし書イの公領域情報ともいえないとする。原告への行政調査の際のAの行為は，Aの職務遂行にかかる情報であるが，本件開示請求に対して開示を行うと，Aに対して私人から法令等遵守にかかる調査依頼がされていたという情報が明らかになり，それは，Aの職務遂行に関する情報ではあっても，Aの職務遂行にかかる情報ではないという判断が，同判決のポイントといえる。

　存否応答拒否をする場合に重要なことは，存否応答拒否が必要な類型の文書については，実際に文書が存在すると否とを問わず，常に存否応答拒否をすべきであって，文書が存在しない場合には不存在と答えて，文書が存在する場合のみ存否応答拒否をしたのでは，存否応答拒否をする場合は文書が存在する場合であることを請求者に推測されてしまう。たとえば，前科記録につき，個人を名指しした請求があった場合には，文書の有無を問わずに，常に存否応答拒否をしなければ意味がないのである。

　本条は，存否応答拒否も拒否処分として位置づけており，行政手続法8条1項の規定により理由提示の義務が生ずる。存否応答拒否の場合の理由提示は，「当該文書の存否を答えること自体が，5条○号の不開示情報を開示することになるので，請求対象文書があるともないともいえないが，仮にあるとしても，5条○号により不開示情報に該当する」という理由を書くことになる。たとえば，「当該文書の存否を答えること自体が，個人のプライバシー侵害となり5条1号により不開示とすべき情報を開示することになるので存否を答えることはできないが，仮に当該文書が存在するとしても，5条1号に該当し不開示になる文書である」と記載することになる。ここで重要なのは，存否応答拒否ができるのは，仮に文書が存在する場合にも不開示情報に該当するという点であり，存否応答拒否は，決して不開示情報の範囲を拡大するものではないということである。したがって，理由提示に際して，当該文書が仮にあるとした場合，5条のどの不開示情報に該当するかを記載すべきである。

　存否応答拒否は処分性をもつため，行政不服審査法による審査請求が可能で

あり，行政機関は，情報公開・個人情報保護審査会に対しては，存否応答拒否をすることはできない。情報公開・個人情報保護審査会は，請求対象文書が存在する場合には，インカメラ審理を行うことができる（情報公開・個人情報保護審査会設置法9条1項）。また，存否応答拒否処分に対して行政事件訴訟法に基づく取消訴訟を提起することもできる。東京都の情報公開条例の改正を審議した情報公開制度懇談会は，存否応答拒否を認めるとともに，その誤用または濫用を防止する観点から，情報公開担当部局への事前照会制度と情報公開運営審議会（仮称。条例では，東京都情報公開・個人情報保護審議会という名称になった）への事後報告制度を設けることを提言している（宇賀克也・行政手続・情報公開（弘文堂，2000年）216頁参照）。実際，東京都では，存否応答拒否を行った事案は，すべて情報公開・個人情報保護審議会に報告され，同審議会の委員が意見を述べる機会が確保されている。存否応答拒否については，この制度の趣旨の理解が浸透するまで時間がかかることが予想されるので，誤用をできるだけ防止するため，行政機関情報公開法についても，事前に行政機関情報公開法所管部局に照会する運用を確立することが望ましい。

> **（開示請求に対する措置）**
> **第9条** 行政機関の長は，開示請求に係る行政文書の全部又は一部を開示するときは，その旨の決定をし，開示請求者に対し，その旨及び開示の実施に関し政令で定める事項を書面により通知しなければならない。
> 2 行政機関の長は，開示請求に係る行政文書の全部を開示しないとき（前条の規定により開示請求を拒否するとき及び開示請求に係る行政文書を保有していないときを含む。）は，開示をしない旨の決定をし，開示請求者に対し，その旨を書面により通知しなければならない。

　本条は，開示請求に対して，行政機関の長がいかなる措置をとるべきかを明確にするものである。

(1)　政令で定める事項

　本条1項の「開示の実施に関し政令で定める事項」は，①開示決定にかかる行政文書について求めることができる開示の実施の方法（複数ある場合にはその

第9条（開示請求に対する措置）

すべて），②開示の実施の方法ごとの開示実施手数料の額（開示決定にかかる行政文書を一定の開示の実施の方法により一般に周知させることが適当であると認めて，開示実施手数料を減額し，または免除すべき開示の実施の方法については，その旨を含む），③事務所における開示を実施することができる日，時間（原則として複数の日時を記載）および場所ならびに事務所における開示を希望する場合には，申出をする際に当該事務所における開示を実施することができる日のうちから事務所における開示の実施を希望する日を選択すべき旨，④写しの送付の方法による行政文書の開示を実施する場合における準備に要する日数および送付に要する費用，⑤電子情報処理組織を利用して行政文書の開示を実施する場合における準備に要する日数その他当該開示の実施に必要な事項である（行政機関情報公開法施行令6条1項）。開示決定の通知があった日から30日以内に開示の実施の申出をすることとされているため（本法14条3項），③の日時の指定は，開示決定の通知があった日から30日を超える日を指定すべきであろう。

　開示請求書に希望する開示の実施方法が記載されている場合において，希望通りに開示を実施することができる場合（事務所における開示については，希望する日に実施することができる場合に限る）には，記載された方法によることができる旨（事務所における開示については希望通りに開示できる旨）ならびに写しの送付の方法による行政文書の開示を実施する場合における準備に要する日数および送付に要する費用，電子情報処理組織による行政文書の開示を実施する場合における準備に要する日数，開示実施手数料額とともに，開示を受ける者が記載した事項を変更する可能性があるため，前記①〜⑤（開示請求書に記載された方法にかかるものについては，重複して記載する必要はない）を記載することになる（行政機関情報公開法施行令6条2項1号）。開示請求書に記載された方法によることができない場合または事務所における開示について希望日に実施できない場合には，その旨を記載するとともに，記載された方法以外の方法または事務所における開示について希望日以外の他の日を選択することを可能とするため，前記①〜⑤を記載することになる（同項2号）。

(2) 理由の提示

　1項は，全部開示決定と部分開示決定の場合に適用される。2項は，全部不開示決定に適用される。請求が対象文書を特定しておらず不適法な場合も，2

項の「開示をしない旨の決定」を行うことになる。その場合も，行政手続法8条1項の規定により，請求が不適法であることの理由を提示しなければならない。情報公開条例に基づく開示請求に対する不開示決定も，申請拒否処分として行政手続条例上，理由提示義務があるが，理由提示の程度を明確にするために，情報公開条例に理由提示の規定を置いている例がある（東京都情報公開条例13条1項，横浜市の保有する情報の公開に関する条例13条1項，津市情報公開条例14条1項，桶川市情報公開条例13条1項，愛知県新城市情報公開条例14条1項等）。

　請求対象文書を保有しているが，開示請求制度の適用対象外であるときも，「開示をしない旨の決定」を行う。その場合も，「当該文書を保有しているが，組織として用いる文書ではなく，行政機関情報公開法の規定の適用を受ける文書には該当しない」等の理由を提示する義務がある。本法8条の存否応答拒否も拒否処分として構成され本条2項の規定の適用を受ける。文書不存在の場合も同様である。文書不存在の場合も，「当該文書は，作成しない慣行になっており，実際に存在しない」，「当該文書は存在したが，保存年限を経過したために○年○月○日に廃棄した」等の理由を提示する義務がある。情報公開法の制度運営に関する検討会報告においても，文書不存在の原因についても理由を付記することを徹底する必要があると指摘されている（理由提示について，森田明「情報公開法等に基づく決定における理由提示をめぐる問題──内閣府情報公開・個人情報保護審査会の答申から」専門実務研究9号（2015年）25頁以下，同・論点解説情報公開・個人情報保護審査会答申例（日本評論社，2016年）39頁以下参照）。

(3) 文書不存在にかかる主張立証責任

　① 解釈上の不存在の場合の主張立証責任　　情報公開法または情報公開条例に基づく開示請求に対する文書不存在を理由とする不開示決定には，解釈上の不存在と物理的不存在がある。前者は，開示請求対象とされた文書自体は存在するが，当該文書が対象文書の要件を満たさないため，文書不存在とされるものである。たとえば，組織共用文書であることが，対象文書の要件とされている場合において，当該文書が職員の個人的メモであって組織共用文書でないため，物理的には存在するものの，対象文書としては存在しないとされるものである。この場合には，当該文書の作成の経緯，保管状況，記載内容等については，開示請求者に立証させることは通常困難であり，他方，行政主体にとっ

ては立証は困難ではないと考えられる。したがって，物理的には存在するが職員の個人的メモであって対象文書の要件を満たさないことの主張立証責任は当該文書を保有する行政主体が負うことになると解される（さいたま地判平成15・7・9判例自治259号18頁，大阪地判平成28・9・9判例集不登載のほか，解釈上の不存在に関する裁判例について，宇賀克也・情報公開・個人情報保護289頁参照）。この点は，ほとんど異論がないことと思われる。

②　物理的不存在の場合の主張立証責任　　これに対し，物理的不存在の場合，一方において，不存在の証明は「悪魔の証明」ともいわれ，行政文書の不存在を立証することは困難である。他方，存在する行政文書の目録が存在しない中，被告が存在を否定する行政文書の存在を原告が立証することは困難である。現在は，公文書等の管理に関する法律（以下「公文書管理法」という）7条により，行政機関の長は，行政文書ファイル管理簿の作成・公表を義務づけられているが，行政文書ファイルとは，相互に密接な関連を有する行政文書を一の集合物にまとめたものであり（同法5条2項），行政文書ファイル等とは，行政文書ファイルおよび単独で管理している行政文書を意味する（同条5項）。そして，行政文書ファイル管理簿は，基本的に行政文書ファイル単位であり，行政文書ファイルにまとめることが適切でない行政文書が例外的に単独で行政文書ファイル管理簿に記載されるにすぎない。したがって，行政文書ファイル管理簿を見ても，一般的には，そこに含まれている行政文書名まで分かるわけではない。そのため，原告が行政文書の存在を主張立証することにも困難が伴うことが多い。

物理的不存在の場合の主張立証責任について，従前の裁判例は，一般に，文書の存在が開示請求権の要件であることから，法律要件分類説に従い，原告がその存在を主張立証する責任があるとしてきた（物理的不存在に関する裁判例について，宇賀・情報公開・個人情報保護289～290頁参照）。

いわゆる密約訴訟において，東京地判平成22・4・9判時2076号19頁（以下「本件1審判決」という）は，開示請求の対象である行政文書を行政機関が保有していないこと（当該行政文書の不存在）を理由とする不開示決定の取消訴訟においては，同訴訟の原告である開示請求者が，行政機関が当該行政文書を保有していること（当該文書の存在）について主張立証責任を負うと解するのが相当であるとする。すなわち，取消訴訟の原告である開示請求者は，前記の主張

> 第1部　行政機関情報公開法の逐条解説

立証責任を果たすためには，基本的には，①過去のある時点において，当該行政機関の職員が当該行政文書を職務上作成し，または取得し，当該行政機関がそれを保有するに至り，②その状態がその後も継続していることを主張立証するほかないことになるとする。もっとも，取消訴訟の原告である開示請求者は，不開示決定において行政機関が保有していないとされた行政文書にかかる当該行政機関の管理状況を直接確認する権限を有するものではないから，当該行政文書が，当該行政機関の職員が組織的に用いるものとして一定水準以上の管理体制下に置かれることをも考慮すれば，原告である開示請求者において前記①を主張立証した場合には，前記②が事実上推認され，被告において，当該行政文書が前記不開示決定の時点までに廃棄，移管等されたことによってその保有が失われたことを主張立証しない限り，当該行政機関は前記不開示決定の時点においても当該行政文書を保有していたものと推認されるものというべきであるとする。そして，一般的な行政文書については，行政機関が過去のある時点においてそれを保有していたとしても，その後当該行政機関が合理的かつ十分な探索を行ったにもかかわらずこれを発見することができなかったとすれば，当該行政文書はすでに廃棄等されたものと推認するのが相当であると解する余地があり，その場合には，前記の保有の推認は妨げられるものと解されるが，本件文書のように秘匿する必要性のあるきわめて重要性が高い行政文書が，調査時点における保管先とおぼしき部署への機械的または事務的な方法による探索によって発見されるような態様で保管されていると考えることは困難というべきであり，また，被告が否定してきた密約の内容が記載されている本件文書を被告が探索したとしても，その精度および結果の信用性には一定の限界があるとする。したがって，本件で被告が不開示決定を行うに当たり実施したような，調査時点における保管先とおぼしき部署への機械的または事務的な調査だけではなく，歴代の事務次官等，被告が本件文書を保有するに至ったと考えられる時期以降にこれらに関与した可能性のある者に対し，逐一，本件文書の取扱いや行方等について聴取することが求められ，このような調査を行うことによってはじめて，合理的かつ十分な探索をしたと評価することができるものというべきであるとする。そして，かかる合理的かつ十分な探索がされたものと認められない以上，保有の推認を妨げるに足りる立証はないから，本件不開示決定当時も被告は本件文書を保有していたものと認められるとする。さらに，

第 9 条（開示請求に対する措置）

同判決は，本件各文書には，行政機関情報公開法所定の不開示事由はなく，開示決定をすべきことは明らかであるとし，開示決定の義務付け訴訟も認容し，さらに，国家賠償請求も認容している。密約文書については，外務省の「いわゆる『密約』問題に関する有識者委員会報告書」（2010 年 3 月）においても，当然あるべき文書の存在が確認できなかったことが指摘され，文書の欠落について，なんらかの調査が必要であろうとされていた。そして，同省の「外交文書の欠落問題に関する調査委員会」により関係者のヒアリングが行われたが，同委員会の報告書（2010 年 6 月）に示されているように，欠落文書が廃棄されたのか否かを明らかにすることはできなかった。その控訴審の東京高判平成 23・9・29 判時 2142 号 3 頁（以下「本件原判決」という）は，開示請求の対象である行政文書が不存在であるとしてされた不開示決定の取消訴訟においては，開示請求者が，行政機関が当該行政文書を保有していることについて主張立証責任を負うと解されるところ，通常の場合は，一定水準以上の文書管理体制下に置かれたことを前提として，過去のある時点において，当該行政機関の職員が当該行政文書を職務上作成し，または取得し，当該行政機関がそれを保有するに至ったことを主張立証した場合には，その状態がその後も継続していることが事実上推認され，特段の事情がない限り，当該行政機関は不開示決定の時点においても当該行政文書を保有していたと推認されるとした。この一般論については，本件 1 審判決と同様の考え方を採用している。しかし，本件各文書が外務省および大蔵省（当時）の職員によって職務上作成され，外務省および大蔵省がこれらを保有するに至ったことは認められるものの，その管理状況については，通常の管理方法とは異なる方法で管理されていた可能性が高く，また，その後に通常とは異なる方法で廃棄等がされた可能性があり，過去のある時点において当該行政機関が当該行政文書を保有するに至ったことから，その状態がその後も継続していることを事実上推認するための前提となる，当該行政文書が行政機関の職員が組織的に用いるものとして一定水準以上の管理体制下に置かれたこと自体について，これを認めるには合理的疑いがあるので，本件各決定の時点において，外務省および財務省が本件各文書を保有していたと推認する前提を欠き，また推認することを妨げる特段の事情があるとして，前記各請求を棄却した。

　その上告審の最判平成 26・7・14 判時 2242 号 51 頁（以下「本件最高裁判決」

> **第 1 部** 行政機関情報公開法の逐条解説

という）は，行政機関情報公開法において，行政文書とは，行政機関の職員が職務上作成し，または取得した文書，図画および電磁的記録であって，当該行政機関の職員が組織的に用いるものとして，当該行政機関が保有しているものをいうところ（2条2項本文），行政文書の開示を請求する権利の内容は同法によって具体的に定められたものであり，行政機関の長に対する開示請求は当該行政機関が保有する行政文書をその対象とするものとされ（3条），当該行政機関が当該行政文書を保有していることがその開示請求権の成立要件とされていることからすれば，開示請求の対象とされた行政文書を行政機関が保有していないことを理由とする不開示決定の取消訴訟においては，その取消しを求める者が，当該不開示決定時に当該行政機関が当該行政文書を保有していたことについて主張立証責任を負うものと解するのが相当であるとする。そして，ある時点において当該行政機関の職員が当該行政文書を作成し，または取得したことが立証された場合において，不開示決定時においても当該行政機関が当該行政文書を保有していたことを直接立証することができないときに，これを推認することができるか否かについては，当該行政文書の内容や性質，その作成または取得の経緯や上記決定時までの期間，その保管の体制や状況等に応じて，その可否を個別具体的に検討すべきものであり，特に，他国との外交交渉の過程で作成される行政文書に関しては，公にすることにより他国との信頼関係が損なわれるおそれ，または他国との交渉上不利益を被るおそれがあるもの（5条3号参照）等につき，その保管の体制や状況等が通常と異なる場合も想定されることを踏まえて，その可否の検討をすべきとする。このような一般論を踏まえて，本件では，本件交渉の過程で作成されたとされる本件各文書に関しては，その開示請求の内容から窺われる本件各文書の内容や性質およびその作成の経緯や本件各決定時までに経過した年数に加え，外務省および財務省（中央省庁等改革前の大蔵省を含む）におけるその保管の体制や状況等に関する調査の結果など，原審の適法に確定した諸事情のもとにおいては，本交渉の過程で上記各省の職員によって本件各文書が作成されたとしても，なお本件各決定時においても上記各省によって本件各文書が保有されていたことを推認するには足りないものといわざるをえず，その他これを認めるに足りる事情も窺われないとする。以上により，本件各決定は適法であるとして，上告人らの請求のうち，本件各文書の開示決定をすべき旨を命ずることを求める請求に係る訴えを却下

し，本件各決定の取消しを求める請求を含むその余の請求を棄却すべきものとした原判決の判断は，是認することができるとして，上告を棄却した。

本件1審判決，本件原判決，本件最高裁判決ともに，原告が行政文書の存在の主張立証責任を負うとする点で共通している。本件最高裁判決は，その理由として，(i)行政文書の開示を請求する権利の内容は行政機関情報公開法によって具体的に定められたものであること，(ii)行政機関の長に対する開示請求は当該行政機関が当該行政文書を保有していることがその開示請求権の成立要件とされていることの2つを挙げている。このうち(ii)は，法律要件分類説を根拠とするものと思われるが，(i)を理由とする趣旨は必ずしも明確ではない。判例時報匿名コメントでは，行政訴訟における主張立証責任についての侵害処分・授益処分二分説に立ったとしても，行政機関情報公開法に基づく開示請求権は，憲法21条の保障する知る権利から憲法上直ちに認められるものではなく，実定法上の根拠があって初めて発生するものといえるので，行政機関の長が行う情報公開決定は，情報を公開することによって国民の権利を拡大する授益処分に当たると解され，当該行政文書が物理的に存在することについて，原告が主張立証責任を負担することが原則となるものと解されると述べられているので，侵害処分・授益処分二分説によっても，行政文書の存在の主張立証責任は原告が負うことを述べようとしたものとも思われる。確かに，憲法21条は行政文書の具体的開示請求権を保障するものではなく，抽象的権利を定めるにとどまると解されるが，抽象的権利とはいえ行政文書開示請求権が憲法上保障されていることから，不開示決定を侵害処分と解する余地もあり（桑原勇進・法セ59巻10号（2014年）123頁参照），(i)のみでは，十分な根拠にはならないと思われ，(ii)が中心的な理由であろう。本件最高裁判決は，最高裁が初めて，行政文書の物理的不存在の場合に原告がその存在の主張立証責任を負うことを明確にした点に意義がある。

原告が，行政文書の物理的存在の主張立証責任を負うということは，過去のある時点において，当該行政機関が開示請求対象文書を作成または取得して保有するに至り，不開示決定の時点まで，その保有が継続していたことを主張立証しなければならないことを意味する。しかし，原告が行政文書の管理状況を自ら確認する術を有しないことにかんがみ，原告の主張立証責任を軽減する必要がある。本件1審判決は，その方法として，過去のある時点で当該行政機関

が開示請求対象文書を作成または取得して保有するに至ったことを主張立証した場合には，開示請求に対する決定時点までその保有が継続していると推認されるとする。そして，この推認を支える経験則として，行政文書が一定水準以上の管理体制に置かれていることが挙げられている。本件原判決も，以上の点について，基本的に本件1審判決と同様の論理を展開している。しかし，本件1審判決と本件原判決では，微妙に論理が異なる点がある。それは，以下の点である。本件1審判決も本件原判決も，本件各文書は，その性質上，通常の管理体制に置かれていなかった可能性が高いと考えている点では共通している。しかし，そのことをいかに評価するかについては，必ずしも同じ立場に立っていないようにみえる点もある。すなわち，本件1審判決は，通常であれば十分といえると思われる調査をしても本件各文書が発見されなかったことをもって，本件各文書が存在しないことの反証がなされたとは認めず，通常の管理体制に置かれていたとは考えられない文書であることから，当時の政府高官等の関係者に対するヒアリングまで実施することを反証の方法として求めている。したがって，本件1審判決は，本件各文書が通常の管理体制に置かれた文書でなかった可能性が高いことを反証の水準を高める要素として考慮しているのである。これに対し，本件原判決は，本件各文書が行政機関の職員が組織的に用いるものとして一定水準以上の管理体制下に置かれたことが，本件各決定の時点において，外務省および財務省が本件各文書を保有していたと推認する前提となると述べているので，過去のある時点において作成または取得され保有に至った行政文書が不開示決定の時点まで保有されていたという推認がなされるのは，通常の管理体制に置かれていた場合であって，本件各文書のように，そもそも通常の管理体制に置かれていたとは考えがたい場合には，前記推認の前提に欠けることになるという趣旨と解される。そうであるとすれば，本件原判決が，原告の主張立証責任の軽減のために前記推認を認めるのは，通常の管理体制に置かれていると考えられる場合に限られることになり，本件原判決は，通常の管理体制に置かれていたとは考えがたいことを，本件1審判決とは逆に，原告に不利益に考慮していることになる。もっとも，翻って考えると，本件原判決において，本件各文書が通常の管理体制に置かれていなかった可能性が高いとして，前記推認の前提を欠くとしたのは，外務省の「いわゆる『密約』問題に関する有識者委員会報告書」，「外交文書の欠落問題に関する調査委員会調査報

告書」が控訴審では証拠提出され，本件1審判決が必要な調査としていた当時の政府高官等に対するヒアリングを行っても，本件各文書の存在を確認できなかったことが大きく影響していると考えられる。そして，この事実は，本件1審判決が前記推認を覆す反証として求めていた内容と重なるように思われる。そうであるとすれば，本件1審判決が前記推認を覆す特段の事情として想定していた事実が，本件原判決では，前記推認の前提を失わせる事情として考慮されたことになり，理論構成が完全に同一ではないとしても，実質的な差異は大きくないとみることもできる。実際，本件原判決は，推認の前提を欠く事情を同時に「推認することを妨げる特段の事情」とも表現しているが，本件1審判決も，「当該行政機関が合理的かつ十分な探索を行ったにもかかわらずこれを発見することができなかったとすれば，当該行政文書は，既に廃棄等されたものと推認するのが相当であると解する余地があり，その場合には，前記……の推認は妨げられる」と述べている。したがって，本件原判決は，本件1審判決と同様に，当時の政府高官等に対するヒアリングを行っても，本件各文書の存在を確認できなかった場合には，推認を覆す反証がなされたと理論構成する可能性も認めているようにも思われる。

　なお，沖縄返還協定に関する密約文書にかかる別件の情報公開訴訟において，東京地判平成23・2・18判例集不登載は，「本件文書①の管理状況については，通常の管理方法とは異なる方法で管理された可能性が高く，また，その後に通常とは異なる方法で廃棄等がされた可能性がある点を指摘することができ，一方，調査チーム，有識者委員会及び欠落委員会による調査は，かなり徹底した調査であったというべきところ，このような調査を経ても本件文書①が発見されなかったと認められることからすれば，外務省による本件文書①の保有が失われた相当高い可能性があるものと認めざるを得ず（特段の事情がない限り，保有が失われたと推認するに足りる事情と評価することもできる。），……昭和46年6月頃，外務省が本件文書①を行政文書として保有するに至ったことが認められることを前提としても，その後35年が経過した本件不開示決定時において，外務省が本件文書①を保有していたと推認することを妨げる（推認を動揺させる）特段の事情があるというべきである」と判示している。これは，本件1審判決と同様の理論構成のもとで，本件1審判決が必要な調査としていた当時の政府高官等へのヒアリングを行っても，開示請求対象文書を

発見できなかったことから，被告の反証が成功し，不開示決定時点において当該文書を外務省が保有しているという推認が覆されたという趣旨と読むことができる。もっとも，前掲東京地判平成23・2・18は，「上記の推認は，行政文書が，当該行政機関の職員が組織的に用いるものとして一定水準以上の管理体制下に置かれることを前提としている」とも述べており，当該事件の場合には，そもそも推認の前提が成立しないという本件原判決と同様の立場をとったと読めなくもない。その控訴審の東京高判平成24・3・15判例集不登載は，「本件文書①は通常の場合とは異なるごく特別な方法や態様等……により保管，管理されていた可能性があることに加え，外務省に設置された調査チームや有識者委員会等による相当に徹底した調査によっても同文書を発見するに至らなかったことなど，証拠上認められる事実ないし事情を総合すると，政治的，外交的配慮等に基づく意図的なものであったか否かはともかく，同文書は，正規の手続を経ずして隠匿，廃棄等がされた相当程度以上の蓋然性があると認められる。したがって，外務省が，過去に本件文書①を保有していた事実が認められるからといって，これにより，本件不開示決定の時点においてなお同文書を保有していたと推認することはできず，結局のところ，行政組織としての外務省が上記時点において同文書を保有している事実については，本件全証拠によるもこれを認めるに足りないということになる」と述べている。推認を覆す反証が成功したという趣旨か，そもそも推認の前提を欠くという趣旨か，必ずしも明確でないが，後者とも読むことができる。

　本件最高裁判決は，ある時点において当該行政機関の職員が当該行政文書を作成し，または取得したことが立証された場合において，不開示決定時においても当該行政機関が当該行政文書を保有していたことを直接立証することができないときに，これを推認することができるか否かについては，当該行政文書の内容や性質，その作成または取得の経緯や上記決定時までの期間，その保管の体制や状況等に応じて，その可否を個別具体的に検討すべきものであるとしている。本件1審判決，本件原判決ともに，過去のある時点で行政機関が保有するに至った行政文書は，通常は一定水準以上の管理体制に置かれているという前提に立ち，不開示決定の時点まで保有が継続していることが推認されるという立場をとり，前記推認をデフォルトとして，前記推認の前提を欠くか，または前記推認を覆す例外的事情の有無を検討する立場であったのに対し，本件

第9条（開示請求に対する措置）

最高裁判決は，デフォルトとしての前記推認という立場はとらず，前記推認の可否は諸般の事情の総合的考慮により判断する方針をとっている。そして，本件の場合，当該行政文書の内容・性質が密約にかかるものであること，アメリカ連邦議会の沖縄返還消極派を説得するためにアメリカ政府が用いるために作成された文書であって，日本側では利用の必要がない文書であったこと，作成または取得からすでに30数年が経過していること，密約文書としての性格にかんがみ，通常の保管体制とは異なる特別の管理体制がとられ，きわめて限られた範囲の者しかその所在を知らなかったと考えられることを総合的に判断して，本件の場合，不開示決定の時点において，当該行政文書の保有が継続していると推認することはできないと判断したものと思われる。本件最高裁判決は，総合考慮に当たっての考慮事項は示しているものの，本件1審判決，本件原判決のような相当に明確な判断基準とは異なり，ケースバイケースでの判断に委ねており，本件最高裁判決も事例判決として位置づけられる。

　本件最高裁判決は，特に，他国との外交交渉の過程で作成される行政文書に関しては，公にすることにより他国との信頼関係が損なわれるおそれ，または他国との交渉上不利益を被るおそれがあるもの（5条3号参照）等につき，その保管の体制や状況等が通常と異なる場合も想定されることを踏まえて，前記推認の可否の検討をすべきとする。本件原判決が示唆しているように，仮に行政機関情報公開法施行前に本件文書が廃棄されたとすれば，同法施行に伴い行政文書ファイル管理簿制度が導入される前に廃棄されたことになる。しかし，外務省が保有する外交文書についても，沖縄返還交渉当時，「外務省記録及び記録文書保管，保存，廃棄規程」（以下「昭和36年規程」という），「外務省文書編さん規程」，「文書保存廃棄類別基準」が施行されており，これらの規程等の下では，外務大臣に開示請求された「CONFIDENTIAL SUMMATION OF DISCUSSION OF Article IV, Para 3」と題するSNEIDERとYOSHINOの間の会話を記録した1971年6月12日付け文書（以下「文書一(1)」という），「SECRET Memo」と題する1971年6月11日付け文書」（以下「文書一(2)」という），文書一(1)および文書一(2)の各文書について報告，記録または引用した報告書および公電等の文書（以下「文書一(3)」という），文書一(1)および文書一(2)の各文書に関する翻訳文（以下「文書一(4)」という）は，永久保存に分類されるべきものと思われる。「外務省記録及び記録文書保管，保存，廃棄規程」は

昭和55年に改訂され,「外務省主管文書,記録文書管理規程」(以下「昭和55年規程」という)となったが,文書一(1)〜(4)が永久保存文書として位置づけられることに変わりはない。「外務省主管文書,記録文書管理規程」は平成13年に改正され,「外務省行政文書管理規則」になり,永久保存の区分はなくなり,最長保存期間が30年とされ,永久保存とされていた文書は,現用性を見直し,廃棄または外交史料館に移管することとされた。文書一(1)〜(4)については,この時点では現用性を喪失していたと考えられるので,外交史料館に移管されるべきであったといえよう。もっとも,別の可能性も皆無とまではいえない。昭和36年規程,昭和55年規程のもとでは,所定の手続を経て,保存期限を有期限文書に変更することが可能であり,また,昭和55年規程のもとでは,所定の手続を経て,保存期間満了前の廃棄が認められていたので,保存期間が有期限文書に変更された後,保存期間満了により廃棄された可能性,保存期間満了前に廃棄された可能性も,理論的にはありうることになる。また,外務省の文書管理規程においては,主管課から文書課に引き継がれたものが管理の対象になっているが,文書一(1)〜(4)が,そもそも文書課に引き継がれず,主管課に留め置かれ,ある時点で廃棄された可能性もある。本件最高裁判決も,その存在を秘匿する必要性を強く感じた政府が,所定の手続を経て,または,経ないで秘密裏に本件各文書を廃棄した可能性を考慮したのかもしれない。

　しかし,現行法制のもとでは,外交交渉上特に秘匿を要する文書であっても,公文書管理法に従って適正に管理する必要がある。仮に本件のような密約が現在結ばれたとすれば,特定秘密の保護に関する法律(以下「特定秘密保護法」という)別表二ハの「条約その他の国際約束に基づき保護することが必要な情報」として,特定秘密に指定される可能性が高いと思われるが,特定秘密を記録した文書であっても,公文書管理法が基本的に適用され,一部特例が認められているが,その特例は,むしろ公文書管理を強化する方向の特例である。具体的に,現在,特定秘密に指定された密約外交文書がどのように管理されるかを説明すると,以下のようになる。

　第1に,作成または取得された時点で,保存期間が定められ,保存期間満了後に外交史料館に移管するか,廃棄するかのレコード・スケジュール(宇賀・逐条解説公文書等の管理に関する法律〔第3版〕12頁,85頁,102頁参照)を設定することになるが,行政文書の管理に関するガイドライン別表第1によれば,密

第９条（開示請求に対する措置）

約外交文書は，「条約その他の国際約束の締結及びその経緯」を記録した文書であるので，保存年限は30年となり，同ガイドライン別表第2によれば，かかる文書は，保存年限満了時に移管措置が講じられるべきことになる。なお，特定秘密の指定の有効期間は上限5年であり（特定秘密保護法4条1項），指定の更新は可能であるが（同条2項），通算で30年までを原則とし（同条3項），30年を超える延長には，内閣の承認が必要である（同条4項柱書本文）。そして，暗号や人的情報源等を除き，60年を超える延長は認められていない（同条4項柱書ただし書）。すでに密約の相手方当事国が国立公文書館等で公開している文書の場合，「指定に係る情報を公にしないことが現に我が国及び国民の安全を確保するためにやむを得ない」（同項柱書）場合には該当しないので，承認をすべきでないと考えられる。この承認が得られなかった場合には，公文書管理法8条1項の規定にかかわらず，保存期間満了とともに，外交史料館に移管しなければならない（特定秘密保護法4条6項）。万一，レコード・スケジュールにおいて，移管措置をとることとされていない場合であっても，特定秘密として通算30年間指定をされ，30年を超える指定の延長の承認が得られなければ，必ず外交史料館に移管されることになる。そして，たとえ特定秘密が記録された行政文書を含む行政文書ファイルであっても，行政文書ファイル管理簿に登録する義務があり（公文書管理法7条1項）（ただし，行政文書ファイル名に行政機関情報公開法5条に規定する不開示情報に該当するものを記載する必要はない），行政文書ファイル管理簿に登録せずに秘密裏に管理することは違法である。したがって，現行法のもとでは，外交交渉上特に秘匿を要する外交文書であるからといって，その保管体制は，公文書管理法，特定秘密保護法の定めるルールに従わなければならない。外交文書について，保管の体制や状況等が通常と異なる場合が想定されるとする本判決の当該判示部分は，行政機関情報公開法や公文書管理法施行前の時代を念頭においたものであり，現在まで射程に入れたものではないことに留意する必要があろう。

(4) 権利濫用

外国の情報公開法には，権利濫用といえる請求を認めない旨の明示の規定をおいている例があるし（フランス，オーストリア，ベルギー，イギリス），わが国の情報公開条例にもそのような例があるが（千葉県情報公開条例6条，三重県情報公

第1部 行政機関情報公開法の逐条解説

開条例5条2項，横浜市の保有する情報の公開に関する条例5条2項・3項，奈良市情報公開条例5条2項，直方市情報公開条例4条，中野区区政情報の公開に関する条例9条1項，荒川区情報公開条例5条，渋谷区情報公開条例9条3項2号，品川区情報公開・個人情報保護条例5条参照)，わが国の行政機関情報公開法には，かかる規定はおかれていない。しかし，権利濫用が許容されないことは法の一般原則であり，明文の規定がなくても認められる。行政機関情報公開法に基づく開示請求の場合も，権利濫用であれば拒否処分が可能であり，これも本条2項の「開示をしない旨の決定」に含まれる。この場合も，なぜ権利濫用に当たるのかについての理由を提示しなければならない。このように，請求が不適法であることを理由とする不開示決定，存否応答拒否決定，文書不存在の決定のいずれも処分性を有し，行政手続法に基づく理由提示義務が存在するとともに，行政不服審査法や行政事件訴訟法に基づいて争うことも可能である。

　情報公開条例に基づく開示請求が権利濫用であるとされた例として，横浜地判平成14・10・23判例集不登載（本書163頁参照)，横浜地判平成22・10・6判例自治345号25頁およびその控訴審の東京高判平成23・7・20判例自治354号9頁（本書60頁参照）のほか，名古屋地判平成25・3・28判例自治388号41頁およびその控訴審の名古屋高判平成25・10・30判例自治388号36頁等がある。前掲名古屋地判平成25・3・28は，①きわめて大量の行政文書の開示請求であることに加え，②開示請求の取下げを交換条件として不当な要求を繰り返しており，③開示をしてもほとんど閲覧しないことが反復されており，④合理的理由なく補正の依頼を拒否していること等から，真に行政文書を閲覧する目的で開示請求を行っていたわけではないと認定している。東京地判平成23・5・26訟月58巻12号4131頁は，開示請求対象文書がきわめて大量であることに加え，原告は開示請求対象文書の全部を閲覧する意思はなく，対象文書の廃棄の阻止を目的としたものであり，開示請求対象文書の全部が開示されなくても裏金づくりの解明・検証という原告の目的を達成することは可能であるにもかかわらず補正の求めに応じなかったので，権利濫用に当たるとする。その控訴審の東京高判平成23・11・30訟月58巻12号4115頁も権利濫用に該当すると判示している。なお，大阪地判平成28・6・15判時2324号84頁は，被告が，地方公共団体である原告に対して情報公開請求を多数回にわたって濫用的な態様で行ったり，不当な要求を繰り返したりして，原告の平穏に業務を

第10条（開示決定等の期限）

遂行する権利を侵害しており，今後も同行為が繰り返されるおそれがあるとして，同権利に基づく面談強要行為等の差止めおよび不法行為に基づく損害賠償等を求めた件につき，原告の同権利に対する侵害を認め，差止めを認めるとともに，損害賠償について一部の請求を認容している。

情報公開条例に基づく開示請求で，開示請求書をいったん受け付けた後に，権利濫用を理由として不受理とした事案において，仙台地判平成21・1・29判例集不登載は，開示請求を不受理にすることは許されず，仮に開示請求が権利濫用であったとしても，請求を受け付けたうえで，権利濫用を理由とする拒否処分をすべきであるとして，不受理通知の違法を理由とする国家賠償請求を認容している。

(5) オンラインによる通知

本条では，開示決定等の通知は書面で行うこととされているが，行政手続オンライン化法4条1項，「行政手続等における情報通信の技術の利用に関する法律の施行に伴う行政機関の保有する情報の公開に関する法律に係る対象手続等を定める省令」4条1項の規定に基づき，オンラインで通知することが法制上可能になっている。

(6) 口頭による通知

群馬県情報公開条例18条1項は，「実施機関は，開示請求に係る公文書の全部又は一部を開示するときは，その旨の決定をし，開示請求者に対し，その旨並びに開示を実施する日時及び場所を書面により通知しなければならない」と規定し，同条3項は，「実施機関は，開示請求があった場合において，直ちに，当該開示請求に係る公文書の全部を開示する旨の決定をして開示をすることができるときは，第1項の規定にかかわらず，開示請求者に対し，同項の規定による通知を口頭によりすることができる」と定めている。このように，開示請求に対する応答を口頭で行うことを認めている条例が存在する。

（開示決定等の期限）
第10条　前条各項の決定（以下「開示決定等」という。）は，開示請求があった日から30日以内にしなければならない。ただし，第4条第2項の規定に

> より補正を求めた場合にあっては，当該補正に要した日数は，当該期間に算入しない。
> 2　前項の規定にかかわらず，行政機関の長は，事務処理上の困難その他正当な理由があるときは，同項に規定する期間を30日以内に限り延長することができる。この場合において，行政機関の長は，開示請求者に対し，遅滞なく，延長後の期間及び延長の理由を書面により通知しなければならない。

　本条は，開示決定等の原則的期限と正当な理由があるときの延長期限および延長の方法を明確にしている。

　開示請求は，行政手続法上の申請に該当するから，開示請求が行政機関の事務所に到達したときに審査義務が生ずることになる（行政手続法7条）。審査義務が発生してから，開示決定等を行うまでの期間は，検索に要する期間，審査に要する期間，開示決定等の通知書の作成に要する期間からなり，対象文書の多寡，開示・不開示の判断の難易，第三者からの意見聴取の要否，行政機関の事務の繁忙等の要素により左右される。そこで，一律に開示決定等の期間を定めるのではなく，行政手続法6条の標準処理期間を個々に定めるにとどめることも考えられる。しかし，本条は，外国の情報公開法やわが国の情報公開条例と同様，原則的開示決定期限を法定し（1項），正当な理由がある場合に延長を認める（2項）という方式を採用した。30日が原則的処理期間であるが，可及的速やかに開示決定等をすべきであるのは当然であり，30日より早く開示決定等を行うことが可能な場合には，そうすることが望ましい。期間の起算日は，民法140条の規定により初日は算入されないため，開示請求があった日（開示請求が事務所に到達した日。行政手続法7条）の翌日から起算する。期間の末日が日曜日，国民の祝日に関する法律に規定する休日その他の休日に当たるときは，その翌日に満了するのが原則である（民法142条）。30日以内に行わなければならないのは開示決定等であり通知ではないが，開示決定等が行われた後，速やかに通知を行わなければならない。開示請求に対する決定が遅延しているとして不作為の違法確認訴訟が提起され，その係属中に決定がされたため，訴えの利益が失われたとして請求は却下されたが，被告に訴訟費用を負担させた例として，東京地判平成22・1・22判例集不登載，東京地判平成14・4・22判例集不登載等がある。

　なお，2006年の第165回国会において政治資金規正法が改正され，20条の

第10条（開示決定等の期限）

3の規定が新設された。同条は、収支報告書等の要旨が公表される前のものにかかる行政機関情報公開法3条の規定による開示請求があった場合においては、当該要旨が公表される日前は同法9条1項の開示等の決定を行わないこととし、同法10条1項中「開示請求があった日から30日以内」とあるのは政治資金規正法20条1項の規定により要旨が公表された日から同日後30日を経過する日までの間とする旨を定めている。この改正が、国民の「知る権利」を侵害し違憲であるとして提起された訴訟において、大阪地判平成19・8・30判タ1261号191頁は、行政機関に対する開示請求権の要件・手続をいかに定めるかは立法政策の問題であるとして違憲論を退けた。

本条1項ただし書は、4条2項の規定により補正を求めた場合にあっては、当該補正に要した日数は期間に算入しないと規定しているが、行政手続法6条の標準処理期間の解釈としても、形式上の要件に適合しない申請の補正に要する期間は念頭におかれておらず、適法な申請の処理に要する期間のみを定めれば足りると解されるので、本規定は、確認的性格のものといえよう。期間に算入されないのは、「補正に要した日数」であるから、形式上の不備がある開示請求であっても、補正を求めるまでの期間は算入されることになる。この補正は行政指導であるので請求者はこれに応ずる義務はない（行政手続法32条1項）。相手方が補正に応じない意思を示したのちは、補正を行っているという理由で、1項本文の期間の進行が停止するわけではない。ただし、補正の行政指導に従わない旨の意思表示は、開示決定等の期間を進行させる法効果をもつものであり、真摯かつ明確に示されたものでなければならない。なお、行政手続法7条によれば、行政機関の長は、補正を求めることは義務づけられておらず、形式上の要件に適合しない開示請求は補正を求めずに拒否処分をすることも可能である（ただし、軽微な瑕疵の場合、補正を求める義務が生ずるかについて議論の余地はある。宇賀・行政手続三法の解説〔第2次改訂版〕98頁）。この場合には、開示請求のあった日から30日以内に開示決定等を行うべきことになる。

本法4条2項において、補正は、「相当の期間」を定めて求めることとされているが、その意味するところは、「相当の期間」内は補正の機会を開示請求者に与えることにある。したがって、「相当の期間」内は、形式上の不備を理由とした拒否処分をすることはできない。「相当の期間」を経過しても補正がなされない場合、行政機関の長は拒否処分をすることができるが、直ちに拒否

処分をしなければならないわけでは必ずしもなく，開示請求者が若干の猶予を求め，遅滞なく補正される見込みであると認められるときには，拒否処分をせずに補正を待つことは可能である。

　本条2項の規定に基づき延長を行う場合，延長後の期間および延長の理由を開示請求者に遅滞なく通知しなければならない。「遅滞なく」という文言は，合理的理由のある遅滞を許容する趣旨であるが，原則的開示決定期限である30日以内に通知を発送することが原則であるべきと思われる。

　地方公共団体の情報公開条例のなかには，延長期間を法定していない例もあるが，本条2項は，30日以内と延長期間を法定している。30日以内であるから，延長が必要な場合，常に30日延長するのではなく，必要最小限の範囲で延長することになる。当初，20日間の延長で足りると考え，その旨，請求者に通知したところ，20日間では処理できず，さらに10日延長することも，合計の延長期間が30日以内であるので，本条2項には反しないとみるべきであろう。その場合には，改めて，延長後の期間および延長の理由を書面により通知しなければならない。

　後述する本法11条の規定が適用されない場合，最大限30日延長しても，開示決定等ができない場合どうなるのであろうか。かかる場合，拒否処分があったとみなす「みなし拒否」制度をとり，拒否処分を行政不服審査法や行政事件訴訟法で争う道を開くシステムも考えられる。しかし，行政機関情報公開法は，「みなし拒否」制度は採用していない。請求者の救済手段としては，行政不服審査法に基づく不作為の審査請求，行政事件訴訟法に基づく不作為の違法確認訴訟，義務付け訴訟，国家賠償法に基づく損害賠償請求訴訟が考えられる（本条の期間を7日過ぎたのみでは，国家賠償法上違法とはいえないとするものとして，東京高判平成18・9・27訟月54巻8号1596頁参照）。

　なお，フランス，カナダでは，開示請求から1月（30日）経過しても応答がないときは，拒否決定があったものとみなすこととしている。情報公開条例の中にも，みなし拒否規定を置くものがある（八戸市情報公開条例11条7項参照）。

（開示決定等の期限の特例）
第11条　開示請求に係る行政文書が著しく大量であるため，開示請求があった日から60日以内にそのすべてについて開示決定等をすることにより事務

第11条（開示決定等の期限の特例）

> の遂行に著しい支障が生ずるおそれがある場合には，前条の規定にかかわらず，行政機関の長は，開示請求に係る行政文書のうちの相当の部分につき当該期間内に開示決定等をし，残りの行政文書については相当の期間内に開示決定等をすれば足りる。この場合において，行政機関の長は，同条第1項に規定する期間内に，開示請求者に対し，次に掲げる事項を書面により通知しなければならない。
> 一 本条を適用する旨及びその理由
> 二 残りの行政文書について開示決定等をする期限

　本条は，開示請求にかかる行政文書が著しく大量であって，そのすべてについて60日以内に開示決定等をすることにより事務の遂行に著しい支障が生ずることを避けるため，開示決定等の期限の特例を定めるものである。

　行政機関情報公開法は，10条に規定しているように，請求があってから最大限60日以内に開示決定等を行うことを原則としている。しかし，著しく大量の行政文書が開示請求されたため，60日以内に開示決定等をするためには，他の行政事務をすべて停止して，開示請求の処理に専念しなければならないとすれば，他の行政事務の遂行に著しい支障が生ずることになろう。情報公開請求の処理も重要な行政事務であるが，各行政機関が分任する所掌事務も重要であり，その著しい停滞は回避しなければならない。本条は，このような配慮のもとに設けられたものであり，大量請求が直ちに権利濫用に該当するという前提に立っているわけではない（外国の情報公開法の中には，オーストラリアの連邦情報公開法のように，大量請求であって，それに応ずると他の行政事務の遂行が実質的かつ不当に妨げられる場合には，開示請求を拒否できるとするものもある）。

　横浜市福祉局が平成9～11年度国庫補助金を受け入れた事業の経費の使途が明らかになる書類等の開示請求に対し，横浜市長は，特定困難であり，かつ大量・膨大であるとして却下したため，取消訴訟が提起された事案において，横浜地判平成14・10・23判例集不登載は，文書特定の要件は満たしているとしたが，請求された文書が膨大であり，対象の限定等にかかる協議を請求者が頑に拒否したこと，請求目的は，全部の文書の公開を同時に求めなくても達成可能であること，当時の条例では，請求処理期間を延長しても処理しきれず開示・不開示の決定に至るまで相当長期にわたる場合の対応方法について条例上想定していないと解されることを理由として，請求権の濫用であると認め，東

京高判平成 15・3・26 判例集不登載は控訴を棄却し，最決平成 15・9・25 判例集不登載は上告棄却・上告不受理の決定をしている。当時の横浜市情報公開条例においては，開示請求にかかる行政文書が著しく大量であるため，延長期間内に処理できない場合の対応について定めた規定がなかったことが，かかる大量請求を条例の想定しないもので請求権の濫用と判断するひとつの考慮要素になっている。しかしその後，行政機関情報公開法が，かかる場合を念頭において本条で期限の特例を定め，その影響もあって情報公開条例の多くに同様の規定が置かれるようになっているので，この判決の射程が，本条のような規定を有するものにも当然に及ぶわけではない。

　「事務の遂行に著しい支障が生ずるおそれがある」ことが，本条の規定の適用要件になっているから，単に開示請求にかかる行政文書が著しく大量であることのみを理由として本条を用いることはできない。本条は，大量請求に対しては，価値中立的な立場から，開示決定等の期限の特例を設けるにとどまっている。情報公開条例についての事案であるが，事務作業に時間がかかることを理由に住居表示台帳の開示を拒否する決定がなされたため，地図作成業者が取消訴訟を提起した事案において，徳島地判平成 19・2・22 判例集不登載も，開示請求の処理に多大な時間と労力を要するとしても，内部の人的，物的な工夫，調整で対応可能であるとして，取消判決を出している。このように，大量請求＝権利濫用となるわけではなく，行政を停滞させる意思を立証することが必要となろう（業務に故意に支障を生じさせるような場合を除き，大量請求であることのみを理由として権利濫用に当たるとすることはできないと判示するものとして，東京地判平成 15・10・31 判例集不登載，さいたま地判平成 19・10・31 判例集不登載，高松高判平成 19・8・31 判例集不登載参照）。また，佐賀地判平成 19・10・5 判例自治 307 号 10 頁，さいたま地判平成 19・10・31 判例集不登載，高松高判平成 19・8・31 判例集不登載が判示するように，営利目的であることのみでは権利濫用とはいえない。住民訴訟における情報収集目的での開示請求が権利濫用に当たらないことも当然である（東京高判平成 22・11・11 判例自治 349 号 11 頁）。

　横浜市は，パブリック・コメント手続を経て，権利濫用と認められる場合の基準を定めた。このように，いかなる場合が権利濫用となるかについての基準をあらかじめ具体的に定めておくことは重要である。神奈川県は「不適正な大量請求に対する取扱い要綱」（2002 年 4 月 1 日施行），愛知県は「権利の濫用に

第11条（開示決定等の期限の特例）

当たる開示請求に対する取扱い内規」（2005年3月1日県民生活部長通知），奈良市は「奈良市情報公開条例第5条第4項に規定する権利の濫用に関する基準を定める要綱」を定めている。

　本条が定めているのは，1件の開示請求にかかる行政文書が著しく大量である場合であって，個別には著しく大量とはいえない開示請求が特定の期間に集中したことにより，開示請求があった日から60日以内にそのすべてについて開示決定等をすることにより事務の遂行に著しい支障が生ずるおそれがある場合は対象としていない。したがって，かかる場合には，本条の特例規定を直接に適用することはできないことになる。しかし，実際上，かかる場合が生じうることは避けられない。その場合，本条の類推適用を可能と解する余地もありうると思われるが，それができないにしても，不作為にかかる審査請求または不作為の違法確認訴訟においては，上記の事情を考慮して，審査請求であれば不作為が違法または不当か，違法確認訴訟であれば違法かが判断されることになろう。

　なお，情報公開法要綱案第11は「残りの部分」について，相当な期間内に開示決定等をすれば足りるとしていたが，本条は，「残りの部分」を「残りの行政文書」という表現に変えている。これは，「残りの部分」という表現が同一の行政文書中の一部という意味にとられかねないため，本条で主として念頭においているのは6条の部分開示ではなく，複数の行政文書の段階的開示の問題であることを明確にするためである。

　本条の「相当の期間」は，行政事件訴訟法3条5項の「相当の期間」と同一ではない。行政機関の長が本条に基づく「相当の期間」を過大に設定すれば，当該「相当の期間」は経過していなくても，不作為の違法確認訴訟においては，不作為の違法が認められることはありうる（東京地判平成19・12・26判時1990号10頁は，外務大臣が本条に基づき通知した「相当の期間」経過前に行政事件訴訟法3条5項の「相当の期間」が経過し不作為が違法になったと判示した）。理論的には，行政機関の長が本条の「相当の期間」を過小に設定したため，本条の「相当の期間」が経過していても，行政事件訴訟法3条5項の「相当の期間」は経過していない場合もありうる。

　本条の規定の適用の有無の判断は，10条1項の期間内，すなわち，開示請求があってから30日以内に行わなければならない。その際，本条の規定を適

用する理由のみならず，残りの行政文書について開示決定等をする期限も請求者に通知しなければならない。60日以内に開示決定等を行う「相当の部分」については，通知する必要はない。その理由は，この通知は30日以内に行わなければならないので，60日以内に開示決定等を行うことができる部分を当該通知時点で的確に判断することは困難な場合が少なくないと思われること，60日以内には，当該部分について開示決定等が行われることである。残りの行政文書について開示決定等をする期限については上限は定められていない（本条に対応する神奈川県情報公開条例の規定に基づき，約7万6000枚に及ぶ公文書の開示等決定を2年8ヵ月後に延長したことを適法としたものとして，横浜地判平成14・3・18判例自治231号33頁参照）。60日以内に相当の部分につき開示決定等を行っても，開示請求は存続していることになるが，請求者は，「相当の部分」の開示を受けて，「残りの行政文書」の開示を求める必要がなくなる場合も考えられる。また，請求者が「残りの行政文書」全部につき請求を取り下げない場合であっても，「相当の部分」の開示を受けて，「残りの行政文書」の一部についてのみ開示を求めることも考えられる。したがって，「相当の部分」の開示を行ったのち，「残りの行政文書」の開示が必要かについて，請求者に照会することも運用上考慮すべきであろう。「残りの行政文書」については，「相当の期間」内に開示決定等をすれば足りるが，本条が開示決定等の期限の特例であることにかんがみると，可及的速やかな開示決定等を行うため，「相当の期間」経過前であっても，ある程度のまとまりのある部分の審査が終了すれば，当該部分の開示決定等を行うべきであろう。

（事案の移送）
第12条　行政機関の長は，開示請求に係る行政文書が他の行政機関により作成されたものであるときその他他の行政機関の長において開示決定等をすることにつき正当な理由があるときは，当該他の行政機関の長と協議の上，当該他の行政機関の長に対し，事案を移送することができる。この場合においては，移送をした行政機関の長は，開示請求者に対し，事案を移送した旨を書面により通知しなければならない。

2　前項の規定により事案が移送されたときは，移送を受けた行政機関の長において，当該開示請求についての開示決定等をしなければならない。この場

第 12 条（事案の移送）

> 合において，移送をした行政機関の長が移送前にした行為は，移送を受けた行政機関の長がしたものとみなす。
> 3　前項の場合において，移送を受けた行政機関の長が第 9 条第 1 項の決定（以下「開示決定」という。）をしたときは，当該行政機関の長は，開示の実施をしなければならない。この場合において，移送をした行政機関の長は，当該開示の実施に必要な協力をしなければならない。

　本条は，開示請求を受けた行政機関の長が，当該事案を他の行政機関の長に移送する場合の要件，手続，効果について定めている。
　開示請求を受けた行政機関の長が保有している文書が他の行政機関により作成されたものであるときには，当該文書の開示の是非をよりよく判断しうるのは，一般的にいって，当該文書を作成した行政機関の長であろう。また，開示請求を受けた行政機関の長が保有している文書が他の行政機関の事務と重要な関連を有する情報にかかるものであり，当該他の行政機関の長のほうが開示の是非を適切に判断しうることも考えられる。そこで，本条 1 項は，かかる場合に事案を移送することを認めている。移送は，開示請求を受けた行政機関の長の判断で一方的に行うことはできず，移送先として予定されている行政機関の長と協議をしなければならない。移送を行うことが適当と思料される行政機関の長が複数ある場合には，全体で協議を行い，移送先を決定することが望ましいと思われる。1 項にいう「協議の上」とは，協議が調った場合という意味である。協議が不調に終わった場合には，移送は認められない。移送によって，開示決定等を行う者も開示を実施する者も，移送先の行政機関の長になるので（本条 2 項・3 項），移送の重要な法効果に照らし，移送をした旨を請求者に書面で通知することが，移送をした行政機関の長に義務づけられている。
　事案の移送に際して，もっとも重要なことは，開示請求者の利益が損なわれないようにすることである。明文の規定はないが，移送が行われた場合においても，開示決定等の期限は，当初の開示請求が，移送を行った行政機関の長の事務所に到達した時から進行するものと解すべきであろう。
　本条が定めるのは事案の移送であって行政文書自体の移送ではないから，事案が移送されても，当該行政文書の原本は移送をした行政機関の長のもとに存在することもありうる。そのような場合，請求者に閲覧させるためには，移送

をした行政機関の長の協力が必要になる。そこで，本条3項は，この協力義務についても明示の規定をおいている。

（独立行政法人等への事案の移送）

第12条の2　行政機関の長は，開示請求に係る行政文書が独立行政法人等により作成されたものであるときその他独立行政法人等において独立行政法人等情報公開法第10条第1項に規定する開示決定等をすることにつき正当な理由があるときは，当該独立行政法人等と協議の上，当該独立行政法人等に対し，事案を移送することができる。この場合においては，移送をした行政機関の長は，開示請求者に対し，事案を移送した旨を書面により通知しなければならない。

2　前項の規定により事案が移送されたときは，当該事案については，行政文書を移送を受けた独立行政法人等が保有する独立行政法人等情報公開法第2条第2項に規定する法人文書と，開示請求を移送を受けた独立行政法人等に対する独立行政法人等情報公開法第4条第1項に規定する開示請求とみなして，独立行政法人等情報公開法の規定を適用する。この場合において，独立行政法人等情報公開法第10条第1項中「第4条第2項」とあるのは「行政機関の保有する情報の公開に関する法律（平成11年法律第42号）第4条第2項」と，独立行政法人等情報公開法第17条第1項中「開示請求をする者又は法人文書」とあるのは「法人文書」と，「により，それぞれ」とあるのは「により」と，「開示請求に係る手数料又は開示」とあるのは「開示」とする。

3　第1項の規定により事案が移送された場合において，移送を受けた独立行政法人等が開示の実施をするときは，移送をした行政機関の長は，当該開示の実施に必要な協力をしなければならない。

本条は，行政機関の長が，独立行政法人等情報公開法の対象法人である独立行政法人等に移送する場合の要件，手続，効果について定めている。独立行政法人等情報公開法は，他の独立行政法人等への移送の規定（12条）と並んで，行政機関の長への移送の規定（13条）も設けており，独立行政法人等から行政機関の長への移送を認めているが，同様に，行政機関の長から独立行政法人等への移送も認めるべきであることから，本条が設けられたのである。

独立行政法人等への移送を行うための実体的，手続的要件は，他の行政機関

第12条の2（独立行政法人等への事案の移送）・第13条（第三者に対する意見書提出の機会の付与等）

の長への移送の場合（行政機関情報公開法12条）に準じたものになっている（本条1項）。移送がなされたときは，当該事案については，開示請求対象となった行政文書を，独立行政法人等情報公開法2条2項に規定する法人文書とみなすことになる。また，行政機関情報公開法4条1項に規定する開示請求を，独立行政法人等情報公開法4条1項に規定する開示請求とみなすことになる。そして，移送を受けた後は，独立行政法人等情報公開法の規定を適用することになる。この場合，独立行政法人等情報公開法10条1項の「第4条第2項の規定により補正を求めた場合にあっては，当該補正に要した日数は，当該期間に算入しない」というただし書の「第4条第2項」は，行政機関情報公開法4条2項に読み替えることになる。なぜならば，補正は，移送を行う前に行われているから，行政機関の長が行政機関情報公開法に基づいて実施していることになるからである。また，開示請求にかかる手数料の支払は，開示請求の適法要件であり，すでに開示請求書が提出された行政機関の長に対してなされているはずであるから，独立行政法人等情報公開法17条1項は，「法人文書の開示を受ける者は，独立行政法人等の定めるところにより，開示の実施に係る手数料を納めなければならない」と読み替えることになる（本条2項）。

移送を受けた独立行政法人等が開示を実施するときに，移送をした行政機関の長が協力義務を負うことも，他の行政機関の長への移送の場合と同様である（本条3項）。

（第三者に対する意見書提出の機会の付与等）
第13条 開示請求に係る行政文書に国，独立行政法人等，地方公共団体，地方独立行政法人及び開示請求者以外の者（以下この条，第19条第2項及び第20条第1項において「第三者」という。）に関する情報が記録されているときは，行政機関の長は，開示決定等をするに当たって，当該情報に係る第三者に対し，開示請求に係る行政文書の表示その他政令で定める事項を通知して，意見書を提出する機会を与えることができる。
2　行政機関の長は，次の各号のいずれかに該当するときは，開示決定に先立ち，当該第三者に対し，開示請求に係る行政文書の表示その他政令で定める事項を書面により通知して，意見書を提出する機会を与えなければならない。ただし，当該第三者の所在が判明しない場合は，この限りでない。
一　第三者に関する情報が記録されている行政文書を開示しようとする場合

であって，当該情報が第5条第1号ロ又は同条第2号ただし書に規定する情報に該当すると認められるとき。
二　第三者に関する情報が記録されている行政文書を第7条の規定により開示しようとするとき。
3　行政機関の長は，前2項の規定により意見書の提出の機会を与えられた第三者が当該行政文書の開示に反対の意思を表示した意見書を提出した場合において，開示決定をするときは，開示決定の日と開示を実施する日との間に少なくとも2週間を置かなければならない。この場合において，行政機関の長は，開示決定後直ちに，当該意見書（第19条において「反対意見書」という。）を提出した第三者に対し，開示決定をした旨及びその理由並びに開示を実施する日を書面により通知しなければならない。

　本条は，開示請求にかかる行政文書に第三者に関する情報が記録されているときに，当該第三者の権利利益を保護するとともに開示の是非の判断の適正を期するために開示決定等の前に第三者に対して意見書提出の機会を付与すること，および開示決定を行う場合に，当該第三者が開示の実施前に開示決定を争う機会を保障するための措置について定めている。

(1)　任意的意見聴取

　開示請求にかかる行政文書に国，独立行政法人等，地方公共団体，地方独立行政法人および開示請求者以外の者の情報が含まれているときにおいても，行政機関の長は，本法5条1号の個人に関する情報，同条2号の法人等に関する情報の不開示規定に該当するか否かを判断すれば足りる。しかし，この判断を行政機関の長が，自ら常に的確に行うことができる保障はなく，当該第三者の意見を聴取することにより，誤った判断を回避する可能性が高くなる。たとえば，行政機関の長からみればとるに足らない情報であり，開示しても情報提供者である法人等の競争上の地位を害するおそれはないと判断したところ，貴重な営業上の秘密であり，そのことは，当該業界の者にとっては容易に判断しうるという場合がありうる。したがって，不開示情報該当性の調査の一環として，当該第三者から意見を聴取することは意義のあることである。そのため，本法制定前より，地方公共団体の情報公開条例においても，第三者の意見聴取ができる旨の規定がおかれていたり，条例上は規定がなくても運用上，一般に意見

を聴取していた。第三者に関する情報がすでに公にされている場合，同種の事案において第三者に関する情報が記録された部分を全部不開示とする取扱いが確立している場合，当該第三者があらかじめ開示に同意している場合等には，当該第三者の意見を聴取する必要はない。

任意的意見聴取は，任意調査としての行政調査であり，明文の規定がなくても可能である。その意味では，本条1項の規定は確認的意味をもつにとどまる。なお，アメリカの大統領命令12600号（詳しくは，宇賀・情報公開法225頁参照）は商業上の情報についてのみ事前の意見聴取手続を設けているが，本条は，個人に関する情報，法人等に関する情報の双方に適用される点で，カナダの連邦情報アクセス法（27条）と共通する。

本条にいう「第三者」は，情報公開・個人情報保護審査会設置法13条1項の「第三者」とは，異なる意味で使われている。すなわち，後者の「第三者」は，行政手続法18条1項，行政不服審査法38条1項と同様，一般的意味で用いられているのである。国，独立行政法人等，地方公共団体，地方独立行政法人は，本条の「第三者」から除かれているので，本条の規定は適用されないが，事前の意見聴取の必要性自体を否定しているわけではない（公務員の職務上の秘密に関する文書について文書提出命令の申立てがあった場合，裁判所は，「公務員の職務上の秘密に関する文書でその提出により公共の利益を害し，又は公務の遂行に著しい支障を生ずるおそれがあるもの」〔民事訴訟法220条4号ロ〕に該当するかについて，原則として，監督官庁の意見聴取を義務づけられている〔民事訴訟法223条3項〕）。国会等から取得した文書について，本法5条5号・6号の支障の有無について，事前に意見を聴取する運用をすべきことは，すでに述べたとおりである。また，行政機関の間でも，請求を受けた行政機関以外の行政機関の事務に関連する情報を含むような場合，本法12条の規定により事案の移送を行わないとしても，当該行政機関の長の意見を聴取する運用が望ましいであろう。同様のことは，独立行政法人等，地方独立行政法人についてもいえる。なお，「第三者」は情報提供者に限られない。情報提供者が提出した文書に情報提供者以外の者に関する情報が含まれているときには，後者も「第三者」として，本条の規定の適用を受ける。また，本条の射程は，第三者から提出された文書に限定されていないので，行政機関が自ら作成した文書に含まれる個人，法人等も「第三者」として，本条の規定の適用を受けることになる。本条の第三者に関する情報は，

第三者が特定識別される情報に限らず、第三者に関連する情報であれば足りる。

任意的意見聴取に関する本条1項の場合には、意見聴取自体が義務づけられているわけではないので、行政機関の長から第三者への通知の方法も任意としている。したがって、口頭で通知しても違法ではない（しかし、意見聴取を行った事実を明確にしておくために、書面で通知する運用をすることが望ましい）。他方、第三者による意見表明の方法を意見書の提出の機会の付与としたのは、反対の意思表示がなされた場合、開示決定をするときに、開示決定の日と開示を実施する日との間に少なくとも2週間をおかなければならないという法効果が生ずるので、事実を明確にしておく必要があるからである。通知すべき事項は、「開示請求に係る行政文書の表示その他政令で定める事項」であるが、政令では、①開示請求の年月日、②開示請求にかかる行政文書に記録されている当該第三者に関する情報の内容、③意見書を提出する場合の提出先および提出期限が定められている（行政機関情報公開法施行令7条）。当該第三者としては、開示請求者が誰であるかも知りたいであろうが、開示請求者は通知されない。「第三者に関する情報の内容」を通知するということは、開示請求にかかる行政文書の写しを送付することを求めるものではなく、当該第三者以外の個人情報、法人等情報等の不開示情報に該当する部分を除いて通知することを意味する。

(2) 必要的意見聴取

開示請求にかかる行政文書につき、公益上の義務的開示を行う場合、すなわち、「人の生命、健康、生活又は財産を保護するため、公にすることが必要であると認められる情報」（5条1号ロ・2号ただし書）を開示する場合、公益上の理由により裁量的開示（7条）をする場合には、第三者の利益と公益との比較衡量により開示をすることになり、当該第三者の権利利益が害されても、優越する公益のために開示が正当化されることになる。このような場合には、自らの権利利益を侵害される第三者から事前に意見聴取することは、デュー・プロセスの理念に照らしても必要と思われる。そこで、本条2項は、かかる場合の意見聴取を義務づけている。従前、地方公共団体の情報公開条例における意見聴取規定は、一般的にいって、デュー・プロセスの観点が希薄であり、行政調査の一環という視点で規定されていたため、公益上の義務的開示や裁量的開示の場合も任意的意見聴取にとどまっていた。情報がいったん公になってしまえ

第13条（第三者に対する意見書提出の機会の付与等）

ば，事後に開示決定を取り消す意味はなくなり，損害賠償請求等以外に救済手段がないことにかんがみれば，事前手続はきわめて重要であり，とりわけ，プライバシーのような人格的利益の侵害のおそれがある場合には，財産の剥奪の場合以上に慎重な事前手続が求められるともいえる。また，情報が莫大な経済的価値をもつ場合もありうるので，この面からも，情報開示に際しての事前手続は重要である。したがって，本条2項が，公益上の開示に際して，必要的意見聴取規定を設けたことは，積極的に評価すべきと思われる。

本条2項において，意見書の提出の機会の付与によって意見聴取をする点は本条1項と共通であるが，両者間に，意見書提出の機会の付与の通知の仕方について相違がみられる。すなわち，1項は，任意的意見聴取の規定であるため，口頭による通知も許容されうるが，2項は，必要的意見聴取規定であるため，通知も書面によることとしている。また，2項の場合には，本法13条2項1号（公益上の義務的開示）または2号（公益上の裁量的開示）の規定の適用の区分および当該規定を適用する理由も，通知しなければならない（行政機関情報公開法施行令8条2号）。

第三者の所在が判明しない場合の規定が2項についてのみ設けられているのは，1項の任意的意見聴取の場合には，第三者の所在が判明しない以上，意見を聴取しなくても法的問題は生じないのに対して，2項の必要的意見聴取の場合には，かかる場合に意見聴取をする義務が免除されるのかを明確化しておく必要があるからである。第三者の所在が判明しない場合，公示送達をするのが一般的方法であり，行政手続法15条3項・31条も，公示送達を規定している。しかし，行政機関情報公開法の場合には，公示送達を義務づけてはいない。もっとも，行政機関の長は，第三者の所在を明らかにするための合理的努力をする必要はあり，合理的努力とは何かについての解釈問題は残ることになる。最判昭和56・3・27民集35巻2号417頁に照らして，行政機関の長は，少なくとも，商業登記の登記簿等，公になっている記録については調査する必要があろう（この点につき，宇賀・行政手続三法の解説〔第2次改訂版〕131頁参照）。

第三者の所在が判明しない場合には意見聴取義務が免除されていても，第三者の所在が判明している限り，第三者が多数にのぼるというだけでは，意見聴取義務は免除されない。カナダの行政機関に約80万人に関するデータベース情報の開示請求が行われ，第三者情報であるため，事前の意見聴取が必要にな

り，公示送達手続をとったことがあるが，本法13条2項の「書面により通知」のなかに，かかる場合の公示送達を読み込むことは不可能とまではいえないにしても，疑問の余地のある解釈ではある。したがって，基本的には，本法10条2項・11条で開示決定等の期限を延長して，個別に通知をする対応をとるほうが無難であろう。

　1項と2項を通じて，第三者から反対意見書が提出されても，行政機関の長は，それに拘束されるものではない。開示・不開示の判断は，最終的には行政機関の長の責任において，5条1号・2号の不開示情報に該当するか，仮に該当するとした場合，7条の裁量的開示が可能かを判断して行われることになる。第三者からの反対意見書は，参考意見としての性格をもつ。

(3) 争訟の機会の保障

　第三者が反対意見書を提出したときにおいても，行政機関の長は，当該意見書に拘束されるわけではないので，当該意見書を斟酌したうえで，なお開示決定を行う可能性がある。その場合，開示決定をして直ちに開示を実施してしまえば，当該第三者は開示の実施前に開示を差し止めるべく開示決定の取消しを求めることが不可能になる。したがって，開示の実施前に第三者が開示決定を争う機会を保障するためには，開示決定を当該第三者に直ちに通知するとともに，開示決定と開示の実施の間に第三者の争訟の機会を確保するために相当な期間を設けることが不可欠である。この点に配慮したのが本条3項である。「直ちに」という文言は，「即時に」，「間をおかずに」という意味であり，遅滞は許されない。情報公開法要綱案13：3では「速やかに」という表現を用いていたが，開示決定の通知が遅滞すれば，争訟の機会を実質的に失わせるおそれがあるので，即時性をより明確に表すこととしたのである。

　3項による開示決定の通知は，第三者が開示決定を争う機会を保障するためであるから，第三者から反対意見書が提出されていない場合には，開示決定の通知を要しないこととしている。開示決定の日と開示を実施する日との間に少なくとも2週間をおくこととしているのは，この期間内に開示決定に不服をもつ第三者が行政不服審査法に基づく審査請求や，行政事件訴訟法に基づく抗告訴訟を提起することを可能ならしめるためである。

　行政不服審査法では，審査請求は，原則として，処分があったことを知った

第 13 条（第三者に対する意見書提出の機会の付与等）

日の翌日から起算して 3 カ月以内に提起しなければならないこととしている（同法 18 条 1 項）。また，行政事件訴訟法においては，取消訴訟は，処分または裁決があったことを知った日から 6 カ月以内に提起しなければならないこととしている（同法 14 条 1 項）。本条 3 項は，審査請求期間や出訴期間の特例を設けるものではない。しかし，審査請求期間や出訴期間が経過する前であっても，開示が実施されてしまえば，開示決定を争う利益が失われることになるので，開示決定の日と開示を実施する日との間におかれる期間が「少なくとも 2 週間」であるということは，実質的には，第三者にとっての審査請求期間，出訴期間を短縮する効果をもつ場合がありうることを認めることを意味しよう。行政手続法の規定に基づき事前に聴聞や弁明の機会の付与が行われたことは，審査請求期間，出訴期間を短縮する理由にはなっていないことに照らすと，本条 1 項・2 項で事前の意見聴取が行われていることは，それのみでは，審査請求期間，出訴期間を実質的に短縮することの正当化根拠とはなりがたい。したがって，本条 3 項の「少なくとも 2 週間」という立法政策は，主として，開示請求者の迅速な開示への期待との利益衡量に基づくものとみるべきであろう。

　開示決定後，当該第三者に通知される事項は，「開示決定をした旨及びその理由並びに開示を実施する日」である。重要な点は，開示決定をした理由を第三者にも通知することとしている点である。行政手続法 8 条は，申請者に対して拒否処分をする場合の理由提示の義務について規定しているが，当該第三者が提出する意見書は，行政手続法上の申請には該当しないので，同条は，開示決定につき，当該第三者に対する理由提示の義務を生じさせるものではない。また，行政手続法上，不利益処分の理由提示義務は，不利益処分の名あて人に対してのみ存在するが，本条の「第三者」は，開示決定により不利益を受けるにしても，開示決定の名あて人ではない。したがって，行政手続法 14 条 1 項によっても，本条の「第三者」に対する理由提示義務は存在しない。すなわち，本条 3 項の理由提示義務は創設的性格のものである。当該第三者への通知に記載される理由は，当該第三者の争訟の便宜のために通知されるものであるから，開示決定をした部分全部についてである必要はなく，当該第三者に関する情報にかかる開示決定の理由のみを示せば足りる。

> **(開示の実施)**
> **第14条** 行政文書の開示は，文書又は図画については閲覧又は写しの交付により，電磁的記録についてはその種別，情報化の進展状況等を勘案して政令で定める方法により行う。ただし，閲覧の方法による行政文書の開示にあっては，行政機関の長は，当該行政文書の保存に支障を生ずるおそれがあると認めるときその他正当な理由があるときは，その写しにより，これを行うことができる。
> 2　開示決定に基づき行政文書の開示を受ける者は，政令で定めるところにより，当該開示決定をした行政機関の長に対し，その求める開示の実施の方法その他の政令で定める事項を申し出なければならない。
> 3　前項の規定による申出は，第9条第1項に規定する通知があった日から30日以内にしなければならない。ただし，当該期間内に当該申出をすることができないことにつき正当な理由があるときは，この限りでない。
> 4　開示決定に基づき行政文書の開示を受けた者は，最初に開示を受けた日から30日以内に限り，行政機関の長に対し，更に開示を受ける旨を申し出ることができる。この場合においては，前項ただし書の規定を準用する。

　本条は，開示がいかなる方法で実施されるのか，および開示を受ける者が開示の実施方法の申出をする場合の手続について定めている。

(1) 開示の実施方法

　本条1項は，開示の方法につき，文書または図画については閲覧または写しの交付によるとし，電磁的記録については，政令で定める方法により行うと規定しているので，情報公開法要綱案第2(3)の開示の定義規定（「閲覧に供し又は写しを交付することをいう」）に対応する定義規定をおく必要はなくなっている。「写しの交付」には郵送も含まれる。郵送料は，郵便切手で納付しなければならない（行政機関情報公開法施行令13条4項，行政機関の保有する情報の公開に関する法律施行令第13条第4項の送付に要する費用の納付方法を定める省令）。

　本条1項ただし書は，情報公開法要綱案の考え方5(9)で述べられていたことを明文化したものであり，原本が汚損，破損しやすいものであるような場合を念頭においている。「その他正当な理由があるとき」とは，原本を業務に利用する必要があり，これを閲覧に供すると，業務の遂行に支障を及ぼす場合，部

第14条（開示の実施）

分開示を的確に行うために不開示部分を黒塗りする必要がある場合等である。これに相当する規定は，情報公開条例においても，広くみられるところである（北海道情報公開条例19条3項等参照）。

　電磁的記録の開示方法は，政令に委ねられている。開示請求者の便宜のためには，可能なかぎり，開示請求者の希望する方法で開示することが望ましい。たとえば，磁気テープにコピーして開示されれば，情報処理が数分間でできるにもかかわらず，プリントアウトしたハードコピーで開示されると同一の情報処理に数カ月を要することもありうるし，また，開示にかかるコストが電磁的記録の場合のほうが大幅に低くなることがありうるので，開示請求者が電磁的記録での開示を望んだ場合には，可能なかぎり，それに応じることが望ましい。逆に，電磁的媒体を操作する能力がない場合には，電磁的媒体での開示は，アクセスの否定につながるので，開示請求者がプリントアウトしたハードコピーでの開示を希望した場合には，それに応ずるようにすべきであろう。アメリカではウィスコンシン州の情報公開法が，直ちに知覚しえないような形態の記録については，紙の記録を開示請求する権利があることを明記していることも参考になる。

　他面において，電磁的記録の開示については，たとえば，汎用コンピュータのデータの部分開示のために特別のプログラムを組む必要がある場合が生ずる等，なお技術的制約やコストの問題もあり，各行政機関における電磁的機器の普及状況，電子情報のセキュリティ等を勘案して，実行可能な開示方法を定める必要があり，すべての場合に開示請求者の希望した方法で開示することには困難が伴う。アメリカの連邦情報自由法においても，開示請求者の指定したフォーマットに変換することが容易な場合という留保を付けて，開示請求者の指定した方法で開示することとしている（宇賀・情報公開法の理論〔新版〕179頁以下参照）。

　開示方法がとくに重要なのは，視聴覚障害者の場合である。カナダの連邦情報アクセス法が，1992年の改正で，視覚障害者の行政情報へのアクセスの実効性を確保するために，視覚障害者の開示請求に対する開示方法について特別の配慮をする規定を設けたこと（宇賀・情報公開法の理論〔新版〕195頁以下参照），東京都の情報公開制度懇談会も，開示方法につき，視聴覚障害者のアクセスを実効性あるものとするために最大限の配慮をすることを提言していることが注

第1部　行政機関情報公開法の逐条解説

目される。

　行政機関情報公開法施行令9条は，開示の実施方法について当該行政機関が保有するプログラムにより行うことができるもの等に制限しており，既存のプログラムで出力できない場合，新たなプログラムを作成して出力することまで求めることはできないが，電磁的記録につき，ハードコピーのみならず，電磁的媒体による開示も最大限認めるという方針を採用しており，国際的にみても遜色のないものといえよう。開示決定通知書には，開示決定にかかる行政文書について求めうる開示の実施方法をすべて記載しなければならない。1999年11月1日より電子メールによる開示を実施している奈良県橿原市の例もあるが（平成11年10月20日橿原市告示158号「電子メールによる情報公開の請求及び公開に関する事務取扱要綱」5条参照），国においては，ファックス，電子メールによる開示は認められていない。他方，2003年の政令改正により，オンラインによる開示の実施は認められるようになった。

　開示の実施は，各府省の汎用受付等システム（複数の手続のオンラインによる受付，結果通知等について汎用的に利用できるシステム）等に開示の実施の対象となる電磁的記録をアップロードし，開示請求者が，アップロードが行われた旨の通知を受けて，当該電磁的記録をダウンロードする方式で行われる。オンライン開示は，行政機関がその保有するプログラムにより行うことができるものに限られる。また，汎用受付等システムは，オンライン申請に対して応答するシステムであるので，オンラインによる開示の実施は，オンラインによる開示請求があった場合に限定して認められることとしている（行政機関情報公開法施行令9条3項3号）。2005年3月に総務省の「情報公開法の制度運営に関する検討会報告」が，行政文書の開示の実施方法について，新たな技術の進展と普及の状況を踏まえ，開示請求者のニーズに対応した見直しを行うとともに，手数料について，コストの変動等を適切に勘案・配慮して見直しを行うことが必要であると指摘したことを受けて，同年12月には行政機関情報公開法施行令が改正され，開示の実施方法として，カラーコピー，スキャナー読み取りによりFD等に複写したものの交付やオンライン送信，DVD-Rに複写したものの交付等が追加された。

　閲覧に当たり，開示請求者がデジタルカメラ・ビデオカメラ，スマートフォン等により公文書の撮影を行うことが許されるかが問題になるが，総務省の

第 14 条（開示の実施）

「情報公開法の制度運営に関する検討会報告書」を受けて，「行政機関の保有する情報の公開に関する法律及び独立行政法人等の保有する情報の公開に関する法律の趣旨の徹底等について」総管管 13 号（平成 17 年 4 月 28 日）においては，「閲覧による開示の実施に際して，開示の実施を受けようとする者が持参したカメラでの撮影等を行うことについては，庁舎管理上の問題や他の窓口利用者への支障等を別にすれば，情報公開法上の問題があるとは言えないと考えられるところであるので，この趣旨を踏まえ，各行政機関及び独立行政法人等において，開示の実施を受けようとする者から申出があった場合等には，適切に対応すること。その際，庁舎管理上の制約等がある場合には，開示の実施を受けようとする者に対して必要に応じ適切な説明がなされることが望ましい」とされ，閲覧者による撮影を原則として容認することとしている。地方公共団体においては，狛江市情報公開条例施行規則 4 条 1 項が「閲覧若しくは視聴とは，カメラ等による撮影を含むものとする」とし，佐賀県公文書開示事務取扱要領第 3：4(2)アが「公文書の開示に際して，請求者がカメラ等による撮影を申し出た場合には，原則としてこれを認めるものとする」と規定している。他方において，横須賀市情報公開条例 14 条 4 項 1 号は，閲覧するときは写真機等撮影に使用する機器の使用を禁止することとしている。これは，横須賀市が閲覧手数料をとる条例改正をしたため，撮影により閲覧手数料制度が形骸化することを懸念したためである。

(2) 開示の実施方法の申出

本条 2 項は，開示を受ける者が，希望する開示の実施方法を申し出ることとしている。開示の実施方法等の申出は，開示を受ける者の意思を正確に把握して誤りなきを期すため，書面で行う必要がある（行政機関情報公開法施行令 10 条 1 項）。もっとも，開示請求の段階において，希望する開示の実施方法が明示されており（同施行令 5 条 1 項 1 号），開示決定等の通知において，請求者が希望する方法で開示を実施しうる旨が示され（同施行令 6 条 2 項 1 号），その後，開示の実施方法を変更しない場合には，あらためて開示の実施方法の申出をする必要はない（開示実施手数料が無料である場合に限る。同施行令 10 条 2 項）。

本条 3 項は，開示の実施方法についての申出期間を開示（部分開示を含む）決定の通知があった日から 30 日以内としている。事案の迅速な処理の要請から

申出期間を限定せざるをえないが、開示の実施方法に関する意思決定に必要な期間として十分であるといえよう。もし、正当な理由なく30日以内に開示の実施方法についての申出をしないと、あらためて開示請求にかかる手数料を支払って開示請求をする必要が生ずることになる。

　本条4項は、再開示制度について定めたもので、とくに注目に値する規定である。写しの交付が必要かは手数料の関係もあり、閲覧したうえでないと判断できない場合も多いので、閲覧をしたのち写しの交付を希望するかを決めたいということは少なくないと思われる。その場合にはまず、本条2項の規定に基づき閲覧を希望して、実際に文書を閲覧したうえで、写しの交付が必要な部分を特定して、本条4項の規定に基づき30日以内に写しの交付を申し出ることができる。この場合には、再度、申請手数料を払う必要はない。また、一部につき写しの交付を受け、それを検討したのち、他の部分についても写しの交付を求めるかを判断する場合にも、本条4項の再開示制度を用いることができる。本条4項の再開示の申出は、最初に開示を受けた日から30日以内であれば、複数回行うことができる。

　さらなる開示の申出は、①開示決定の通知があった日、②最初に開示を受けた日、③開示の実施の申出書に記載する事項を記載した書面により行わなければならない（行政機関情報公開法施行令12条1項）。①②を必要的記載事項としたのは、行政機関において、さらなる開示の申出のあった事案を正確に認識して開示の準備をする必要があること、本法14条4項の法定期限を経過していないかを確認する必要があること、最初の開示の実施方法とさらなる開示の実施方法が同一でないかを確認する必要があることによる。さらなる開示の実施の申出において、すでに開示を受けた行政文書（その一部につき開示を受けた場合にあっては、当該部分）につきとられた開示の実施の方法と同一の方法を当該行政文書について求めることは、行政機関に不合理な負担を課し、開示を受ける者にとっても、通常はそのような必要性はないと考えられるので、認められない（本法施行令12条2項本文）。すでに写しの交付の方法による開示を受けた場合、写しの交付により閲覧の目的も達成されることになるため、写しの交付を受けた行政文書の閲覧をさらに求めることは認められないと考えられる。ただし、当該同一の方法を求めることにつき正当な理由があるときは、この限りでない（同項ただし書）。「正当な理由」が認められる場合としては、交付された

写しが火災により焼失してしまった場合等が考えられる。

(3) 取消訴訟にかかる出訴期間の起算点

本法もしくは情報公開条例または行政機関個人情報保護法もしくは個人情報保護条例に基づく開示請求に対する全部または一部開示決定の事案においては，開示決定が先行し，その後，開示の実施として，閲覧または写しの交付が行われる。一部不開示とされた部分があれば，実施機関は，その部分を特定し，理由を提示する必要はあるが，開示請求者は，開示の実施として閲覧または写しの交付が行われてはじめて開示部分の内容を具体的に知ることができるし，不開示部分の場所や分量も，開示の実施段階で認識可能になる。このような特殊性があるため，一部開示決定の取消訴訟の主観的出訴期間の起算点となる処分の存在を現実に知った日は，開示等決定の通知書が開示請求者に到達し，当該決定の内容を現実に知った日と解すべきか，それとも，開示請求者が開示文書を閲覧し，またはその写しの交付が行われた日と解すべきかが論点になる。個人情報保護条例についての事案であるが，大阪高判平成27・1・29判例集不登載は後者の解釈を採用したところ，その上告審の最判平成28・3・10判時2306号44頁が前者の立場をとったことにより，この問題に関する判例法が固まったといえよう。

> **（他の法令による開示の実施との調整）**
> **第15条** 行政機関の長は，他の法令の規定により，何人にも開示請求に係る行政文書が前条第1項本文に規定する方法と同一の方法で開示することとされている場合（開示の期間が定められている場合にあっては，当該期間内に限る。）には，同項本文の規定にかかわらず，当該行政文書については，当該同一の方法による開示を行わない。ただし，当該他の法令の規定に一定の場合には開示をしない旨の定めがあるときは，この限りでない。
> 2　他の法令の規定に定める開示の方法が縦覧であるときは，当該縦覧を前条第1項本文の閲覧とみなして，前項の規定を適用する。

本条は，他の法令に行政文書の開示についての規定がおかれている場合に，本法による開示との関係をいかに調整するかについて定めたものである。本条

第 1 部 行政機関情報公開法の逐条解説

　1 項は，「行政文書」を対象としているので，国会，裁判所，地方公共団体その他の行政機関の長以外の者が保有する文書について，何人にも理由を問わず開示する旨の規定は，同項の対象外である。

　個別の法律のなかには，公表，公示等の情報公表義務制度，何人にも閲覧や謄本・抄本の交付を認める客観的情報開示請求制度，利害関係人にのみ閲覧や謄本・抄本の交付を認める主観的情報開示請求制度を定めたり，文書を公にすることを禁止する制度を規定する例が少なからず存在する。行政機関情報公開法とこれらの法律の規定とは，趣旨，目的，手続を異にしており，相互排他的なものとみるのではなく，基本的には，両者の規定が並行して適用されるものとみるべきである。ただし，個別法により，文書へのアクセスが行政機関情報公開法と同一の条件のもとで確保されているときには，別途，行政機関情報公開法の規定を並行して適用する必要はない。本条も，そのような考えを基礎にしている。

　「法令」という用語は，条例および執行機関の規則（規程を含む）を含む意味で用いられることもあるが（行政手続法 2 条 1 号），本条 1 項の「法令」は，これらを含まず，法律，政令，内閣府令，省令その他行政機関の命令を意味する（宇賀克也・行政法概説 I〔第 6 版〕（有斐閣，2017 年）7〜8 頁参照）。本条 1 項の規定による調整の対象になるのは，他の法令に「何人にも」開示する旨規定されている場合に限られる。したがって，行政手続法 18 条 1 項の文書等閲覧請求のように，請求権者が限定されている場合（「当事者及び当該不利益処分がされた場合に自己の利益を害されることとなる参加人」）には，行政機関情報公開法の規定が並行して適用され，同法の不開示情報に該当するか否かを判断することになる。

　河川法 12 条 4 項は，「河川管理者は，河川の台帳の閲覧を求められた場合においては，正当な理由がなければ，これを拒むことができない」と規定しているが，このように，正当な理由があれば開示を拒否しうるものとしている場合には，本条 1 項ただし書に該当し，同条同項本文の規定による調整は行われず，行政機関情報公開法の規定が並行して適用されることになる（海岸法 24 条 2 項も参照）。したがって，河川の台帳に対して行政機関情報公開法に基づく開示請求が行われた場合には，同法の不開示情報に該当しないかぎり，開示しなければならないことになる。他方，道路法 28 条 3 項は，「道路管理者は，道路台

第15条（他の法令による開示の実施との調整）

帳の閲覧を求められた場合においては，これを拒むことができない」としており，何人にも例外なく閲覧を認めているから，本条1項本文の規定による調整の対象になり，行政機関情報公開法に基づく閲覧は行われないことになる（下水道法23条3項，都市公園法17条3項等も同様）。もっとも，本条1項本文の規定による調整が行われるのは，「同一の方法で開示することとされている場合」に限られるので，道路法28条3項は閲覧を認めるのみであるから，写しの交付については，行政機関情報公開法の規定が適用されることになる。最判平成7・2・24民集49巻2号517頁は，政治資金規正法（平成6年法律第4号による改正前のもの）にいう「閲覧」には写しの交付は含まれないと判示したが，この解釈を前提としても，行政機関情報公開法の施行により，写しの交付については，行政機関情報公開法に基づいて行うことが可能となった。また，「行政文書」が開示されている場合が本条で念頭におかれているので，何人もアクセスできる場合であっても，アクセスの対象が行政文書ではなく無形の情報である場合には，もともと本法の対象外であり，本条の規定による調整の対象とならない。本条1項かっこ書に定められているように，本条の規定による調整は，他の法令による開示の期間が定められている場合にあっては，当該期間内に限ることから，他の法令が一定期間内に限定して閲覧を認める場合には，その前後の期間については，行政機関情報公開法の規定が適用されることになる。

　本条2項は，他の法令の規定に定める開示の方法が縦覧であるとき，当該縦覧については，1項本文の閲覧とみなして，1項の規定を適用することとしている。したがって，都市計画法17条1項による都市計画案の縦覧は，閲覧とみなされ，公告の日から2週間は，もっぱら，都市計画法の縦覧の規定が適用されることになる。しかし，公告の日から2週間を過ぎると，都市計画法による縦覧は行われないので，行政機関情報公開法の規定が適用されることになる。なお，縦覧期間が満了したのち行政機関情報公開法に基づく開示請求が行われた場合，過去に縦覧が行われたことにより，同法5条1号イの「法令の規定により又は慣行として公にされ，又は公にすることが予定されている情報」に当然に該当することになるかという問題がある。名古屋高金沢支判平成7・1・30判タ884号133頁は，土地改良事業に関する換地計画書の開示請求につき，土地改良法に従った縦覧手続における縦覧の方法，期間等を考慮すれば，本件公文書に記載された個人に関する情報は，縦覧によって広く一般の人に知られ

ているともいえないから，福井県公文書公開条例（平成12年条例第4号による改正前のもの）7条1号ただし書イの「法令および条例（……）の規定により何人も閲覧できるとされている情報」には該当しないと判示している。

　なお，保安林台帳は都道府県知事が保管し（森林法39条の2第1項），正当な理由がなければ閲覧を拒むことができないが（同条2項），情報公開条例に基づいて，この保安林台帳の開示請求が都道府県知事に対してなされたときは，都道府県知事は行政機関情報公開法15条1項の「行政機関の長」ではないから，この規定は適用されず，各情報公開条例の解釈により開示請求を認めるか否かを判断することになる。しかし，国の行政機関の長が，保安林台帳を取得して保有しているときには，森林法上の閲覧請求は都道府県知事に対するもので，国の行政機関の長に対しては認められないので，行政機関情報公開法の規定の適用を受けることになる。

　情報公開条例においては，他の法令による開示の実施との調整について，本条と同様の規定をおき，「同一の方法」による開示の実施についてのみ調整を行うことを明確にするもの（神奈川県等）と，そうでないものがある。後者の中にも，本条と同趣旨に解釈運用されているものもある（栃木県等）。他方，後者の中には，本条と異なる趣旨で解釈運用されているものもあり，その解釈運用が正しいかが争われることがある。山口市情報公開条例16条は，「この条例は，他の法令等の規定により公開の手続が定められている情報及び市民の利用に供することを目的として作成され，又は保管されている情報については，適用しない」と規定している。建築計画概要書については建築基準法93条の2において，住居表示台帳については住居表示に関する法律9条2項において，閲覧のみが定められており，写しの交付については定められていない。もし，山口市情報公開条例16条が本条と同趣旨の規定であるとすれば，これらの写しの交付を情報公開条例に基づき請求することは可能になる。しかし，山口地判平成19・2・8判例集不登載は，山口市情報公開条例16条は，他の法令に閲覧または写しの交付の規定があれば情報公開条例の規定の適用除外とする趣旨であるので，同条例に基づく写しの交付請求はできないと判示した。住居表示台帳に関しては控訴がなされたが，広島高判平成19・6・29判例集不登載は控訴を棄却している。建築計画概要書の写しを板橋区情報公開条例に基づき開示請求をした事案において，東京地判平成19・7・26判例集不登載，東京高判平

成20・1・31判例集不登載は，同様の判示をしている。山口地判平成19・2・8が判示したようなかたちで他の法令による開示の実施との調整を行う制度を情報公開条例で採用することが許されないとはいえないが，一般論としては，他の法令による開示の実施との調整は，行政機関情報公開法の仕組みが最大限の開示を実現するという観点から望ましい。

> （手数料）
> 第16条　開示請求をする者又は行政文書の開示を受ける者は，政令で定めるところにより，それぞれ，実費の範囲内において政令で定める額の開示請求に係る手数料又は開示の実施に係る手数料を納めなければならない。
> 2　前項の手数料の額を定めるに当たっては，できる限り利用しやすい額とするよう配慮しなければならない。
> 3　行政機関の長は，経済的困難その他特別の理由があると認めるときは，政令で定めるところにより，第1項の手数料を減額し，又は免除することができる。

　本条は，開示請求をする者または行政文書の開示を受ける者が支払う手数料についての基本的定めをおいたものである。

　本条1項は，「開示請求をする者」から開示請求の段階で徴収する「開示請求に係る手数料」と，「行政文書の開示を受ける者」から徴収する「開示の実施に係る手数料」の2つの手数料について定めている。前者の「開示請求に係る手数料」は，開示請求がなされてから，開示決定等の通知書を発するまでの申請事務処理のコストの負担を求めるものであり，不開示決定が行われる場合であっても，開示請求の処理にコストがかかっているので，徴収の対象になる。広くみられる申請手数料に相当するものである。カナダやオーストラリアも，情報公開法に基づく開示請求につき，申請手数料を徴収している。横須賀市，品川区も，開示請求にかかる手数料（300円）を徴収している（愛知県尾張旭市は200円の手数料を徴収している）。また，営利目的の請求の場合には，開示請求にかかる手数料をとる地方公共団体もある（神戸市1000円，国分寺市100円）。さらに，広義の住民以外からの開示請求については，開示請求にかかる手数料をとる例もある（神戸市，橿原市，米子市，枚方市，吹田市。300～350円）。また，

| 第1部 | 行政機関情報公開法の逐条解説

　八潮市情報公開条例は、広義の住民のみに開示請求権を認めているが、それ以外の者から任意の情報公開の申出があり、これに応ずる場合には300円の手数料を徴収することとしている（17条1項3号）。

　政令では、申請時に徴収する手数料という性格に照らして、請求対象文書の性格や多寡を問わず、開示決定か不開示決定かも問わず、定額を徴収する方針がとられ、開示請求にかかる行政文書1件につき300円（オンライン申請の場合には200円）とされている（行政機関情報公開法施行令13条1項1号）。この金額は、①開示請求書の記載事項の確認等の受付事務、②開示請求に対する決定通知書の記載等の書面作成事務、③開示請求に対する決定通知書の送付事務、④郵送料を積算して決定されたものであり、できる限り利用しやすい額となるよう配慮して（本条2項）、行政文書の探索事務、不開示情報該当性の審査事務に要する費用は積算の対象としていない。参議院総務委員会における附帯決議では開示請求にかかる手数料は、1請求につき定額として内容的に関連の深い文書は1請求にまとめることができることとするとされている。行政機関情報公開法施行令13条2項は、これを受けて、1の行政文書ファイルにまとめられた複数の行政文書、その他、相互に密接な関連を有する複数の行政文書の開示請求を1の開示請求書によって行うときは、開示請求にかかる手数料の規定の適用については、当該複数の行政文書を1件の行政文書とみなすこととしている。相互に密接な関係を有する行政文書といえるかは、開示請求者の主観的判断で定まるのではなく、当該行政文書の内容等により客観的に判断される。たとえば、審議会の議事録と中間報告に対するパブリック・コメントが異なる行政文書ファイルに入れられていたとしても、両者は、相互に密接な関連を有するので、開示請求にかかる手数料との関係では、1件の行政文書とみなされることになろう。なお、複数の実施機関に対する一括した請求は、実施機関ごとに1件の請求として開示実施手数料を徴収することを明確にしている地方公共団体がある（横須賀市情報公開条例別表備考1）。

　「開示の実施に係る手数料」は、開示が行われる場合のみ徴収の対象になり、不開示決定の場合には徴収されないことになる。開示決定がされる場合、開示の実施方法や開示される行政文書の量に応じて、その額は異なることになる。2005年12月の行政機関情報公開法施行令改正により、白黒コピーA3判までは1枚20円が10円に、CD-R1枚の媒体単価は200円から100円に引き下げ

第16条（手数料）

られ，電子媒体記録の積算単位が記憶容量基準からファイル数に変更になった。

　なお，許可や届出の台帳が営利目的で大量請求されることが多いため，許可や届出にかかる公簿等については，許可や届出1件ごとに手数料をとることとしている地方公共団体がある（中野区，横須賀市）。伊勢崎市は，公開請求にかかる手数料は原則無料であるが，法令等に基づき，実施機関が行う許可，認可，確認その他これに類する行為または実施機関に対して行う届出等に関して保管し，または調製する行政情報のうち，規則で定めるもの（建築計画概要書，開発行為許可申請書および伊勢崎市開発行為等の規制に関する規則による設計説明書，都市計画法施行規則16条2項に規定する設計図，同規則17条1項に規定する開発区域位置図および開発区域区域図その他の開発行為の許可にかかる申請書の添付図書，伊勢崎市開発行為等の規制に関する規則7条1項に規定する開発行為の変更にかかる申請書および変更説明書，変更説明図その他の開発行為の変更にかかる申請書の添付図書）について，その全部または一部を公開する場合は，1件につき300円の手数料を徴収するものとしている。ただし，市長および水道事業の管理者は，許可等にかかる公開請求が，①許可等の当事者からの公開請求であるとき，②許可等の利害関係人からの公開請求であるとき，③公益上の理由による公開請求であるとき，④生活保護法の規定により保護を受けている者からの公開請求であるときのいずれかに該当するときは，請求者の申請により，手数料を免除することができる。

　地方公共団体の情報公開条例や外国の情報公開法においては，複写の実費のみを徴収する例が多いが，東京都や横須賀市，春日井市の情報公開条例のように閲覧手数料をとる例もある。本条1項は，閲覧の方法による開示の場合にも，当該文書の閲覧場所への搬入に要する事務にかかる費用等について手数料を徴収するという立場に立っている。足立区情報公開条例14条1項は，「この条例の規定による区政情報の閲覧については，無料とする。ただし，開示の請求に係る区政情報に非開示情報が記録されているため，写しの作成又は被覆の処理をして開示を実施する場合，当該区政情報に係る写しの作成又は被覆の処理に要する費用は，開示請求者の負担とする」と定めている。この規定は，閲覧させる場合に，写しの作成や被覆の処理をして行政コストが生じている場合には，写しの交付の場合と同様，開示請求者の負担を求めるべきという考え方によっている。

第1部 行政機関情報公開法の逐条解説

　手数料の額について，情報公開法要綱案第15：1においては，「実費を勘案し」とされていたが，本条1項では，「実費の範囲内において」という表現に修正されている。これは，実費には，開示請求者に交付する写しの作成等のための人件費，光熱費，コピー用紙代，郵送料等が含まれ，実費を反映した額を徴収した場合，行政機関情報公開法の利用を抑制する結果になるおそれがあるため，政策的配慮により，行政機関情報公開法を利用しやすい金額にすることが可能であることを明確にするためである。

　本条2項は，衆議院における修正で追加されたものであるが，情報公開法要綱案の考え方5⑽においても，手数料に関する政令の策定に際しては，利用しやすい金額とすることに留意すべきであるとされていたところである。行政機関情報公開法案可決の際の衆参両院における附帯決議（本書307頁参照）では，手数料は，情報公開制度の利用の制約要因とならないように，実費の範囲内でできる限り利用しやすい金額とするが，制度が濫用されないように十分配慮することに加えて，とくに，開示の実施にかかる手数料の額を定めるときは，実質的に開示請求にかかる手数料に相当する額が控除されたものになるようにすることとされている。そのため，行政機関情報公開法施行令13条1項2号においては，原則として，同施行令別表第1に従って定まる開示実施手数料の額（基本額）が300円（オンラインによる開示の場合は200円）に達するまでは，開示実施手数料を無料とし，300円（オンラインによる開示の場合は200円）を超えるときは，基本額から300円（オンラインによる開示の場合は200円）を減じた額を開示実施手数料とすることとしている。

　開示実施手数料からの300円を限度とした控除は，請求単位で認められるので，同一の請求について，さらなる開示の実施の申出をした場合，最初の開示の実施の際の基本額が300円を超えており，すでに300円の控除がなされていれば，さらなる開示の実施の際には，この控除を受けることはできない。開示請求手数料については減免が認められず，開示実施手数料についてのみ減免を認めることとしているのは，①開示請求手数料は1件300円にすぎず，1つの行政文書ファイルにまとめられた複数の行政文書その他相互に密接な関連を有する複数の行政文書の開示請求を1つの開示請求書によって行うときは，当該複数の行政文書を1件の行政文書とみなして手数料を算定することとして開示請求者の経済的負担を軽減していること，②開示実施手数料について基本額か

第16条（手数料）

ら300円まで控除することとされているため，開示の実施を受ける場合には，実質的には開示請求手数料が減免されることになること，③開示実施手数料は，開示される行政文書の種別，量等によっては，かなり高額になりうるので，経済的な理由で納付が困難な場合も想定されることによる。

本条3項は，「減額し，又は免除することができる」という表現になっており，行政機関の長の裁量による減免規定である。減免の理由として，経済的困難の場合が例示されている。たとえば，生活保護の受給者であれば，減免が認められうる。行政機関情報公開法施行令14条1項は，行政文書の開示を受ける者が経済的困難により開示実施手数料を納付する資力がないと認めるときは，開示請求1件につき2000円を限度として，開示実施手数料を減免できるとしている。減免の限度額を2000円としたのは，一般的な開示請求であれば，開示実施手数料額が2000円を超えることはないと考えられたからである。開示決定通知書に記載された開示実施手数料額が2000円を超える場合には，2000円の減額を申請することになり，開示決定通知書に記載された開示実施手数料額が2000円以下の場合には，当該額が免除を求める額になる。経済的に困難な状態にあるかの判断は，手数料減免申請書に添付された生活保護法に基づく扶助を受けていることを証明する書面等に基づいて判断することになる（行政機関情報公開法施行令14条3項）。生活保護を受けていないが，経済的に困難な状態にあるとして手数料の減免を求める場合に添付する書面としては，同一世帯に属する者のすべての非課税証明書等が考えられる。

アメリカの連邦情報自由法の場合には，開示が公益に資することを手数料の減免の理由としているが，開示請求者の経済的困難を減免事由とする解釈が一般化しているわけではない（宇賀・情報公開法97頁参照）。オーストラリアの連邦情報自由法の場合には，経済的困難と開示がもたらす公益の双方を手数料の減免事由として明記している。行政機関情報公開法施行令は，公益減免を明示的に規定しているわけではない。その理由は，本法が開示請求の目的を問わない制度であるため，公益目的か否かを判断することが困難であること，開示がなされた後の利用実態を確認することも困難なことである。もっとも，行政機関情報公開法施行令は14条4項において，行政機関の長は，開示決定にかかる行政文書を一定の開示の実施の方法により一般に周知させることが適当であると認めるときは，当該開示の実施の方法にかかる開示実施手数料を減免でき

ることとしている。「一定の開示の実施の方法により」とは，文書の写しの交付，電磁的記録を用紙に出力したものの交付のように，一般への周知に適した方法であると行政機関の長が認める方法に限定する趣旨である。「一般に周知させることが適当であると認めるとき」とは，公益上の義務的開示，公益上の裁量的開示をしようとする場合等であって，一般に周知することが適当と行政機関の長が認めるときである。この規定の運用により，公益減免が可能となる場合があろう（東京都情報公開条例17条3項も類似の規定であるが，この場合には手数料を減免できるとするにとどまらず，免除することとしている）。香川県情報公開条例17条1項ただし書，同条例施行規則11条のように，明示的に公益減免を定める例もある。

　一般に手数料の納付方法として収入印紙が広範に利用されていること，郵送による開示請求および写しの交付を認めていることから，納付・収納事務を安全で効率的に行う必要があることも考慮して，手数料の納付は収入印紙によって行うのが原則とされているが（行政機関情報公開法施行令13条3項柱書），収入印紙による収入は一般会計に入るため，特別会計により運営されているものについては現金（納付書による納付を含む）で納付することとしている（同項1号）。また，行政機関またはその部局もしくは機関（1号に掲げるものを除く）の事務所に来所した場合に収入印紙に代えて現金による納付が可能である旨を官報で公示した場合にも，国民の便宜に配慮し，現金による納付を認めている（同項2号）。これは，来所者が事前に収入印紙を持参していない場合において，それを購入して改めてさらなる開示の申出をすべきとすることは，国民の利便の観点から望ましくないという判断による。

　オンラインによる開示請求または開示の実施方法の申出がなされた場合の手数料の納付方法については総務省令に再委任されている（同項3号）。「行政手続等における情報通信の技術の利用に関する法律の施行に伴う行政機関の保有する情報の公開に関する法律に係る対象手続等を定める省令」6条1項は，歳入金電子納付システムを利用した電子納付（ネットバンキング等によるもの）を原則としているが，行政機関の事務処理体制等を考慮して適当と認めるときは，オンライン納付に加えて，収入印紙，納付書または現金のうちから適当な納付方法も，行政機関の長が指定することができるとしている。また，当面，オンライン納付に対応できない行政機関の長は，オンラインによる開示請求があっ

第 17 条（権限又は事務の委任）

た場合においても，収入印紙，納付書または現金のうちから手数料納付方法を指定することができることとされている（同条 2 項）。

　なお，行政文書の開示を受ける者は，開示実施手数料のほか送付に要する費用を納付して，行政文書の写しの送付を求めることができる。この場合において，当該費用は，総務省令で定める方法により納付しなければならない（行政機関情報公開法施行令 13 条 4 項）。この総務省令が，平成 18 年 3 月 14 日制定の「行政機関の保有する情報の公開に関する法律施行令第 13 条第 4 項の送付に要する費用の納付方法を定める省令」である。

　本条には，開示決定をしたにもかかわらず，閲覧のために来庁しないような場合を念頭においた規定は設けられていない。東京都情報公開条例 17 条 2 項は，「実施機関が公文書の開示をするため，第 11 条第 1 項に規定する書面により開示をする日時及び場所を指定したにもかかわらず，開示請求者が当該開示に応じない場合に，実施機関が再度，当初指定した日から 14 日以上の期間を置いた開示をする日時及び場所を指定し，当該開示に応ずるよう催告をしても，開示請求者が正当な理由なくこれに応じないときは，開示をしたものとみなす。この場合において，開示請求者が公文書の開示を写しの交付の方法により行うことを求めていたときには，別表に定める開示手数料を徴収する」という規定を設けている（宇賀・行政手続・情報公開 219 頁以下参照）。横須賀市情報公開条例 14 条 6 項も同様の規定である。横須賀市情報公開条例は，写しの交付について，公開実施手数料・送付費用を予納させ，予納しない場合に 14 条 6 項の規定を準用することとしている（同条 7 項）。

> （権限又は事務の委任）
> 第 17 条　行政機関の長は，政令（内閣の所轄の下に置かれる機関及び会計検査院にあっては，当該機関の命令）で定めるところにより，この章に定める権限又は事務を当該行政機関の職員に委任することができる。

　本条は，本法 2 章が定める行政文書の開示に関する事務または権限を委任できること，委任の法形式，委任の相手方を明確にしている。

　開示請求を受け，これを処理するのは，2 条 1 項の行政機関を単位とする。しかし，行政事務の効率的執行という観点から，内閣府設置法，国家行政組織

> 第1部　行政機関情報公開法の逐条解説

法が定める内部部局の長，審議会等，施設等機関の長，特別の機関の長，地方支分部局の長等に開示請求の処理を委ねることが適切な場合がある。そのため，本条では，権限または事務の委任を認めているが，個別具体的な委任については，政令（人事院および会計検査院の場合には当該機関の命令）の根拠が必要である。行政文書の開示にかかる権限または事務は，国民の権利利益に直接に影響を与えることにかんがみ，行政機関の長から委任を受ける職員の範囲は，組織および所掌事務の観点から一定のまとまりを持った部局または機関の長とすることが適当と考えられるため，組織法令に基づき設置される組織の長または職であること，本府省庁以外の場合には内部組織の長ではなく機関の長であることを基本として委任を受けることができる職員の範囲が定められている（行政機関情報公開法施行令15条1項）。委任を行うか否かを判断するに際しては，開示請求の対象になった行政文書がどこにおかれているか（本省に存在するか地方支分部局に存在するか等），当該行政文書に記録された情報にかかる行政事務の権限が誰に帰属しているか（大臣が処分権者か施設等機関の長が処分権者か等）等を斟酌することになる。権限または事務の委任がいかに行われているかは，開示請求を行おうとする者にとり重要な情報であるので，その情報をわかりやすく提供することが望ましい。そこで，行政機関の長は，権限または事務を委任しようとするときは，委任を受ける職員の官職，委任する権限または事務および委任の効力の発生する日を官報で公示しなければならないとされている（同条3項）。

　地方在住者の便宜という観点からは，権限または事務の地方支分部局の長への委任が，重要である。すなわち，権限または事務を地方支分部局の長へ委任することによって，当該地方に在住する者が開示請求に関する緊密な相談をすることが容易になる。また，開示決定等の権限自体を地方支分部局の長に委任する場合はもとより，権限は大臣に残っていても，地方支分部局の長を経由機関とすることによって，開示請求書を当該地方支分部局に提出できるようになる。さらに，権限または事務の地方支分部局の長への委任によって，請求拒否の決定にかかる抗告訴訟を当該地方の裁判所に提起することが可能になる。したがって，地方在住者の便宜に資するという点に配慮して，権限または事務の委任を行うことが望ましい。

　訴訟の土地管轄について若干敷衍することとする。行政事件訴訟法12条1

項は,「取消訴訟は,被告の普通裁判籍の所在地を管轄する裁判所又は処分若しくは裁決をした行政庁の所在地を管轄する裁判所の管轄に属する」と規定しているが,たとえば,大臣の権限が地方支分部局の長に委任されれば,当該地方支分部局の長が行政庁になるので,当該地方で訴訟を提起することができるようになるのである。1998年3月23日の与党3党合意事項5は,この点について,「開示・不開示の決定権限の地方出先機関への委任を進めること」と述べている。また,行政事件訴訟法12条3項は,「取消訴訟は,当該処分又は裁決に関し事案の処理に当たった下級行政機関の所在地の裁判所にも,提起することができる」と規定しているので,事案の処理事務を委任することによっても,地方在住者の出訴の便宜を図ることができる。

第3章　審査請求等

（審理員による審理手続に関する規定の適用除外等）
第18条　開示決定等又は開示請求に係る不作為に係る審査請求については,行政不服審査法（平成26年法律第68号）第9条,第17条,第24条,第2章第3節及び第4節並びに第50条第2項の規定は,適用しない。
2　開示決定等又は開示請求に係る不作為に係る審査請求についての行政不服審査法第2章の規定の適用については,同法第11条第2項中「第9条第1項の規定により指名された者（以下「審理員」という。）」とあるのは「第4条（行政機関の保有する情報の公開に関する法律（平成11年法律第42号）第20条第2項の規定に基づく政令を含む。）の規定により審査請求がされた行政庁（第14条の規定により引継ぎを受けた行政庁を含む。以下「審査庁」という。）」と,同法第13条第1項及び第2項中「審理員」とあるのは「審査庁」と,同法第25条第7項中「あったとき,又は審理員から第40条に規定する執行停止をすべき旨の意見書が提出されたとき」とあるのは「あったとき」と,同法第44条中「行政不服審査会等」とあるのは「情報公開・個人情報保護審査会（審査庁が会計検査院の長である場合にあっては,別に法律で定める審査会。第50条第1項第4号において同じ。）」と,「受けたとき（前条第1項の規定による諮問を要しない場合（同項第2号又は第3号に該

> 当する場合を除く。）にあっては審理員意見書が提出されたとき，同項第2号又は第3号に該当する場合にあっては同項第2号又は第3号に規定する議を経たとき）」とあるのは「受けたとき」と，同法第50条第1項第4号中「審理員意見書又は行政不服審査会等若しくは審議会等」とあるのは「情報公開・個人情報保護審査会」とする。

(1) 審理員制度を適用除外にする理由

　平成26年法律第68号による行政不服審査法の全部改正により，審理員制度が導入された。しかし，(i)同改正前において，行政機関情報公開法に基づく開示決定等に対する不服申立てがなされた場合，内閣府（当時。現在は総務省）情報公開・個人情報保護審査会（会計検査院長が行った開示決定等に対する不服申立ての場合には会計検査院情報公開・個人情報保護審査会）に諮問がなされ，同審査会でインカメラ審理やヴォーン・インデックス手続が行われることにより，救済の実効性が向上していたという評価が少なくなかったと思われること，(ii)一般的には，審査請求人が開示を求める理由を問うことなく，当該行政文書の開示が可能かを客観的に判断すれば足りるため，審理員が審理関係人から意見を聴取したりする必要性が乏しいこと，(iii)審理関係人から意見の聴取等を行う必要が生ずる場合もありうるが，その場合には，情報公開・個人情報保護審査会が行うことができるので，審理員による審理を経ずに直ちに情報公開・個人情報保護審査会に諮問するほうが，迅速な審理が可能になることに照らし，全部改正された行政不服審査法は，行政機関情報公開法に基づく開示決定等にかかる審査請求がなされた場合，審理員制度の適用を除外することとした。また，全部改正前の行政不服審査法における不作為にかかる不服申立ては，処分を迅速に行うことを促すものにとどまり，不開示情報該当性の判断を求めるものではなかったため，情報公開・個人情報保護審査会への諮問を要しないとされていたが，全部改正された行政不服審査法においては，不作為にかかる審査請求は，単に不作為が違法または不当であるかにとどまらず，申請に対して「一定の処分」をすべきかについても判断する制度に変更されたため，処分の内容の判断を伴う以上，情報公開・個人情報保護審査会に諮問することとされた。開示請求にかかる不作為にかかる審査請求がなされた場合においても，上記(i)〜(iii)の理由が同様に妥当するため，審理員制度の適用を除外している。

第18条（審理員による審理手続に関する規定の適用除外等）

(2)　適用除外となる規定

　本条1項は、審理員による審理手続が行われることを前提とした規定、すなわち、同法9条（審理員）、17条（審理員となるべき者の名簿）、24条（審理手続を経ないでする却下裁決）、2章3節（審理手続）および4節（行政不服審査会等への諮問）ならびに50条2項（裁決書への審理員意見書の添付）の規定を適用しないこととしている。同法24条1項は、「前条の場合において、審査請求人が同条の期間内に不備を補正しないときは、審査庁は、次節に規定する審理手続を経ないで、第45条第1項又は第49条第1項の規定に基づき、裁決で、当該審査請求を却下することができる」、同条2項は、「審査請求が不適法であって補正することができないことが明らかなときも、前項と同様とする」と定めている。すなわち、同条は、審理手続にかかる同法2章3節の規定を前提として、審査請求書の補正がなされない場合や補正することができないことが明らかな場合において、却下裁決をすることができることを定めたものであり、行政機関情報公開法に基づく開示決定等または開示請求にかかる不作為にかかる審査請求のように、同法2章3節の規定が適用されない場合には、同法24条の規定を介在させることなく、同法45条1項または49条1項の規定を適用すべきであるので、同法24条の規定も適用除外とされたのである。

(3)　読替え規定

　本条2項は、審理員制度の適用が除外されることに伴う読替え規定である。行政不服審査法11条2項の総代の互選命令については、審理員ではなく、行政不服審査法4条が定める審査請求をすべき行政庁の規定により審査請求がされた行政庁（すなわち審査庁）が、総代の互選命令を出すことになる。ここでいう審査庁には、行政機関情報公開法20条2項の規定に基づき、政令で行政不服審査法4条の規定の特例を設けることができるので、その場合には、政令で定める行政庁が審査庁になる。行政庁が裁決をする権限を有しなくなった場合には、裁決をする権限を引き継いだ行政庁が審査庁になる（行政不服審査法14条）。

　参加人の許可（同法13条1項）および参加の求め（同条2項）は、審理員に代わって、審査庁が行う。審理員による執行停止をすべき旨の意見書の提出については、審理員制度が適用されないので、当該意見書の提出の部分は除いた読

替えをしている。諮問は，行政不服審査会等ではなく情報公開・個人情報保護審査会に対してなされるので，行政不服審査会等から諮問に対する答申を受けたときは遅滞なく裁決をしなければならない旨の規定は，情報公開・個人情報保護審査会から諮問に対する答申を受けたときと読み替えている。行政不服審査法44条では，行政不服審査会等への諮問を要しない場合（同法43条1項2号または3号に該当する場合を除く）にあっては，審理員意見書が提出されたときには，遅滞なく裁決をしなければならない旨，同法43条1項2号または3号に該当する場合にあっては同項2号または3号に規定する議を経たときに遅滞なく裁決をしなければならない旨が定められているが，行政機関情報公開法に基づく開示決定等または開示請求に係る不作為にかかる審査請求については，情報公開・個人情報保護審査会以外に諮問されることはないので，行政不服審査法44条のかっこ書の部分は除く読替えをしている。行政不服審査法50条1項4号かっこ書は，裁決の「主文が審理員意見書又は行政不服審査会等若しくは審議会等の答申書と異なる内容である場合には，異なることとなった理由」も附記することを義務づけているが，行政機関情報公開法に基づく開示決定等または開示請求にかかる不作為についての審査請求の場合には，情報公開・個人情報保護審査会の答申と異なる裁決をする場合の問題であるので，そのための読替えをしている。

> **（審査会への諮問）**
> **第19条** 開示決定等又は開示請求に係る不作為について審査請求があったときは，当該審査請求に対する裁決をすべき行政機関の長は，次の各号のいずれかに該当する場合を除き，情報公開・個人情報保護審査会（審査請求に対する裁決をすべき行政機関の長が会計検査院の長である場合にあっては，別に法律で定める審査会）に諮問しなければならない。
> 一　審査請求が不適法であり，却下する場合
> 二　裁決で，審査請求の全部を認容し，当該審査請求に係る行政文書の全部を開示することとする場合（当該行政文書の開示について反対意見書が提出されている場合を除く。）
> 2　前項の規定により諮問をした行政機関の長は，次に掲げる者に対し，諮問をした旨を通知しなければならない。
> 一　審査請求人及び参加人（行政不服審査法第13条第4項に規定する参加

> 人をいう。以下この項及び次条第1項第2号において同じ。）
> 二　開示請求者（開示請求者が審査請求人又は参加人である場合を除く。）
> 三　当該審査請求に係る行政文書の開示について反対意見書を提出した第三者（当該第三者が審査請求人又は参加人である場合を除く。）

　本条は，開示決定等または開示請求にかかる不作為にかかる審査請求について行政不服審査法による審査請求があったとき，原則として，情報公開・個人情報保護審査会または会計検査院情報公開・個人情報保護審査会に諮問する義務があること，および，例外的に諮問を要しない場合について定めている。

(1)　第三者の審査請求

　開示決定等は処分性をもつので，行政不服審査法による審査請求が可能である。全部開示決定の場合には，開示請求者にはなんら不利益は生じていないが，当該行政文書に第三者の情報が記録されている場合，当該第三者の不利益になることがありうるので，当該第三者に審査請求適格が認められる。なお，第三者が審査請求をする場合，行政不服審査法は執行停止原則を採用していないので，審査請求を提起しても，開示決定の効力が当然に停止するわけではない。そのため，審査請求の係属中に開示の実施日が到来し，開示されてしまうと，審査請求の利益が失われることになる。したがって，当該第三者は，審査請求を行うとともに，執行停止の申立てもしておくべきである。当該文書が審査請求係属中に開示されてしまうと審査請求の利益が失われるので，通常，執行停止が認められるであろう。地方公共団体のなかには，情報公開条例に基づく開示決定の取消しを求めて第三者が審査請求をした場合，執行停止の申立てがなくても，職権で執行停止を行うことを原則としているものもある。

(2)　自由選択主義と審査請求前置主義

　行政機関情報公開法は審査請求前置主義を採用しているわけではないので，行政不服審査法による審査請求を行うことなく直ちに訴訟を提起することも可能である。裁判所の負担を軽減するという観点からは，なるべく行政過程で問題点の整理や事案の解決を図ることが望ましいが，他面において，審査請求前置主義は裁判を受ける機会を遅らせることにもなる。行政事件訴訟法は自由選

択主義を採用しており，審査請求前置主義を採用する場合には，例外的取扱いを正当化する理由が必要となるが，行政機関情報公開法では，行政不服審査法に基づく審査請求があった場合，原則として，第三者性をもった情報公開・個人情報保護審査会に諮問しなければならないとしているし，この審査会は，裁判所とは異なり，実際に開示請求された行政文書を見分することも可能であるので（情報公開・個人情報保護審査会設置法 9 条 1 項），審査請求前置主義をとることにも一応の合理性があるといえよう（外国の情報公開法においても，アメリカ，カナダ，フランス，ニュージーランドのように，不服〔苦情〕申立前置主義を採用している例がある）。しかし，地方公共団体の経験に照らすと，法律で強制しなくても，情報公開・個人情報保護審査会が国民の信頼を得れば，実際上，審査請求が前置されることになろう。実際，行政機関情報公開法に基づく開示決定等に対する不服申立件数をみると，2001 年度 1354 件，2002 年度 914 件，2003 年度 1158 件，2004 年度 1367 件，2005 年度 743 件，2006 年度 787 件，2007 年度 1018 件，2008 年度 851 件，2009 年度 739 件，2010 年度 952 件，2011 年度 1077 件，2012 年度 862 件，2013 年度 1037 件，2014 年度 1203 件，2015 年度 1595 件にのぼるのに対して，裁判所への新規提訴件数は，2001 年度 14 件，2002 年度 39 件，2003 年度 15 件，2004 年度 21 件，2005 年度 28 件，2006 年度 22 件，2007 年度 13 件，2008 年度 16 件，2009 年度 14 件，2010 年度 13 件，2011 年度 12 件，2012 年度 16 件，2013 年度 12 件，2014 年度 9 件，2015 年度 28 件にとどまっている。

　情報公開・個人情報保護審査会は，行政不服審査法に基づく審査請求の審理の一環として審査を行うので，開示決定等または開示請求にかかる不作為の適法性のみならず当・不当についても審査することができる（行政不服審査法 1 条 1 項参照）。当・不当の判断に際しては，開示決定等にかかる行政文書の性格に応じて，行政機関の長の専門技術的裁量，政策的裁量をどの程度尊重すべきかを考慮することになる。

(3) 裁決機関と諮問機関

　わが国では地方公共団体の情報公開条例において，行政不服審査法に基づく審査請求がなされた場合，第三者性をもった諮問機関である情報公開（・個人情報保護）審査会に諮問する方式が一般に行われている（逗子市のようにオンブ

第19条（審査会への諮問）

ズマン方式をとるところもある）。これは，行政庁は一般に自己の保有する行政文書の開示には消極的になりがちであるので，行政庁の主観的判断にのみ委ねるのではなく，第三者の目から客観的判断をして，それを尊重して審査請求に対する裁決をすることが望ましいと考えられたからである。行政機関情報公開法も，情報公開条例の大勢と同様，情報公開・個人情報保護審査会を設け，行政不服審査法に基づく審査請求があった場合，原則として，この審査会に諮問することを義務づけている。

　行政庁に対して審査請求をして，行政庁が裁決をする前提として，第三者性をもった情報公開（・個人情報保護）審査会に諮問する方式は，比較法的にみた場合，わが国の情報公開法制の特色の1つといえる。すなわち，アメリカの場合には，連邦レベルでは，審査庁は上級行政庁であり，第三者性は希薄である。フランスの行政文書アクセス委員会は，第三者性をもった委員会であり，拒否決定を行った行政庁に対して勧告をする点でわが国の情報公開・個人情報保護審査会と類似する。しかし，フランスの場合には，開示請求権者は，行政文書アクセス委員会に直接に不服（苦情）を申し立てるのであり，行政庁から諮問を受けるわけではない点が異なる。また，カナダの場合には情報コミッショナーに，ニュージーランドの場合にはオンブズマンに直接に不服（苦情）を申し立てるシステムになっている。このように，わが国の行政機関情報公開法の情報公開・個人情報保護審査会と完全に対応するようなモデルが外国にあったわけでは必ずしもなく，むしろ，わが国の情報公開条例のもとで運用されてきた情報公開（・個人情報保護）審査会をモデルにしたものであるといえよう。

　情報公開・個人情報保護審査会の性格について，諮問機関ではなく裁決機関とすべきではないかとの考えもある。地方公共団体が情報公開（・個人情報保護）審査会の設置について議論した際にも，同様の問題が議論された。しかし，裁決機関となると，地方自治法138条の4第1項により，法律により設置しなければならないので，同条3項の諮問機関とせざるをえなかったのである。これに対して，行政機関情報公開法の場合には，同法自身で裁決機関にするという立法政策を選択することも可能である。しかし，①裁決機関にすると，手続が厳格になりすぎる傾向があり，諮問機関にしたほうが，簡易迅速な救済を実現しやすいと考えられること，②国家安全保障や公共の安全にかかわるものを含めて，すべての問題に対して，情報公開・個人情報保護審査会が行政過程に

おける最終的判断をしなければならないとすることは、実際上困難な場合があり、裁決機関とした場合、情報公開・個人情報保護審査会が過度に自己抑制的になるおそれがあること、③地方公共団体の情報公開（・個人情報保護）審査会の経験に照らすと、諮問機関であっても、その答申はほとんどすべての事例において尊重されており、第三者機関を設けた意義は諮問機関であっても十分達せられると考えられること等から、諮問機関とする方針がとられたのである。

情報公開・個人情報保護審査会の答申の尊重義務については、審議会の意見の尊重義務を定める土地収用法25条の2第1項本文のような明文の規定はないが、答申を尊重するのは当然のことであり、明示するまでもない（確認的に尊重義務を明示している例として、直方市情報公開条例30条参照）。実際、答申の内容が公表されるため（情報公開・個人情報保護審査会設置法16条）、特段の合理的理由がない限り、答申と異なる裁決をすることは困難であろう。実際、2001年度から2012年度までの本法にかかる6337件の答申のうち、諮問庁が一部答申に従わなかった例は14件にとどまっている。答申に従わない裁決を行う場合には、諮問庁は、そのことの合理的理由を提示する義務を負い（行政不服審査法50条1項4号・66条1項）、それが提示されていない場合は、理由提示の瑕疵として裁決の違法事由になると解される。

(4) 諮問の必要がない場合

情報公開・個人情報保護審査会に諮問する必要性が認められない以下の場合については、例外的に諮問義務が免除される。

第1に、審査請求期間を徒過したり、審査請求適格のない者からの審査請求であったり、審査請求の対象とされた開示決定等が不存在であったり、審査請求書の補正を命じられたにもかかわらず、所定の期間内に補正をしなかった等のため、審査請求が不適法である場合、情報公開・個人情報保護審査会が本案についての審査を行う余地はなく、諮問する意義が乏しいため、諮問を要しない（本条1号）。なお、地方公共団体の情報公開条例のなかには、審査請求が「明らかに」不適法な場合を除き、諮問しなければならないとしている例がある。本条1号には「明らかに」という文言はないが、もし、審査請求に対する裁決をすべき行政機関の長が、審査請求が不適法か否かについて判断に迷うときは、情報公開・個人情報保護審査会に諮問すべきであろう。留意する必要が

第19条（審査会への諮問）

あるのは，開示請求が不適法であるとして拒否処分がされたとしても，当該拒否処分に対する審査請求は可能であり，審査請求が適法になされている以上，情報公開・個人情報保護審査会への諮問が必要であることである。

　第2に，審査請求の全部を認容し，当該審査請求にかかる行政文書の全部を開示をする場合，当該審査請求人にとっては審査会に諮問して審査を仰ぐまでもなく，満足する結果が得られることになるため，諮問を要しない（本条1項2号）。開示請求者が不開示決定の一部についてのみ審査請求をした場合には，当該部分の全部について開示することにより，審査請求人が全面的に満足する結果が得られたことになるので，本条1項2号の「全部を開示することとする場合」に該当する。当該行政文書の開示決定等について反対意見書が出されている場合には，全部開示をすることは，反対意見書を提出した者の利益を害することになる。そして，反対利害関係人は，不開示決定を変更し全部開示する裁決に対して審査請求をすることができないので（行政不服審査法7条1項12号），取消訴訟を提起して執行停止を申し立てる以外に全部開示を阻止する方法はない。しかし，情報公開・個人情報保護審査会制度を設けた趣旨に照らせば，裁決前の段階で，情報公開・個人情報保護審査会が反対利害関係人の意見も聞いて答申をすることが望ましい。そこで，反対利害関係人がいる場合には，情報公開・個人情報保護審査会に諮問を要することとしている。他方，開示決定の取消しを求める第三者による審査請求を全部認容する場合には，開示請求者の利益を害することになるので，情報公開・個人情報保護審査会への諮問が必要である。開示請求にかかる不作為にかかる審査請求を受けて，行政文書の全部開示決定が行われる場合には，開示請求に対する応答として行われることになり，裁決はその旨を宣言するものであるので，反対利害関係人は，全部開示決定に対して審査請求を行うことは可能である。しかし，情報公開・個人情報保護審査会制度を設けた趣旨に照らせば，開示決定についての審査請求の場合と同様，情報公開・個人情報保護審査会への諮問を義務づけることが妥当である。そこで，かかる場合にも諮問が義務づけられるように，平成26年法律第69号による改正前の行政機関情報公開法18条2号ただし書の「当該開示決定等について反対意見書が提出されているときを除く」を「当該行政文書の開示について反対意見書が提出されている場合を除く」と改正し，開示請求に係る不作為にかかる審査請求において反対意見書が提出された場合も含むこと

(5) 速やかな諮問

　地方公共団体において，従前，不服申立ての審理に長期間を要していた事例をみると，単に情報公開（・個人情報保護）審査会における審査に時間がかかっていた場合のみならず，不服申立てがなされてから諮問がなされるまでに多くの日時を費やしている場合が稀でなかった。地方公共団体の情報公開条例においては，情報公開（・個人情報保護）審査会に対して，「速やかに」または「遅滞なく」諮問しなければならないと規定しているものが少なくないが，本条には，その趣旨の規定は明示的にはおかれていない。しかし，審査請求に対する裁決をすべき行政機関の長は，本条1項1号・2号の場合に該当しないかを迅速に調査し，該当しないと判断したときには，速やかに諮問手続をとるべきことは当然である。「情報公開に関する公務員の氏名・不服申立て事案の事務処理に関する取扱方針（各府省申合せ等）」中の「不服申立て事案の事務処理の迅速化について」（平成17年8月3日情報公開に関する連絡会議申合せ）は，「各行政機関は，不服申立てがあった場合，的確な事務処理の進行管理を徹底することにより，可能な限り速やかに審査会へ諮問する。諮問するに当たって改めて調査・検討等を行う必要がないような事案については，不服申立てがあった日から諮問するまでに遅くとも30日を超えないようにするとともに，その他の事案についても，特段の事情がない限り，遅くとも90日を超えないようにすることとする」「特段の事情により，不服申立てがあった日から諮問するまでに90日を超えた事案については，諮問までに要した期間，その理由（特段の事情）等について，年1回，国民に分かりやすく公表することとする」，「不服申立てを受けた行政機関は，不服申立人の求めに応じて，事案処理の進行状況と見通し等を回答するものとする」としている（同申合せは，審査会答申後の裁決についても迅速化のために類似の定めをしている）。

　なお，情報公開条例の中には，審査請求がされてから審査会へ諮問するまでの期限を法定しているものもある（高知市は15日以内，福岡市は30日以内）。渋谷区情報公開条例11条1項柱書は，審査請求があったときに渋谷区個人情報の保護及び情報公開審査会に「遅滞なく」諮問する義務を課しているが，諮問が大幅に遅れた事案において，東京地判平成24・7・10判時2170号37頁は，

遅滞なく諮問する義務の違反を認めて，慰謝料請求を認容した。しかし，控訴審の東京高判平成 24・11・29 判時 2170 号 33 頁は，遅滞なく諮問する義務は，行政内部の義務であるにとどまり，不服申立人に遅滞なき諮問を求める権利ないし法律上の利益を付与するものではないので，国家賠償法上違法であるとはいえないとして，1 審判決を取り消した。

(6) 資料の提出

情報公開・個人情報保護審査会における審議の効率化のため，行政機関の長は，必要な調査を行ったうえで，審査請求に対する考え方およびその理由を情報公開・個人情報保護審査会に提出しなければならない（情報公開・個人情報保護審査会運営規則 6 条 1 号）。

(7) 会計検査院情報公開・個人情報保護審査会

本条 1 項本文かっこ書は，会計検査院には別に法律で定める審査会をおくこととしている。会計検査院が内閣から独立した行政機関であることに照らして，内閣の統轄のもとにある総務省におかれる情報公開・個人情報保護審査会（情報公開・個人情報保護審査会設置法 2 条）に諮問するのではなく，会計検査院自体に審査会をおくことが適切と考えられるからである。そこで，会計検査院法 19 条の 2 で，院長の諮問に応じ審査請求について調査審議するため，会計検査院に，会計検査院情報公開・個人情報保護審査会をおくこととしている。しかし，情報公開・個人情報保護審査会設置法 3 章の規定が，会計検査院情報公開・個人情報保護審査会の調査審議の手続について準用されるので（会計検査院法 19 条の 4），調査権限の面で両者に相違はない。また，会計検査院情報公開・個人情報保護審査会の委員等についての会計検査院法の定めも，基本的に情報公開・個人情報保護審査会設置法の規定に準じたものになっている（後出補論 *2* の「整備法の解説」〔228 頁以下〕も参照）。

(8) 諮問をした旨の通知

本条 2 項は，諮問をした行政機関の長が，諮問をした旨を誰に対して通知しなければならないかを明確にしている。

諮問をした行政機関の長から情報公開・個人情報保護審査会への諮問は，行

政内部的な問題とのみ捉えられやすい。しかし，審査請求人等による審査会に対する意見書または資料の提出（情報公開・個人情報保護審査会設置法11条）は，諮問後においてはじめて可能となるのであるから，審査請求人等にとっては，いつ諮問が行われたかを知ることは重要である。また，諮問の通知を義務づけることによって，審査請求後，諮問までの期間が対外的に明らかになり，審査請求を受けた行政機関の長のもとで，当該事案が諮問されないまま長期間にわたって留め置かれることを防止する効果も有する。また，審査請求人等が口頭による意見陳述（情報公開・個人情報保護審査会設置法10条1項）を望む場合，その準備をいつごろから始めるかを判断するうえでも，諮問時期を知っておくことは有益である。地方公共団体の情報公開条例の運用においては，諮問の通知がなされないことが多く，そのため，審査請求人等が，実施機関のもとに事案が留め置かれているのか，審査会での審査に時間がかかっているのかすら不明確で，不信感をもつことがある。また，相当な日時が経ってから，突然，口頭意見陳述の意思があるのかにつき審査会事務局から照会を受け，すでに諮問ずみであったことをはじめて知るということがある。したがって，本条2項が諮問の通知を義務づけたことは評価しうる。さらに，参加人となりうることが明白な利害関係人であって，いまだ参加していない者（本条2項2号・3号）に参加の機会を与えることも，諮問をした旨の通知の意義である。当該行政文書の開示について第三者が反対意見書を提出したが，開示請求にかかる不作為にかかる審査請求がされた場合には，当該第三者に参加人として参加する機会を保障すべきであるため，平成26年法律第69号による改正前の行政機関情報公開法19条3号の「当該不服申立てに係る開示決定等について反対意見書を提出した第三者」という表現を，本条2項3号では「当該審査請求に係る行政文書の開示について反対意見書を提出した第三者」と改正し，開示請求にかかる不作為にかかる審査請求の場合にも，諮問をした旨の通知が，このような第三者にも行われるようにしている。諮問の通知の方法は，法定されていないが，書面で行うべきである。

　諮問の通知を行わなければならないのは，1号ないし3号の者，すなわち，審査請求人および参加人のほか，参加人となりうることが明白な利害関係者（開示請求者および当該審査請求にかかる開示決定等について反対意見書を提出した第三者）に対してである。1号の参加人は，利害関係人が諮問をした行政機関の

長の許可を得てなる場合と諮問をした行政機関の長の求めによってなる場合がある（行政不服審査法13条1項・2項）。

1号ないし3号の規定の適用関係は次のようになる。まず，第三者情報を含む行政文書の不開示決定に対して，開示請求者Aが審査請求を行った場合を考えてみよう。この場合，Aは審査請求人であり，2号の開示請求者からは審査請求人は除かれているので，Aには1号の規定が適用されることになる。自己の情報が当該行政文書に含まれているため，開示決定等について反対意見書を出した者Bが，Aが行った審査請求において参加人になっていれば，参加人となった反対意見書提出者には3号の規定は適用されないので，Bには，1号の規定が適用される。もし，Bが参加人になっていなければ，Bには3号の規定が適用されることになる。

次に，第三者情報を含む行政文書の開示決定に対して，反対意見書を出した者Bが審査請求を行った場合を考えてみよう。この場合，Bは審査請求人であり，審査請求人である反対意見書提出者には3号の規定は適用されないので，Bには1号の規定が適用されることになる。開示請求者Aが，Bの行った審査請求の参加人になっていれば，参加人である開示請求者には2号の規定は適用されず，Aには1号の規定が適用されることになる。もし，Aがこの審査請求において参加人になっていない場合には，2号の規定が適用されることになる。

> **（第三者からの審査請求を棄却する場合等における手続等）**
> **第20条** 第13条第3項の規定は，次の各号のいずれかに該当する裁決をする場合について準用する。
> 　一　開示決定に対する第三者からの審査請求を却下し，又は棄却する裁決
> 　二　審査請求に係る開示決定等（開示請求に係る行政文書の全部を開示する旨の決定を除く。）を変更し，当該審査請求に係る行政文書を開示する旨の裁決（第三者である参加人が当該行政文書の開示に反対の意思を表示している場合に限る。）
> 2　開示決定等又は開示請求に係る不作為についての審査請求については，政令で定めるところにより，行政不服審査法第4条の規定の特例を設けることができる。

(1) 第三者からの審査請求を棄却する場合等における手続

　本条1項は，審査請求に対する裁決と開示の実施日との間に少なくとも2週間をおくこと等により，第三者が抗告訴訟を提起する機会を保障しようとするものである。

　開示決定の取消しを求めて第三者が審査請求をした場合，開示決定の執行停止が申し立てられ，裁決がなされるまで，執行停止が認められるのが通常であろうが，審査請求を却下または棄却する裁決がなされて直ちに開示がされてしまえば，開示決定に対する取消訴訟を提起する機会を失してしまうことになる。したがって，裁決と開示の実施日との間に相当の期間をおく必要があるのである。同様に，不開示決定が開示請求者によって争われ，不開示決定を変更し行政文書を開示する旨の裁決がなされた場合においても，第三者に，開示の実施前に，開示する旨の裁決を争う機会を保障する必要があり，そのために，本法13条3項の規定が準用されている。本法13条3項の規定の準用により，「開示決定の日」は「裁決の日」と読み替えられることになるが，裁決は審査請求人（当該審査請求が処分の相手方以外の者のしたものである場合における行政不服審査法46条1項および47条の規定による裁決にあっては，審査請求人および処分の相手方）に送達された時に，その効力を生ずる（同法51条1項）。ただし，開示決定等に対する審査請求において，第三者が参加人となり，開示に反対の意思を表示している場合以外は，出訴の便宜を図るため，開示の実施を遅らせることを正当化する根拠は必ずしも十分とはいえない。すなわち，速やかな開示実施を求める審査請求人の立場も考慮すれば，開示の実施を遅らせることを正当化するためには，不開示決定に対する審査請求において，当該第三者が，参加人となって不開示決定を擁護していたことが必要という考えに立って，そのような場合に限り，13条3項の規定を準用しているのである。もっとも，不開示決定が審査請求により変更されることはないと考えて参加しなかったところ，不開示決定を変更し，当該行政文書を開示する旨の裁決がなされ，それならば，出訴して当該裁決を争いたいと考える者もありうる。しかし，出訴しても開示を阻止したいと思う第三者は，本条1項2号の規定を前提として，不開示決定に対する審査請求に参加して当該行政文書の開示に反対の意思を表示しておくべきということになる。

　本条1号が「却下」を含んでいるのは，審査請求の適法性についても司法審

第20条（第三者からの審査請求を棄却する場合等における手続等）

査の機会を付与すべきであるからである。本条2号の「行政文書を開示する旨の裁決」は，第三者が審査請求手続において，当該開示部分について開示に反対の意思を表示していれば，一部開示の裁決であっても，本号の規定の適用を受ける。注意を要するのは，原処分を行う過程で第三者が反対意見書を提出していたとしても，審査請求手続に参加して，口頭または書面で開示に反対の意思を表示していない限り，本号の規定は適用されないという点である。

　本条1項1号・2号の場合において13条3項が準用される結果，裁決と開示を実施する日との間に少なくとも2週間をおかなければならないことになる。取消訴訟の出訴期間との関係は13条で述べたところと同様である。

　なお，本条1項2号は，開示決定等が裁決により変更された場合の規定であり，不開示決定が裁決により取り消された結果，原処分庁が行う開示決定については，13条3項の規定が直接適用されることになる。開示請求にかかる不作為にかかる審査請求を受けて，開示請求にかかる行政文書の開示決定をする場合には，開示請求に対する応答として開示決定が行われ，裁決はそのことを審査請求人に対して宣言するという性格を有することになり，開示決定には，行政機関情報公開法13条3項の規定が直接適用されることになる。したがって，本条1項2号に相当する準用規定を設ける必要はない。そのため，本条1項2号は，開示請求にかかる不作為にかかる審査請求を受けて開示する旨の裁決を対象としていない。

(2) 審査庁の特例

　本条2項は，行政不服審査法の施行に伴う関係法律の整備等に関する法律（平成26年法律第69号）により，新設されたものである。そのため，本条の見出しに「等」が付加された。1つの検察庁に複数の独任官庁である検察官が存在するという検察行政組織の特性にかんがみ，最高検察庁にあっては検事総長，高等検察庁にあっては検事長，地方検察庁にあっては検事正，区検察庁にあっては当該区検察庁の対応する裁判所の所在地を管轄する地方裁判所に対応する地方検察庁の検事正を，行政機関情報公開法3条の「行政機関の長」としているが（行政機関情報公開法施行令4条），検事長以下の検察庁の長が開示決定等を行った場合，平成26年法律第68号による全部改正前の行政不服審査法においては，審査請求は直近上級行政庁に対して行うことが原則であった。しかし，

第1部 行政機関情報公開法の逐条解説

検察庁の長が行う裁決等の統一性を確保するためには、審査庁を検事総長とすることが望ましいこと、検事長の開示決定等の権限が検事正に委任された場合、検事正が行った開示決定等に対しては検事長への審査請求、検事総長への再審査請求が可能であったが（平成26年法律第68号による全部改正前の行政不服審査法8条1項2号・同2項）、同一の案件について2度にわたって情報公開・個人情報保護審査会に諮問することは適切ではないことから、平成27年政令第392号による改正前の行政機関情報公開法施行令4条2項において、検事長以下の検察官が行った開示決定等または開示請求にかかる不作為についての審査庁を検事総長とする規定を置いていた（ただし、検事長の直近上級行政庁は検事総長であり、平成26年法律第68号による全部改正前の行政不服審査法のもとにおいても、審査庁は検事総長になるので、この部分は特例ではなく、確認的規定であった）。平成27年政令第392号による改正前の行政機関情報公開法施行令4条2項は、行政機関情報公開法の一般的実施命令委任規定（現在は26条）に基づくものであった。他方、行政機関個人情報保護法においては、実施命令の一般的委任規定（52条）のほかに、同法44条2項に審査庁の特例を政令で定めることができるとする規定が置かれ、これを受けて行政機関個人情報保護法施行令21条（当時）に、検事総長に対する審査請求の特例が置かれていた。これは、審査請求の特例は単なる手続事項とはいえず、実施命令の一般的委任規定を根拠に審査庁の特例を定めることに疑義が生じたからである（宇賀・個人情報保護法の逐条解説〔第6版〕588～589頁参照）。そこで、行政機関個人情報保護法44条2項と平仄を合わせて、本条2項が設けられたのである。しかし、「行政不服審査法及び行政不服審査法の施行に伴う関係法律の整備等に関する法律の施行に伴う関係政令の整備に関する政令」（平成27年政令第392号）により、行政機関情報公開法施行令4条2項、行政機関個人情報保護法施行令21条（当時）の規定は削除された。その理由は、行政不服審査法の全部改正に伴い、処分庁または不作為庁に上級行政庁が存在する場合には、最上級行政庁を審査庁とすることが原則となったため（行政不服審査法4条4号）、平成27年政令第392号による改正前の行政機関情報公開法施行令4条2項、行政機関個人情報保護法施行令21条のような特例を設ける必要はなくなったからである。したがって、本条2項（および行政機関個人情報保護法44条2項）の規定に基づく政令は、現在、存在しない。

（訴訟の移送の特例）

第 21 条 行政事件訴訟法（昭和 37 年法律第 139 号）第 12 条第 4 項の規定により同項に規定する特定管轄裁判所に開示決定等の取消しを求める訴訟又は開示決定等若しくは開示請求に係る不作為に係る審査請求に対する裁決の取消しを求める訴訟（次項及び附則第 2 項において「情報公開訴訟」という。）が提起された場合においては、同法第 12 条第 5 項の規定にかかわらず、他の裁判所に同一又は同種若しくは類似の行政文書に係る開示決定等又は開示決定等若しくは開示請求に係る不作為に係る審査請求に対する裁決に係る抗告訴訟（同法第 3 条第 1 項に規定する抗告訴訟をいう。次項において同じ。）が係属しているときは、当該特定管轄裁判所は、当事者の住所又は所在地、尋問を受けるべき証人の住所、争点又は証拠の共通性その他の事情を考慮して、相当と認めるときは、申立てにより又は職権で、訴訟の全部又は一部について、当該他の裁判所又は同法第 12 条第 1 項から第 3 項までに定める裁判所に移送することができる。

2 前項の規定は、行政事件訴訟法第 12 条第 4 項の規定により同項に規定する特定管轄裁判所に開示決定等又は開示決定等若しくは開示請求に係る不作為に係る審査請求に対する裁決に係る抗告訴訟で情報公開訴訟以外のものが提起された場合について準用する。

(1) 特定管轄裁判所

本条は、行政事件訴訟法 12 条 4 項が特定管轄裁判所への取消訴訟の提起を認めたことにより生ずる行政機関や尋問を受けるべき証人等の負担に配慮し、また、裁判例の矛盾抵触の回避や訴訟経済の要請をも考慮して、移送についての特例を規定するものである。

2004 年改正前の行政事件訴訟法 12 条 1 項は、「行政庁を被告とする取消訴訟は、その行政庁の所在地の裁判所の管轄に属する」と定めていた。しかし、被告である行政庁の所在地に出訴することは、原告に困難を強いるという批判は根強く、とりわけ行政機関情報公開法案の国会審議の過程において、裁判管轄が大きな論点になり、衆議院内閣委員会における修正で、原告の普通裁判籍の所在地を管轄する高等裁判所の所在地を管轄する地方裁判所（特定管轄裁判所）にも訴訟が提起できることとされた。同様に、独立行政法人等情報公開法においても、特定管轄裁判所の管轄が認められた。

第 1 部 行政機関情報公開法の逐条解説

　裁判籍とは，事件に密接に関係する地点であり，当該地点を管轄区域に包含する裁判所に第1審の土地管轄が生ずることになる。普通裁判籍とは，事件の種類や内容を問わずに一般的に認められる裁判籍である。自然人の普通裁判籍は住所により，日本国内に住所がないときまたは住所が知れないときは居所により，日本国内に居所がないときまたは居所が知れないときは最後の住所により定まる（民事訴訟法4条2項）。法人その他の社団または財団の普通裁判籍は，その主たる事務所または営業所により，事務所または営業所がないときは代表者その他の主たる業務担当者の住所により定まる（同条4項）。たとえば，熊本県に住所を有する者 A の場合，その普通裁判籍の所在地を管轄する高等裁判所（高等裁判所支部は，その所在地を管轄する高等裁判所の権限に属する事務のうち，裁判所法 16 条 3 号〔刑事に関するものを除いて，地方裁判所の第2審判決および簡易裁判所の判決に対する上告〕および 4 号〔刑法 77 条（内乱）～79 条（内乱等幇助）の罪にかかる訴訟の第1審〕に掲げるものを除く事項に関する事務を取り扱うが〔高等裁判所支部設置規則1条2項〕，支部の権限は本庁との事務配分として定められ，支部が独自の管轄権を有するわけではない。行政事件訴訟法 12 条 4 項の「高等裁判所」は高等裁判所支部を含まない）は，福岡高等裁判所であり，福岡高等裁判所の所在地（福岡市）を管轄する地方裁判所は福岡地方裁判所であるので（下級裁判所の設立及び管轄区域に関する法律1条，2条，同法別表第1表，第5表），A が原告となる情報公開訴訟における特定管轄裁判所は，福岡地方裁判所になる。特定管轄裁判所になりうるのは，東京地方裁判所，大阪地方裁判所，名古屋地方裁判所，広島地方裁判所，福岡地方裁判所，仙台地方裁判所，札幌地方裁判所，高松地方裁判所である。

　行政機関情報公開法，独立行政法人等情報公開法において，特定管轄裁判所の管轄が認められたことは，行政事件訴訟法が同様の特定管轄裁判所への出訴を認めていなかったこととの不均衡を生じさせた。行政機関情報公開法，独立行政法人等情報公開法の規定に基づく取消訴訟も主観訴訟であるが，開示請求は請求の目的・理由を問わずに行うことができるので，不開示決定の取消訴訟は実質的には自己の権利利益への影響とかかわりなく出訴できる民衆訴訟に近似する性格を有する。にもかかわらず，情報公開訴訟においては特定管轄裁判所への出訴が認められ，自己の営業許可や免許が取り消された場合には特定管轄裁判所への出訴が認められないという不均衡である。そこで，2004 年の行

政事件訴訟法改正により，行政事件訴訟における司法審査の専門性を確保しつつ，原告の出訴の便宜を図るため，行政機関情報公開法，独立行政法人等情報公開法が導入した特定管轄裁判所制度を一般的なものとして行政事件訴訟法12条4項で採用することとした。これによって，特定管轄裁判所制度の拡大均衡が図られ，行政機関情報公開法，独立行政法人等情報公開法において特定管轄裁判所を認める必要がなくなったため，改正前本条1項の規定は削除された。

(2) 訴訟の移送

行政改革委員会は，同一または密接に関連する行政文書にかかる訴訟が各地の裁判所に係属した場合における訴訟遅延の回避や混乱の防止のための措置等，訴訟手続上の措置の要否について，法施行後の情報公開訴訟の実情を踏まえ，その導入の要否が適時に検討されることを要望していたが（情報公開法要綱案の考え方8(2)ア），特定管轄裁判所制度の導入を契機に，本条において，移送についての特例規定が設けられた。その後，行政事件訴訟法において特定管轄裁判所の管轄が認められたことに伴い，「事実上及び法律上同一の原因に基づいてされた」処分または裁決にかかる取消訴訟が異なる裁判所に係属した場合における訴訟の遅延・判断の不統一を回避するために移送についての特例規定が行政事件訴訟法12条5項に設けられたが，改正前本条2項（現1項）においては，他の裁判所に「同一又は同種若しくは類似の行政文書に係る」情報公開訴訟が係属している場合に移送を認めていた。このように，改正前本条2項のほうが行政事件訴訟法12条5項よりも移送の要件を広く認めているため，行政事件訴訟法12条5項の規定にもかかわらず，改正前本条2項の移送規定は現1項に存置し，これを行政事件訴訟法12条5項の特例として適用することとしたのである。ただし，2004年の行政事件訴訟法改正において，義務付け訴訟・差止訴訟が法定されたことに伴う所要の整備がなされている。すなわち，改正前の本条においては，特定管轄裁判所に係属する訴訟も，他の裁判所に係属する訴訟も，情報公開訴訟という取消訴訟に限定していたが，行政事件訴訟法が新たな抗告訴訟を法定したことにより，本法に基づく開示決定等に対しても取消訴訟以外の抗告訴訟が提起されることが十分に想定されることとなったため，特定管轄裁判所に提起された訴訟（移送の対象となる訴訟）を取消訴訟以外の抗

告訴訟にも拡大し（本条現2項による本条現1項の規定の準用），移送の要件となる他の裁判所に係属する訴訟についても，取消訴訟に限定せずに抗告訴訟全体に拡大した。行政不服審査法の全部改正により，不作為にかかる審査請求が，争訟の一回的解決のために，単に不作為が違法または不当か否かのみならず，申請に対して「一定の処分」をすべきかについても審査するものになったため，行政不服審査法の施行に伴う関係法律の整備等に関する法律により，本条が改正され，「開示請求に係る不作為に係る審査請求に対する裁決に係る抗告訴訟」も，移送の対象になる抗告訴訟に追加された。

　同種の行政文書とは，同じ様式で作成された文書（公務員の出勤簿等）であり，類似の行政文書とは，同様の内容の行政文書（特定の会合の会場費の請求書と領収書等）である。移送が相当か否かは，複数の訴訟手続に関与しなければならない当事者および証人の負担，訴訟経済，訴訟手続の迅速化の要請，同一または同種もしくは類似の事案において裁判所の判断が分かれる可能性等を総合考慮して判断される。

　仙台地決平成14・3・29判例集不登載は，「複数の裁判所に同一又は同種若しくは類似の文書に係る訴訟が係属することによって，行政機関の応訴の負担が著しく過大なものとなるような特段の事情がある場合はともかく，そうでない限り，訴訟追行についてはできるだけ原告の出訴の便宜を尊重するのが同法の趣旨に副うものと解すべきである」と判示し，特定管轄裁判所に提起された訴訟を東京地裁に移送することを求める被告の申立てを却下している。本法に基づく開示決定等にかかる訴訟は，抗告訴訟の形態をとってはいるが，実質的には民衆訴訟的性格をも有するものであるため，同一または密接に関連する行政文書にかかる訴訟が各地の裁判所に係属する可能性は高い。アメリカにおいては，「不便宜法廷」・「連邦礼譲」の法理（宇賀・情報公開法119頁），「請求遮断効」・「争点遮断効」の法理（同書132頁）等により，この問題に対処しており，わが国においても，同様の問題について引き続き検討する必要があろう。

　本条の移送は，申立てにより，または職権で行われる。本条の規定に基づく移送が問題になるのは，通常，複数の原告が同一または同種もしくは類似の行政文書にかかる訴訟を同一の被告に対して提起する場合であると思われる。かかる場合，移送の必要性を認識するのは被告であるのが一般的であると思われるので，通常は，被告から移送の申立てが行われると考えられる。移送の申立

ては，期日においてする場合を除き，書面でしなければならず（行政事件訴訟法7条，民事訴訟規則7条1項），裁判所は，移送の申立てがあったときは，相手方の意見を聴いて決定する（同規則8条1項）。職権により移送の決定をするときは，当事者の意見を聴くことができるとされているが（同条2項），当事者への影響にかんがみ，意見を聴くべきであろう。移送は，訴訟の全部のみならず，一部についても行いうる。たとえば，原告Aが甲，乙の両文書にかかる不開示決定取消訴訟を国を被告として福岡地方裁判所に提起したところ，乙の文書と同一または同種もしくは類似の行政文書にかかる不開示決定取消訴訟が国を被告として大阪地方裁判所に提起されており，甲文書にかかる訴訟の弁論と乙文書にかかる訴訟の弁論を分離することが可能な場合，乙文書にかかる訴訟のみ大阪地方裁判所に移送する決定をすることがありうる。本条は移送に関する規定であり，併合については定めていないが，移送後，民事訴訟法152条1項の規定に基づく併合が行われることを前提としている。

第4章　補　　則

> **（開示請求をしようとする者に対する情報の提供等）**
> 第22条　行政機関の長は，開示請求をしようとする者が容易かつ的確に開示請求をすることができるよう，公文書等の管理に関する法律第7条第2項に規定するもののほか，当該行政機関が保有する行政文書の特定に資する情報の提供その他開示請求をしようとする者の利便を考慮した適切な措置を講ずるものとする。
> 2　総務大臣は，この法律の円滑な運用を確保するため，開示請求に関する総合的な案内所を整備するものとする。

　行政機関情報公開法が施行されても，いかなる行政文書が存在するのか，どのように開示請求を行えばよいのか等の情報が国民にわかりやすく提供されていなければ，この法律の十分な活用と円滑な運用は期待しがたい。そこで，本条は，各行政機関の長や総務大臣に対して，本法の利用の促進と運用の円滑化に資する情報提供等の措置を講ずる義務を課している。

第 1 部 行政機関情報公開法の逐条解説

　行政機関情報公開法が容易かつ的確に活用され，その目的とする「国民の的確な理解と批判の下にある公正で民主的な行政の推進」（1 条）に資するためには，開示請求制度の意義が広く理解されるとともに，この制度の利用方法，行政文書の所在等に関しての情報提供が適切に行われていなければならない。本条は，かかる観点から設けられたものである。本条 1 項は，各行政機関の長が講ずべき措置について定め，2 項は，行政機関情報公開法を所管する総務大臣が講ずべき措置を規定している。

　開示請求をしようとする者の利便を考慮した措置のなかでも，「当該行政機関が保有する行政文書の特定に資する情報の提供」は，とくに重要である。本法 4 条 1 項 2 号は，「行政文書の名称その他の開示請求に係る行政文書を特定するに足りる事項」を記載することを開示請求の形式的要件としている。そして，この特定が困難な場合が少なくないことも考慮して，開示請求者に補正を求める場合，補正の参考となる情報を提供する努力義務を行政機関の長に課している（同条 2 項）。しかし，行政文書の所在が不明であれば，そもそも開示請求を行うこと自体が困難になる。そこで，公文書管理法 7 条 2 項は，行政機関の長は，行政文書ファイル管理簿について，政令で定めるところにより，当該行政機関の事務所に備えて一般の閲覧に供するとともに，電子情報処理組織を使用する方法その他の情報通信の技術を利用する方法により公表しなければならないとしている。

　「その他開示請求をしようとする者の利便を考慮した適切な措置」としては，行政機関情報公開法の内容の説明，各行政機関の組織および所掌事務，各行政機関の保有する行政文書ファイルの検索，開示請求の方法（開示請求書の記載方法，提出先）や開示請求事務の流れに関する情報提供等が考えられる。各行政機関に以上のような点について相談に応じる窓口が設けられることが望ましいであろう。留意しなければならないのは，行政手続法 9 条 2 項によっても，「行政庁は，申請をしようとする者又は申請者の求めに応じ，申請書の記載及び添付書類に関する事項その他の申請に必要な情報の提供に努めなければならない」ことである。ただし，同条同項の場合には，「求めに応じ」となっているが，本条 1 項の場合には，そのような限定はないので，開示請求をしようとする者または開示請求者の求めがなくても，情報提供等の措置を講ずる義務がある。

　東京地判平成 21・5・25 判例集不登載は，本条 1 項は明確に情報提供義務が

第22条（開示請求をしようとする者に対する情報の提供等）

存在するとまでは規定しておらず，どのような措置を講ずるかについて，行政機関の長に対し広範な裁量を認めていることは明らかであるとする。しかし，そのことは，開示請求をしようとする者において，行政機関の長に対して，そのような情報の提供を求める法的利益がまったく存在しないということではなく，行政機関の長がまったく何の措置も講じていない場合や，情報の提供等を否定するような措置を定めたり，実質的に情報の提供等を拒否したりすることは，本法の趣旨に反し，本条1項が行政機関の長に認めている合理的な裁量の範囲を逸脱するもので，開示請求をしようとしている者に認められている情報提供を求める法的利益を不当に否定し侵害するものとして，違法になると判示している。そして，当該事案においては，開示請求をしようとする者から開示請求に先立ってなされた行政文書を特定するための情報提供要求を一律に拒絶するものであり違法であるとして国家賠償請求を認容している。しかし，その控訴審の東京高判平成21・10・28判例集不登載は，開示請求をしようとする者が，本条1項の規定に基づいて開示請求の対象になる可能性のある行政文書の特定等のための情報提供の措置を求めたことに対し，行政機関の長が回答することをまったく怠るなどの例外的な場合でない限り，同条項の違背を理由に国家賠償法1条1項にいう違法の評価を受けることはないとする。そして，本件窓口担当者は，原告が提出した書面の記載内容でも開示請求の対象が特定されていると判断し，そのまま記載して開示請求するよう回答し，開示請求先および開示請求の手続に関する資料として，「行政文書開示請求書」および「開示請求書の記載の仕方」を送付したというのであり，本条1項に違背する行政作用があったとはいえないと判示して，1審判決を取り消している。すなわち，本件において，原告は行政文書名を照会してきたが，原告の照会文書において，すでに文書の特定が可能であり，開示請求書においては，行政文書名を特定して記載することまで要求されていないことから，行政文書名の特定のための情報提供を行わなかったとしても違法ではないとされたものであり，仮に，原告の照会文書において行政文書名の特定が困難であるにもかかわらず，対象文書特定のための情報提供をまったく行わずに対象文書の不特定を理由に拒否処分を行えば，国家賠償請求が認容される可能性がある。また，本件において，行政機関の長は，照会文書において，すでに対象文書は特定されていると考え特定のための情報提供を行わなかったが，原告は行政文書名の教示を受けられず，

結局，開示請求を行っていないので，行政文書名が特定できなければ適法な開示請求として認められないと考えて開示請求を断念した可能性がある。したがって，行政機関の長としては，原告の照会文書の記載で対象文書を特定するのに十分であり，そのまま開示請求を行っても対象文書の特定にかけるところはない旨を教示すべきであったと思われる。

　開示請求者に対する情報の提供に関しては，大阪地判平成21・9・17判例集不登載も参考になる。本件は，「淀川左岸線2期事業を淀川スーパー堤防と一体的に事業を進めることを合意した文書または会議の議事録の一切」の開示請求がなされたのに対し，いまだ合意は成立していないので文書は不存在であるとして不開示決定が行われた事案にかかるものである。同判決は，第一義的には，開示請求をしようとする者が開示請求書において対象文書を特定すべきであって，行政機関の長は，その記載を基にして，いかなる行政文書が請求対象とされたのかを判断すべきことになるとする。そして，行政機関の長としては，開示請求を求めている者の意図するところが明らかである場合には，開示請求書の記載との間に齟齬が生じないよう，必要に応じて，特定に資する情報を提供するとともに，当該記載の補正を促したり，当該記載の文言から離れない範囲で，その意味内容を適切に解釈したりすることが要請されていると述べている。本件の場合，開示請求書に「合意した文書または会議の議事録の一切」と記載されているから，本件請求が具体的な合意がされる以前の協議や検討過程で作成された文書の開示を求める趣旨のものと解するのは困難というほかなく，行政機関の長がそうした文書が対象文書でないと判断したことに誤りはないと判示している。しかし，本件において，開示請求者と処分庁とのやり取りを通じて，開示請求者が欲しているのは，両事業を一体的に進めることについての協議の記録も含まれていると善解できたのではないかとも考えられ，もしそうであるとすれば，協議は行われたが合意は未成立であること，協議に関する文書は存在することの情報提供を行い，協議に関する文書を開示請求するかについて意思確認を行い，その意思が確認されれば補正を求めることにより，協議に関する文書を対象文書とする運用を行うべきであったと思われる。処分庁の対応は違法とまではいえなくても，妥当性を欠いた疑いがある。

　本条2項は，総務大臣の講ずべき措置として，総合的な案内所の整備を挙げている。情報公開法要綱案第24では「案内窓口」という言葉を使用していた

が，本条 2 項では，法令で一般に使われている「案内所」（独立行政法人国際観光振興機構法 9 条 2 号，自然公園法施行令 1 条 4 号参照）という文言を用いている。案内所をどの単位で整備するかについて明文の規定はないが，地方在住者の便宜を考慮すると，中央に 1 カ所おくのでは足りず，都道府県の区域ごとに少なくとも 1 カ所は設けられることが望ましい。そこで，総務省の本省，管区行政評価局および沖縄行政評価事務所（総務省設置法 25 条 2 項 1 号）を総合的な案内所とすることによって，各都道府県に少なくとも 1 つ総合的な案内所を設けるという要請に応えている。もっとも，オンラインアクセスによる情報提供が進めば，地方在住者のハンディキャップはかなり克服されることになる。2001 年 4 月 1 日より運用が開始された総務省の「電子政府の総合窓口（e-Gov）」(http://www.e-gov.go.jp/) は，行政文書ファイル管理簿情報を検索するための総合行政文書ファイル管理システムを含んでいる。しかし，すべての国民が電子的情報提供システムの利便を享受しうる状態にあるわけではないので，地方におかれる総合的案内所の存在意義は，行政情報化が推進されても否定することはできないと思われる。

（施行の状況の公表）
第 23 条　総務大臣は，行政機関の長に対し，この法律の施行の状況について報告を求めることができる。
2　総務大臣は，毎年度，前項の報告を取りまとめ，その概要を公表するものとする。

　本条は，行政機関情報公開法の施行状況を定期的にチェックすることを可能とするため，施行状況調査とその概要の公表について定めている。
　この法律の施行状況の報告をとりまとめ，その概要を公表する責任を総務大臣が負うため（2 項），その前提として，各行政機関の長に対して，この法律の施行状況について報告を求める権限が総務大臣にあることを明記している（1 項）。総務大臣が公表するのは，行政機関の長からの報告自体ではなく，それを国民に理解しやすいようにまとめた「概要」である。行政手続法には，施行状況調査の規定はないが（行政手続法については，実務上，施行状況調査を行っている。詳しくは，宇賀・行政手続・情報公開 29 頁以下，同・行政手続と行政情報化（有

斐閣，2006年）17頁以下参照），行政機関情報公開法の施行状況が公表されることは，同法の運用のあり方や将来の改正をめぐる議論を的確に行ううえで不可欠であり，法律に施行状況調査とその結果の公表義務が明記されたことは評価されよう。

　総務大臣による施行状況調査は，毎年必ず対象とする事項（開示請求件数，開示決定等件数，不開示の理由，審査請求および訴訟件数，審査会における諮問・答申の状況）のほか，当該年度においてとくに社会的関心の高い事項，問題が指摘されている事項を対象とした特別調査事項についても行われている。2002年度より，開示請求事案について開示決定等がされるまでの期間および不服申立事案について審査会に諮問されるまでの期間が特別調査事項になっている。施行状況調査の結果は総務省のホームページに掲載されている。

> **（行政機関の保有する情報の提供に関する施策の充実）**
> **第24条** 政府は，その保有する情報の公開の総合的な推進を図るため，行政機関の保有する情報が適時に，かつ，適切な方法で国民に明らかにされるよう，行政機関の保有する情報の提供に関する施策の充実に努めるものとする。

　本条は，開示請求制度に基づく受動的な開示にとどまらず，政府が能動的に情報提供施策の充実に努めることにより，アカウンタビリティを確保すべきことを明確にしている。

　開示請求に基づく開示が重要であることはいうまでもないが，各行政機関の組織・所掌事務・基本的政策，国民生活に重要な影響を与える情報は，開示請求を待って受動的に開示するのではなく，政府が自発的に情報提供を行ったり，公表を義務づける制度を整備する必要がある。開示請求制度は，行政機関情報公開法の柱であるが，決して万能ではなく，情報提供制度や情報公表義務制度とあいまってアカウンタビリティの実現に寄与するものといえる。本条は，そのような認識のもとに設けられたものである。本条にいう「情報の提供」は，情報公表義務制度も含む意味で用いられていると解すべきであろう。

　情報提供施策の充実の一環として，2015年3月27日には，「Webサイト等による行政情報の提供・利用促進に関する基本的方針」が，各府省情報化統括責任者（CIO）連絡会議で決定されている。「情報提供等記録開示システム」

（マイナポータル）を利用して，個人番号利用事務実施者が，本人に対し，個人番号利用事務に関して本人が希望し，または本人の利益になると認められる情報を提供するプッシュ型情報提供が開始されており，申請漏れによる権利の喪失という「申請主義の壁」（山口道宏編著・「申請主義」の壁！――年金・介護・生活保護をめぐって（現代書館，2010年）参照）を超え，権利の実効性を向上させることにつながると期待される。

> **（地方公共団体の情報公開）**
> **第25条** 地方公共団体は，この法律の趣旨にのっとり，その保有する情報の公開に関し必要な施策を策定し，及びこれを実施するよう努めなければならない。

　本法の規定は地方公共団体の機関が保有する文書には直接は適用されないが，本条は，地方公共団体が本法の趣旨にのっとり，情報公開条例の制定や改正等を行う努力義務を負うことを明確にし，地方公共団体における情報公開の拡充を企図している。

　比較法的にみると，国の情報公開法の対象機関として，地方公共団体の機関を含める例は稀でない（詳しくは，宇賀・情報公開法の理論〔新版〕46頁以下参照）。わが国においても，行政機関情報公開法の規定を地方公共団体の機関が保有する文書にも適用することとしても，地方自治の本旨に反して違憲となるとは考えられない。しかし，本法は，先進的地方公共団体が国に先駆けて情報公開条例を制定し運用してきたという経緯や地方分権の潮流を考慮して，その対象機関に地方公共団体を含めていない。しかし，市町村においては，情報公開条例を制定していないものが存在したこと，行政機関情報公開法は，電磁的記録を例外なく対象としたり，決裁等の事案処理手続を対象文書の要件としていない等，従前のわが国の情報公開条例の水準を超える点があることに照らし，地方公共団体に，この法律の趣旨にのっとり，必要な施策を策定し実施する努力義務を課したのである。

　本条は，第1に，いまだ情報公開制度を整備していない地方公共団体に，この法律の趣旨にのっとった整備を促す意味をもつ。条例制定の努力義務を明記しているわけではないが，行政機関情報公開法の核心は，開示請求権を付与す

ることにあることに照らせば，条例制定こそ，本条の趣旨にかなうものといえよう。したがって，すでに，情報公開制度を要綱で運用している地方公共団体も，条例制定を急ぐべきであろう。本条は，第2に，すでに情報公開条例を有する地方公共団体に対しても，この法律の趣旨にのっとった条例の見直しを求める意味を有する。したがって，情報公開条例を制定済みの地方公共団体も，可及的速やかに条例改正作業を行うことが期待される。また，本条にいう地方公共団体には特別地方公共団体も含まれるため，地方公共団体の組合も，情報公開条例の制定・改正を行う努力義務を負う（市が加入している一部事務組合等に対する情報公開の協力要請の規定として，直方市情報公開条例27条参照）。

2014年10月1日現在，都道府県，政令指定都市は100パーセント，市（政令指定都市を除く）区町村も99.9パーセントが情報公開条例を制定している。広域連合は88.6パーセントが情報公開条例を制定しているが，一部事務組合については47.5パーセントが情報公開条例を制定しているにとどまる。今後は，一部事務組合の情報公開条例の制定率の向上が大きな課題といえよう。

> **（政令への委任）**
> **第26条** この法律に定めるもののほか，この法律の実施のため必要な事項は，政令で定める。

本条は，実施命令の委任に関し確認的に規定するとともに，実施命令の法形式を政令に特定するものである。

実施命令は，委任命令とは異なり，権利・義務の内容を新たに定めるものではなく，憲法73条6号，国家行政組織法12条1項等の一般的授権で足り，具体の法律の根拠は不要という見解が有力といえると思われるが，委任命令と実施命令の区別を否定し，すべての法規命令に具体的な法律上の根拠を要するとする見解もある（平岡久・行政立法と行政基準（有斐閣，1995年）24頁以下参照）。本条は，前者の見解に立って，確認的に設けられたものといえるが，実施命令の法形式を政令に特定している点で創設的意義を認めることができる。実施命令に関する概括的委任規定をおく例は少なくない（老人福祉法37条等参照）。

第 26 条（政令への委任）・制定附則

> **制定附則**
> 1　この法律は，公布の日から起算して 2 年を超えない範囲内において政令で定める日〈平成 13・4・1—平成 12 政 40〉から施行する。ただし，第 23 条第 1 項中両議院の同意を得ることに関する部分，第 40 条から第 42 条まで及び次項の規定は，公布の日から施行する。
> 2　政府は，この法律の施行後 4 年を目途として，この法律の施行の状況及び情報公開訴訟の管轄の在り方について検討を加え，その結果に基づいて必要な措置を講ずるものとする。

　制定附則 1 項は，本法の規定の施行期日を明確にするものである。「行政機関の保有する情報の公開に関する法律の施行期日を定める政令」により，行政機関情報公開法の施行期日は 2001 年 4 月 1 日とされ，同日施行された。ただし，制定当時の本法 23 条 1 項の規定に基づき，情報公開審査会委員の任命にかかる手続は，情報公開審査会設置前に行う必要があるため，公布日に施行された。また，制定当時の本法 40 条（情報の提供に関する施策の充実），41 条（地方公共団体の情報公開），42 条（独立行政法人及び特殊法人の情報公開）の規定も，可及的速やかに検討を開始する必要があるため，公布日に施行された。

　制定附則 2 項は，衆議院における修正で追加されたものであるが，情報公開訴訟の管轄のあり方を検討対象として明示する部分は，参議院における修正で追加されている。これに基づいてまとめられたのが，総務省の「情報公開法の制度運営に関する検討会報告」（2005 年 3 月 29 日）（宇賀克也・情報公開と公文書管理（有斐閣，2010 年）17 頁以下参照）であり，行政機関情報公開法施行令が改正されたことは前述した（序論 *4*〔13 頁〕参照）。

　「情報公開法の制度運営に関する検討会報告」は，情報公開訴訟の管轄のあり方については，2005 年 4 月 1 日施行の改正行政事件訴訟法による行政訴訟一般についての管轄裁判所の拡大後の訴訟提起の状況等をも踏まえたうえで，さらに検討する必要があると指摘している。

補　論

1　司法審査

　行政機関情報公開法には，訴訟の移送の特例規定を除いて，司法審査に関する規定は設けられていないが，情報公開制度における究極の救済手段は訴訟である。実際，情報公開条例に関しても，多くの訴訟が提起されており，裁判所により不開示決定が取り消された事例も多い（裁判例については，宇賀・ケースブック情報公開法，情報公開実務研究会編・情報公開の実務Ⅱ（第一法規，加除式）参照）。そこで，司法審査と関連する法的論点のうち，21条で説明した訴訟の移送以外のものを説明しておくこととしたい。

(1)　抗告訴訟

　行政機関情報公開法は，何人にも開示請求権を付与しており，不開示決定は，処分としての性格をもち，行政事件訴訟法の抗告訴訟により争うことができる。従前は，不開示決定に対する取消訴訟が多かったが，最近は不開示決定の取消訴訟と義務付け訴訟を併合提起することが増加している。同様に，開示決定により自己の権利利益を侵害される者は，開示決定に対して抗告訴訟を提起することができる。この場合には，開示決定の執行停止をあわせて申し立てておく必要がある。

　建築基準法18条2項の規定に基づき那覇防衛施設局長から同市建築主事に提出された海上自衛隊第5航空群司令部庁舎（以下「本件建物」という）の建築工事に関する建築工事計画通知書およびその添付図書（以下「本件文書」という）を，那覇市情報公開条例の実施機関である那覇市長が開示する旨の決定をしたところ，国が，当該開示決定は違法であるとしてその取消しを求めた事案（ASWOC事件）において，最判平成13・7・13判例自治223号22頁は，国は，本件文書の公開によって国有財産である本件建物の内部構造等が明らかになると警備上の支障が生じるほか，外部からの攻撃に対応する機能の減殺により本

第1部　行政機関情報公開法の逐条解説

件建物の安全性が低減するなど，本件建物の所有者として有する固有の利益が侵害されることをも理由として，本件開示決定の取消しを求めていると理解することができるので，本件訴えは，法律上の争訟に当たるとした。しかし，那覇市情報公開条例6条1項は，同項各号所定の情報が記録されている公文書は非公開とすることができる旨を定めているところ，その趣旨，文言等に照らし，同項が国の主張にかかる利益を個別的利益として保護する趣旨を含むものと解することはできず，他に，国の主張にかかる利益を個別的利益として保護する趣旨を含むことを窺わせる規定も見当たらないので，国が本件各処分の取消しを求める原告適格を有するということはできないと判示した。

他方，那覇地判平成29・3・7判例自治425号28頁は，日米両政府および沖縄県で合意された北部訓練場にかかる県道70号線の共同使用に関する協定書等について沖縄県知事が行った開示決定の取消訴訟を国が提起した事案において，法律上の争訟性のみならず国の原告適格も肯定している。すなわち，同判決は，まず，本件各文書について，日米両政府の間で，双方の合意なくして公開されない旨の合意がなされており，本件各文書が公開されると，国と米国との間の信頼関係が損なわれ，非公開を前提とした忌憚のない協議や意見交換を行うことが不可能となって在日米軍施設・区域の共同使用にかかる事務の適正な遂行に支障を来す結果，国が本件土地の所有者として有する財産上の利益や本件土地の使用に関する米国政府との交渉を行う当事者としての地位が害されることとなり，本件土地の所有者として有する固有の利益が侵害されることをも理由として，本件開示決定の取消しを求めているので，国が専ら行政権の主体として国民に対して行政上の義務の履行を求める訴訟ではなく，本件訴えは，当事者間の具体的な権利義務ないし法律関係の存否に関する紛争に当たり，「法律上の争訟」に該当すると判示する。そして，沖縄県情報公開条例7条7号イが，契約，交渉または争訟に係る事務に関し国等の財産上の利益または当事者としての地位を不当に害するおそれがある情報を不開示情報として定める趣旨は，国等が争訟，交渉等を行う場面では，国等は相手方と対等の地位しか有していないことにかんがみ，開示されることにより国等の財産上の利益や当事者としての地位を害する情報を不開示事由として規定することで，国等が相手方と対等の立場で行う争訟，交渉に関する事務が阻害され，国等の財産上の利益や当事者としての地位が害されることを防止することにあるものと解され

るので，在日米軍施設・区域の共同使用にかかる事務の適正な遂行によって実現される原告の財産上の利益または当事者としての地位を，その個別的利益として保護しているものと解すべきであると判示した（本件各文書については，日米両政府間で，双方の合意がない限り公表しない旨の合意が形成されており，米国政府は，本件各文書を公表することについて同意していないこと，合同委員会議事録は過去に公表されたことがないこと，今後も本件土地の使用に関して日米合同委員会における交渉が引き続き行われることなどに照らすと，本件各文書は，国が行う事務または事業に関する情報であって，公にすることにより，契約，交渉または争訟にかかる事務に関し，国の財産上の利益または当事者としての地位を不当に害するおそれがあるものと認められるとして開示決定を取り消している）。同事案では，前掲最判平成13・7・13において国が建物の所有者としての利益のみを主張していたのと異なり，情報公開条例の不開示規定に明記されている国の交渉当事者としての不利益も主張されており，事案を異にすると判断されたのである（福岡高那覇支判平成30・4・17判例集未登載は控訴棄却）。

(2) インカメラ審理

情報公開訴訟において，裁判官が実際に開示請求にかかる行政文書を見分することなく的確な判断をすることが可能か，不開示決定にかかる抗告訴訟の被告となる国や開示決定にかかる抗告訴訟を提起する第三者が，公開の法廷において，不開示とすべきと主張する情報の具体的内容を明らかにすることなく十分な主張立証をすることが可能かについては疑問も提起されており，インカメラ審理の導入を主張する意見もある。しかし，憲法82条（憲法82条についての諸学説については，宇賀克也「情報公開訴訟におけるインカメラ審理――沖縄ヘリ墜落事件」論究ジュリスト3号（2012年）24頁以下，宇賀克也＝大橋洋一＝高橋滋・対話で学ぶ行政法（有斐閣，2003年）131頁以下参照）に照らして，情報公開訴訟の開示請求にかかる行政文書についてのインカメラ審理は違憲のおそれがないかという問題もあり，また，かかる事例におけるインカメラ審理が，相手方当事者に吟味の機会を与えない証拠により裁判をすることを認めることになり，対審原則という行政事件訴訟制度の根幹に関わる問題を有すること，さらに，情報公開条例に基づく処分の取消訴訟等において，インカメラ審理をせず推認の方法により対処してきた実績があること（ただし，実施機関が開示請求対象文書の要約書

> 第1部　行政機関情報公開法の逐条解説

を訴訟において提出した事例で，要約書の正確性を検証するため，仙台地方裁判所がインカメラ審理を行った例がある。読売新聞2001年1月30日朝刊），情報公開・個人情報保護審査会においてインカメラ審理が可能であり，その資料を訴訟においても活用しうること等に照らして，行政機関情報公開法は，情報公開訴訟においてインカメラ審理が行われることは想定していない。しかし，行政改革委員会は，行政機関情報公開法施行後の関係訴訟の実情等に照らし，専門的観点からの検討を期待している（情報公開法要綱案の考え方8(2)イ）。

　前述した総務省の「情報公開法の制度運営に関する検討会」での検討においては，審査会の調査審議においてインカメラ審理が有効に機能していると認められること等に照らし，情報公開訴訟においてもインカメラ審理を積極的に導入すべきという意見も主張されたものの，法的問題についての議論が十分成熟しているとは必ずしもいえないという意見もあり，理論的実務的な今後の蓄積を踏まえつつ，引き続き検討する必要があるとされた。

　行政機関情報公開法に基づく不開示決定の取消訴訟において，福岡高決平成20・5・12判時2017号28頁は，不開示決定にかかる文書について，検証物提示命令を出している。これは，情報公開訴訟におけるインカメラ審理を実質的に認めるもので，注目に値する。同決定は，行政文書の開示・不開示に関する最終的な判断権は，裁判所に委ねられているところ，その点の判断を裁判所に求める当事者としては，せめて裁判所には当該文書を直接見分した上で判断してもらいたいと考えるのは無理からぬことであるし，当然のことながら，裁判所としても，これを直接見分せずに適正な判断が不可能ないし著しく困難であると考える場合もあるものと思われると述べる。そして，このように，行政文書の開示・不開示に関する両当事者の主張を公正かつ中立的な立場で検討し，その是非を判断しなければならない裁判所が，その職責を全うするためには，当該文書を直接見分することが不可欠であると考えた場合にまで，実質的なインカメラ審理を否定するいわれはないと判示する。同決定も，行政機関情報公開法にインカメラ審理に関する明文の規定が設けられていないこと，それは同法がインカメラ審理の採用を見送ったと一般に解されていることには十分留意すべきであって，インカメラ審理の採否を決するについては慎重に臨まなければならないとする。しかし，当該文書を所持する国または公共団体等の任意の協力が得られない以上，およそ裁判所がこれを直接見分する術はないというの

では，裁判所は，事実上，一方当事者である国または公共団体，あるいはその諮問機関である情報公開・個人情報保護審査会等の意見のみに依拠してその是非を判断せざるをえないということになりかねず，これでは，行政文書の開示・不開示に関する最終的な判断権を裁判所に委ねた制度趣旨にもとること甚だしいものがあると判示する。

しかし，上告審の最決平成 21・1・15 民集 63 巻 1 号 46 頁は，訴訟で用いられる証拠は当事者の吟味，弾劾の機会を経たものに限られるということは，民事訴訟の基本原則であるところ，情報公開訴訟において裁判所が不開示事由該当性を判断するため証拠調べとしてのインカメラ審理を行った場合，裁判所は不開示とされた文書を直接見分して本案の判断をするにもかかわらず，原告は，当該文書の内容を確認したうえで弁論を行うことができず，被告も，当該文書の具体的内容を援用しながら弁論を行うことができないし，裁判所がインカメラ審理の結果に基づき判決をした場合，当事者が上訴理由を的確に主張することが困難となるうえ，上級審も原審の判断の根拠を直接確認することができないまま原判決の審査をしなければならないことを指摘する。そして，情報公開訴訟において証拠調べとしてのインカメラ審理を行うことは，民事訴訟の基本原則に反するから，明文の規定がない限り，許されないものといわざるをえないとして，原審の福岡高決平成 20・5・12 を破棄している。

ここで注目に値するのは，最決平成 21・1・15 が，情報公開訴訟においてインカメラ審理が認められない根拠を憲法 82 条に求めているのではなく，訴訟で用いられる証拠は当事者の吟味，弾劾の機会を経たものに限られるという民事訴訟の基本原則に求めていること，したがって，憲法を改正しなくても，法律で明文の規定を設ければ，インカメラ審理が可能となると解していることである。泉徳治裁判官，宮川光治裁判官の補足意見においては，明確に情報公開訴訟におけるインカメラ審理の導入が憲法 82 条に違反しないことが述べられており，立法政策として，インカメラ審理の導入が望ましいという立場が示されている。これを受けて，日本弁護士連合会会長が，「情報公開訴訟におけるインカメラ審理の法制化を求める会長声明」(2009 年 1 月 23 日) を出している。憲法 82 条違反の問題は生じないという最高裁の立場が示された以上，情報公開訴訟におけるインカメラ審理の導入について，積極的に検討することが望まれる。2011 年通常国会に提出された「行政機関の保有する情報の公開に関す

る法律等の一部を改正する法律案」においては，インカメラ審理の導入が行われることになっていたが，同法案は2012年の臨時国会における衆議院解散により廃案となった。しかし，インカメラ審理の情報公開訴訟への導入は，情報公開訴訟の実効性の向上にとり非常に有益と考えられるので，改めて，インカメラ審理導入の検討を開始することが期待される。

2　整備法の解説

　行政機関情報公開法の制定とともに，同法の施行に伴い必要となる規定の整備を行うため，「行政機関の保有する情報の公開に関する法律の施行に伴う関係法律の整備等に関する法律」（整備法）が制定された。同法のポイントは，以下の3点である。第1は，会計検査院長の諮問に応じ不服申立て（当時。現在は審査請求）について調査審議するため，会計検査院に会計検査院情報公開審査会をおき，その組織，委員等について所要の規定を整備する点である。第2は，行政機関情報公開法または情報公開条例に基づく著作物等の開示と著作者の権利との調整に関する規定を整備する点である。第3は，登記簿，特許原簿，訴訟に関する書類および押収物等，謄本もしくは抄本の交付または閲覧に関して独自の手続が定められているものにつき，行政機関情報公開法の規定の適用を除外する点である。以下，それぞれにつき，要点を解説することとする。

(1)　会計検査院情報公開・個人情報保護審査会

　行政機関情報公開法19条を受けて，会計検査院長の諮問に応じて審査請求について調査審議するため，会計検査院に会計検査院情報公開審査会が設置された（行政機関の保有する個人情報の保護に関する法律等の施行に伴う関係法律の整備等に関する法律により，会計検査院情報公開・個人情報保護審査会に改組）。会計検査院情報公開・個人情報保護審査会の組織は，基本的に総務省の情報公開・個人情報保護審査会に準じたものとなっているが，会計検査院長の諮問に応じるだけであるので，委員数は3人で，いずれも非常勤である点が異なる（会計検査院法19条の2）。会計検査院情報公開・個人情報保護審査会委員の守秘義務違反に対する罰則も設けられている（同法19条の5）。会計検査院情報公開・個人情報保護審査会の組織および運営に関し必要な事項は，会計検査院法19条の6の規定に基づき，会計検査院規則（会計検査院情報公開・個人情報保護審査会規則）

で定められている。

(2) 著作権法との調整

　行政機関の長が保有している行政文書が第三者の著作物であることがありうる。当該著作物に対して開示請求がなされたとき、著作者の承諾を得ずに開示すると著作権法との抵触の問題が生じうる。すなわち、当該著作物が未公表のものであるとき、それを閲覧させることが、著作権法18条の公表権を侵害しないかという問題が生ずるし、また、写しを交付することが、同法21条の複製権を侵害しないかという問題が生ずる。実際、情報公開条例に関して、この点が問題になったことがある。公表権に関しては、横浜地判平成元・5・23行集40巻5号480頁は、著作者が公表権を有することを理由に未公表の設計図書のすべてが公開を禁止されるとすることは相当ではないとし、問題は公表権そのものの存否ではなく、設計図書自体の公表によって著作権法上の権利にいかなる影響を与えるかであり、その情報が情報公開条例の法人等に関する情報の不開示規定に該当するかであると判示したが、東京高判平成3・5・31行集42巻5号959頁は、未公表の設計図を情報公開条例に基づいて閲覧させることは、著作者人格権としての公表権を侵害することになり許されないと判示している。また、複製権に関しては、前橋地判平成10・3・24判時1660号56頁，東京高判平成11・11・18判例集不登載が、著作権者の承諾を得ることなく、著作物の写しを情報公開条例に基づいて交付することは、複製権の侵害になると判示している（情報公開条例と著作権に関する裁判例について、宇賀・ケースブック情報公開法190頁以下参照）。しかし、著作権法は、従前は情報公開制度の存在を前提とせずに規定を設けており、一方における著作権法上の権利の保護と他方における情報公開という時代の要請を調整する仕組みを考える必要がある（外国の立法例につき、宇賀・情報公開法の理論〔新版〕67頁参照）。このような観点から整備法において調整が行われたわけである。以下、どのような調整が行われたかを簡単に説明する。

　第1に、行政機関情報公開法は、何人にも開示請求権を付与しているから、ある者に対して未公表著作物を開示することは、何人から請求があっても開示することを意味し、著作権法18条1項の「公衆に提供し、又は提示する」ことを意味する。そこで、公表権との調整が必要になり、著作物で未公表のもの

第1部 行政機関情報公開法の逐条解説

を行政機関に提供した場合，行政機関情報公開法9条1項の規定による開示決定時までに別段の意思表示をしないかぎり，行政機関情報公開法の規定により行政機関の長が当該著作物を公衆に提供し，または提示することにつき同意したものとみなすこととしている。情報公開条例の規定による開示についても，同様のことが妥当する（著作権法18条3項3号）。ただし，行政機関情報公開法施行前に著作者が行政機関または地方公共団体に提供した著作物で未公表のものについては，著作権法18条3項の規定は適用されない（整備法附則2条）。著作権法18条3項3号の「別段の意思表示」について，同法上，方式に関する規定は何ら設けられていないので，著作権者が何らかの形で公表することに同意しない旨の意思を表示すれば足りる（甲府地判平成23・7・5判例集不登載）。第2に，行政機関情報公開法5条1号ロ・ハもしくは2号ただし書または7条の規定により，行政機関の長が著作物で未公表のものを公衆に提供し，または提示するときには，著作権法18条1項の公表権の規定を適用しないとしている（著作権法18条4項1号）。情報公開条例の規定による開示についても，同様のことが妥当する（同条同項3号〜5号。ただし，公益上の開示の場合には，行政機関情報公開法13条2項・3項に相当する規定を設けている情報公開条例の場合に限る）。留意しなければならないのは，行政機関情報公開法または情報公開条例に基づく未公表著作物の開示にかかる上記の調整規定は，開示の局面に限定されたものであり，開示後においては，未公表著作物として取り扱われるということである。第3に，著作者は，著作者人格権のひとつとして，その著作物の原作品に，またはその著作物の公衆への提供もしくは提示に際し，その実名もしくは変名を著作者名として表示し，または著作者名を表示しないこととする氏名表示権を有する（著作権法19条1項前段）。そこで，行政機関情報公開法または情報公開条例の規定により行政機関の長または地方公共団体の機関が著作物を公衆に提供し，または提示する場合において，(i)当該著作物につきすでにその著作者が表示しているところに従って著作者名を表示するとき，または(ii)行政機関情報公開法6条2項の規定または情報公開条例の規定で同項の規定に相当するものにより行政機関の長または地方公共団体の機関が著作物を公衆に提供し，または提示する場合において，当該著作物の著作者名の表示を省略することとなる場合において，著作権法19条1項の氏名表示権の規定を適用しないこととしている（著作権法19条4項）。第4に，著作者は，財産権としての著作権を

有する。著作権に含まれる権利は，著作権法2章3節3款に列記されているように，複製権（21条），上演権・演奏権（22条），上映権（22条の2），公衆送信権等（23条），口述権（24条），展示権（25条），頒布権（26条），譲渡権（26条の2），貸与権（26条の3），翻訳権・翻案権（27条），二次的著作物の利用に関する原著作者の権利（28条）が存在する。行政機関情報公開法または情報公開条例に基づく開示は，閲覧または写しの交付であるから，著作権のうち適用があると考えられるのは，複製権（紙媒体の文書・録音テープ・録画テープ等の複製物を作成し交付する場合等），演奏権・口述権（録音テープを再生する場合等），上映権・頒布権（ビデオテープを再生する場合またはそのコピーテープを交付する場合等）である。そこで，行政機関の長または地方公共団体の機関が，行政機関情報公開法または情報公開条例の規定により著作物を公衆に提供し，または提示することを目的とする場合には，行政機関情報公開法14条1項に規定する方法または情報公開条例で定める方法（行政機関情報公開法14条1項に規定する方法以外のものを除く）により開示するために必要と認められる限度において，当該著作物を利用することができるとしている（著作権法42条の2）。したがって，行政機関情報公開法に基づき写しの交付を必要な限度で行うことは，複製権を侵害することにはならない。また，録音テープの再生も演奏権・口述権の侵害には当たらず，ビデオテープの再生は上映権（著作権法22条の2）の侵害にはならないことになる。コピーテープの交付も頒布権（同法26条）を侵害しないことになる。出版権の目的となっている著作物，著作隣接権の目的となっている実演，レコード，放送または有線放送についても，行政機関情報公開法・情報公開条例に基づく開示に必要な限度において当該著作物を利用することが認められている（同法86条・102条）。著作権と情報公開制度との上記の調整による著作物の利用は，情報公開制度に基づき開示するために必要と認められる限度においてのみ認められる（著作権法42条の2）。

　国または地方公共団体が多大な費用をかけて作成した著作物に対して，行政機関情報公開法または情報公開条例に基づく開示請求がなされた場合，多額の公費を用いて作成した著作物であるということのみで開示を拒否することはできない。また，著作権法上の権利と情報開示請求制度との関係については，前記のような調整がなされている。しかし，国または地方公共団体が著作権を有している場合，著作権法上の権利の行使が一切認められないわけではない。茨

> 第1部　行政機関情報公開法の逐条解説

城県牛久市情報公開条例26条の2（平成20年改正で追加）は，(1)実施機関の職員が職務上作成した著作物については，原則として，著作権法2章（公表権，氏名表示権，同一性保持権を除く）に規定する著作者の権利は，主張しない，(2)前記(1)にかかわらず，著作権法15条（職務上作成する著作物の著作者）の規定に基づき，実施機関が著作権者として権利を行使するものについては，実施機関が定めるとし，「牛久市長が管理保有する情報の公表，提供及び利用の推進に関する規則」（平成21年規則2号）10条は，同条例26条の2第2項の規定に基づき，市が著作権を行使する著作物を，①市発行の有償刊行物，②市が開発または購入し，市が著作権を有するコンピュータプログラム，③前記①②に掲げるもののほか，牛久市情報公開・個人情報保護審査会の意見を聴いたうえで市長が著作権を行使する必要があると認めた著作物とすることとしている。

(3) 適用除外

　情報公開法要綱案の考え方7(5)アにおいては，登記，特許，刑事訴訟手続の制度等，文書の公開・非公開の取扱いが当該制度内で体系的に整備されている場合には，当該制度に委ねることが適当なものもあると指摘されていた。これを受けて，私人間の取引の安全等を図り，私人の権利を保護するための公証制度における公簿等の閲覧または謄本・抄本の交付手続であって，個人に関する情報，法人等に関する情報について，独自の完結的な開示制度が定められているものについては，行政機関情報公開法に基づく開示により認証のない写しの交付を認めることが，登記等の公証制度の趣旨にそぐわないことも考慮して，行政機関情報公開法の適用除外とした。具体的には，戸籍制度における届書その他市区町村長が受理し法務局に送付された書類については，個人情報保護と公証機能の確保のために，独自の開示手続が法定されており（戸籍法48条），かつ，届出の受理・不受理または開示・不開示決定については，行政不服審査法に基づく審査請求ができず（同法123条），家庭裁判所への不服申立てという独自の争訟手続が設けられていること（同法121条）にかんがみ，行政機関情報公開法の適用が除外されている。その他，登記簿（閉鎖登記簿を含む）およびその附属書類ならびに地図，建物所在図および地図に準ずる書面（不動産登記法），抵当証券（抵当証券法），届書その他市町村長の受理した書類（戸籍法），登記簿およびその附属書類（商業登記法），登記ファイル（電子情報処理組織によ

る登記事務処理の円滑化のための措置等に関する法律），債権譲渡登記ファイル（債権譲渡の対抗要件に関する民法の特例等に関する法律），後見登記等ファイルおよび閉鎖登記ファイル（後見登記等に関する法律），著作権登録原簿，出版権登録原簿，著作隣接権登録原簿およびその附属書類（著作権法），免許漁業原簿（漁業法），品種登録簿または願書もしくはこれに添付した写真その他の資料（種苗法），鉱業原簿（鉱業法），特許に関する書類および特許原簿のうち磁気テープをもって調製した部分（特許法），意匠登録に関する書類および意匠原簿のうち磁気テープをもって調製した部分（意匠法），商標登録または防護標章登録に関する書類および商標原簿のうち磁気テープをもって調製した部分（商標法），特定鉱業原簿（日本国と大韓民国との間の両国に隣接する大陸棚の南部の共同開発に関する協定の実施に伴う石油及び可燃性天然ガス資源の開発に関する特別措置法），回路配置原簿または申請書もしくはこれに添付した図面その他の資料（半導体集積回路の回路配置に関する法律），ファイル（工業所有権に関する手続等の特例に関する法律），鉄道抵当原簿および鉄道財団目録（鉄道抵当法），自動車登録ファイル（道路運送車両法），航空機登録原簿（航空法），ダム使用権登録簿（特定多目的ダム法）のほか，訴訟に関する書類および押収物（刑事訴訟法）について，行政機関情報公開法の規定の適用除外とする措置がとられている。また，上記の法律の規定が準用され，公簿等について，同様に独自の開示システムが採用されているものについても，行政機関情報公開法の規定の適用除外とされている（不動産登記法の規定を準用する非訟事件手続法，建設機械登記令，農業用動産抵当登記令，船舶登記規則，商業登記法の規定を準用する金融商品取引法，国家公務員法，地方公務員法，職員団体等に対する法人格の付与に関する法律，政党交付金の交付を受ける政党等に対する法人格の付与に関する法律，資産の流動化に関する法律，株式会社商工組合中央金庫法，信用金庫法，労働金庫法，宗教法人法，技術研究組合法，酒税の保全及び酒類業組合等に関する法律，消費生活協同組合法，金融商品取引法，輸出入取引法，水産業協同組合法，輸出水産業の振興に関する法律，保険業法，損害保険料率算出団体に関する法律，中小企業等協同組合法，投資事業有限責任組合契約に関する法律，中小業団体の組織に関する法律，投資信託及び投資法人に関する法律，農業協同組合法，農業災害補償法，漁船損害等補償法，非訟事件手続法，旧貸家組合登記令，独立行政法人等登記令，弁護士会登記令，組合等登記令，労働組合法施行令，鉄道抵当法の規定を準用する軌道ノ抵当ニ関スル法律，特許法の規定を準用する実用新案法）。訴訟に関する

第1部 行政機関情報公開法の逐条解説

書類の開示については，刑事訴訟法40条，47条，53条，299条等に規定があり，刑事確定訴訟記録については，1987年に制定された刑事確定訴訟記録法（刑事確定訴訟記録法に基づく裁判書の閲覧について，宇賀克也・判例で学ぶ行政法（第一法規，2015年）50頁以下参照）が，その公開について定めている。なお，交通事故の実況見分調書については，従前から，代替性のない客観的証拠であり，民事上の権利行使のためにも必要であることから弁護士法23条の2の規定に基づく照会に応じているが，この取扱いは，訴訟に関する書類および押収物が行政機関情報公開法の規定の適用除外になることによって変わるものではない（第142回衆議院内閣委員会議録9号（平成10年5月15日）25頁（勝丸説明員））。

「尖閣諸島沖の中国漁船衝突事件で，海上保安庁が撮影したビデオ」が開示請求されたところ，海上保安庁長官は，刑事訴訟法53条の2第1項の規定により，「訴訟に関する書類」には行政機関情報公開法の規定が適用されないことを理由に不開示決定を行ったが，その取消訴訟と開示決定の義務付け訴訟が提起された事案において，東京地判平成23・4・12判例集不登載は，刑事訴訟法53条の2第1項が，「訴訟に関する書類」について行政機関情報公開法の規定の適用除外としている理由は，①刑事訴訟に関する書類については，その性質上，多数の事件関係者または訴訟関係者の名誉や深刻なプライバシーにかかわる事項を含み，開示により犯罪捜査，公訴の維持その他の公共の安全と秩序の維持に支障を及ぼすおそれが大きいため，個人情報等の行政機関情報公開法の不開示情報に該当するものが大部分であること，②刑事司法手続の一環として被告事件または被疑事件に関し捜査または公判の過程において作成され，または取得された書類であって，その管理の適正は司法機関である裁判所により判断されるべきものであること，③刑事訴訟法は，裁判の公正の確保，訴訟関係人の権利保護等の観点から，刑事訴訟に関する書類を公判の開廷前に公開することを原則として禁止とする一方で（47条），被告事件終結後においては，一定の場合を除いて何人にも訴訟記録の閲覧を認めており（53条，刑事確定訴訟記録法4条），この閲覧を拒否された場合の不服申立ては準抗告の手続によるとされている（同法8条）など，開示・不開示の要件および手続について完結的な制度が確立していることであると解されると指摘した。そして，刑事訴訟法53条の2第1項の「訴訟に関する書類」は，同法47条に規定する「訴訟に関する書類」と同義であって，被告事件または被疑事件に関して作成され，ま

たは取得された書類一般を指すものであるとし，ある文書がひとたび「訴訟に関する書類」に該当することとなった以上は，当該文書はその後一貫して「訴訟に関する書類」の公開あるいは閲覧に関する刑事訴訟手続に関する法令の規律に服するのであって，被疑事実につき不起訴処分がされたなどの事情が生じたとしても，途中から行政機関情報公開法の規定が適用されるといった事態は想定されていないものというべきであるとする。すなわち，不起訴記録についても，一般に，前記①のような事情は同様に認められるうえ，関係者のプライバシー保護の要請は訴訟記録よりも一層強く働くものといえること，同法47条本文は，起訴あるいはその可能性の有無を何ら問わずに「訴訟に関する書類は，公判の開廷前には，これを公にしてはならない」と定めていることに照らせば，ある被疑事件の「訴訟に関する書類」に該当することになった文書は，当該被疑事件が不起訴処分とされたとしても，その後これが改めて起訴されるに至らない限り，同条本文による非公開の制限に服し続けるものと解され，したがって，同条にいう「訴訟に関する書類」は不起訴記録をも含む概念であり，これと同義の概念を用いる同法53条の2第1項も，同様の考慮のもとに，不起訴記録についての開示等の取扱いを同法47条の定めるところにゆだね，行政機関情報公開法の規定の適用除外としたものと解されると判示している。

以上の一般論を踏まえて，同判決は，本件対象文書は本件被疑者に対する公務執行妨害被疑事件に関して作成された書類であることが明らかであるから，上記の観点からみて，これが刑事訴訟法53条の2第1項の「訴訟に関する書類」に該当することは明白であるとする。このように，不起訴記録も，刑事訴訟法53条の2第1項の「訴訟に関する書類」に該当するという解釈が，裁判例のみならず，内閣府情報公開・個人情報保護審査会でも一貫して採用されているが，不起訴記録の管理は裁判所にゆだねられているわけではないこと，開示・不開示の要件および手続について完結的な制度が確立しているわけではないことにかんがみ，解釈論としても立法論としても，不起訴記録を一律に行政機関情報公開法の規定の適用除外とすることには疑問が提起されている。なお，「刑事事件に係る訴訟に関する書類若しくは少年の保護事件の記録又はこれらの事件において押収されている文書」は，刑事手続または少年審判手続における開示制度に開示・不開示の規律をゆだねる趣旨で，民事訴訟法上の文書提出義務が課されていない（同法220条4号ホ）。

第2部
独立行政法人等情報公開法の解説

New Commentary on Information Disclosure Laws

> 第2部　独立行政法人等情報公開法の解説

1　本法の制定

(1)　制定の経緯

　行政改革委員会の情報公開法要綱案第27においては，「政府は，特殊法人について，その性格及び業務内容に応じて情報の開示及び提供が推進されるよう，情報公開に関する法制上の措置その他の必要な措置を講ずるものとすること」と規定されている。そして，情報公開法要綱案の考え方7(4)においては，「特殊法人については，情報公開を推進すべきであるという国民の要請が強い。特に，国民の生活や安全に密接な業務を行っているものについて顕著である。このような国民の要請にこたえるためにも，特殊法人の情報公開に関する制度又は施策を速やかに整備すべきであると考える。／しかし，特殊法人は，それぞれの法的性格，業務の内容，国との関係が様々である。このため，特殊法人を本要綱案で定めている開示請求権制度の対象機関とし，行政機関と一律に同じ取扱いをすることは適当ではない。／特殊法人の情報公開を進めるに当たっては，個々の特殊法人の性格，業務内容に的確に対応した制度の整備その他の施策を講ずべきである。その際には，国民からの求めに応じた情報の開示とともに，現在，政府において推進されている財務諸表の公表等の措置を含め，国民の関心を集め，国民の生活等に密接な関係を有する情報については，一層積極的な情報の提供が重要である。／このような考え方から，本要綱案では，特殊法人に対してこの法律を直接適用することはしないが，政府は，特殊法人の性格及び業務内容に応じて情報の開示及び提供が推進されるよう，情報公開に関する法制上の措置その他の必要な措置を講ずるものとするという規定を設けることとした」と説明されている。

　これを受けて，1999年5月7日に成立した行政機関情報公開法は，当初，42条において，「政府は，法律により直接に設立された法人又は特別の法律により特別の設立行為をもって設立された法人（総務庁設置法（昭和58年法律第79号）第4条第11号の規定の適用を受けない法人を除く。以下「特殊法人」という。）について，その性格及び業務内容に応じ，特殊法人の保有する情報の開示及び提供が推進されるよう，情報の公開に関する法制上の措置その他の必要な措置を講ずるものとする」と規定していた。制定当初の同法41条（現25条）の地方公共団体の情報公開に関する規定と比較すれば明らかなよう

に，法制上の措置を含め，政府が積極的に対応する意図が窺われる表現になっている。これは，特殊法人の情報公開の推進を求める世論を反映したものといえる（外国における政府関係法人の情報公開については，特殊法人等の情報公開の制度化に関する研究会「特殊法人の情報公開の制度化に関する調査研究」(1998年)，宇賀・情報公開法の理論〔新版〕49頁参照)。なお，本条のかっこ書は，「民間法人化された特殊法人」を除く趣旨である。「民間法人化された特殊法人」とは，1983年3月14日に出された第2次臨時行政調査会第5次答申において，特殊法人等の自立化方針が打ち出されたのを受けて，「法律により直接に設立された法人又は特別の法律により特別の設立行為をもって設立された法人」という形式は維持したまま，事業の制度的独占を廃止したうえで，①国またはこれに準ずるものの出資を制度上，実態上廃止し，②役員の選任を自主的に行い，③経常的事業運営経費に対する国またはこれに準ずるものの出資を制度上，実態上廃止し，④その他政府の関与を最小限のものとするための制度改正を行い，他面において，当時の総務庁設置法に基づく審査の規定の適用を除外しているものである。行政機関情報公開法制定時においては，農林中央金庫法に基づく農林中央金庫，中小企業投資育成株式会社法に基づく東京中小企業投資育成株式会社，名古屋中小企業投資育成株式会社，大阪中小企業投資育成株式会社，高圧ガス保安法に基づく高圧ガス保安協会，日本電気計器検定所法に基づく日本電気計器検定所，消防法に基づく日本消防検定協会（以上，いずれも1986年に民間法人化）のほか，消防団員等公務災害補償等責任共済等に関する法律に基づく消防団員等公務災害補償等共済基金（1997年に民間法人化）がこれに該当していた。最近は，「民間法人化された特殊法人」は，「特別の法律により設立される民間法人」の一類型として議論されることが多い（特別の法律により設立される民間法人について，宇賀・行政法概説Ⅲ〔第4版〕292頁以下参照)。

　1998年，当時の与党3党（自民党，社民党，新党さきがけ）が行政機関情報公開法案を国会に提出することを了承した際の3党合意事項の中で，「特殊法人を対象とする情報公開法については，政府は，両法案（行政機関情報公開法案と整備法案——著者注）制定後，正式の検討機関を設け，今後具体化が予定されている『独立行政法人』との関係を整理しつつ，速やかに検討を進め，国会審議を通じ，両法制定後2年以内に，所要の法案を国会提出する旨附則に明記すること」が決定された。これを受けて，1999年，行政機関情報公開法案の衆議

> 第2部　独立行政法人等情報公開法の解説

院修正で付加された制定附則2項（当時）において，「政府は，特殊法人の保有する情報の公開に関し，この法律の公布後2年を目途として，第42条の法制上の措置を講ずるものとする」と規定されることになった。

　そこで，行政改革推進本部長決定により，特殊法人の保有する情報の公開に関する制度その他これに関連する制度の整備に関する事項を検討するため，行政改革推進本部のもとに特殊法人情報公開検討委員会（委員長は塩野宏・成蹊大学教授（当時））が設けられた。ここでいう「その他これに関連する制度」としては，独立行政法人や認可法人が念頭におかれていた。また，同委員会は，当時の行政機関情報公開法42条で義務づけられていたわけではなかったが，「民間法人化された特殊法人」も検討対象に含めることとした。

　さらに，1999年12月14日に成立した中央省庁等改革関係法施行法により，行政機関情報公開法42条（当時），同法制定附則2項（当時）に独立行政法人が追加され，政府は，独立行政法人の情報公開に関する法制上の措置等を講ずる義務を法律上負うことになった。

　特殊法人情報公開検討委員会は，2000年4月5日に中間とりまとめを公表し，パブリック・コメント手続を経て，同年7月27日に，「特殊法人等の情報公開制度の整備充実に関する意見」と題する報告書を行政改革推進本部長に提出している。同年12月1日に閣議決定された行政改革大綱においては，「独立行政法人及び政府の一部を構成すると見られる特殊法人・認可法人の情報公開制度（開示請求制度及び情報提供制度）について，『特殊法人等の情報公開制度の整備充実に関する意見』（平成12年7月27日行政改革推進本部特殊法人情報公開検討委員会）に沿って立案作業を進め，所要の法律案を次期通常国会に提出する」，「その際，情報提供制度については，独立行政法人及び当該特殊法人等の組織，業務，財務に関する基礎的情報，評価・監査等の提供すべき情報の内容をできる限り明確にした制度として整備する」こととされている。

　翌2001年3月16日に，「独立行政法人等の保有する情報の公開に関する法律案」が閣議決定され，第151回通常国会に提出されたが継続審査となり，第152回臨時国会でも継続審査となったが，同年11月28日，第153回臨時国会において全会一致で可決・成立した。本法は2002年10月1日に施行された。

(2) 指定法人等の情報公開

　行政改革推進本部特殊法人情報公開検討委員会は，指定法人等の情報公開についても検討を行っている。指定法人とは，法令に基づき，特定の業務を行うものとして行政機関により指定された法人であり，法人のみならず，自然人や法人格なき団体が指定されることもありうることから，これらも含める意味で指定法人等と称することとする。指定法人等の中には，行政機関から委任を受けて行政事務を行うものがあり，その場合，当該指定法人等は，行政事務を自己の名と責任において実施しているのであるから，理論上，当該行政事務について国民に対して説明する責務を当該指定法人等に直接負わせることも可能と考えられる。行政改革推進本部特殊法人情報公開検討委員会においても，独立行政法人等情報公開法の対象に行政事務を行う指定法人等を含めるべきであるという意見が有力であった。しかし，なお検討すべき課題があったため，同委員会は，指定法人等の情報公開についての検討を政府に求めるとともに，当面，行政機関が指定法人等の活動に関して必要な文書を保有し，行政機関情報公開法を通じて指定法人等に関する説明責務が確保されるようにする必要があることを指摘したのである。これを受けて 2000 年 12 月 1 日に閣議決定された行政改革大綱において，指定法人等の情報公開のあり方の検討を行うこととされ，独立行政法人等情報公開法案が衆参両院の総務委員会で可決された際の附帯決議においても，指定法人等の情報公開についての検討が政府に求められた。そこで，総務省は，行政管理研究センターに委託して，「指定法人等の情報公開の在り方に関する研究会」を設置し，2003 年 1 月に報告書が出されている（宇賀・情報公開の理論と実務 159 頁以下参照）。しかし，その後，公益法人制度や検査検定制度の抜本的改革が進行し，それを見守る必要があったため，指定法人等の情報公開の本格的な検討は見送られてきた。これらの改革が一段落した今日，指定法人等の情報公開という課題に真剣に取り組むべきであろう。

　地方公共団体においては，指定管理者制度の導入に伴い，指定管理者を実施機関に加えたり（藤沢市，尼崎市），開示請求の対象になる公文書の定義において，指定管理者の役員，職員等が当該管理業務の執行上作成または取得した組織共用文書を加えたり（草加市），指定管理者に関する情報を実施機関が保有していない場合には，当該文書の提出を指定管理者に求めて実施機関に提出させ，提出された文書を当初から実施機関が保有していた公文書とみなしたり（相模

原市）する工夫がなされている（相模原市情報公開条例30条3〜5項，同条例施行規則19条2項においては，その設立にあたり，市が2分の1以上出資している法人についても，同様の規定が設けられている）。国においても，こうした地方公共団体の取組みを参考にしつつ，指定法人等の情報公開制度の整備を進めることが期待される。

2 本法制定に伴う法改正

独立行政法人等の保有する情報の公開に関する法律（以下，本書第2部において「本法」という）制定に伴い，本法制定附則において，以下の法改正が行われた。

(1) 行政機関情報公開法の改正

本法制定附則3条において，本法の制定に伴う行政機関情報公開法の改正が行われ，本法制定附則4条において，当該改正に伴う経過措置が設けられている。

(2) 刑事訴訟法，著作権法の改正

訴訟に関する書類および押収物については，行政機関情報公開法の規定を適用しないことになっているが，その趣旨は，本法についても当てはまるので，本法制定附則5条で刑事訴訟法53条の2を改正して，訴訟に関する書類および押収物については，本法の規定も適用しないこととしている。

また，著作権法は，著作者が，その著作物でまだ公表されていないものを行政機関情報公開法の行政機関に提供した場合，行政機関情報公開法9条1項の規定による開示決定の時までに別段の意思表示をした場合を除き，行政機関情報公開法の規定により行政機関の長が当該著作物を公衆に提供し，または提示することに同意したものとみなす同意擬制の規定を設けているが（18条3項1号），本法との関係においても，同様の同意擬制規定を設けている（同条同項2号）。ただし，この規定の施行前に著作者が独立行政法人等に提供した著作物でまだ公表されていないもの（その著作者の同意を得ないで公表された著作物を含む）については，この同意擬制規定を適用しないこととしている（制定附則7条）。

著作権法 18 条 4 項 1 号は，行政機関情報公開法に基づく公益上の義務的開示（5 条 1 号ロ・2 号ただし書），裁量的開示（7 条）を行う場合，公務員等の職，職務遂行の内容にかかる情報（5 条 1 号ハ）を開示する場合，著作権法 18 条 1 項の公表権の規定を適用しないこととしているが，本法に基づく同様の開示についても，公表権の規定を適用しないこととしている（同条 4 項 2 号）。

著作権法 19 条 4 項は，行政機関情報公開法に基づく開示（部分開示を含む）が，著作権法の氏名表示権の侵害とならないよう調整する規定であるが，本法に基づく開示（部分開示を含む）の場合も，著作権法 19 条 1 項の氏名表示権の規定を適用しないこととしている（同条同項）。

本法に基づく開示が著作権の侵害とならないようにするために著作権法 42 条の 2 が改正されている。ただし，前述したように，独立行政法人等が定める電磁的記録の開示の実施方法のうち，行政機関情報公開法 14 条 1 項の規定に基づく政令で定める方法以外のものについては，著作権法 42 条の 2 の規定が適用されないことに留意する必要がある。

3 本法の見直し

行政機関情報公開法制定附則 2 項（本法制定附則による改正後）においては，「政府は，この法律の施行後 4 年を目途として，この法律の施行の状況及び情報公開訴訟の管轄の在り方について検討を加え，その結果に基づいて必要な措置を講ずるものとする」と規定しているところ，本法制定附則 2 条は，政府が，行政機関情報公開法制定附則 2 項の検討の状況を踏まえ，同様の検討を加え，必要な措置を講ずるものとしている。

前述した総務省の「情報公開法の制度運営に関する検討会報告」（2005 年 3 月 29 日）は，本法の施行状況の検討，改善措置についても検討している。本法についてなされた改善措置等の提言は，行政機関情報公開法についてのものと基本的に共通であるが，独立行政法人等については，情報提供の質的充実と量的拡大を図る必要があることがとくに指摘されている。そして，2005 年 12 月 21 日には独立行政法人等情報公開法施行令が改正され，「開示の実施の方法」の意義が政令自体において明確にされることになった。

なお，2011 年に国会に提出された「行政機関の保有する情報の公開に関する法律等の一部を改正する法律案」は，本法の改正も内容とするものであった。

> 第2部　独立行政法人等情報公開法の解説

4　本法の内容

(1)　目　的

　本法は，国民主権の理念にのっとり，独立行政法人等の有するその諸活動を国民に説明する責務が全うされるようにすることを目的とする（1条）点で，行政機関情報公開法と共通している。行政機関情報公開法1条に規定されている「国民の的確な理解と批判の下にある公正で民主的な行政の推進に資することを目的とする」という部分が明記されていないが，その趣旨は含意されているとみることができる。行政機関情報公開法1条においては，「行政文書の開示を請求する権利につき定めること等により」と表現されていることから窺われるように，情報開示請求制度を中心に置いて，「等」の中で情報提供制度を包摂するにすぎなかったのに対して，本法1条においては，「法人文書の開示を請求する権利及び独立行政法人等の諸活動に関する情報の提供につき定めること等により」と規定し，情報開示請求制度と情報提供制度を独立行政法人等の情報公開を進めるための車の両輪として明示的に位置づけている点に大きな特色がある。1997年6月24日に，「特殊法人の財務諸表等の作成及び公開の推進に関する法律」が公布・施行されているが（吉田光「特殊法人の新たなディスクロージャーについて」ジュリスト1119号（1997年）36頁以下，蜂谷勉「特殊法人のディスクロージャー」立法と調査199号（1997年）10頁以下参照），本法の対象機関については，ディスクロージャーが一層充実することになる。

(2)　**対象法人**

　本法2条1項では，「独立行政法人等」を独立行政法人通則法2条1項に規定する独立行政法人および本法別表第1に掲げる法人と定義している。本法の対象機関は「独立行政法人等」であるので（1条），独立行政法人通則法2条1項に規定する独立行政法人は，すべて本法の対象機関となることになる。独立行政法人通則法2条1項に規定する独立行政法人が新たに設けられた場合も，本法の改正を要することなく，当該法人は本法の対象となる。これは，特殊法人情報公開検討委員会において，独立行政法人は，独立行政法人通則法において，行政を行う主体として定めている趣旨が明らかであるとされていたこと，同委員会が政府の一部を構成する法人かを判断する際に一般的基準として用い

た，①設立法において，その理事長等を大臣等が任命することとされているもの，または，②法人に対し政府が出資できることとされているもの，のいずれの基準にも該当することから，すべて対象法人とするとされていたことによる。すなわち，独立行政法人通則法に基づく独立行政法人である以上，個別の判断を要することなく，本法の対象法人と判断しうるので，列記主義をとらなかったのである。なお，独立行政法人通則法2条1項に規定する独立行政法人は，2018年4月1日現在で87法人存在する。

これに対して，独立行政法人以外の法人については，個別の判断が必要であるので，対象法人を別表で列記する方針をとっている。狭義の独立行政法人ではないが，それと類似した性格を有する日本司法支援センター（総合法律支援法に基づく）（宇賀・行政法概説Ⅲ〔第4版〕277頁以下参照），国立大学法人・大学共同利用機関法人（国立大学法人法に基づく）（宇賀・同書279頁以下参照）（総務省設置法4条13号は，これらを総称して独立行政法人という文言を使用している）は対象法人になっているが，特殊法人・認可法人については，一部のみが対象法人となっている。

なお，行政改革推進本部特殊法人情報公開検討委員会の「特殊法人等の情報公開制度の整備充実に関する意見」において，日本放送協会については，本法の対象法人としないが，受信契約強制によって受信料を支払う立場にある受信者に対し，関連事業に対する出資等の状況を含め，その財務および業務運営の実態を一層明らかにし，受信者からの情報入手の要請に適切に応えることができる仕組みを構築することが重要と考えられるので，政府と日本放送協会は，子会社等との連結を含む財務および業務運営の実態についての情報提供制度や求めに応じて情報を開示する制度の整備について検討することが求められるとし，また，求めに応じて情報を開示する制度を検討するに当たっては，請求者が日本放送協会の開示・不開示等の判断に不服がある場合に，第三者による中立的な判断を加味する仕組みを検討することが適当と考えられると指摘されていた。これを受けて日本放送協会は，2000年12月に「NHK情報公開基準」を作成した。これによると，日本放送協会は2001年7月より視聴者からの開示の求めに応じて，同基準に則り開示・不開示の判断を行い，不開示とされた場合，請求者は「再検討の求め」を行うことができ，日本放送協会は「再検討の求め」について，外部の有識者で構成するNHK情報公開・個人情報保護審

議委員会の審議結果を尊重して再検討することとされている。

(3) 対象文書

本法2条2項は、対象文書を「法人文書」と称しているが、組織共用文書をすべて対象とすること、情報が記録されている媒体の如何を問わずに対象とするため電磁的記録もすべて含まれることは、行政機関情報公開法の場合と同様である。官報等不特定多数の者に販売することを目的として発行されるもの（1号）、公文書管理法2条7項に規定する特定歴史公文書等（2号）、政令で定める博物館等の施設において、政令で定めるところにより歴史的もしくは文化的な資料または学術研究用の資料として特別の管理がされているもの（3号）が対象文書から除外されていることも、行政機関情報公開法の場合と共通している。しかし、4号は、「別表第2の上欄に掲げる独立行政法人等が保有している文書、図画及び電磁的記録であって、政令で定めるところにより、専ら同表下欄に掲げる業務に係るものとして、同欄に掲げる業務以外の業務に係るものと区分されるもの」を適用除外としており、これは、行政機関情報公開法にはみられない規定である。これは、特殊法人情報公開検討委員会の「特殊法人等の情報公開制度の整備充実に関する意見」第3において、「国民に対する政府の説明責務の対象とならない業務と対象となる業務とを併せて実施している法人においては、対象とならない業務に係る文書が対象となる業務に係る文書と明確に区分される場合には、対象とならない業務に係る文書は、対象外とする」とされていたことを受けたものである。

別表第2に掲げられている新関西国際空港株式会社については、空港の建設以外の業務にかかる文書が空港の建設にかかる文書と明確に区分されている場合には、空港の建設以外の業務にかかる文書は、開示請求の対象外とするため、下欄には、空港の建設以外の業務を掲げている。日本私立学校振興・共済事業団の場合は、共済組合等とこれ以外の法人とが統合されて設けられた法人であるので、共済事業についての文書を下欄に掲げ、共済事業についての文書が共済事業以外の事業についての文書と明確に区分される場合には、前者の文書を対象外としている。

(4) 開示請求権, 開示請求の手続

本法が開示請求権を何人にも与えている点は (3条), 行政機関情報公開法と同様であるが, 開示請求の相手方は, 独立行政法人等の長ではなく, 独立行政法人等という法人自体である点に留意が必要である。開示請求の手続 (4条) も, 行政機関情報公開法と共通している。

行政手続オンライン化法にいう「行政機関等」には, 独立行政法人等も含まれるが,「行政手続等における情報通信の技術の利用に関する法律の施行に伴う独立行政法人等の保有する情報の公開に関する法律に係る対象手続等を定める省令」(平成16年3月16日総務省令40号) が制定され, 独立行政法人等の保有する法人文書の開示請求もオンラインで行うこと (オンライン開示請求) が法制上可能になっている。その特色は, 開示請求や開示の実施方法の申出 (再申出を含む) については, 電子署名を要しないとされていることである (3条3項)。これは, 独立行政法人等情報公開法に基づく開示請求は, 何人でも行うことができ, 開示請求者が誰であるかを問わずに開示・不開示の判断がなされるからである。

(5) 不開示情報

行政機関情報公開法5条が定める不開示情報と本法5条が定める不開示情報とは基本的に同一である。

個人に関する情報について, 公務員等の職務の遂行にかかる情報であるときは, 当該情報のうち, 当該公務員等の職および当該職務遂行の内容にかかる部分を例外的に開示することとしているが (1号ハ), 公務員等のなかには, 独立行政法人等, 地方独立行政法人の役員および職員が含まれている。これは, 本法の対象となる独立行政法人等は実質的に政府の一部を, 地方独立行政法人は実質的に地方公共団体の一部を構成するとみられるものであるから, 独立行政法人等, 地方独立行政法人の役員, 職員の職, 職務遂行の内容は, アカウンタビリティを全うするために開示する必要があるという考えに基づいている。なお, 2016年の通常国会で成立した「行政機関等の保有する個人情報の適正かつ効果的な活用による新たな産業の創出並びに活力ある経済社会及び豊かな国民生活の実現に資するための関係法律の整備に関する法律」4条により, 本法5条1号の2の規定が新設された。そこでは, (i)行政機関非識別加工情報 (行

政機関非識別加工情報ファイルを構成するものに限る。以下同じ），(ⅱ)行政機関非識別加工情報の作成に用いた保有個人情報（他の情報と照合することができ，それにより特定の個人を識別することができることとなるもの〔他の情報と容易に照合することができ，それにより特定の個人を識別することができることとなるものを除く〕を除く）から削除した記述等または個人識別符号，(ⅲ)独立行政法人等非識別加工情報（独立行政法人等非識別加工情報ファイルを構成するものに限る。以下同じ），(ⅳ)独立行政法人等非識別加工情報の作成に用いた保有個人情報（他の情報と照合することができ，それにより特定の個人を識別することができることとなるもの〔他の情報と容易に照合することができ，それにより特定の個人を識別することができることとなるものを除く〕を除く）から削除した記述等または個人識別符号が不開示情報とされている。また，本法7条の公益上の裁量的開示の対象から，本法5条1号の2に掲げる情報が除かれている。

　法人等に関する情報においては，国，地方公共団体と並んで独立行政法人等，地方独立行政法人も，一般の法人とは異なる公的性格のために対象外としており（2号），4号トで事務または事業に関する不開示情報の問題として取り扱っている。

　国の機関，独立行政法人等，地方公共団体および地方独立行政法人の内部または相互間における審議，検討または協議に関する不開示情報（3号）は，行政機関情報公開法5条5号とまったく同じである。

　国の機関，独立行政法人等，地方公共団体または地方独立行政法人が行う事務または事業に関する不開示情報（4号）は，行政機関情報公開法5条6号と基本的に共通しているが，重要な相違点は，本法5条4号には，行政機関情報公開法5条6号にはない「イ　国の安全が害されるおそれ，他国若しくは国際機関との信頼関係が損なわれるおそれ又は他国若しくは国際機関との交渉上不利益を被るおそれ」，「ロ　犯罪の予防，鎮圧又は捜査その他の公共の安全と秩序の維持に支障を及ぼすおそれ」が挙げられていることである。これは，行政機関情報公開法5条3号（国の安全等に関する情報），4号（公共の安全等に関する情報）に相当する不開示規定を設けていないことによる。すなわち，行政機関情報公開法5条3号・4号は，国の安全保障や犯罪捜査等の公共の安全等の国民全体の基本的な利益の擁護に携わる内閣の重要な責務に関するものであり，かつ，開示・不開示の判断に高度の政策的判断を必要とする特殊性を有するこ

とから，行政機関の長の不開示決定の判断を尊重する趣旨を示すため，「行政機関の長が認めることにつき相当の理由がある情報」という規定の仕方をしている。もし，独立行政法人等が保有する情報のなかに，行政機関情報公開法5条3号・4号に該当するものがあると独立行政法人等が判断した場合には，移送すべきことになる。しかし，「国の安全が害されるおそれ，他国若しくは国際機関との信頼関係が損なわれるおそれ又は他国若しくは国際機関との交渉上不利益を被るおそれ」，「犯罪の予防，鎮圧又は捜査その他の公共の安全と秩序の維持に支障を及ぼすおそれ」はあるが，行政機関の長に移送するまでもなく，当該独立行政法人等が判断すれば足りるものもありうる。そこで，本法5条4号イ・ロを事務または事業に関する不開示情報として設けている。ここでは，行政機関情報公開法5条3号・4号とは異なり，「独立行政法人等が認めることにつき相当の理由がある情報」という表現にはなっていないので，独立行政法人等の第1次的判断を尊重する規定ではないことに留意する必要がある。なお，本法5条4号ロにおいては，行政機関情報公開法5条4号の「公訴の維持，刑の執行」の部分が規定されていない。これは，独立行政法人等が保有する文書のなかに，「公訴の維持，刑の執行」にかかるものがあることは想定されないからである。本法5条4号ハにおいて，「租税の賦課若しくは徴収」が規定されているのは，独立行政法人酒類総合研究所が対象法人になっているからである。

(6) 部分開示，公益上の理由による裁量的開示，存否応答拒否

部分開示（6条），公益上の理由による裁量的開示（7条），存否応答拒否（8条）の規定は，行政機関情報公開法と同様のものになっている。

(7) 開示請求に対する措置，開示決定等の期限，開示決定等の期限の特例

開示請求に対する措置（9条），開示決定等の期限（10条），開示決定等の期限の特例（11条）の規定は，行政機関情報公開法と同様のものになっている。

(8) 事案の移送

事案の移送の規定は，他の独立行政法人等への移送に関するもの（12条）と，行政機関の長への移送に関するもの（13条）とに分かれている。他の独立行政法人等への移送は，「開示請求に係る法人文書が他の独立行政法人等により作

成されたものであるときその他他の独立行政法人等において開示決定等をすることにつき正当な理由があるとき」に、当該他の独立行政法人等と協議のうえ、行うことができる（12条1項）。他方、行政機関の長への移送は、「開示請求に係る法人文書に記録されている情報を公にすることにより、国の安全が害されるおそれ、他国若しくは国際機関との信頼関係が損なわれるおそれ又は他国若しくは国際機関との交渉上不利益を被るおそれがあると認めるとき」（13条1項1号）、「開示請求に係る法人文書に記録されている情報を公にすることにより、犯罪の予防、鎮圧又は捜査その他の公共の安全と秩序の維持に支障を及ぼすおそれがあると認めるとき」（同条同項2号）が、「開示請求に係る法人文書が行政機関（行政機関情報公開法第2条第1項に規定する行政機関をいう。次項において同じ。）により作成されたものであるとき」（同条同項3号）、「その他行政機関の長において行政機関情報公開法第10条第1項に規定する開示決定等をすることにつき正当な理由があるとき」（同条同項4号）のほかにとくに明記されている。開示請求を受けた独立行政法人等は、13条1項1号・2号に該当する文書の開示請求を受けたときは、行政機関の長に移送し、行政機関情報公開法5条3号・4号によって開示・不開示の判断を行わせることが適当か、本法5条4号イ・ロによって自ら判断することが妥当かを検討し、移送の是非を決することになる。

　行政機関の長に移送がされた場合には、当該事案については、法人文書を移送を受けた行政機関が保有する行政機関情報公開法2条2項に規定する行政文書とみなし、当該独立行政法人等に対する開示請求は、移送を受けた行政機関の長に対する行政機関情報公開法4条1項に規定する開示請求とみなして行政機関情報公開法の規定を適用することになる。この場合、行政機関情報公開法16条1項は、「行政文書の開示を受ける者は、政令で定めるところにより、実費の範囲内において政令で定める額の開示の実施に係る手数料を納めなければならない」と読み替えることとしている（本法13条2項）。その理由は、開示請求にかかる手数料は、すでに独立行政法人等に対して支払われており、行政機関の長は、開示の実施にかかる手数料のみを徴収すれば足りるからである。

(9)　第三者に対する意見書提出の機会の付与等

　国、独立行政法人等、地方公共団体、地方独立行政法人、開示請求者以外の

者すなわち第三者に対する意見書提出の機会の付与等についての本法14条の仕組みは，行政機関情報公開法13条と変わらない。

(10) 開示の実施

　法人文書の開示は，文書または図画については，閲覧または写しの交付によることになっており（15条1項），この点は，行政機関情報公開法の場合と共通である。しかし，電磁的記録については，行政機関情報公開法においては，その種別，情報化の進展状況等を勘案して政令で定める方法により行うこととされているのに対して，本法においては，その種別，情報化の進展状況等を勘案して独立行政法人等が定める方法により行うこととされている（同条同項）。しかし，独立行政法人等は，行政機関情報公開法14条1項の規定に基づく政令の規定を参酌して電磁的記録についての開示の方法に関する定めを設けるとともに，これを一般の閲覧に供しなければならない（同条2項）。この点は，著作権法42条の2の規定と関連する。すなわち，本法制定附則6条による著作権法の改正によって，独立行政法人等が本法の規定により著作物を公衆に提供し，または提示することを目的とする場合には，本法15条1項に規定する方法により開示するために必要と認められる限度において，当該著作物を利用することができることとされているが，ここでいう本法15条1項に規定する方法には，同項の規定に基づき当該独立行政法人等が定める方法を含むものの，行政機関情報公開法14条1項の規定に基づく政令で定める方法以外のものを除くこととされている。要するに，独立行政法人等は，電磁的記録の開示の実施方法については，行政機関情報公開法施行令9条の定める方法以外の方法を採用することを禁じられているわけではないが，同条の定める方法以外の方法については，著作権法42条の2の規定が適用されないため，当該法人文書に第三者が著作権を有する場合，当該開示方法は，著作権者の承諾なしには実施しえないという制約が生ずることになってしまうのである。したがって，独立行政法人等は，このことを念頭において，行政機関情報公開法施行令9条を参酌して，電磁的記録の開示の実施方法を定める必要がある。

(11) 他の法令による開示の実施との調整

　本法の他の法令による開示の実施との調整の考え方（16条）は，行政機関情

報公開法の場合と同様である。

⑿ 手 数 料

　行政機関情報公開法においては，手数料額は実費の範囲内で政令で定めることとされたが，本法は，独立行政法人等が国とは独立の法人格を有し，独立して経営に当たる主体であることから，各法人が定めることとしている（17条1項）。しかし，当該手数料の額は，実費の範囲内において，行政機関情報公開法16条1項の手数料の額を参酌して定める必要がある（同条2項）。行政機関情報公開法16条2項には，手数料の額を定めるに当たっては，できる限り利用しやすい額とするように配慮しなければならないという規定があるが，本法17条には，その旨の明文の規定はない。しかし，行政機関情報公開法16条1項の手数料の額を参酌することは，当然，できる限り利用しやすい額とするように配慮することを含意しているといえる。経済的困難その他特別の理由があると認めるときの手数料の減免について，行政機関情報公開法16条3項は，政令で定めるところにより，行政機関の長が行うこととしているが，本法は，行政機関情報公開法16条3項の規定に基づく政令の規定（行政機関情報公開法施行令14条）を参酌して独立行政法人等の定めるところにより行うこととしている（17条3項）。この場合も，独立行政法人等が国とは独立した法人格を有する経営主体であることに配慮して，政令で一律に減免につき定めるのではなく，各独立行政法人等が定めることとするとともに，不合理な不統一が生じないように行政機関情報公開法施行令14条の規定を参酌することを義務づけているのである。行政機関情報公開法のように，手数料について政令で定める場合には，当然，当該定めは公表されることになるが，本法のように，各独立行政法人等が手数料を定めることとすると，当該定めの公表を確保する規定を設ける必要が生ずることになる。そこで，本法は，独立行政法人等の手数料の定めを一般の閲覧に供しなければならないという規定を設けている（17条4項）。

⒀ 審査請求等

　本法は，独立行政法人等の行う開示決定等が処分であることを前提としている。したがって，開示決定等に対しては，行政不服審査法に基づく審査請求，行政事件訴訟法に基づく抗告訴訟を提起しうることになる。本法は，かかる前

提のもとに3章に「審査請求等」についての規定をおいている。本法18条1項は，「開示決定等又は開示請求に係る不作為について不服がある者は，独立行政法人等に対し，審査請求をすることができる」と規定されているが，この規定は確認的なものといえる。

行政不服審査法に基づく審査請求が行われた場合，行政機関情報公開法では，総務省に設けられている情報公開・個人情報保護審査会に諮問することを原則としているが，本法も，同様の仕組みをとり，開示決定等または開示請求にかかる不作為にかかる審査請求があったときは，独立行政法人等は，原則として，情報公開・個人情報保護審査会に諮問しなければならないこととしている（19条1項）。諮問をした旨の通知（同条2項），第三者からの審査請求を棄却する場合等における手続（20条）は，行政機関情報公開法と同様の仕組みとなっている。

行政機関情報公開法21条は，訴訟の移送の特例規定をおいているが，独立行政法人等についても，同様の規定がおかれている（21条）。

(14) 情報提供

本法は，情報開示請求制度と情報提供制度を車の両輪として位置づけているため，情報提供について独立の章（4章）を設け，行政機関情報公開法24条よりも詳細な規定をおいている。すなわち，独立行政法人等は，政令で定めるところにより，その保有する①当該独立行政法人等の組織，業務および財務に関する基礎的な情報（22条1項1号），②当該独立行政法人等の組織，業務および財務についての評価および監査に関する情報（2号），③当該独立行政法人等の出資または拠出にかかる法人その他の政令で定める法人に関する基礎的な情報（3号）であって，政令で定めるものを記録した文書，図画または電磁的記録を作成し，適時に，かつ，国民が利用しやすい方法により提供するものとすると定めている。

特殊法人情報公開検討委員会の「特殊法人等の情報公開制度の整備充実に関する意見」第7においては，組織に関する基礎的情報のなかに，当該独立行政法人等の子会社，関連会社，関連公益法人の状況に関する情報を含めて考えていたが，本法22条1項1号においては，当該独立行政法人等の出資または拠出にかかる子会社，関連会社，関連公益法人を当該独立行政法人等の組織で読

むことにはやや困難があることから，1号とは別に3号でこれに関する独立の規定を設けている。22条1項は，「ものとする」という表現になっており，2項の「努めるものとする」という表現との対比から明らかなとおり，単なる訓示規定ではなく，独立行政法人等に情報提供を義務づけるものである。本法施行令12条1項においては，本法22条1項に規定する情報の提供は，事務所に備えて一般の閲覧に供する方法およびインターネットの利用その他の情報通信の技術を利用する方法により行うものとすると定められている。

さらに，22条1項の規定によるもののほか，独立行政法人等は，その諸活動についての国民の理解を深めるため，その保有する情報の提供に関する施策の充実に努める義務を負っていることも明記されている（同条2項）。

⒂ **法人文書の管理**

文書管理が情報公開の基礎になることから，行政機関情報公開法の場合と同様，本法も，平成21年法律第66号による改正前は，5章「補則」の冒頭に文書管理に関する規定をおいていた（改正前23条）。行政機関情報公開法22条2項（平成21年法律第66号による改正前のもの。以下同じ）においては，行政機関の長は，政令で定めるところにより行政文書の管理に関する定めを設けることとしていたが，本法では，独立行政法人等が，行政機関情報公開法22条2項の規定に基づく政令の規定を参酌して法人文書の管理に関する定めを設けることとしていた。独立行政法人等は一般に，法人文書ファイル管理簿をホームページに掲載し，キーワード検索ができるようにしている。公文書管理法3章において，独立行政法人等の保有する法人文書の管理について規定されたため，本法の法人文書の管理に関する規定は削除されることとなった。公文書管理法3章が定める法人文書の管理の規定は，基本的には行政文書の管理の規定に準じたものになっているが，法人の独立性，自律性への配慮もなされている（詳しくは，宇賀克也・逐条解説公文書等の管理に関する法律〔第3版〕（第一法規，2015年）119頁以下参照）。また，法人文書で歴史公文書等であるものも，非現用になったときは，国立公文書館等に移管することが義務づけられた（公文書管理法11条4項）。

(16) **開示請求をしようとする者に対する情報の提供等，施行の状況の公表**

　開示請求をしようとする者に対する情報の提供等に関する規定（23条）は，行政機関情報公開法22条と同様の仕組みである。総務大臣は，行政機関情報公開法において，同法の円滑な運用を確保するため，開示請求に対する総合的な案内所を整備するものとされているが（22条2項），本法も，総務大臣に総合的な案内所を整備する責任を課している（23条2項）。そのため，制定附則9条において，総務省設置法25条2項を改正して，総務大臣は，管区行政評価局および沖縄行政評価事務所に，本法23条2項の案内所に関する事務を分掌させることができることとしている。すなわち，総務省管区行政評価局および沖縄行政評価事務所が，行政機関情報公開法と本法の双方の総合案内所の役割を果たすことになる。

　総務大臣は，独立行政法人等に対し，本法の施行の状況について報告を求めることができ，毎年度，この報告を取りまとめ，その概要を公表することとされているが（24条），これも，行政機関情報公開法23条と同様の仕組みである。施行状況調査の内容は，行政機関情報公開法と共通である。

第3部
情報公開・個人情報保護審査会設置法の逐条解説

New Commentary on Information Disclosure Laws

第1章　総　　則

> **（趣旨）**
> **第1条**　この法律は，情報公開・個人情報保護審査会の設置及び組織並びに調査審議の手続等について定めるものとする。

　行政機関情報公開法が制定された際，同法3章2節に情報公開審査会の設置および組織に関する規定が，3節に情報公開審査会の調査審議の手続に関する規定が，4章の補則の中に情報公開審査会委員の守秘義務違反に対する罰則規定がおかれていた。その後，独立行政法人等情報公開法が制定され，同法に基づく開示決定等に対する不服申立てについて，諮問に応じて調査審議することも，情報公開審査会の所掌事務とされた。さらに，行政機関個人情報保護法，独立行政法人等個人情報保護法が制定され，これらの法律に基づく開示決定等に対する不服申立てについて，諮問に応じて調査審議する事務も，この審査会に所掌させるため，その組織を拡充改組し，名称も，情報公開・個人情報保護審査会に変更された。このように，この審査会が，情報公開のみならず個人情報保護にもかかわる諮問機関となったため，その設置および組織ならびに調査審議の手続等について，別途，情報公開・個人情報保護審査会の設置法が設けられ，行政機関情報公開法の関連規定は削除された。以下においては必要に応じて，行政機関個人情報保護法，独立行政法人等個人情報保護法にも言及する。

　情報公開・個人情報保護審査会は，必要があると認めるときは，数個の審査請求にかかる事件の手続を併合し，または併合された数個の審査請求にかかる事件の手続を分離することができる。審査請求にかかる事件の手続を併合し，または分離したときは，審査請求人，参加人および諮問庁にその旨を通知しなければならない（情報公開・個人情報保護審査会設置法施行令2条）。

第 2 章　設置及び組織

> （設置）
> **第 2 条**　次に掲げる法律の規定による諮問に応じ審査請求について調査審議するため，総務省に，情報公開・個人情報保護審査会（以下「審査会」という。）を置く。
> 　一　行政機関の保有する情報の公開に関する法律（平成 11 法律第 42 号）第 19 条第 1 項
> 　二　独立行政法人等の保有する情報の公開に関する法律（平成 13 年法律第 140 号）第 19 条第 1 項
> 　三　行政機関の保有する個人情報の保護に関する法律（平成 15 年法律第 58 号）第 43 条第 1 項
> 　四　独立行政法人等の保有する個人情報の保護に関する法律（平成 15 年法律第 59 号）第 43 条第 1 項

　本条は，情報公開・個人情報保護審査会が総務省におかれることを明確にしている。

　諮問機関として，独任制のオンブズマン方式ではなく，情報公開・個人情報保護審査会という合議制機関方式がとられたのは，前者の迅速な救済というメリットよりも，後者の慎重審議のメリットのほうを重視したからといえる。合議制機関は，非常勤の委員を主体とする場合，日程の調整が困難であり，頻繁に会合をもつことができず，審理が長期化するおそれがある。地方公共団体においても，逗子市のように，オンブズマン方式を採用しているところのほうが，一般的にいって，迅速な救済が実現しているといえる。しかし，他面において，合議制機関の場合，異なった学識経験をもつ者が意見を交換し調整していくことによって，より慎重な審議が可能になるというメリットがある。わが国では，多くの地方公共団体が，後者のメリットを重視して，審査会方式を採用しており，本条も，同様の方式を選択している。

　情報公開・個人情報保護審査会は，実際に開示請求対象文書を見分する権限をもっており（9 条 1 項），行政機関情報公開法，独立行政法人等情報公開法，行政機関個人情報保護法，独立行政法人等個人情報保護法に基づく救済制度に

おける要といえる地位を占める。情報公開・個人情報保護審査会では，口頭審理も行われうるので（10条1項），地方在住者の便宜を考えれば，複数の情報公開・個人情報保護審査会が全国に適宜配置されることが望ましい。しかし，行政機関情報公開法等の救済制度における中核的存在として権威ある機関を設置する必要があること，運用上の統一性を確保する必要があることから，総務省に1つおかれている。ただし，行政機関情報公開法19条の説明で述べたように，別途，会計検査院情報公開・個人情報保護審査会が会計検査院におかれている。東京以外に情報公開・個人情報保護審査会がおかれないため，地方在住者の便宜について，別途，考慮する必要がある（この点については，12条の解説〔279頁〕参照）。

　なお，情報公開および個人情報保護にかかる審査会事務が，地方自治法252条の14の規定に基づき，事務委託されている例がある。木曽郡の町村が木曽広域連合に情報公開および個人情報保護にかかる審査会事務を委託しているのがその例である（上松町情報公開及び個人情報保護審査会に関する事務委託に関する規約参照）。すなわち，木曽郡の各町村の情報公開条例・個人情報保護条例に基づく開示決定等または開示請求等にかかる不作為にかかる審査請求がされた場合には，木曽広域連合情報公開及び個人情報保護審査会（木曽広域連合情報公開及び個人情報保護に関する条例31条1項）に諮問されることになる。また，地方自治法上の事務委託ではないが，「長崎県市町村の統一的情報公開審査会実施要綱」は，県内の市町村および地方公共団体の組合（以下「市町村等」という）の情報公開条例に基づき市町村等が行う情報公開審査会の事務に関し，長崎県市町村行政振興協議会（以下「協議会」という）が統一的に協力して実施することについて定めている。情報公開審査会委員は協議会が選任し，各市町村等の長が個々に委嘱し，委員の報酬および旅費は市町村等が諮問実績に応じて按分し，連絡調整に要する経費は協議会が負担することとしている。

（組織）
第3条 審査会は，委員15人をもって組織する。
2　委員は，非常勤とする。ただし，そのうち5人以内は，常勤とすることができる。

第 3 条（組織）

　本条は，情報公開・個人情報保護審査会の委員数および常勤委員数の限度について定めている。独立行政法人等情報公開法が施行されるまでは，委員数は 9 人であり，そのうち 3 人以内は常勤とすることができるとされていた（改正前行政機関情報公開法 22 条）。独立行政法人等情報公開法の施行に伴い，委員数は 12 名に増員され，そのうち 4 人以内は常勤とすることができるとされた。その後，行政機関個人情報保護法，独立行政法人等個人情報保護法に関する不服申立てについて諮問に応じて調査審議する事務も所掌することとなったため，さらに 3 名が増員されたのである。個人情報保護に関する事務が新たに加わったにもかかわらず，3 名の増員にとどめられたのは，地方公共団体の経験にかんがみると，個人情報保護に関する不服申立ては，情報公開に関する不服申立てと比較して，相当少ないと考えられたからである。

　地方公共団体においては，情報公開（・個人情報保護）審査会の委員は 5 人のところが多い。東京都情報公開条例 24 条 3 項は 12 人以内としている。国の場合は，多数の審査請求がなされ，会計検査院長の決定に対するものを除き，全国に 1 つの総務省情報公開・個人情報保護審査会に諮問されることになる。また，行政機関情報公開法のみならず，独立行政法人等情報公開法，行政機関個人情報保護法，独立行政法人等個人情報保護法のもとでの審査請求についても諮問されることになるので，15 人の委員は，決して多いとはいえない。委員の人数は法定されているので，増員には法律の改正が必要になるが，未処理件数が著しく累積した場合には，増員を検討せざるをえないであろう。

　委員は非常勤を原則としているが，5 人以内に限って，常勤とすることができるとされている。情報公開・個人情報保護審査会の委員の職務は，きわめて繁忙である。審査請求前置主義がとられていないとはいえ，従前の経験に照らすと，通常は，審査請求が行われ，情報公開・個人情報保護審査会に諮問されることになる。諮問機関とはいえ，ほとんどすべての事例においてその答申に従った裁決がなされているので，情報公開・個人情報保護審査会は，実質的には，第 1 審の裁判に類似した機能を果たすといえる。このような事情を考えれば，少なくとも合議体の長を務める委員については常勤とすることが適当であろう。実際に，そのように運用されている。

　なお，会計検査院情報公開・個人情報保護審査会は，委員 3 人をもって組織し，委員は非常勤とすることとしている（会計検査院法 19 条の 2）。会計検査院

第3部　情報公開・個人情報保護審査会設置法の逐条解説

法に定めるもののほか，会計検査院情報公開・個人情報保護審査会の組織および運営に関し必要な事項は，会計検査院規則（会計検査院情報公開・個人情報保護審査会規則〔322頁以下に収録〕）で定めている（同法19条の6）。

（委員）
第4条　委員は，優れた識見を有する者のうちから，両議院の同意を得て，内閣総理大臣が任命する。
2　委員の任期が満了し，又は欠員を生じた場合において，国会の閉会又は衆議院の解散のために両議院の同意を得ることができないときは，内閣総理大臣は，前項の規定にかかわらず，同項に定める資格を有する者のうちから，委員を任命することができる。
3　前項の場合においては，任命後最初の国会で両議院の事後の承認を得なければならない。この場合において，両議院の事後の承認が得られないときは，内閣総理大臣は，直ちにその委員を罷免しなければならない。
4　委員の任期は，3年とする。ただし，補欠の委員の任期は，前任者の残任期間とする。
5　委員は，再任されることができる。
6　委員の任期が満了したときは，当該委員は，後任者が任命されるまで引き続きその職務を行うものとする。
7　内閣総理大臣は，委員が心身の故障のため職務の執行ができないと認めるとき，又は委員に職務上の義務違反その他委員たるに適しない非行があると認めるときは，両議院の同意を得て，その委員を罷免することができる。
8　委員は，職務上知ることができた秘密を漏らしてはならない。その職を退いた後も同様とする。
9　委員は，在任中，政党その他の政治的団体の役員となり，又は積極的に政治運動をしてはならない。
10　常勤の委員は，在任中，内閣総理大臣の許可がある場合を除き，報酬を得て他の職務に従事し，又は営利事業を営み，その他金銭上の利益を目的とする業務を行ってはならない。
11　委員の給与は，別に法律で定める。

本条は，情報公開・個人情報保護審査会の委員の資格，任免方法，任期，守秘義務，政治活動の制限等について定めている。

第4条（委員）

　情報公開・個人情報保護審査会を権威ある機関として位置づけるため，その委員は，両議院の同意を得て，内閣総理大臣が任命することとしている（本条1項）。したがって，情報公開・個人情報保護審査会委員は，特別職の公務員となる（国家公務員法2条3項9号）。本条2項・3項は，事前に国会の同意を求めることができない事情があるときに，事後承認を前提として，内閣総理大臣が委員を任命することを認めるものである。委員には任期が付されるが，再任は妨げられず，通算期間についての制限は設けられていない（本条4項・5項）。委員の任期が満了したときに，直ちに後任者を任命できない可能性も皆無ではないので，後任者が任命されるまで前任者が引き続きその職務を行うことを可能としている（本条6項）。これは，情報公開・個人情報保護審査会の事務の停滞を防ぐためである。委員が心身の故障のため職務の執行ができないと認めるとき，または委員に職務上の義務違反その他委員たるに適しない非行があると認めるときは，当該委員を罷免する必要がある。前者の場合には，当該委員を罷免して後任者を任命しなければ，情報公開・個人情報保護審査会の事務が停滞するからであり，後者の場合には，当該委員を罷免しなければ，情報公開・個人情報保護審査会への国民の信頼が失われ，また，情報公開・個人情報保護審査会の事務の公正さが損なわれるおそれがあるからである。しかし，両議院の同意を得て任命されたものである以上，罷免についても，内閣総理大臣の判断のみで行えることとはせずに，やはり，両議院の同意を必要としている（本条7項）。

　情報公開・個人情報保護審査会は，個人のプライバシーに関する文書，企業の営業秘密に関する文書，国家安全保障に関する極秘文書等についても，直接に見分して審理する権限を有している（9条1項）。したがって，委員に守秘義務を課す必要がある（本条8項）。情報公開・個人情報保護審査会の委員は特別職の公務員であり，国家公務員法100条の規定が適用されないので，守秘義務規定を本法のなかに設けているのである。地方公共団体の情報公開審査会，個人情報保護審査会においても，明文の規定はない場合でも，請求対象文書を見分して審理する方式が一般化しており，そのため，委員には条例で守秘義務が課されている（地方公共団体の情報公開〔・個人情報保護〕審査会の委員は非常勤であるので，地方公務員法3条3項2号の特別職の公務員であり，同法34条1項・2項の守秘義務規定は適用されない）。なお，守秘義務違反の罰則については，本法18

条参照。

　情報公開・個人情報保護審査会委員の政治的中立性は，情報公開・個人情報保護審査会の公正さに対する国民の信頼を確保するうえでも不可欠である。そこで，本法は，とくにこの点についての明文の規定を設けている（本条9項）。また，常勤の委員がおかれることがありうるため，私企業からの隔離，他の事業または事務の関与制限についての規定をおいている（本条10項）。委員は特別職であるので，一般職の職員の給与に関する法律の規定は適用されず，特別職の職員の給与に関する法律の規定が適用されることになる（本条11項）。

　なお，会計検査院情報公開・個人情報保護審査会の場合，委員の任免権者が内閣総理大臣ではなく，会計検査院長である点を除けば，委員の資格，任免方法，任期，守秘義務，政治的活動の制限等について，総務省情報公開・個人情報保護審査会委員と相違はない（第1部補論2(1)〔228頁〕参照）。ただし，罰則については異なる。

　　（会長）
第5条　審査会に，会長を置き，委員の互選によりこれを定める。
2　会長は，会務を総理し，審査会を代表する。
3　会長に事故があるときは，あらかじめその指名する委員が，その職務を代理する。

　本条は，情報公開・個人情報保護審査会の会長および会長代理について定めている。

　情報公開・個人情報保護審査会は合議制機関であるが，会務を総理し，情報公開・個人情報保護審査会を代表する会長を定めておく必要がある。会長の選定方法については，内閣総理大臣の任命によるのではなく，委員の互選方式によることにしている（1項・2項）。会長に事故のあるときの会長代理については，委員の互選ではなく，会長が指名することとしている（3項）。会長の事故は何時発生するか予測しがたいので，会長互選後，直ちに会長代理を指名する運用をすべきであろう。

第5条（会長）・第6条（合議体）

> **（合議体）**
> **第6条** 審査会は，その指名する委員3人をもって構成する合議体で，審査請求に係る事件について調査審議する。
> 2　前項の規定にかかわらず，審査会が定める場合においては，委員の全員をもって構成する合議体で，審査請求に係る事件について調査審議する。

　本条は，情報公開・個人情報保護審査会が，原則として，部会制により調査審議することを明確にしている。

　最高裁判所が小法廷審理を原則としながら，例外的に大法廷で審理するのと同様に，情報公開・個人情報保護審査会は，委員3人をもって構成する合議体での調査審議を原則としており（1項），委員の全員をもって構成する合議体での調査審議は，むしろ例外として位置づけられている（2項）。このような方式は，地方公共団体の情報公開（・個人情報保護）審査会の一般的あり方とは異なるが，国全体につき，総務省におかれた1つの情報公開・個人情報保護審査会が対応する以上，部会制をとらない限り，審理の著しい長期化は不可避と思われる（地方公共団体においても，すでに東京都は，1997年9月から2部会制を採用している。2001年10月から3部会制）。なお，委員全員をもって構成する合議体で調査審議するのがどのような場合であるかについては具体的には法定されていない。この点については，情報公開・個人情報保護審査会運営規則2条3項で定められている（会長は，部会に係属している審査請求事件について，当該部会の意見が前に審査会のした答申に反する場合その他本条2項の合議体〔総会〕で調査審議することが適当と認める場合には，各部会の部会長の意見を聴いて，当該審査請求事件を総会に取り扱わせることができると定めている）。

　なお，本条1項の合議体は，これを構成するすべての委員の，本条2項の合議体は，過半数の委員の出席がなければ，会議を開き議決することができない。本条1項の合議体の議事は，その合議体を構成する委員の過半数をもって決し，本条2項の合議体の議事は，出席した委員の過半数をもって決し，可否同数のときは，会長の決するところによる。特定の事件につき特別の利害関係を有する委員は，情報公開・個人情報保護審査会の決議があったときは，当該事件にかかる議決に参加することができない（情報公開・個人情報保護審査会設置法施行令1条）。

> **（事務局）**
> **第7条** 審査会の事務を処理させるため，審査会に事務局を置く。
> 2 事務局に，事務局長のほか，所要の職員を置く。
> 3 事務局長は，会長の命を受けて，局務を掌理する。

　本条は，情報公開・個人情報保護審査会を補佐する事務局について定めている。

　情報公開・個人情報保護審査会の委員の一部は常勤の職員になるとしても，調査審議の参考資料（関連裁判例，答申等）の準備等，委員のみですべての事務を処理することは困難であり，情報公開・個人情報保護審査会を補佐する事務局が必要である。事務局の職が他の部局の職との併任であるとすれば，事務局の中立性への信頼が失われるので，事務局の職務に専念させることとすべきであろう。また，情報公開・個人情報保護審査会がおかれているのは全国に1カ所のみであり，事務局の職員も相当に多忙であるため，実際問題として，併任では迅速かつ的確な事務処理は困難であろう。情報公開・個人情報保護審査会が適切に機能するかは，第一義的には，委員の人選にかかっているが，事務局職員の人選も重要である。あらかじめ情報公開・個人情報保護法制に詳しい者を選ぶようにすることが望ましいが，それに加えて，専門知識の蓄積という観点，他の行政機関から独立した情報公開・個人情報保護審査会事務局職員としてのアイデンティティの確立という観点にも配慮した人事のローテーションが行われることが期待される（行政機関情報公開法制定時の参議院総務委員会附帯決議〔本書307頁に収録〕も参照）。なお，事務局職員が派遣元の府省の諮問案件を担当することがあるが，これには，専門知識の活用というメリットがありうる反面，公正性・中立性という観点から審査請求人に疑問を抱かせるおそれがあるため，原則として，それを避ける運用がなされることが望ましいと思われる。

　情報公開・個人情報保護審査会設置法施行令5条においては，情報公開・個人情報保護審査会の事務局長は，関係のある他の職を占める者をもって充てられるものとすること（1項），事務局に課をおくこと（2項），その他，事務局の内部組織の細目は，総務省令で定めること（3項）とされている。

第3章　審査会の調査審議の手続

（定義）
第8条　この章において「諮問庁」とは，次に掲げる者をいう。
　一　行政機関の保有する情報の公開に関する法律第19条第1項の規定により審査会に諮問をした行政機関の長
　二　独立行政法人等の保有する情報の公開に関する法律第19条第1項の規定により審査会に諮問をした独立行政法人等
　三　行政機関の保有する個人情報の保護に関する法律第43条第1項の規定により審査会に諮問をした行政機関の長
　四　独立行政法人等の保有する個人情報の保護に関する法律第43条第1項の規定により審査会に諮問をした独立行政法人等
2　この章において「行政文書等」とは，次に掲げるものをいう。
　一　行政機関の保有する情報の公開に関する法律第10条第1項に規定する開示決定等に係る行政文書（同法第2条第2項に規定する行政文書をいう。以下この項において同じ。）（独立行政法人等の保有する情報の公開に関する法律第13条第2項の規定により行政文書とみなされる法人文書（同法第2条第2項に規定する法人文書をいう。次号において同じ。）を含む。）
　二　独立行政法人等の保有する情報の公開に関する法律第10条第1項に規定する開示決定等に係る法人文書（行政機関の保有する情報の公開に関する法律第12条の2第2項の規定により法人文書とみなされる行政文書を含む。）
3　この章において「保有個人情報」とは，次に掲げるものをいう。
　一　行政機関の保有する個人情報の保護に関する法律第19条第1項，第31条第1項又は第40条第1項に規定する開示決定等，訂正決定等又は利用停止決定等に係る行政保有個人情報（同法第2条第5項に規定する保有個人情報をいう。以下この項において同じ。）（独立行政法人等の保有する個人情報の保護に関する法律第22条第2項又は第34条第2項の規定により行政保有個人情報とみなされる法人保有個人情報（同法第2条第5項に規定する保有個人情報をいう。次号において同じ。）を含む。）
　二　独立行政法人等の保有する個人情報の保護に関する法律第19条第1項，

> 第31条第1項又は第40条第1項に規定する開示決定等，訂正決定等又は利用停止決定等に係る法人保有個人情報（行政機関の保有する個人情報の保護に関する法律第22条第2項又は第34条第2項の規定により法人保有個人情報とみなされる行政保有個人情報を含む。）

　本条は，情報公開・個人情報保護審査会設置法の調査審議の手続に関する条文において用いられる重要な用語を定義している。

　情報公開・個人情報保護審査会が，行政機関情報公開法，独立行政法人等情報公開法，行政機関個人情報保護法，独立行政法人等個人情報保護法の4つの法律の規定による諮問に応じて審査請求について調査審議する機関であるため，「諮問庁」も，これらの4つの法律に基づいて，情報公開・個人情報保護審査会に諮問する者となる（本条1項）。独立行政法人等情報公開法，独立行政法人等個人情報保護法に基づく諮問の場合には，「諮問庁」は，独立行政法人等の長ではなく，独立行政法人等であることに留意が必要である。「諮問庁」という用語は，9条（審査会の調査権限）で用いられている。

　「行政文書等」とは，行政機関情報公開法に基づく開示決定等にかかる行政文書（独立行政法人等情報公開法13条1項の規定により行政機関の長に事案が移送され，同条2項の規定により行政文書とみなされる法人文書を含む）および独立行政法人等情報公開法に基づく開示決定等にかかる法人文書（行政機関情報公開法12条の2第1項の規定により独立行政法人等に事案が移送され，同条2項の規定により法人文書とみなされる行政文書を含む）のことである。

　「保有個人情報」とは，行政機関個人情報保護法に基づく開示請求，訂正請求，利用停止請求に対する決定等にかかる行政保有個人情報（独立行政法人等個人情報保護法22条1項・34条1項の規定により行政機関の長に事案が移送され，同法22条2項・34条2項の規定により行政保有個人情報とみなされる法人保有個人情報を含む）および独立行政法人等個人情報保護法に基づく開示請求，訂正請求，利用停止請求に対する決定等にかかる法人保有個人情報（行政機関個人情報保護法22条1項・34条1項の規定により独立行政法人等に事案が移送され，同法22条2項・34条2項の規定により法人保有個人情報とみなされる行政保有個人情報を含む）である。

　「行政文書等又は（若しくは）保有個人情報」という表現は，9条（審査会の調

査権限），12条（委員による調査手続）で用いられている。

> **（審査会の調査権限）**
> **第9条** 審査会は，必要があると認めるときは，諮問庁に対し，行政文書等又は保有個人情報の提示を求めることができる。この場合においては，何人も，審査会に対し，その提示された行政文書等又は保有個人情報の開示を求めることができない。
> 2　諮問庁は，審査会から前項の規定による求めがあったときは，これを拒んではならない。
> 3　審査会は，必要があると認めるときは，諮問庁に対し，行政文書等に記録されている情報又は保有個人情報に含まれている情報の内容を審査会の指定する方法により分類又は整理した資料を作成し，審査会に提出するよう求めることができる。
> 4　第1項及び前項に定めるもののほか，審査会は，審査請求に係る事件に関し，審査請求人，参加人（行政不服審査法（平成26年法律第68号）第13条第4項に規定する参加人をいう。次条第2項及び第16条において同じ。）又は諮問庁（以下「審査請求人等」という。）に意見書又は資料の提出を求めること，適当と認める者にその知っている事実を陳述させ又は鑑定を求めることその他必要な調査をすることができる。

本条は，審査会の調査権限について定めたものである。

(1) インカメラ審理

情報公開・個人情報保護審査会は，諮問庁（情報公開・個人情報保護審査会に諮問をした行政機関の長および独立行政法人等）から独立した第三者性をもった機関として，的確な判断を行うことが期待されている。そのため，本条は，情報公開・個人情報保護審査会に諸種の調査権限を与えているが，とりわけ重要な権限が1項に規定されている。すなわち，開示決定等にかかる行政文書等または保有個人情報を諮問庁に提示させ，実際に，当該行政文書等または保有個人情報を見分して審理をする権限である。これが，いわゆるインカメラ審理の権限である。情報公開・個人情報保護審査会がインカメラ審理を行うことは，不開示の理由とされている情報が実際に当該行政文書等または保有個人情報に記

録されているのか，開示・不開示の判断が違法・不当でないか，部分開示が適切に行われているか，存否応答拒否が適切に行われているか，対象外とされた文書または情報が実際に本法でいう行政文書等または保有個人情報に該当しないのか等を的確かつ迅速に判断するために，きわめて有効である。アメリカ，カナダのように，裁判所がインカメラ審理を行うことができることが明確な国とは異なり，わが国の場合は，憲法82条との関係で裁判所のインカメラ審理の合憲性について議論があり（宇賀克也「情報公開訴訟におけるインカメラ審理——沖縄ヘリ墜落事件」論究ジュリスト3号（2012年）24頁以下，宇賀＝大橋＝高橋編・対話で学ぶ行政法131頁参照），また，インカメラ審理が対審原則の例外となるため，情報公開条例，個人情報保護条例に基づく開示請求訴訟においても，裁判所は，一般に公文書を見ることなく，推認の方法によって司法審査を行っている。そのこともあり，情報公開審査会，個人情報保護審査会にインカメラ審理を認めることによって，実効ある救済制度を実現しようとする運用が行われてきた。このような点を考慮すれば，情報公開・個人情報保護審査会にインカメラ審理の権限を付与することが不可欠であり，かつ，情報公開・個人情報保護審査会のきわめて重要な調査権限であるので，運用上の措置に委ねることなく，この権限を法律に明記している（本条1項）。特定秘密が記載された行政文書であっても，情報公開・個人情報保護審査会はその提示を求めることができる（特定秘密の保護に関する法律10条1項3号〔会計検査院情報公開・個人情報保護審査会については同項4号〕参照）。さらに，インカメラ審理の実効性を担保するため，諮問庁は，情報公開・個人情報保護審査会から開示決定等にかかる行政文書等または保有個人情報の提示を求められた場合，これを拒否することができないことも明記されている（本条2項）。本条1項は，提示，すなわち，開示決定等にかかる行政文書を直接に見分させるように求める権限を定めたもので，提出，すなわち，情報公開・個人情報保護審査会に差し出させ保管する権限まで付与するものではない。しかし，行政機関の長の判断で提出することも妨げられない。

　本条は，情報公開・個人情報保護審査会にインカメラ審理を行う権限を付与しているが，義務を課しているわけではない。情報公開・個人情報保護審査会は，「必要があると認めるとき」にインカメラ審理を行うのであり，いかなる場合にインカメラ審理を行うかの判断は情報公開・個人情報保護審査会に委ね

第9条（審査会の調査権限）

られている。「必要があると認めるとき」とは，当該行政文書等または保有個人情報に記録されている情報の性質，当該事件の証拠関係等に照らし，情報公開・個人情報保護審査会が当該行政文書等または保有個人情報を実際に見分しないことにより生ずる適切な判断の困難性等の不利益と，当該行政文書等または保有個人情報を情報公開・個人情報保護審査会に提示することにより生ずる行政上の支障等の不利益とを比較衡量した結果，なお必要があると認められることを意味する（情報公開法要綱案の考え方6⑵イ参照）。情報公開・個人情報保護審査会の委員には，罰則により担保された守秘義務が課されているので，当該行政文書等または保有個人情報を情報公開・個人情報保護審査会に提出することにより生ずる行政上の支障等の不利益は，通常は生ずることはなく，一般的には，前者の不利益を重視して，インカメラ審理を行うべきである。

しかし，当該行政文書等または保有個人情報に記録されている情報のなかには，その性質上，特定の最小限度の者以外に見分させることが必ずしも適切とはいえないもの，情報源，情報交換の方法について当該情報交換の当事者以外の者には漏洩しないという条件で外国から入手したもの等があり，このような場合には，当該行政文書等または保有個人情報を情報公開・個人情報保護審査会に提出することにより生ずる行政上の支障等の不利益に配慮せざるをえない。かかる場合，情報公開・個人情報保護審査会は，諮問庁から意見書や開示決定等にかかる行政文書等または保有個人情報以外の資料の提出を求めて，当該行政文書等または保有個人情報を情報公開・個人情報保護審査会に提出することにより生ずる行政上の支障等の不利益の内容，程度を的確に理解し，当該行政文書等または保有個人情報を実際に見分しないことにより生ずる適切な判断の困難性等の不利益との比較衡量を行うべきである。インカメラ審理を行わないことの不利益は，他の代替調査手段の有効性に依存することになるので，本条3項・4項の規定に基づく資料提出等により，どの程度，インカメラ審理の機能が代替されうるかも考慮する必要がある。以上のような点に配慮したうえで，情報公開・個人情報保護審査会がインカメラ審理の必要を認めて，開示決定等にかかる行政文書等または保有個人情報の提示を求めた以上，諮問庁は，「必要があると認めるとき」には該当しないと主張して当該行政文書等または保有個人情報の提示を拒むことはできない（本条2項）。

なお，諮問庁は，開示決定等にかかる行政文書に記録されている情報が，そ

の取扱いについて特別の配慮を必要とするものであるときは，情報公開・個人情報保護審査会に対し，その旨を申し出ることができ（情報公開・個人情報保護審査会設置法施行令3条1項），情報公開・個人情報保護審査会は，この申出を受けた場合において，インカメラ審理のため当該行政文書の提示を求めようとするときは，当該諮問庁の意見を聴かなければならない（同条2項）。

　本条1項後段は，何人もインカメラ審理のために提示された行政文書等または保有個人情報の開示を情報公開・個人情報保護審査会に求めることはできないとしており，行政機関情報公開法3条の開示請求のみを念頭においているわけではないが，同条の開示請求についても，以下の点に留意しなければならない。情報公開・個人情報保護審査会は，総務省におかれる機関であり，総務省は行政機関情報公開法2条1項3号，行政機関個人情報保護法2条1項3号に規定する行政機関であるから，情報公開・個人情報保護審査会の委員，職員が職務上作成し，または取得した文書または個人情報で情報公開・個人情報保護審査会の委員，職員が組織的に用いるものとして，情報公開・個人情報保護審査会が保有しているものは，行政機関情報公開法2条2項の行政文書または行政機関個人情報保護法2条5項の保有個人情報に該当する（また，会計検査院は行政機関情報公開法2条1項6号，行政機関個人情報保護法2条1項6号の行政機関であり，したがって，会計検査院におかれる会計検査院情報公開・個人情報保護審査会の委員，職員が組織的に用いるものとして，会計検査院情報公開・個人情報保護審査会が保有しているものについても同様のことがいえる）。したがって，情報公開・個人情報保護審査会が，インカメラ審理のために，開示決定等にかかる行政文書等または保有個人情報を提示させた場合，当該行政文書等または保有個人情報は，情報公開・個人情報保護審査会保有文書（情報）として，行政機関情報公開法，行政機関個人情報保護法の対象になることになる。そのため，情報公開・個人情報保護審査会に対して開示決定等の権限が委任される場合，情報公開・個人情報保護審査会に対して，インカメラ審理の目的で提示された開示決定等にかかる行政文書等または保有個人情報の開示請求がなされることがありうることになる。他の行政機関が作成した行政文書もしくは保有個人情報または独立行政法人等が作成した法人文書もしくは保有個人情報の開示請求が当該行政文書等または保有個人情報を取得した行政機関の長になされた場合，通常，事案の移送によって対処することになると考えられるが，開示決定等にかかる行政文

書等または保有個人情報の場合，すでに開示決定等を行った行政機関の長または独立行政法人等の判断は示されており，その是非の審査が情報公開・個人情報保護審査会に求められているわけであるから，事案の移送によって処理することも適切とはいえない。また，情報公開・個人情報保護審査会が諮問手続のなかで開示の是非について審査中である行政文書等または保有個人情報につき，それとは別個に情報公開・個人情報保護審査会自体に対して，当該行政文書等または保有個人情報の開示請求を認めることは，情報公開・個人情報保護審査会に過剰な負担を課すことになる。

　以上においては，情報公開・個人情報保護審査会が審査中の行政文書等または保有個人情報のみを念頭において論じたが，すでに答申が出されたのちも，開示決定等にかかる行政文書等または保有個人情報の写しを情報公開・個人情報保護審査会事務局が執務の参考に供するため保有している可能性はある。その場合も，情報公開・個人情報保護審査会に対して開示請求をしなくても，当該行政文書等または保有個人情報を日常の業務のために保有している行政機関の長または独立行政法人等に開示請求をさせれば足りるし，情報公開・個人情報保護審査会に過度に開示請求が集中することを避けるためにも，情報公開・個人情報保護審査会自身に対しては，インカメラ審理の目的で提示された行政文書等または保有個人情報の開示請求を認めることは適切でない（なお，民事訴訟法 223 条 3 項後段参照）。なお，情報公開・個人情報保護審査会に開示決定等の権限が委任されていない場合も，以上に述べた趣旨に照らせば，情報公開・個人情報保護審査会がインカメラ審理のために提示させ保有している行政文書等または保有個人情報を総務大臣に対して開示請求することも許されないと解すべきと思われる。

(2) **資料の作成・提出**

　情報公開・個人情報保護審査会がインカメラ審理の権限を有するからといって，開示決定等にかかる行政文書等または保有個人情報を提示させ，それを見分すれば足りるというわけでは必ずしもない。開示決定等にかかる行政文書等または保有個人情報が大量であり，複数の不開示情報が援用されているような場合にあっては，当該事案の論点を明確にするために，不開示決定がなされた部分と援用された不開示規定，当該規定を援用した理由等を情報公開・個人情

報保護審査会の指定する方法で分類または整理した資料を諮問庁に作成させ，情報公開・個人情報保護審査会に提出させることは，情報公開・個人情報保護審査会が当該事案の概要と争点を認識し，迅速かつ的確に答申をするために有効であることが多い。また，諮問庁から前記のような資料が提出されれば，当該資料は審査請求人に送付されるので（13条1項），審査請求人が不開示決定が違法または不当であるかを判断し，問題点を指摘することが容易になる。さらに，裁判になった場合においても，行政過程において上記のような資料が作成されていれば，訴訟手続を迅速に進めるうえで有意義である。そこで，本条3項は，情報公開・個人情報保護審査会は，諮問庁に対して，情報公開・個人情報保護審査会の指定する方法により分類または整理した資料を作成し提出することを求めることができるとしている。ただし，この権限は，情報公開・個人情報保護審査会が「必要があると認めるとき」に行使されるものであり，常にこの権限を行使しなければならないというわけではない。本条1項の場合とは異なり，3項の場合には，開示決定等にかかる行政文書等または保有個人情報自体を見分しようとするのではないから，同一の文言ではあっても，「必要があると認めるとき」の判断に際しての考慮要素は異なる。3項の場合には，当該資料を作成することの諮問庁の事務的負担等も考慮要素になりうる。

　本条3項については，1項の場合と異なり，2項の規定の適用がないが，このことは，3項につき，情報公開・個人情報保護審査会の求めを諮問庁が拒否するか否かの判断を諮問庁の裁量に委ねようとする趣旨と解することは必ずしも適切ではないと思われる。情報公開・個人情報保護審査会に3項の権限が付与されている以上，基本的には，諮問庁は，その求めに応ずるべきであり，事務的負担が過重なため，所定の期限までに求めに応じがたいような場合にも，単に拒否するのではなく，情報公開・個人情報保護審査会に対して十分にその理由を説明し，期限の猶予を求めたり，代替手段を提示したりする運用をすべきと思われる。なお，情報公開・個人情報保護審査会が，いつの時点で3項の権限を行使するかも，情報公開・個人情報保護審査会が「必要があると認めるとき」であり，情報公開・個人情報保護審査会の裁量に委ねられている。したがって，たとえば，国家安全保障にかかわる機密文書であるので，とりあえず，インカメラ審理をせずに3項の規定に基づく資料を提出させ，その結果で，インカメラ審理をするか否かを判断するという場合もありうる。また，インカメ

第9条（審査会の調査権限）

ラ審理をしたところ，開示決定等にかかる行政文書が大量であり，部分開示の是非を判断するためにも，援用した不開示規定やその理由を分類・整理した資料が不可欠と考えて，その作成・提出を求めることもありうる。このように，インカメラ審理の前に3項の権限が行使されることもありうるし，その後に行使されることもありうる。また，インカメラ審理が行われない場合に，3項の権限が行使されることもある。

「審査会の指定する方法」としたのは，個々の事案に即したもっとも適切な方式を情報公開・個人情報保護審査会が指定することが合理的であるからであり，法律で一律に規定することは，多様な事案，状況に応じた柔軟な対応を困難にする。3項は，アメリカの情報公開訴訟で，一般的に，裁判所が行政機関に提出を命じているヴォーン・インデックス（詳しくは，宇賀・情報公開法134頁参照）を念頭においたものである。ヴォーン・インデックスについても，一定の公式はないといわれるように，事案に応じて柔軟に方式を定めることができる。なお，福岡県情報公開条例にかかる訴訟において，ヴォーン・インデックスの利用により，審理が効率的に行われた例として，福岡地判平成19・6・26判例集不登載がある。

(3) その他の調査権限

以上のほか，情報公開・個人情報保護審査会には，審査請求人等に意見書または資料の提出を求め，「適当と認める者」に事実を陳述させ，または鑑定を求めること等の必要な調査権限が与えられている（本条4項）。ここでいう「適当と認める者」は，情報公開法要綱案第20：3では参考人と表現されていたものであるが，行政不服審査法34条の規定に基づき審査庁が適当と認めた「参考人」との混同を避けるため，参考人という表現を用いていない。「その知っている事実」は，「適当と認める者」自身が直接に見聞した事実であって，その者の意見ではない。「鑑定」とは，学識経験者がその専門知識を用いて行った判断結果であって，本条4項には，「その他」必要な調査をすることができると規定されているので，同項で列挙されたものは例示にすぎない。「その他必要な調査」としては，諮問庁に対する口頭による説明要求，物件の提出要求，検証，審査請求人または参加人に対する質問等が考えられる。情報公開・個人情報保護審査会は，情報公開・個人情報保護審査会に提出された意見書または

資料について，本条4項の規定に基づき鑑定を求めようとするときは，当該意見書または資料を提出した審査請求人，参加人または諮問庁の意見を聴かなければならない。ただし，情報公開・個人情報保護審査会がその必要がないと認めるときは，この限りでない（情報公開・個人情報保護審査会設置法施行令4条）。

> （意見の陳述）
> 第10条　審査会は，審査請求人等から申立てがあったときは，当該審査請求人等に口頭で意見を述べる機会を与えなければならない。ただし，審査会が，その必要がないと認めるときは，この限りでない。
> 2　前項本文の場合においては，審査請求人又は参加人は，審査会の許可を得て，補佐人とともに出頭することができる。

　本条は，審査請求人等が情報公開・個人情報保護審査会において，原則として口頭による意見陳述権を有することを明確にし，あわせて補佐人について定めている。

　情報公開・個人情報保護審査会で審理する事項は，基本的には，行政機関情報公開法等の不開示情報に照らして開示決定等が違法または不当かである。行政機関情報公開法・独立行政法人等情報公開法に基づく開示請求は，何人でも理由の如何を問わず行うことができるので，開示請求者の個別具体的な事情にかかわらず，開示決定等の違法性または不当性を判断することが可能なはずである。そのため，情報公開・個人情報保護審査会の審理は職権に基づき，書面を中心に行われることになる。しかし，審査請求人等に弁明，反論の機会を保障することが，これらの者の権利利益の保護に資する面があるとともに，審査会の判断の適正にも資する面がある。また，行政機関個人情報保護法，独立行政法人等個人情報保護法に基づく開示請求の場合，本人にも開示すべきでない情報であるか否かを判断したり，訂正請求に関して何が事実であるかを判断したりするために直接，本人から意見を聴取することが有益なことが多い。そこで，審査請求人等に口頭意見陳述権が付与されている（本条1項本文）。審査請求人等には諮問庁も含まれるから（9条4項），諮問庁も口頭意見陳述の申立てができることになる。この点で，行政不服審査法31条1項の規定に基づく口頭意見陳述の申立てと異なる。

第 10 条（意見の陳述）

ただし，情報公開・個人情報保護審査会が審査請求人の意見を全面的に認める意向である場合，たとえば，開示請求者が審査請求人であり，不開示決定に対して審査請求をしている場合に，情報公開・個人情報保護審査会が当該不開示決定を取り消し，全部開示すべきとの答申をする意向を固めている場合には，あえて，審査請求人の口頭意見陳述を聴かなくても，審査請求人の不利益にはならないし，むしろ，早期の答申をすることが審査請求人の利益につながるので，口頭意見陳述の機会を与えなくてもよい。また，すでに，同一の行政文書等または保有個人情報について，過去に情報公開・個人情報保護審査会が審理しており，その開示・不開示についての判断が先例として確立しており，その後の諸般の事情の変化により先例を見直す必要も認められないような場合にも，情報公開・個人情報保護審査会の調査審議の効率性も斟酌して，口頭意見陳述の機会を与えないことができる。

なお，本法が定める情報公開・個人情報保護審査会の調査審議の手続は，行政不服審査法が定める手続に代替するものではなく，それに付加されたものである。したがって，審査請求人または参加人は，本条に基づく口頭意見陳述と，行政不服審査法 31 条 1 項本文（同法 61 条，66 条の規定により再調査の請求，再審査請求にも準用）に基づく口頭意見陳述のいずれか一方または双方を選択することができる。そして，行政不服審査法 31 条 1 項は，審査請求における審査請求人の口頭意見陳述権を同項ただし書に該当する場合を除き保障しているので，情報公開・個人情報保護審査会が口頭による意見陳述を認める必要がないと判断したときにおいても，審査請求人が，行政不服審査法の定める審査請求手続における口頭意見陳述の機会の付与を求めたときには，同項ただし書に該当しない限り，審査庁は，これを認めなければならない。

本条 2 項の補佐人は，行政不服審査法 31 条 3 項の「補佐人」と同じく，自然科学，社会科学，人文科学等の専門知識により，審査請求人または参加人を援助する者である。口頭意見陳述の際の補佐人は許可制になっており，情報公開・個人情報保護審査会は，補佐人の出頭を許可する場合にも，合理的な範囲にその人数を制限することができる。なお，口頭意見陳述を申し立てることができるのは「審査請求人等」であるから，諮問庁も含まれるが，補佐人とともに出頭しうるのは，「審査請求人又は参加人」であり，諮問庁は含まれない。諮問庁の場合，その必要性があるとは認められないからである。

本法には、審査請求人等が意見陳述に際して不穏当な行動をした場合についての規定はないが、三重県情報公開・個人情報保護審査会規則では、審査請求人等は、意見の陳述をするときは議長の指示に従い、①意見は審査請求の理由の範囲において陳述すること、②重複した意見を陳述しないこと、③委員および専門委員（以下「委員等」という）に意見を求め、または議論しようとしないこと、④委員等を批判し、威嚇し、または侮辱しないこと、⑤委員等が意見を求めたとき以外は発言しないこと、⑥指定された制限時間を超えて陳述しないこと、⑦以上のほか、審査会の秩序を乱し、審査会の進行を妨げるような行為をしないことを遵守しなければならないことと定められている（同規則6条1項）。審査請求人等が以上の事項を遵守しないとき、または審査請求人等に不穏当な言動があったときは、議長は、その陳述の停止を命じ、または当該審査請求人等を退出させることができる。この場合において、審査会は、改めて意見を述べる機会を与えることなく、陳述を終結することができるとされている（同条2項）。

（意見書等の提出）
第11条　審査請求人等は、審査会に対し、意見書又は資料を提出することができる。ただし、審査会が意見書又は資料を提出すべき相当の期間を定めたときは、その期間内にこれを提出しなければならない。

本条は、審査請求人等に意見書等の提出権があることを明確にしている。

審査請求人等に意見書または資料の提出権を認めることは、審査請求人等の権利利益の保護に資するのみならず、情報公開・個人情報保護審査会にとっても、判断資料を豊富にし、適正な審査に寄与することになる。意見書または資料の提出については、原則としては時期の制限はないが、審査がほぼ終結した段階で重要な意見書または資料が出されたため、最初から議論をやり直す必要が生じたりすること等を避けるため、本条は、行政不服審査法32条3項にならい、情報公開・個人情報保護審査会の判断で意見書または資料を提出すべき相当の期間を定めることができるとしている。「相当の期間」は、意見書または資料を準備し提出するために社会通念上必要と認められる期間でなければならない。もし、情報公開・個人情報保護審査会が定めた意見書または資料の提

出期間が短かすぎたために，意見書または資料の提出ができなかった場合には，このことを裁決の違法事由として主張しうる。たとえば，情報公開・個人情報保護審査会の定めた意見書または資料の提出期間がきわめて短かったため，不開示決定を争った審査請求人が意見書または資料の提出をする機会を失ったのであるならば，審査請求を却下または棄却する裁決がなされた場合，当該裁決の固有の瑕疵として，意見書または資料の提出期間の指定の違法を主張しうる。

> **（委員による調査手続）**
> **第 12 条** 審査会は，必要があると認めるときは，その指名する委員に，第 9 条第 1 項の規定により提示された行政文書等若しくは保有個人情報を閲覧させ，同条第 4 項の規定による調査をさせ，又は第 10 条第 1 項本文の規定による審査請求人等の意見の陳述を聴かせることができる。

　情報公開・個人情報保護審査会の調査権限は，本法 9 条に規定されているが，全ての調査を合議体で行うことは効率的ではないし，特に非常勤の委員の負担軽減を考慮する必要がある。また，地方在住者の便宜を図ることも重視して，情報公開・個人情報保護審査会が指名する委員に調査の一部を行わせることができることとしている。指名された委員が行うことができる調査は，インカメラ審理のために提示された行政文書等または保有個人情報を閲覧すること，審査請求人等に対して意見書または資料の提出を求めること，適当と認める者にその知っている事実を陳述させ，または鑑定を求めること，審査請求人等の意見陳述を聴かせることである。本法 9 条 1 項の規定に基づくインカメラ審理のための行政文書等または保有個人情報の提示の求めおよび同条 3 項の規定に基づくヴォーン・インデックスの作成・提出の求めは，委員を指名して行うことはできず，合議体で行わなければならない。また，審査請求人等の権利を制限する権限，具体的には，口頭意見陳述の申立ての拒否（本法 10 条 1 項ただし書），補佐人の出頭の不許可（同条 2 項），提出された意見書または資料の閲覧申請の拒否（本法 13 条 2 項）も，合議体で行う必要がある。他方，明文の規定はないが，情報公開・個人情報保護審査会の内部的行為（答申案の作成等）を単独の委員に行わせることはできる。情報公開・個人情報保護審査会が指名する委員は，複数でありうる。指名を受けた委員が地方に赴いて意見聴取等を行うことによ

り，地方在住者が情報公開・個人情報保護審査会の審査会議に出席するため上京する必要がなくなることになる。

　情報公開・個人情報保護審査会は総務省におかれることとされ，全国で1つのみであるので（ただし，会計検査院情報公開・個人情報保護審査会を除く），地方在住者の便宜を考慮する必要がある。審査請求書，意見書，資料については郵送が可能であるので，地方在住者の便宜を考える場合重要なのは，口頭意見陳述である。地方在住者が東京におかれる情報公開・個人情報保護審査会に出頭して口頭意見陳述を行うことが，旅費，宿泊費等のために困難な場合もありうる。そこで，情報公開・個人情報保護審査会の委員の一部を指名して，指名を受けた委員（以下「指名委員」という）が地方に赴き，審査請求人等の口頭意見陳述を聴くことを可能としている。もっとも，この規定は，審査請求人等の利益に資するのみならず，他の利益にも資する場合がある。たとえば，9条4項の「適当と認める者」については，たとえ旅費，宿泊費を公費で負担することとしても，多忙のため，上京が困難な場合がありうる。そのようなとき，指名委員が「適当と認める者」の所在地を訪れて，その知っている事実を陳述させ，または鑑定を求めること，その他必要な調査をすることも可能である。また，開示決定等または開示請求にかかる不作為にかかる行政文書等または保有個人情報が地方支分部局にある場合，その原本を情報公開・個人情報保護審査会に送付すると行政事務に支障が生ずるが，きわめて大部であるため写しを作成し送付するコストも非常に大きいケースにおいて，指名委員が当該地方支分部局を訪問して，インカメラ審理を行うというような運用も考えられる。なお，外国に在住する者が審査請求を行った場合にも，指名委員を当該外国に派遣して審査請求人に口頭による意見陳述の機会を与えるかが問題になる場合が生じうる。外国在住者は日本人の場合もありうるし，また，開示請求権者について国籍を問わないこととした以上，外国人の場合もありうる。理論的には，地方在住者の場合と外国在住者の場合を区別して，前者にのみ指名委員の活用を考えるという結論は導かれない。双方の場合において，指名委員を活用する必要性とそのコストを比較衡量して判断すべきであろう。

　　（提出資料の写しの送付等）
　第13条　審査会は，第9条第3項若しくは第4項又は第11条の規定による意

第 13 条（提出資料の写しの送付等）

> 見書又は資料の提出があったときは，当該意見書又は資料の写し（電磁的記録（電子的方式，磁気的方式その他人の知覚によっては認識することができない方式で作られる記録であって，電子計算機による情報処理の用に供されるものをいう。以下この項及び次項において同じ。）にあっては，当該電磁的記録に記録された事項を記載した書面）を当該意見書又は資料を提出した審査請求人等以外の審査請求人等に送付するものとする。ただし，第三者の利益を害するおそれがあると認められるとき，その他正当な理由があるときは，この限りでない。
> 2 審査請求人等は，審査会に対し，審査会に提出された意見書又は資料の閲覧（電磁的記録にあっては，記録された事項を審査会が定める方法により表示したものの閲覧）を求めることができる。この場合において，審査会は，第三者の利益を害するおそれがあると認めるとき，その他正当な理由があるときでなければ，その閲覧を拒むことができない。
> 3 審査会は，第1項の規定による送付をし，又は前項の規定による閲覧をさせようとするときは，当該送付又は閲覧に係る意見書又は資料を提出した審査請求人等の意見を聴かなければならない。ただし，審査会が，その必要がないと認めるときは，この限りでない。
> 4 審査会は，第2項の規定による閲覧について，日時及び場所を指定することができる。

　本法は，審査請求人等に対して，口頭による意見陳述権（10条1項）や意見書等の提出権（11条）を認めているが，他の審査請求人等から情報公開・個人情報保護審査会に提出された意見書または資料へのアクセスを認めることによって，より実効的な意見の表明が可能になる。本条は，このような趣旨で，当該意見書または資料を提出した審査請求人等以外の審査請求人等に当該意見書または資料を送付したり，審査請求人等に意見書等閲覧請求権を付与するものである。本条1項・2項・3項でいう「資料」の中に，開示の是非が争われている行政文書等または保有個人情報が含まれないことは当然である（9条1項後段）。

(1) 提出書類の写しの送付

　本条1項は，平成26年法律第69号による改正で追加されたものである。従

前，情報公開・個人情報保護審査会が意見書または資料の提出を受ける場合には，それを他の不服申立人等の閲覧に供することについての異議の有無を確認し（情報公開・個人情報保護審査会運営規則18条1項），異議がない旨の回答があった意見書または資料については，他の不服申立人等に対し，速やかに書面を添えてその写しを送付することを原則としていた（同条2項）。この場合，手数料は徴収してこなかった。このように，従前から不服申立人等の主張立証の実効性を確保するために，求めがなくても，情報公開・個人情報保護審査会は，意見書または資料の写しを，他の不服申立人等に無料で送付してきたのである（なお，東京都情報公開条例27条4項においては，「審査会は，審査請求人等から意見書又は資料が提出された場合，審査請求人等（当該意見書又は資料を提出したものを除く。）にその旨を通知するよう努めるものとする」と定めている）。平成26年法律第68号により全部改正された行政不服審査法は，行政不服審査会に提出された主張書面または資料の写し等の交付請求権を認めたので（78条1項前段），従前，情報公開・個人情報保護審査会運営規則に基づき行われてきた意見書または資料の写しの送付も，法律に規定すべきとの考えにより，本条1項が設けられた。その際，行政不服審査法78条1項で電磁的記録の取扱いが明記されていることに照らし，本条においても，この点を明確にしている。情報公開・個人情報保護審査会運営規則18条2項1号から3号までにおいては，送付の必要がないと認められるときには，送付しないこととしていたが，本条1項ただし書においても，「その他正当な理由があるとき」においては送付しないこととしているし，送付により第三者の利益を害するおそれがあるときには，送付しないこととしているので，本条1項の下においても，情報公開・個人情報保護審査会による意見書または資料の写しの送付にかかる従前の運用を維持することが可能と考えられる。なお，行政不服審査法78条1項においては「交付」という文言が用いられているのに対し，本条1項においては「送付」という文言が用いられている。これは，前者においては，求めに応じて行われるのに対し，本条1項においては，求めによらずに行われるものであり，その性格が異なるので，その性格の相違を明確にするため，情報公開・個人情報保護審査会運営規則18条で用いられていた文言を踏襲したのである。

第 13 条（提出資料の写しの送付等）

(2) 意見書または資料の閲覧の求め

　本条 2 項は，提出書類の閲覧請求について定めている。平成 26 年法律第 68 号による改正前の行政不服審査法 33 条は，処分庁が，当該処分の理由となった事実を証する書類その他の物件を審査庁に提出することができるとし，審査請求人または参加人は，審査庁に対し，処分庁から提出された書類その他の物件の閲覧を求めることができるとしていた。そして，この場合において，審査庁は，第三者の利益を害するおそれがあると認めるとき，その他正当な理由があるときでなければ，その閲覧を拒むことができないとしていた。

　行政機関情報公開法，独立行政法人等情報公開法，行政機関個人情報保護法，独立行政法人等個人情報保護法の規定に基づく開示決定等または開示請求にかかる不作為にかかる審査請求の場合，情報公開・個人情報保護審査会における審理が中心になるのが一般であるので，情報公開・個人情報保護審査会に提出された意見書または資料の内容を認識して主張立証を行うことができるように，情報公開・個人情報保護審査会に提出された資料の閲覧請求権を保障することが重要になる。本条はこのような配慮によるものであるが，平成 26 年法律第 68 号による改正前の行政不服審査法 33 条は処分庁提出資料に対する審査請求人または参加人の閲覧請求という一方向のものであったのに対し，本条 2 項は審査請求人等，すなわち審査請求人，参加人または諮問庁の閲覧請求権を保障したものであるから，諮問庁も，審査請求人，参加人から提出された資料の閲覧を請求することができることになる。このように，本条 2 項は，双方向的制度である点に留意が必要である。「審査会に提出された意見書又は資料」とは，本法 9 条 3 項の規定に基づき諮問庁に作成および提出を求めた資料（ヴォーン・インデックス），同条 4 項の規定に基づき審査請求人等に提出させた意見書または資料，本法 11 条の規定に基づき提出された意見書または資料である。本項の閲覧請求権は，情報公開・個人情報保護審査会における主張立証の便宜のために認められているので，この権利は，同審査会の答申後には行使できない。

(3) 不送付理由・閲覧拒否理由

　本条 1 項・2 項の「第三者の利益を害するおそれがあると認め（られ）るとき，その他正当な理由があるとき」という表現は，行政不服審査法 38 条 1 項，

283

行政手続法 18 条 1 項にもみられるもので，これらと同様に解することができる。「第三者の利益を害するおそれがあると認め（られ）るとき」とは，第三者のプライバシーを侵害したり，営業秘密を露顕させたりするおそれがあると認められるときであり，「その他正当な理由があるとき」とは，行政上の秘密を守る必要がある場合のほか，閲覧請求が権利濫用の場合等も含む（大阪地判昭和 44・6・26 行集 20 巻 5 = 6 号 769 頁）。閲覧拒否事由の有無を判断するためには，行政機関情報公開法 5 条の不開示情報に該当するか否かを検討する必要があるが（意見書または資料の存否を答えること自体が不開示情報に該当する可能性も皆無とまでは言い切れない），閲覧を求める者は審査請求人等に限定されており，審査請求人または参加人の氏名のように，不開示にする必要がない場合もありうるので，同法 5 条の不開示情報と一致しない場合もありうることに留意する必要がある。情報公開・個人情報保護審査会の答申前であっても，すでに同審査会での調査審議が終了した段階において閲覧請求がなされた場合，閲覧請求が必要な理由および請求が遅れた理由を説明させ，合理的理由が説明されない場合には，閲覧拒否の「正当な理由」が認められると解される。閲覧請求の対象になった意見書または資料に一部でも開示できない部分があれば全部の閲覧を拒否しうるわけではなく，閲覧可能な部分を分離して開示しなければならないのが原則である（大阪地判昭和 45・10・27 行集 26 巻 9 号 1185 頁参照）。もっとも，行政機関情報公開法 6 条，独立行政法人等情報公開法 6 条，公文書管理法 16 条 3 項の部分開示（利用）の場合と同様，不開示（利用制限）情報が記録されている部分を容易に区分して除くことができない場合は，この限りではない。

(4) 提出人の意見聴取

閲覧拒否理由の判断の適正を期すため，情報公開・個人情報保護審査会は，本条 1 項の規定に基づき送付をし，または同条 2 項の規定に基づき閲覧をさせようとするときは，当該意見書または資料を提出した審査請求人，参加人または諮問庁の意見を聴かなければならない。ただし，情報公開・個人情報保護審査会がその必要がないと認めるときは，この限りでない（本条 3 項）。本条 3 項の規定は，平成 26 年法律第 68 号により全部改正された行政不服審査法 78 条 2 項において，閲覧または交付にかかる主張書面または資料の提出人の意見聴取が原則として義務づけられたことと平仄を合わせて，平成 26 年法律第 69 号

第13条（提出資料の写しの送付等）

による改正で新設されたものである。これまで情報公開・個人情報保護審査会は，意見書もしくは資料の提出を求める時または提出を受けた時に，他の不服申立人等の閲覧に供することへの異議の有無を確認してきた。本条1項においては，提出された意見書または資料は，他の審査請求人等に送付することが原則であるから，上記の異議の有無の確認は，送付をしようとするときの意見聴取といえる。また，本条2項・3項との関係については，従前から，閲覧に供することについての異議の有無の確認を行っているものの，確認の時期は，意見書もしくは資料の提出を求める時または提出を受けた時であって，閲覧の求めを受けて閲覧させようとするときの確認ではない。しかし，意見書もしくは資料の提出を求める時または提出を受けた時に上記の確認を行ったうえに，さらに，閲覧の求めがあった時に重ねて確認を求める必要はないと思われる。すなわち，基本的に，従前の運用を維持しつつ，閲覧に加えて送付についての意見を聴取すれば足りると考えられる。

　なお，平成27年政令第392号による改正前の情報公開・個人情報保護審査会設置法施行令4条は，「審査会は，審査会に提出された意見書又は資料について，法第9条第4項の規定に基づき鑑定を求め，又は法第13条第1項の規定に基づき閲覧をさせようとするときは，当該意見書又は資料を提出した不服申立人，参加人又は諮問庁の意見を聴かなければならない。ただし，審査会が，その必要がないと認めるときは，この限りでない」と定めていた。しかし，本条3項において，閲覧請求に応じて閲覧させようとするときの提出者の意見聴取規定が置かれたため，情報公開・個人情報保護審査会設置法施行令4条は，「審査会は，審査会に提出された意見書又は資料について，法第9条第4項の規定に基づき鑑定を求めようとするときは，当該意見書又は資料を提出した審査請求人，参加人又は諮問庁の意見を聴かなければならない。ただし，審査会が，その必要がないと認めるときは，この限りでない」と改正された。すなわち，本条3項の対象外の鑑定の求めの場合に限定した意見聴取規定になったのである。

(5)　第三者保護

　情報公開・個人情報保護審査会に提出された意見書または資料に第三者の情報が記録されている場合，当該第三者は，開示決定等または開示請求にかかる

不作為にかかる行政文書等または保有個人情報に自己の情報が記録されている第三者と同一であるとは限らない。行政機関情報公開法13条，独立行政法人等情報公開法14条，行政機関個人情報保護法23条，独立行政法人等個人情報保護法23条，公文書管理法18条の「第三者」は，本条1項・2項でいう「第三者」とは意味が異なるのである。したがって，行政機関情報公開法，独立行政法人等情報公開法，行政機関個人情報保護法，独立行政法人等個人情報保護法の意見書提出の機会の付与によって，本条の「第三者」の保護が常に図られるわけではない。そのため，本条1項・2項の「第三者」に関する情報を含む意見書または資料の閲覧を許可しようとするときは，当該第三者に事前に意見表明の機会を与えるべきであろう（行政手続法18条の文書等閲覧請求についても，同様の運用が望まれる。宇賀・行政手続三法の解説〔第2次改訂版〕141頁，同・行政手続法の理論60頁，同・自治体行政手続の改革（ぎょうせい，1996年）61頁）。その意味で，本条3項が，本条1項の規定による送付をし，または同条2項の規定による閲覧をさせようとするときに，当該送付または閲覧にかかる意見書または資料を提出した審査請求人等の意見を聴取することを情報公開・個人情報保護審査会に義務づけたことは意義のあることである。もっとも，提出された意見書または資料に記載された第三者は提出者に限られない。したがって，提出者以外の第三者の意見も可能な限り聴取する運用をすることが望ましい。

(6) 行政機関情報公開法等に基づく開示請求との関係

本条の閲覧請求は，審査請求人等にのみ認められているし，一定の場合には閲覧を認めないのであるから，この閲覧請求は，行政機関情報公開法15条，独立行政法人等情報公開法16条，行政機関個人情報保護法25条，独立行政法人等個人情報保護法25条にいう「他の法令」に基づく開示請求となり，行政機関情報公開法，独立行政法人等情報公開法，行政機関個人情報保護法，独立行政法人等個人情報保護法の開示請求の規定が並行して適用されることになる。本条と同様，閲覧請求者を制限し，閲覧の拒否事由を定める行政不服審査法38条1項や行政手続法18条1項の閲覧請求に関しても，行政機関情報公開法等の開示請求制度が並行して利用されうる。

第13条（提出資料の写しの送付等）

(7) 手数料

　行政不服審査法78条4項においては，行政不服審査会に提出された主張書面または資料の閲覧は無料であるが，写しの交付については手数料を徴収することとしている。その理由は，(i)閲覧と異なり，写し等の交付は，無視しえない行政コストを発生させるため，全額公費で負担することについて社会的コンセンサスが形成されているとは考えがたいこと，(ii)行政機関情報公開法に基づく開示請求の場合，写しの交付を受けるには手数料の納付が必要であり，行政不服審査会に提出された主張書面または資料の写しの交付が無料であれば，写しの交付を受けることを目的とした審査請求の濫用が懸念されたこと，(iii)行政不服審査会への諮問は審理員意見書の提出を受けてから行われるので（行政不服審査法43条1項柱書），審理員による審理手続において，弁明書・反論書の写しが他の審査関係人に無料で交付されており，また，諮問をした審査庁は，審理関係人（処分庁等が審査庁である場合にあっては，審査請求人および参加人）に対し，当該諮問をした旨を通知するとともに，審理員意見書の写しを送付しなければならないから（同条3項），審査関係人は，行政不服審査会等への諮問がなされた時点において，他の審査関係人によりどのような主張がなされるかを認識していることになるので，付加的な情報を得るためのコストを審査関係人に負担させることは不合理とはいいがたいことであった。これに対して，情報公開・個人情報保護審査会に提出された意見書または資料の写しの送付については，手数料を徴収しないこととしている。その理由は，以下の通りである。第1に，行政不服審査会が審査する処分または不作為については，提出される主張書面または資料が大量になることが少なくないと考えられるのに対し，情報公開・個人情報保護審査会の場合，インカメラ審理の対象になる行政文書は写しの送付の対象外であり（本法9条1項），したがって，審査請求人等が本条1項の規定に基づき送付を受けることができる意見書または資料は，行政機関情報公開法の立法趣旨・解釈，同法にかかる裁判例，情報公開・個人情報保護審査会答申等に限られると思われる。したがって，写しの送付に要する行政コストも僅少なものになると考えられ（実際，従前の運用においても，かかる写しの送付の費用が過大になったことはない），これを全額公費で負担することが不当とはいえず，この点で，上記(i)とは事情を異にする。第2に，このような内容の行政文書を無料で入手することのみを目的として審査請求が濫用されることも考

えがたいので，この点で，上記(ii)とも事情を異にする。第3に，行政機関情報公開法に基づく開示決定等または開示請求にかかる不作為にかかる審査請求においては，審理員制度の適用が除外されており，直接に情報公開・個人情報保護審査会に諮問がされるので，審査請求人等の主張を知るために意見書または資料を入手する必要性はより大きく，それに手数料を要するとすることは，審査請求人等が主張立証する機会を制約するおそれが一般の場合よりも大きい。この点で，上記(iii)と事情を異にする。

(8) 閲覧の日時・場所の指定

情報公開・個人情報保護審査会は，その事務処理に支障が生じないように，閲覧の日時・場所を指定することができる。この指定に際しては，閲覧の許否の判定に要する作業等も考慮することになろう。他面において，この閲覧請求制度は，審査請求人等の権利利益を擁護する趣旨のものであるから，その趣旨を損なわない範囲においてのみ指定が可能である。たとえば，審査請求人が口頭意見陳述の準備のために情報公開・個人情報保護審査会への提出資料の閲覧請求をした場合において，当該意見陳述の予定日時の数時間前に閲覧の日時を指定することは，閲覧請求の趣旨を損なうおそれが大きいといえよう。審査請求人は，かかる指定がなされても，この指定自体に対して審査請求をすることはできないが（本法15条），審査請求が棄却または却下されたときは，当該裁決に固有の瑕疵があることを理由として，当該裁決を行政不服審査法，行政事件訴訟法に基づき争うことができる。

> （調査審議手続の非公開）
> 第14条 審査会の行う調査審議の手続は，公開しない。

情報公開・個人情報保護審査会は，不開示決定がされた文書も必要に応じて実際に見分して調査審議を行うこと等のため，一般的にいって，その調査審議手続は公開になじまない。そこで，本条は，情報公開・個人情報保護審査会の行う調査審議手続は非公開とすることを明確にしている。

先に行政機関情報公開法5条5号の解説において述べたように，中央省庁等改革基本法30条5号は，審議会の会議も原則公開としている（122頁参照）。

第 14 条（調査審議手続の非公開）

しかし，諮問機関のなかでも，一般的な政策を審議する審議会と，個別具体の事件の解決を目的とする審査会的諮問機関とは必ずしも同一に考えることはできない（諮問機関の類型について，宇賀・行政法概説Ⅲ〔第 4 版〕211 頁以下参照）。後者は，特定の私人についての紛争にかかわるものであるため，個人のプライバシーや法人等の営業秘密等に関する情報が審査過程で現れるのが通常であり，また，当該具体の事案の解決のため，行政上の秘密に属するようなことについても，会議で説明する必要が生ずることも稀でない。したがって，審査会的諮問機関の会議は，一般的にいって，公開になじまないといえよう。とりわけ，情報公開・個人情報保護審査会は，不開示とされた文書も必要に応じてインカメラで審理して議論するのであるから，審議そのものを非公開にするのはやむをえないと思われる（立川市情報公開条例 20 条は，審査会が行う審査請求にかかる審査については非公開とし，情報公開の推進に関する必要な事項の審議については原則公開としている。後者は，一般的な政策の審議であるからである）。もっとも，情報公開・個人情報保護審査会もアカウンタビリティを負うことは当然であり，答申の理由提示を可能な限り詳細にすることによって，説明責務を果たしていくことが必要であろう。

なお，一般的には，情報公開・個人情報保護審査会の調査審議の手続を非公開にすることはやむをえないとしても，開示請求者が不開示決定を争う審査請求人または開示決定を擁護する参加人として意見陳述する場合，当該不服申立人・参加人が公開を希望したとき，これを認めるかという問題は残る。当該審査請求人・参加人が自己のプライバシーを放棄しているのであるから，当該審査請求人・参加人の利益のために非公開にする根拠はないし，当該審査請求人・参加人が公開の意見陳述の場で，第三者のプライバシーに関する事項を話してしまったり，名誉毀損にわたるような発言をすることが考えられないわけではないが，訴訟になれば，公開の法廷で口頭意見陳述をすることが認められるのであるから，この点も，情報公開・個人情報保護審査会での口頭意見陳述を非公開とする理由としては必ずしも十分とはいえないという見方もある。実際，東京都港区のように，当該審査請求人・参加人が希望する場合には審査会における口頭意見陳述を公開で行っている例もある（これに対して，開示決定を争う審査請求人および自己に関する情報にかかる行政文書の不開示決定を擁護する参加人，ならびに諮問庁の場合，不開示情報の内容を知っており，それがなぜ開示されるべ

きではないかを情報公開・個人情報保護審査会で具体的かつ詳細に説明することになるので非公開にせざるをえないであろう）。しかし，わが国の地方公共団体においても，一般的には，開示請求者が意見陳述する場合を含めて調査審議手続は非公開とする運用がなされており，本条も，地方公共団体の実務の大勢と同一の立場をとっている。

> （審査請求の制限）
> 第15条　この法律の規定による審査会又は委員の処分又はその不作為については，審査請求をすることができない。

(1) 処分に対する審査請求の制限

行政不服審査法による審査請求に対する裁決がなされる前に，情報公開・個人情報保護審査会またはその委員が行う処分を争わせなくても，かかる処分の瑕疵は，裁決の違法事由として主張することが可能である。また，このような中間的付随的処分を争わせることによる手続の遅延等のデメリットを考慮する必要がある。そこで，本条は，情報公開・個人情報保護審査会またはその委員が調査審議の過程で行う処分については，行政手続法27条1項と同様，行政不服審査法による審査請求を認めないことを明らかにしている。最終的な裁決にいたる前に情報公開・個人情報保護審査会またはその委員が調査審議の過程で行う中間的付随的処分に対する審査請求を認めることにより手続の遅延，行政事務負担増等のデメリットが生ずるし，中間的付随的処分を争わせなくても，最終的には裁決を争うことができる以上，中間的付随的処分に対する審査請求を認める必要は必ずしもないという判断によるものである。行政不服審査法7条1項12号が，審査請求の対象となる処分から「この法律に基づく処分を除く」としているのも同様の理由による。たとえば，開示請求に対して不開示決定をされた者が審査請求をして，その審理手続のなかで諮問庁から提出された資料の閲覧請求をしたところ拒否された場合，この拒否処分を争わせなくても，審査請求を棄却する裁決が出れば，当該裁決に固有の瑕疵があることを理由として，当該裁決の取消訴訟を提起することができる（行政事件訴訟法10条2項）。明文の規定はないが，立法趣旨に照らして考えれば，本条に該当する場合には，

取消訴訟の提起も禁じられると解すべきであろう。

　ただし，不開示決定の取消しを求める審査請求において，本法13条2項の資料閲覧請求に対して開示決定をする場合，それにより自己の利益を害される第三者が，審査請求に対する裁決を争う審査請求適格が認められないケースにおいては，13条2項の開示決定を争えることにしないと，事後の損害賠償請求等以外に救済方法がないことになる。したがって，この場合には，当該第三者との関係では，13条2項の開示決定は中間的付随的処分とはいえず，最終的処分であり，本条の射程外という解釈も成り立ちうると思われる（宇賀・行政手続三法の解説〔第2次改訂版〕157頁以下，同・行政手続法の理論61頁，同・自治体行政手続の改革62頁）。このような解釈を前提とすれば，閲覧請求に対して事前に第三者に意見聴取をし，当該第三者が開示に反対したにもかかわらず開示決定をする場合には，当該第三者に審査請求の機会を保障するべく，行政機関情報公開法13条3項に準じた措置をとるべきと思われる。すなわち，閲覧許可決定をした旨およびその理由ならびに閲覧を実施する日を当該第三者に決定後直ちに書面により通知し，閲覧許可決定の日と閲覧を実施する日との間に少なくとも2週間をおくようにすべきであろう。

(2)　不作為に対する審査請求の制限

　平成26年法律第69号による改正で，本条による審査請求の制限の対象に，情報公開・個人情報保護審査会または委員の処分の不作為が加えられた。その理由は，平成26年法律第68号により全部改正された行政不服審査法において，開示請求にかかる不作為にかかる審査請求は，単に不作為が違法または不当であるか否かを審査するにとどまらず，当該申請に対して「一定の処分」を行うべきか否かも判断するものになり（同法49条3項），単に事務処理を促進する制度ではなく，争訟の一回的解決のために処分の内容についての判断も伴いうる制度に変わったからである。したがって，処分にかかる審査請求を制限する理由が，その不作為にかかる審査請求を制限する理由としても妥当することになり，「処分又はその不作為」について審査請求を制限することとされたのである。

（答申書の送付等）
第 16 条 審査会は，諮問に対する答申をしたときは，答申書の写しを審査請求人及び参加人に送付するとともに，答申の内容を公表するものとする。

　本条は，情報公開・個人情報保護審査会の答申の内容が審査請求人および参加人に確実に伝達されることを担保するとともに，情報公開・個人情報保護審査会のアカウンタビリティの観点から，答申内容の公表を義務づけたものである。答申は，情報公開・個人情報保護審査会のホームページに掲載されている。なお，公表の対象を答申書自体ではなく，「答申の内容」としたのは，答申書の中に，審査請求人や参加人の氏名・住所等，公表することが不適当なものが含まれているからである。

　審査請求人等のうち，諮問庁に対しては，当然に答申が提出されるので，本条では，審査請求人および参加人への答申の写しについての送付義務を規定している。明文の規定はないが，裁決に不服なため訴訟を提起する際の資料になること等に照らせば，審査請求人および参加人への答申の写しの送付は遅滞なく行われなければならない。情報公開・個人情報保護審査会のアカウンタビリティの観点から，答申内容を公表することとしているが，このことは，実際上の効果として，諮問庁がその答申に従わないことを困難とし，情報公開・個人情報保護審査会の答申が尊重されることを担保しよう。答申にはかなり詳細な理由が付されるのが通常であるから，諮問庁が答申に従わない場合には，公表された答申内容に示された理由を上回る説得力をもった理由を対外的に明らかにすることが実際上必要になろう。情報公開・個人情報保護審査会の答申中の理由を否定するだけの合理的根拠を示すことなく答申に従わない場合，諮問庁は，強い批判にさらされることになるからである。審査会答申に従わずに審査請求を棄却または却下する裁決に理由を付す場合においては，なぜ審査会答申に従わないかについての理由を付記する必要がある（行政不服審査法50条1項4号）。合理的理由が説明されていない場合には，理由付記に瑕疵があることになり，裁決の固有の瑕疵として，その取消事由になることは前述したとおりである。

　審査会は，諮問機関であり，当該事案における開示決定等または開示請求にかかる不作為が妥当かについて答申することを所掌事務とするが，個別具体の

事案の審査を通じて，情報公開実務に関する一般的な問題の存在を認識することが少なくない。かかる知見に基づき，審査会は答申において，具体の事案についての審査の結論を述べたあと，付言として，一般的な問題について，審査会の要望を述べることがある（内閣府情報公開・個人情報保護審査会答申平成18・6・30〔平成18年度（行情）第155号〕の第5：4「今後検討を要すべき課題について」参照）。審査会が個別具体の事案の審査を通じて得た問題の認識は貴重であり，それを答申に付記して諮問庁に改善を求めることは，情報公開実務の改善に寄与するであろう。また，答申内容は公表されるから，審査会が付言した内容も国民一般が認識しうることになり，諮問庁にとどまらず，関係各方面において，問題意識を共有しうることも有益である。ちなみに，東京都は，このような認識から，情報公開審査会に当初から建議機能を明文で付与していた。条例の全部改正により，情報公開審査会と別に情報公開・個人情報保護審議会が設けられ，同審議会が一般的な政策問題についての諮問機関としての機能と建議機能を併有することになった。しかし，情報公開審査会が不服申立事案の審査を通じて得た知見に基づき改善を提言することは重要であるので，かかる建議機能を同審査会に明示的に認めている（東京都情報公開条例24条2項）。そして，答申において，「審査会の要望」を付記することにより，この建議権が行使されている（宇賀・行政手続・情報公開238頁以下参照）。情報公開条例のなかには，情報公開審査会を審査請求事案の諮問機関にとどめず，同審査会に情報公開制度の運営に関する重要事項について諮問に応じて答申する機能および建議機能を付与するものもある（直方市情報公開・個人情報保護審査会設置条例3条8号）。

第4章　雑　　則

> （政令への委任）
> **第17条**　この法律に定めるもののほか，審査会に関し必要な事項は，政令で定める。

　情報公開・個人情報保護審査会の調査審議の手続について，細部にわたって，すべて法律で規定することは必ずしも適切でない。そこで，本条は，命令への委任が可能であることを明示するとともに，委任を受ける命令の形式も明示し

ている。

　情報公開・個人情報保護審査会設置法施行令では，定足数，議決方法のほか，手続の併合または分離等について定めている。この政令に定めるもののほか，情報公開・個人情報保護審査会の調査審議の手続に関し必要な事項は，会長が情報公開・個人情報保護審査会に諮って定めることとされている（6条）。

　答申の作成の仕方について，情報公開・個人情報保護審査会設置法施行令には特段の規定はない。最高裁判決のように少数意見，補足意見を記載する運用をするか（地方公共団体の情報公開審査会，個人情報保護審査会のなかにも，そのような例はある），多数意見のみを全体の意見として記載する運用をするかは，情報公開・個人情報保護審査会の自律的判断に委ねられている。実際の運用上は，反対意見，補足意見の記載は認められていない。情報公開・個人情報保護審査会が答申を行った事案の圧倒的多数は，その後訴訟が提起されることはなく行政過程で終了しており，情報公開・個人情報保護審査会が事実上最終審となっていることに鑑みれば，最高裁と同様，そのアカウンタビリティはきわめて重要である。反対意見，補足意見を記載することを認めることにより，どのような議論の結果，審査会の答申が出されたかについての理解が容易になり，また，審査会の答申内容の理解も促進される。したがって，反対意見，補足意見の記載を認める運用について検討することが望ましいと思われる。

　なお，会計検査院情報公開・個人情報保護審査会を情報公開・個人情報保護審査会と別に設けたのは，会計検査院の憲法上の地位を考慮したものであるが，調査審議の手続に関して両者間で差異を設ける理由はなく，会計検査院規則で定める事項は，情報公開・個人情報保護審査会設置法施行令で定める事項に準じた内容のものとなっている。

> **（罰則）**
> **第18条**　第4条第8項の規定に違反して秘密を漏らした者は，1年以下の懲役又は50万円以下の罰金に処する。

　本条は，情報公開・個人情報保護審査会委員の守秘義務を罰則により担保しようとするものである。

　情報公開・個人情報保護審査会の委員には本法4条8項により守秘義務が課

第 18 条（罰則）

されているが，同委員は，特別職の公務員であり，国家公務員法 109 条 12 号の（守秘義務違反に対する）罰則規定は適用されない。そこで，罰則の規定を本法の中に設ける必要があるのである。もっとも，従前は，地方公共団体の情報公開（・個人情報保護）審査会の委員の守秘義務違反に対する罰則は一般に設けられていなかったのであり，本法においても，守秘義務のみ定めて罰則は設けないという立法政策もまったく考えられないわけではなかった。しかし，国家安全保障や公共の安全等に関する機密情報についても，インカメラ審理を行う権限を有する情報公開・個人情報保護審査会の性格に照らして，守秘義務の罰則による担保は不可欠という考えから，罰則規定が設けられたのである（地方公共団体においても，条例を改正して，情報公開〔・個人情報保護〕審査会の委員の守秘義務違反に対する罰則を設ける例が増加している）。国家公務員法 109 条 12 号の罰則は，平成 19 年法律第 108 号による改正前は，1 年以下の懲役または 3 万円以下の罰金であったから，情報公開・個人情報保護審査会の委員の守秘義務違反に対する罰則は，それよりも加重されていたことになる（本条で懲役刑の最高を 1 年とするに当たっては，国家公務員 109 条 12 号のみならず，公害健康被害の補償等に関する法律 145 条〔公害健康被害補償不服審査会委員の守秘義務違反に対する罰則〕等も参考にしている）。平成 19 年法律第 108 号による改正により，一般職の国家公務員の守秘義務違反に対する罰則は，1 年以下の懲役または 50 万円以下の罰金に強化され，情報公開・個人情報保護審査会委員の守秘義務違反の罰則と同じになった。

　会計検査院情報公開・個人情報保護審査会委員の守秘義務違反に対しては，会計検査院法に罰則規定が設けられている（19 条の 5）。この罰則は，当初，1 年以下の懲役または 30 万円以下の罰金となっており，平成 19 年法律第 108 号による国家公務員法改正前は，国家公務員法の守秘義務違反に対する罰則よりは加重されていたが，情報公開・個人情報保護審査会委員の守秘義務違反に対する罰則よりは軽くなっていた。平成 19 年法律第 108 号による国家公務員法改正により，会計検査院情報公開・個人情報保護審査会委員の守秘義務違反に対する罰則は，一般職の国家公務員と比較しても軽くなった。この不均衡は，平成 26 年法律第 69 号による改正で解消された。

　なお，情報公開・個人情報保護審査会委員が特定秘密に指定された情報を故意に漏えいした場合には罰則が加重され，5 年以下の懲役または情状により 5

年以下の懲役および500万円以下の罰金に処せられる（特定秘密の保護に関する法律10条1項3号，23条2項）。また，過失により漏えいした場合には，1年以下の禁錮または30万円以下の罰金に処せられる（同条5項）。会計検査院情報公開・個人情報保護審査会委員についても同じである（同法10条1項4号，23条2項・5項）。

> **制定附則**
> この法律は，行政機関の保有する個人情報の保護に関する法律の施行の日〈平成17・4・1—平成15政547〉から施行する。ただし，第4条第1項中両議院の同意を得ることに関する部分は，公布の日から施行する。

制定附則は，本法の施行期日を明確にするものである。行政機関個人情報保護法の施行の日は，同法の公布の日（2003年5月30日）から起算して2年を超えない範囲内において政令で定める日である。独立行政法人等個人情報保護法の施行の日は，同法附則により，行政機関個人情報保護法の施行の日とされているので，本法の施行日と一致することになる。「行政機関の保有する個人情報の保護に関する法律等の施行に伴う関係法律の整備等に関する法律」の施行日も同様である（同法附則1条）。したがって，この整備法により改正された行政機関情報公開法，独立行政法人等情報公開法の施行日も本法の施行日と一致する。ただし，情報公開・個人情報保護審査会の委員の選任手続は，本法施行前に進める必要があるため，両議院の同意を得る手続に関する部分は，公布の日（2003年5月30日）から施行することとしているのである。

「行政機関の保有する個人情報の保護に関する法律の施行期日を定める政令」により，行政機関個人情報保護法の施行期日は2005年4月1日とされ，本法も同日施行された。

New Commentary on Information Disclosure Laws

行政機関の保有する情報の公開に関する法律(298)
行政機関の保有する情報の公開に関する法律案に対する附帯決議(衆議院, 参議院)(307)
行政機関の保有する情報の公開に関する法律施行令(309)
会計検査院法(抜粋)(320)
会計検査院情報公開・個人情報保護審査会規則(322)
独立行政法人等の保有する情報の公開に関する法律(324)
独立行政法人等の保有する情報の公開に関する法律案に対する附帯決議(衆議院, 参議院)(335)
独立行政法人等の保有する情報の公開に関する法律施行令(336)
情報公開・個人情報保護審査会設置法(341)
情報公開・個人情報保護審査会設置法施行令(345)

行政機関の保有する情報の公開に関する法律

（平成11年5月14日法律第42号）

施行　平成13・4・1（附則参照）
最終改正　平成28法51

第1章　総則

（目的）

第1条　この法律は，国民主権の理念にのっとり，行政文書の開示を請求する権利につき定めること等により，行政機関の保有する情報の一層の公開を図り，もって政府の有するその諸活動を国民に説明する責務が全うされるようにするとともに，国民の的確な理解と批判の下にある公正で民主的な行政の推進に資することを目的とする。

（定義）

第2条　この法律において「行政機関」とは，次に掲げる機関をいう。

一　法律の規定に基づき内閣に置かれる機関（内閣府を除く。）及び内閣の所轄の下に置かれる機関

二　内閣府，宮内庁並びに内閣府設置法（平成11年法律第89号）第49条第1項及び第2項に規定する機関（これらの機関のうち第4号の政令で定める機関が置かれる機関にあっては，当該政令で定める機関を除く。）

三　国家行政組織法（昭和23年法律第120号）第3条第2項に規定する機関（第5号の政令で定める機関が置かれる機関にあっては，当該政令で定める機関を除く。）

四　内閣府設置法第39条及び第55条並びに宮内庁法（昭和22年法律第70号）第16条第2項の機関並びに内閣府設置法第40条及び第56条（宮内庁法第18条第1項において準用する場合を含む。）の特別の機関で，政令で定めるもの

五　国家行政組織法第8条の2の施設等機関及び同法第8条の3の特別の機関で，政令で定めるもの

六　会計検査院

2　この法律において「行政文書」とは，行政機関の職員が職務上作成し，又は取得した文書，図画及び電磁的記録（電子的方式，磁気的方式その他人の知覚によっては認識することができない方式で作られた記録をいう。以下同じ。）であって，当該行政機関の職員が組織的に用いるものとして，当該行政機関が保有しているものをいう。ただし，次に掲げるものを除く。

一　官報，白書，新聞，雑誌，書籍その他不特定多数の者に販売することを目的として発行されるもの

二　公文書等の管理に関する法律（平成21年法律第66号）第2条第7項に規定する特定歴史公文書等

三　政令で定める研究所その他の施設において，政令で定めるところにより，歴史的若しくは文化的な資料又は学術研究用の資料として特別の管理がされているもの（前号に掲げるものを除く。）

第2章　行政文書の開示

（開示請求権）

第3条　何人も，この法律の定めるところにより，行政機関の長（前条第1項第4号及び第5号の政令で定める機関にあっては，その機関ごとに政令で定める者をいう。以下同じ。）に対し，当該行政機関の保有する行政文書の開示を請求することができる。

（開示請求の手続）

第4条　前条の規定による開示の請求（以下「開示請求」という。）は，次に掲げる事項を記載した書面（以下「開示請求書」という。）を行政機関の長に提出してしなければならない。

一　開示請求をする者の氏名又は名称及び住所又は居所並びに法人その他の団体にあっては代表者の氏名

二　行政文書の名称その他の開示請求に係る行政文書を特定するに足りる事項

2　行政機関の長は，開示請求書に形式上の不備があると認めるときは，開示請求をした者（以下「開示請求者」という。）に対し，相当の期間を定めて，その補正を求めることができる。この場合において，行政機関の長は，開示請求者に対し，補正の参考となる情報を提供するよう努めなければならない。

（行政文書の開示義務）

第5条　行政機関の長は，開示請求があったときは，開示請求に係る行政文書に次の各号に掲げる情報（以下「不開示情報」という。）のいずれかが記録されている場合を除き，開示請求者に対し，当該行政文書を開示しなければならない。

一　個人に関する情報（事業を営む個人の当該事業に関する情報を除く。）であって，当該情報に含まれる氏名，生年月日その他の記述等（文書，図画若しくは電磁的記録に記載され，若しくは記録され，又は音声，動作その他の方法を用いて表された一切の事項をいう。次条第2項において同じ。）により特定の個人を識別することができるもの（他の情報と照合することにより，特定の個人を識別することができることとなるものを含む。）又は特定の個人を識別することはできないが，公にすることにより，なお個人の権利利益を害するおそれがあるもの。ただし，次に掲げる情報を除く。

イ　法令の規定により又は慣行として公にされ，又は公にすることが予定されている情報

ロ　人の生命，健康，生活又は財産を保護するため，公にすることが必要であると認められる情報

ハ　当該個人が公務員等（国家公務員法（昭和22年法律第120号）第2条第1項に規定する国家公務員（独立行政法人通則法（平成11年法律第103号）第2条第4項に規定する行政執行法人の役員及び職員を除く。），独立行政法人等（独立行政法人等の保有する情報の公開に関する法律（平成13年法律第140号。以下「独立行政法人等情報公開法」という。）第2条第1項に規定する独立行政法人等をいう。以下同じ。）の役員及び職員，地方公務員法（昭和25年法律第261号）第2条に規定する地方公務員並びに地方独立行政法人（地方独立行政法人法（平成15年法律第118号）第2条第1項に規定する地方独立行政法人をいう。以下同じ。）の役員及び職員をいう。）である場合において，当該情報がその職務の遂行に係る情報であるときは，当該情報のうち，当該公務員等の職及び当該職務遂行の内容に係る部分

一の二　行政機関の保有する個人情報の保護に関する法律（平成15年法律第58号）第2条第9項に規定する行政機関非識別加工情報（同条第10項に規定する行政機関非識別加工情報ファイルを構成するものに限る。以下この号において「行政機関非識別加工情報」という。）若しくは行政機関非識別加工情報の作成に用いた同条第5項に規定する保有個人情報（他の情報と照合することができ，それにより特定の個人を識別することができることとなるもの（他の情報と容易に照合することができ，それにより特定の個人を識別することができることとなるものを除く。）を除く。）から削除した同条第2項第1号に規定する記述等若しくは同条第3項に規定する個人識別符号又は独立行政法人等の保有する個人情報の保護に関する法律（平成15年法律第59号）第2条第9項に規定する独立行政法人等非識別加工情報（同条第10項に規定する独立行政法人等非識別加工情報ファイルを構成するものに限る。以下この号において「独立行政法人等非識別加工情報」という。）若しくは独立行政法人等非識別加工情報の作成に用いた同条第5項に規定する保有個人情報（他の情報と照合することができ，それにより特定の個人を識別することができることとなるもの（他の情報と容易に照合することができ，それにより特定の個人を識別することができることとなるものを除く。）を除く。）から削除した同条第2項第1号に規定する記述等若しくは同条第3項に規定する個人識別符号

二　法人その他の団体（国，独立行政法人等，地方公共団体及び地方独立行政法人を除く。以下「法人等」という。）に関する情報又は事業を営む個人の当該事業に関する情報であって，次に掲げるもの。ただし，人の生命，健康，生活又は財産を保護するため，公にすることが必要であると認められる情報を除く。

　イ　公にすることにより，当該法人等又は当該個人の権利，競争上の地位その他正当な利益を害するおそれがあるもの

　ロ　行政機関の要請を受けて，公にしないとの条件で任意に提供されたものであって，法人等又は個人における通例として公にしないこととされているものその他の当該条件を付することが当該情報の性質，当時の状況等に照らして合理的であると認められるもの

三　公にすることにより，国の安全が害されるおそれ，他国若しくは国際機関との信頼関係が損なわれるおそれ又は他国若しくは国際機関との交渉上不利益を被るおそれがあると行政機関の長が認めることにつき相当の理由がある情報

四　公にすることにより，犯罪の予防，鎮圧又は捜査，公訴の維持，刑の執行その他の公共の安全と秩序の維持に支障を及ぼすおそれがあると行政機関の長が認めることにつき相当の理由がある情報

五　国の機関，独立行政法人等，地方公共団体及び地方独立行政法人の内部又は相互間における審議，検討又は協議に関する情報であって，公にすることにより，率直な意見の交換若しくは意思決定の中立性が不当に損なわれるおそれ，不当に国民の間に混乱を生じさせるおそれ又は特定の者に不当に利益を与え若しくは不利益を及ぼすおそれがあるもの

六　国の機関，独立行政法人等，地方公共団体又は地方独立行政法人が行う事務又は事業に関する情報であって，公にすることにより，次に掲げるおそれその他当

該事務又は事業の性質上，当該事務又は事業の適正な遂行に支障を及ぼすおそれがあるもの
　イ　監査，検査，取締り，試験又は租税の賦課若しくは徴収に係る事務に関し，正確な事実の把握を困難にするおそれ又は違法若しくは不当な行為を容易にし，若しくはその発見を困難にするおそれ
　ロ　契約，交渉又は争訟に係る事務に関し，国，独立行政法人等，地方公共団体又は地方独立行政法人の財産上の利益又は当事者としての地位を不当に害するおそれ
　ハ　調査研究に係る事務に関し，その公正かつ能率的な遂行を不当に阻害するおそれ
　ニ　人事管理に係る事務に関し，公正かつ円滑な人事の確保に支障を及ぼすおそれ
　ホ　独立行政法人等，地方公共団体が経営する企業又は地方独立行政法人に係る事業に関し，その企業経営上の正当な利益を害するおそれ

（部分開示）
第6条　行政機関の長は，開示請求に係る行政文書の一部に不開示情報が記録されている場合において，不開示情報が記録されている部分を容易に区分して除くことができるときは，開示請求者に対し，当該部分を除いた部分につき開示しなければならない。ただし，当該部分を除いた部分に有意の情報が記録されていないと認められるときは，この限りでない。

2　開示請求に係る行政文書に前条第1号の情報（特定の個人を識別することができるものに限る。）が記録されている場合において，当該情報のうち，氏名，生年月日その他の特定の個人を識別することができることとなる記述等の部分を除くことにより，公にしても，個人の権利利益が害されるおそれがないと認められるときは，当該部分を除いた部分は，同号の情報に含まれないものとみなして，前項の規定を適用する。

（公益上の理由による裁量的開示）
第7条　行政機関の長は，開示請求に係る行政文書に不開示情報（第5条第1号の2に掲げる情報を除く。）が記録されている場合であっても，公益上特に必要があると認めるときは，開示請求者に対し，当該行政文書を開示することができる。

（行政文書の存否に関する情報）
第8条　開示請求に対し，当該開示請求に係る行政文書が存在しているか否かを答えるだけで，不開示情報を開示することとなるときは，行政機関の長は，当該行政文書の存否を明らかにしないで，当該開示請求を拒否することができる。

（開示請求に対する措置）
第9条　行政機関の長は，開示請求に係る行政文書の全部又は一部を開示するときは，その旨の決定をし，開示請求者に対し，その旨及び開示の実施に関し政令で定める事項を書面により通知しなければならない。

2　行政機関の長は，開示請求に係る行政文書の全部を開示しないとき（前条の規定により開示請求を拒否するとき及び開示請求に係る行政文書を保有していないときを含む。）は，開示をしない旨の決定をし，開示請求者に対し，その旨を書面により通知しなければならない。

（開示決定等の期限）
第10条　前条各項の決定（以下「開示決定等」という。）は，開示請求があった日から30日以内にしなければならない。ただし，第4条第2項の規定により補正を求めた場合にあっては，当該補正に要した日数は，当該期間に算入しない。

2　前項の規定にかかわらず，行政機関の長は，事務処理上の困難その他正当な理由があるときは，同項に規定する期間を30日以内に限り延長することができる。この場合において，行政機関の長は，開示請求者に対し，遅滞なく，延長後の期間及び延長の理由を書面により通知しなければならない。

（開示決定等の期限の特例）
第11条　開示請求に係る行政文書が著しく大量であるため，開示請求があった日から60日以内にそのすべてについて開示決定等をすることにより事務の遂行に著しい支障が生ずるおそれがある場合には，前条の規定にかかわらず，行政機関の長は，開示請求に係る行政文書のうちの相当の部分につき当該期間内に開示決定等をし，残りの行政文書については相当の期間内に開示決定等をすれば足りる。この場合において，行政機関の長は，同条第1項に規定する期間内に，開示請求者に対し，次に掲げる事項を書面により通知しなければならない。
一　本条を適用する旨及びその理由
二　残りの行政文書について開示決定等をする期限

（事案の移送）
第12条　行政機関の長は，開示請求に係る行政文書が他の行政機関により作成されたものであるときその他他の行政機関の長において開示決定等をすることにつき正当な理由があるときは，当該他の行政機関の長と協議の上，当該他の行政機関の長に対し，事案を移送することができる。この場合においては，移送をした行政機関の長は，開示請求者に対し，事案を移送した旨を書面により通知しなければならない。
2　前項の規定により事案が移送されたときは，移送を受けた行政機関の長において，当該開示請求についての開示決定等をしなければならない。この場合において，移送をした行政機関の長が移送前にした行為は，移送を受けた行政機関の長がしたものとみなす。
3　前項の場合において，移送を受けた行政機関の長が第9条第1項の決定（以下「開示決定」という。）をしたときは，当該行政機関の長は，開示の実施をしなければならない。この場合において，移送をした行政機関の長は，当該開示の実施に必要な協力をしなければならない。

（独立行政法人等への事案の移送）
第12条の2　行政機関の長は，開示請求に係る行政文書が独立行政法人等により作成されたものであるときその他独立行政法人等において独立行政法人等情報公開法第10条第1項に規定する開示決定等をすることにつき正当な理由があるときは，当該独立行政法人等と協議の上，当該独立行政法人等に対し，事案を移送することができる。この場合においては，移送をした行政機関の長は，開示請求者に対し，事案を移送した旨を書面により通知しなければならない。
2　前項の規定により事案が移送されたときは，当該事案については，行政文書を移送を受けた独立行政法人等が保有する独立行政法人等情報公開法第2条第2項に規定する法人文書と，開示請求を移送を受けた独立行政法人等に対する独立行政法人等情報公開法第4条第1項に規定する開示請求とみなして，独立行政法人等情報公開法の規定を適用する。この場合において，独立行政法人等情報公開法第10条第1項中「第4条第2項」とあるのは「行政機関の保有する情報の公開に関する法律（平成11年法律第42号）第4条第2項」と，独立行政法人等情報公開法第17条第1項中「開示請求をする者又は法人文書」とあるのは

〈資料〉行政機関の保有する情報の公開に関する法律

「法人文書」と,「により,それぞれ」とあるのは「により」と,「開示請求に係る手数料又は開示」とあるのは「開示」とする。

3 第1項の規定により事案が移送された場合において,移送を受けた独立行政法人等が開示の実施をするときは,移送をした行政機関の長は,当該開示の実施に必要な協力をしなければならない。

(第三者に対する意見書提出の機会の付与等)

第13条 開示請求に係る行政文書に国,独立行政法人等,地方公共団体,地方独立行政法人及び開示請求者以外の者(以下この条,第19条第2項及び第20条第1項において「第三者」という。)に関する情報が記録されているときは,行政機関の長は,開示決定等をするに当たって,当該情報に係る第三者に対し,開示請求に係る行政文書の表示その他政令で定める事項を通知して,意見書を提出する機会を与えることができる。

2 行政機関の長は,次の各号のいずれかに該当するときは,開示決定に先立ち,当該第三者に対し,開示請求に係る行政文書の表示その他政令で定める事項を書面により通知して,意見書を提出する機会を与えなければならない。ただし,当該第三者の所在が判明しない場合は,この限りでない。

一 第三者に関する情報が記録されている行政文書を開示しようとする場合であって,当該情報が第5条第1号ロ又は同条第2号ただし書に規定する情報に該当すると認められるとき。

二 第三者に関する情報が記録されている行政文書を第7条の規定により開示しようとするとき。

3 行政機関の長は,前2項の規定により意見書の提出の機会を与えられた第三者が当該行政文書の開示に反対の意思を表示した意見書を提出した場合において,開示決定をするときは,開示決定の日と開示を実施する日との間に少なくとも2週間を置かなければならない。この場合において,行政機関の長は,開示決定後直ちに,当該意見書(第19条において「反対意見書」という。)を提出した第三者に対し,開示決定をした旨及びその理由並びに開示を実施する日を書面により通知しなければならない。

(開示の実施)

第14条 行政文書の開示は,文書又は図画については閲覧又は写しの交付により,電磁的記録についてはその種別,情報化の進展状況等を勘案して政令で定める方法により行う。ただし,閲覧の方法による行政文書の開示にあっては,行政機関の長は,当該行政文書の保存に支障を生ずるおそれがあると認めるときその他正当な理由があるときは,その写しにより,これを行うことができる。

2 開示決定に基づき行政文書の開示を受ける者は,政令で定めるところにより,当該開示決定をした行政機関の長に対し,その求める開示の実施の方法その他の政令で定める事項を申し出なければならない。

3 前項の規定による申出は,第9条第1項に規定する通知があった日から30日以内にしなければならない。ただし,当該期間内に当該申出をすることができないことにつき正当な理由があるときは,この限りでない。

4 開示決定に基づき行政文書の開示を受けた者は,最初に開示を受けた日から30日以内に限り,行政機関の長に対し,更に開示を受ける旨を申し出ることができる。この場合においては,前項ただし書の規定を準用する。

(他の法令による開示の実施との調整)

第15条 行政機関の長は,他の法令の規定

により，何人にも開示請求に係る行政文書が前条第1項本文に規定する方法と同一の方法で開示することとされている場合（開示の期間が定められている場合にあっては，当該期間内に限る。）には，同項本文の規定にかかわらず，当該行政文書については，当該同一の方法による開示を行わない。ただし，当該他の法令の規定に一定の場合には開示をしない旨の定めがあるときは，この限りでない。

2 他の法令の規定に定める開示の方法が縦覧であるときは，当該縦覧を前条第1項本文の閲覧とみなして，前項の規定を適用する。

（手数料）

第16条 開示請求をする者又は行政文書の開示を受ける者は，政令で定めるところにより，それぞれ，実費の範囲内において政令で定める額の開示請求に係る手数料又は開示の実施に係る手数料を納めなければならない。

2 前項の手数料の額を定めるに当たっては，できる限り利用しやすい額とするよう配慮しなければならない。

3 行政機関の長は，経済的困難その他特別の理由があると認めるときは，政令で定めるところにより，第1項の手数料を減額し，又は免除することができる。

（権限又は事務の委任）

第17条 行政機関の長は，政令（内閣の所轄の下に置かれる機関及び会計検査院にあっては，当該機関の命令）で定めるところにより，この章に定める権限又は事務を当該行政機関の職員に委任することができる。

第3章 審査請求等

（審理員による審理手続に関する規定の適用除外等）

第18条 開示決定等又は開示請求に係る不作為に係る審査請求については，行政不服審査法（平成26年法律第68号）第9条，第17条，第24条，第2章第3節及び第4節並びに第50条第2項の規定は，適用しない。

2 開示決定等又は開示請求に係る不作為に係る審査請求についての行政不服審査法第2章の規定の適用については，同法第11条第2項中「第9条第1項の規定により指名された者（以下「審理員」という。）」とあるのは「第4条（行政機関の保有する情報の公開に関する法律（平成11年法律第42号）第20条第2項の規定に基づく政令を含む。）の規定により審査請求がされた行政庁（第14条の規定により引継ぎを受けた行政庁を含む。以下「審査庁」という。）」と，同法第13条第1項及び第2項中「審理員」とあるのは「審査庁」と，同法第25条第7項中「あったとき，又は審理員から第40条に規定する執行停止をすべき旨の意見書が提出されたとき」とあるのは「あったとき」と，同法第44条中「行政不服審査会等」とあるのは「情報公開・個人情報保護審査会（審査庁が会計検査院の長である場合にあっては，別に法律で定める審査会。第50条第1項第4号において同じ。）」と，「受けたとき（前条第1項の規定による諮問を要しない場合（同項第2号又は第3号に該当する場合を除く。）にあっては審理員意見書が提出されたとき，同項第2号又は第3号に該当する場合にあっては同項第2号又は第3号に規定する議を経たとき）」とあるのは「受けたとき」と，同法第50条第1項第4号中「審理員意見書又は行政不服審査会等若しくは審議会等」とあるのは「情報公開・個人情報保護審査会」とする。

（審査会への諮問）

第19条 開示決定等又は開示請求に係る不

作為について審査請求があったときは，当該審査請求に対する裁決をすべき行政機関の長は，次の各号のいずれかに該当する場合を除き，情報公開・個人情報保護審査会（審査請求に対する裁決をすべき行政機関の長が会計検査院の長である場合にあっては，別に法律で定める審査会）に諮問しなければならない。
一　審査請求が不適法であり，却下する場合
二　裁決で，審査請求の全部を認容し，当該審査請求に係る行政文書の全部を開示することとする場合（当該行政文書の開示について反対意見書が提出されている場合を除く。）
2　前項の規定により諮問をした行政機関の長は，次に掲げる者に対し，諮問をした旨を通知しなければならない。
一　審査請求人及び参加人（行政不服審査法第13条第4項に規定する参加人をいう。以下この項及び次条第1項第2号において同じ。）
二　開示請求者（開示請求者が審査請求人又は参加人である場合を除く。）
三　当該審査請求に係る行政文書の開示について反対意見書を提出した第三者（当該第三者が審査請求人又は参加人である場合を除く。）

（第三者からの審査請求を棄却する場合等における手続等）

第20条　第13条第3項の規定は，次の各号のいずれかに該当する裁決をする場合について準用する。
一　開示決定に対する第三者からの審査請求を却下し，又は棄却する裁決
二　審査請求に係る開示決定等（開示請求に係る行政文書の全部を開示する旨の決定を除く。）を変更し，当該審査請求に係る行政文書を開示する旨の裁決（第三者である参加人が当該行政文書の開示に反対の意思を表示している場合に限る。）
2　開示決定等又は開示請求に係る不作為についての審査請求については，政令で定めるところにより，行政不服審査法第4条の規定の特例を設けることができる。

（訴訟の移送の特例）

第21条　行政事件訴訟法（昭和37年法律第139号）第12条第4項の規定により同項に規定する特定管轄裁判所に開示決定等の取消しを求める訴訟又は開示決定等若しくは開示請求に係る不作為に係る審査請求に対する裁決の取消しを求める訴訟（次項及び附則第2項において「情報公開訴訟」という。）が提起された場合においては，同法第12条第5項の規定にかかわらず，他の裁判所に同一又は同種若しくは類似の行政文書に係る開示決定等又は開示決定等若しくは開示請求に係る不作為に係る審査請求に対する裁決に係る抗告訴訟（同法第3条第1項に規定する抗告訴訟をいう。次項において同じ。）が係属しているときは，当該特定管轄裁判所は，当事者の住所又は所在地，尋問を受けるべき証人の住所，争点又は証拠の共通性その他の事情を考慮して，相当と認めるときは，申立てにより又は職権で，訴訟の全部又は一部について，当該他の裁判所又は同法第12条第1項から第3項までに定める裁判所に移送することができる。
2　前項の規定は，行政事件訴訟法第12条第4項の規定により同項に規定する特定管轄裁判所に開示決定等又は開示決定等若しくは開示請求に係る不作為に係る審査請求に対する裁決に係る抗告訴訟で情報公開訴訟以外のものが提起された場合について準用する。

第4章 補則

(開示請求をしようとする者に対する情報の提供等)

第22条　行政機関の長は、開示請求をしようとする者が容易かつ的確に開示請求をすることができるよう、公文書等の管理に関する法律第7条第2項に規定するもののほか、当該行政機関が保有する行政文書の特定に資する情報の提供その他開示請求をしようとする者の利便を考慮した適切な措置を講ずるものとする。

2　総務大臣は、この法律の円滑な運用を確保するため、開示請求に関する総合的な案内所を整備するものとする。

(施行の状況の公表)

第23条　総務大臣は、行政機関の長に対し、この法律の施行の状況について報告を求めることができる。

2　総務大臣は、毎年度、前項の報告を取りまとめ、その概要を公表するものとする。

(行政機関の保有する情報の提供に関する施策の充実)

第24条　政府は、その保有する情報の公開の総合的な推進を図るため、行政機関の保有する情報が適時に、かつ、適切な方法で国民に明らかにされるよう、行政機関の保有する情報の提供に関する施策の充実に努めるものとする。

(地方公共団体の情報公開)

第25条　地方公共団体は、この法律の趣旨にのっとり、その保有する情報の公開に関し必要な施策を策定し、及びこれを実施するよう努めなければならない。

(政令への委任)

第26条　この法律に定めるもののほか、この法律の実施のため必要な事項は、政令で定める。

　　附　則

1　この法律は、公布の日から起算して2年を超えない範囲内において政令で定める日〈平成13・4・1—平成12政40〉から施行する。ただし、第23条第1項中両議院の同意を得ることに関する部分、第40条から第42条まで及び次項の規定は、公布の日から施行する。

2　政府は、この法律の施行後4年を目途として、この法律の施行の状況及び情報公開訴訟の管轄の在り方について検討を加え、その結果に基づいて必要な措置を講ずるものとする。

行政機関の保有する情報の公開に関する法律案に対する附帯決議

（平成11年2月12日 衆議院内閣委員会）

　政府は，本法の施行に当たっては，次の諸点に留意し，その運用に遺憾なきを期すべきである。
一　開示・不開示の決定について行政機関の長の恣意的な運用が行われないようにするため，各行政機関において開示・不開示の判断をする際の審査基準の策定及び公表並びに不開示決定をする際の理由の明記等の措置を適切に講ずること。
一　手数料については，情報公開制度の利用の制約要因とならないよう，実費の範囲内で，できる限り利用しやすい金額とすること。ただし，本制度が濫用されないよう十分配慮すること。
　なお，開示の実施に係る手数料の額を定めるに当たっては，実質的に開示請求に係る手数料に相当する額が控除されたものとなるようにすること。
一　行政文書の管理に当たっては，情報公開制度が的確に機能するよう，その適正な管理の確保に努めること。
一　知る権利の法律への明記等審議の過程において論議された事項については，引き続き検討を行うこと。

行政機関の保有する情報の公開に関する法律案に対する附帯決議

（平成11年4月27日 参議院総務委員会）

　政府は，本法律の施行に当たっては，次の事項に留意し，その運用に遺憾なきを期すべきである。
一　開示・不開示の決定について行政機関の長の恣意的な運用が行われないようにするため，各行政機関において開示・不開示の判断をする際の審査基準の策定及び公表並びに不開示決定をする際の理由の明記等の措置を適切に講ずること。
一　手数料については，情報公開制度の利用の制約要因とならないよう，実費の範囲内で，できる限り利用しやすい金額とすること。ただし，本制度が濫用されないよう十分配慮すること。
　なお，開示請求に係る手数料は，1請求につき定額として内容的に関連の深い文書は1請求にまとめることができることとし，開示の実施に係る手数料は開示の方法に応じた額とし，また，実質的に開示請求に係る手数料相当額が控除されたものとなるようにすること。
一　情報公開審査会の果たす役割の重要性にかんがみ，その構成及び事務局の体制の十全を期すること。
一　情報公開制度が的確に機能するよう，行政文書の適正な管理の確保に努めること。
　なお，本法律施行前の文書管理についても，本法律の趣旨を踏まえ適正に行うこと。

一　各行政機関は，本法律第5条に定める不開示情報を含む行政文書の配付等を地方公共団体に行う場合には，当該地方公共団体に対し当該文書の取扱いについて十分な説明を行うこと。

一　知る権利の法律への明記，行政文書管理法の制定等審議の過程において議論された事項については，引き続き検討すること。

　　右決議する。

行政機関の保有する情報の公開に関する法律施行令

(平成12年2月16日政令第41号)

施行　平成13・4・1（附則参照）
最終改正　平成27政392

（法第2条第1項第4号及び第5号の政令で定める機関）

第1条　行政機関の保有する情報の公開に関する法律（以下「法」という。）第2条第1項第4号の政令で定める特別の機関は，警察庁とする。

2　法第2条第1項第5号の政令で定める特別の機関は，検察庁とする。

（法第2条第2項第3号の政令で定める施設）

第2条　法第2条第2項第3号の政令で定める施設は，公文書等の管理に関する法律施行令（平成22年政令第250号）第3条第1項の規定により内閣総理大臣が指定した施設とする。

（法第2条第2項第3号の歴史的な資料等の範囲）

第3条　法第2条第2項第3号の歴史的若しくは文化的な資料又は学術研究用の資料は，公文書等の管理に関する法律施行令第4条に規定する方法により管理されているものとする。

（法第3条の政令で定める者）

第4条　法第3条の政令で定める者は，次に掲げる者とする。

一　警察庁にあっては，警察庁長官
二　最高検察庁にあっては，検事総長
三　高等検察庁にあっては，その庁の検事長
四　地方検察庁にあっては，その庁の検事正
五　区検察庁にあっては，その庁の対応する裁判所の所在地を管轄する地方裁判所に対応する地方検察庁の検事正

（開示請求書の記載事項）

第5条　開示請求書には，開示請求に係る行政文書について次に掲げる事項を記載することができる。

一　求める開示の実施の方法
二　事務所における開示（次号に規定する方法並びに第9条第2項第1号ニ及び第3項第3号ヘに掲げる方法以外の方法による行政文書の開示をいう。以下この号，次条第1項第3号及び第2項第1号並びに第11条第1項第3号において同じ。）の実施を求める場合にあっては，当該事務所における開示の実施を希望する日
三　写しの送付の方法による行政文書の開示の実施を求める場合にあっては，その旨

2　前項第1号，次条第1項第1号及び第2号，第11条第1項第1号並びに第14条第4項において「開示の実施の方法」とは，第9条に規定する開示の実施の方法をいう。

（法第9条第1項の政令で定める事項）

第6条　法第9条第1項の政令で定める事項は，次に掲げる事項とする。

一　開示決定に係る行政文書について求めることができる開示の実施の方法
二　前号の開示の実施の方法ごとの開示の

実施に係る手数料（以下「開示実施手数料」という。）の額（第14条第4項の規定により開示実施手数料を減額し，又は免除すべき開示の実施の方法については，その旨を含む。）
　　三　事務所における開示を実施することができる日，時間及び場所並びに事務所における開示を希望する場合には法第14条第2項の規定による申出をする際に当該事務所における開示を実施することができる日のうちから事務所における開示の実施を希望する日を選択すべき旨
　　四　写しの送付の方法による行政文書の開示を実施する場合における準備に要する日数及び送付に要する費用
　　五　第9条第2項第1号（同号ニに係る部分に限る。）又は第3項第3号（同号ヘに係る部分に限る。）に定める方法による行政文書の開示を実施する場合における準備に要する日数その他当該開示の実施に必要な事項
　2　開示請求書に前条第1項各号に掲げる事項が記載されている場合における法第9条第1項の政令で定める事項は，前項の規定にかかわらず，次の各号に掲げる場合の区分に応じ，当該各号に定める事項とする。
　　一　前条第1項第1号の方法による行政文書の開示を実施することができる場合（事務所における開示については，同項第2号の日に実施することができる場合に限る。）その旨並びに前項第1号及び第3号から第5号までに掲げる事項（同条第1項第1号の方法に係るものを除く。）並びに前項第2号に掲げる事項
　　二　前号に掲げる場合以外の場合　その旨及び前項各号に掲げる事項

（法第13条第1項の政令で定める事項）
第7条　法第13条第1項の政令で定める事項は，次に掲げる事項とする。
　　一　開示請求の年月日
　　二　開示請求に係る行政文書に記録されている当該第三者に関する情報の内容
　　三　意見書を提出する場合の提出先及び提出期限

（法第13条第2項の政令で定める事項）
第8条　法第13条第2項の政令で定める事項は，次に掲げる事項とする。
　　一　開示請求の年月日
　　二　法第13条第2項第1号又は第2号の規定の適用の区分及び当該規定を適用する理由
　　三　開示請求に係る行政文書に記録されている当該第三者に関する情報の内容
　　四　意見書を提出する場合の提出先及び提出期限

（行政文書の開示の実施の方法）
第9条　次の各号に掲げる文書又は図画の閲覧の方法は，それぞれ当該各号に定めるものを閲覧することとする。
　　一　文書又は図画（次号から第4号まで又は第4項に該当するものを除く。）　当該文書又は図画（法第14条第1項ただし書の規定が適用される場合にあっては，次項第1号イに規定するもの）
　　二　マイクロフィルム　当該マイクロフィルムを専用機器により映写したもの。ただし，これにより難い場合にあっては，当該マイクロフィルムを日本工業規格A列1番（以下「A1判」という。）以下の大きさの用紙に印刷したもの
　　三　写真フィルム　当該写真フィルムを印画紙（縦89ミリメートル，横127ミリメートルのもの又は縦203ミリメートル，横254ミリメートルのものに限る。以下同じ。）に印画したもの
　　四　スライド（第5項に規定する場合におけるものを除く。次項第4号において同じ。）　当該スライドを専用機器により映

〈資料〉行政機関の保有する情報の公開に関する法律施行令

写したもの
2 次の各号に掲げる文書又は図画の法第14条第1項（第1号ニにあっては，同項及び行政手続等における情報通信の技術の利用に関する法律（平成14年法律第151号。以下「情報通信技術利用法」という。）第4条第1項）の規定による開示の実施の方法は，それぞれ当該各号に定める方法とする。
　一　文書又は図画（次号から第4号まで又は第4項に該当するものを除く。）次に掲げる方法（ロからニまでに掲げる方法にあっては当該文書又は図画の保存に支障を生ずるおそれがなく，かつ，行政機関がその保有する処理装置及びプログラム（電子計算機に対する指令であって，一の結果を得ることができるように組み合わされたものをいう。以下同じ。）により当該文書又は図画の開示を実施することができる場合に限り，ニに掲げる方法にあっては情報通信技術利用法第3条第1項の規定により同項に規定する電子情報処理組織を使用して開示請求があった場合（以下「電子開示請求の場合」という。）に限る。）
　　イ　当該文書又は図画を複写機により日本工業規格A列3番（以下「A3判」という。）以下の大きさの用紙に複写したものの交付（ロに掲げる方法に該当するものを除く。）。ただし，これにより難い場合にあっては，当該文書若しくは図画を複写機によりA1判若しくは日本工業規格A列2番（以下「A2判」という。）の用紙に複写したものの交付（ロに掲げる方法に該当するものを除く。）又は当該文書若しくは図画を撮影した写真フィルムを印画紙に印画したものの交付
　　ロ　当該文書又は図画を複写機により用紙にカラーで複写したものの交付
　　ハ　当該文書又は図画をスキャナにより読み取ってできた電磁的記録をフレキシブルディスクカートリッジ（日本工業規格X6223に適合する幅90ミリメートルのものに限る。以下同じ。）又は光ディスク（日本工業規格X0606及びX6281又はX6241に適合する直径120ミリメートルの光ディスクの再生装置で再生することが可能なものに限る。次項第3号ホにおいて同じ。）に複写したものの交付
　　ニ　当該文書又は図画の開示の実施を情報通信技術利用法第4条第1項の規定により同項に規定する電子情報処理組織を使用して行う方法（別表1の項リにおいて「情報通信技術利用法の適用による方法」という。）
　二　マイクロフィルム　当該マイクロフィルムを日本工業規格A列4番（以下「A4判」という。）の用紙に印刷したものの交付。ただし，これにより難い場合にあっては，A1判，A2判又はA3判の用紙に印刷したものの交付
　三　写真フィルム　当該写真フィルムを印画紙に印画したものの交付
　四　スライド　当該スライドを印画紙に印画したものの交付
3 次の各号に掲げる電磁的記録についての法第14条第1項の政令で定める方法は，それぞれ当該各号に定める方法とする。
　一　録音テープ（第5項に規定する場合におけるものを除く。以下この号において同じ。）又は録音ディスク　次に掲げる方法
　　イ　当該録音テープ又は録音ディスクを専用機器により再生したものの聴取
　　ロ　当該録音テープ又は録音ディスクを録音カセットテープ（日本工業規格

C5568 に適合する記録時間 120 分のものに限る。別表 5 の項ロにおいて同じ。）に複写したものの交付
二　ビデオテープ又はビデオディスク　次に掲げる方法
　　イ　当該ビデオテープ又はビデオディスクを専用機器により再生したものの視聴
　　ロ　当該ビデオテープ又はビデオディスクをビデオカセットテープ（日本工業規格 C5581 に適合する記録時間 120 分のものに限る。以下同じ。）に複写したものの交付
三　電磁的記録（前 2 号、次号又は次項に該当するものを除く。）　次に掲げる方法であって、行政機関がその保有する処理装置及びプログラムにより行うことができるもの（ヘに掲げる方法にあっては、電子開示請求の場合に限る。）
　　イ　当該電磁的記録を A3 判以下の大きさの用紙に出力したものの閲覧
　　ロ　当該電磁的記録を専用機器（開示を受ける者の閲覧又は視聴の用に供するために備え付けられているものに限る。別表 7 の項ロにおいて同じ。）により再生したものの閲覧又は視聴
　　ハ　当該電磁的記録を A3 判以下の大きさの用紙に出力したものの交付（ニに掲げる方法に該当するものを除く。）
　　ニ　当該電磁的記録を A3 判以下の大きさの用紙にカラーで出力したものの交付
　　ホ　当該電磁的記録をフレキシブルディスクカートリッジ又は光ディスクに複写したものの交付
　　ヘ　当該電磁的記録を電子情報処理組織（行政機関の使用に係る電子計算機（入出力装置を含む。以下この号において同じ。）と開示を受ける者の使用に係る電子計算機とを電気通信回線で接続した電子情報処理組織をいう。）を使用して開示を受ける者の使用に係る電子計算機に備えられたファイルに複写させる方法（別表 7 の項チにおいて「電子情報処理組織を使用する方法」という。）
四　電磁的記録（前号ホに掲げる方法による開示の実施をすることができない特性を有するものに限る。）　次に掲げる方法であって、行政機関がその保有する処理装置及びプログラムにより行うことができるもの
　　イ　前号イからハまでに掲げる方法
　　ロ　当該電磁的記録を幅 12.7 ミリメートルのオープンリールテープ（日本工業規格 X6103, X6104 又は X6105 に適合する長さ 731.52 メートルのものに限る。別表 7 の項リにおいて同じ。）に複写したものの交付
　　ハ　当該電磁的記録を幅 12.7 ミリメートルの磁気テープカートリッジ（日本工業規格 X6123, X6132 若しくは X6135 又は国際標準化機構及び国際電気標準会議の規格（以下「国際規格」という。）14833, 15895 若しくは 15307 に適合するものに限る。別表 7 の項ヌにおいて同じ。）に複写したものの交付
　　ニ　当該電磁的記録を幅 8 ミリメートルの磁気テープカートリッジ（日本工業規格 X6141 若しくは X6142 又は国際規格 15757 に適合するものに限る。別表 7 の項ルにおいて同じ。）に複写したものの交付
　　ホ　当該電磁的記録を幅 3.81 ミリメートルの磁気テープカートリッジ（日本工業規格 X6127, X6129, X6130 又は X6137 に適合するものに限る。別表 7

〈資料〉行政機関の保有する情報の公開に関する法律施行令

の項ヲにおいて同じ。）に複写したものの交付
4 映画フィルムの開示の実施の方法は，次に掲げる方法とする。
　一　当該映画フィルムを専用機器により映写したものの視聴
　二　当該映画フィルムをビデオカセットテープに複写したものの交付
5 スライド及び当該スライドの内容に関する音声を記録した録音テープを同時に視聴する場合における開示の実施の方法は，次に掲げる方法とする。
　一　当該スライド及び当該録音テープを専用機器により再生したものの視聴
　二　当該スライド及び当該録音テープをビデオカセットテープに複写したものの交付

（開示の実施の方法等の申出）
第10条　法第14条第2項の規定による申出は，書面により行わなければならない。
2 第6条第2項第1号の場合に該当する旨の法第9条第1項に規定する通知があった場合（開示実施手数料が無料である場合に限る。）において，第5条第1項各号に掲げる事項を変更しないときは，法第14条第2項の規定による申出を改めて行うことを要しない。

（法第14条第2項の政令で定める事項）
第11条　法第14条第2項の政令で定める事項は，次に掲げる事項とする。
　一　求める開示の実施の方法（開示決定に係る行政文書の部分ごとに異なる開示の実施の方法を求める場合にあっては，その旨及び当該部分ごとの開示の実施の方法）
　二　開示決定に係る行政文書の一部について開示の実施を求める場合にあっては，その旨及び当該部分
　三　事務所における開示の実施を求める場合にあっては，当該事務所における開示の実施を希望する日
　四　写しの送付の方法による行政文書の開示の実施を求める場合にあっては，その旨
2 第6条第2項第1号の場合に該当する旨の法第9条第1項に規定する通知があった場合（開示実施手数料が無料である場合を除く。）における法第14条第2項の政令で定める事項は，前項の規定にかかわらず，行政文書の開示を受ける旨とする。

（更なる開示の申出）
第12条　法第14条第4項の規定による申出は，次に掲げる事項を記載した書面により行わなければならない。
　一　法第9条第1項に規定する通知があった日
　二　最初に開示を受けた日
　三　前条第1項各号に掲げる事項
2 前項の場合において，既に開示を受けた行政文書（その一部につき開示を受けた場合にあっては，当該部分）につきとられた開示の実施の方法と同一の方法を当該行政文書について求めることはできない。ただし，当該同一の方法を求めることにつき正当な理由があるときは，この限りでない。

（手数料の額等）
第13条　法第16条第1項の手数料の額は，次の各号に掲げる手数料の区分に応じ，それぞれ当該各号に定める額とする。
　一　開示請求に係る手数料（以下「開示請求手数料」という。）　開示請求に係る行政文書1件につき300円（情報通信技術利用法第3条第1項の規定により同項に規定する電子情報処理組織を使用して開示請求をする場合にあっては，200円）
　二　開示実施手数料　開示を受ける行政文書1件につき，別表の上欄に掲げる行政文書の種別ごとに，同表の中欄に掲げる

開示の実施の方法に応じ，それぞれ同表の下欄に定める額（複数の実施の方法により開示を受ける場合にあっては，その合算額。以下この号及び次項において「基本額」という。）。ただし，基本額（法第14条第4項の規定により更に開示を受ける場合にあっては，当該開示を受ける場合の基本額に既に開示の実施を求めた際の基本額を加えた額）が前号に定める額に相当する額（次のイからハまでのいずれかに該当する場合は，それぞれ当該イからハまでに定める額。ハを除き，以下この号において同じ。）に達するまでは無料とし，前号に定める額に相当する額を超えるとき（同項の規定により更に開示を受ける場合であって既に開示の実施を求めた際の基本額が前号に定める額に相当する額を超えるときを除く。）は当該基本額から前号に定める額に相当する額を減じた額とする。

 イ 独立行政法人等の保有する情報の公開に関する法律（平成13年法律第140号。以下「独立行政法人等情報公開法」という。）第13条第1項の規定に基づき，独立行政法人等から事案が移送された場合（ロに掲げる場合を除く。）　当該独立行政法人等が独立行政法人等情報公開法第17条第1項の規定に基づき定める開示請求に係る手数料の額に相当する額（以下この号において「開示請求手数料相当額」という。）

 ロ 独立行政法人等情報公開法第13条第1項の規定に基づき独立行政法人等から法人文書の一部について移送された場合　開示請求手数料相当額のうち法第14条の規定に基づき開示を実施する行政機関の長が分担するものとして，当該独立行政法人等と協議して定める額

 ハ 法第12条の2の規定に基づき独立行政法人等に行政文書の一部について移送した場合　前号に定める額に相当する額のうち法第14条の規定に基づき開示を実施する行政機関の長が分担するものとして，当該独立行政法人等と協議して定める額

2 開示請求者が次の各号のいずれかに該当する複数の行政文書の開示請求を1の開示請求書によって行うときは，前項第1号の規定の適用については，当該複数の行政文書を一件の行政文書とみなし，かつ，当該複数の行政文書である行政文書の開示を受ける場合における同項第2号ただし書の規定の適用については，当該複数の行政文書である行政文書に係る基本額に先に開示の実施を求めた当該複数の行政文書である他の行政文書に係る基本額を順次加えた額を基本額とみなす。

 一 1の行政文書ファイル（公文書等の管理に関する法律（平成21年法律第66号）第5条第2項に規定する行政文書ファイルをいう。）にまとめられた複数の行政文書

 二 前号に掲げるもののほか，相互に密接な関連を有する複数の行政文書

3 開示請求手数料又は開示実施手数料は，次の各号のいずれかに掲げる場合を除いて，それぞれ開示請求書又は第10条第1項若しくは前条第1項に規定する書面に収入印紙をはって納付しなければならない。

 一 次に掲げる行政機関又は部局若しくは機関が保有する行政文書に係る開示請求手数料又は開示実施手数料を納付する場合（第3号に掲げる場合を除く。）

  イ 特許庁

  ロ その長が第15条第1項の規定による委任を受けることができる部局又は

〈資料〉行政機関の保有する情報の公開に関する法律施行令

機関（開示請求手数料については，当該委任を受けた部局又は機関に限る。）であって，当該部局又は機関が保有する行政文書に係る開示請求手数料又は開示実施手数料の納付について収入印紙によることが適当でないものとして行政機関の長が官報に公示したもの

二　行政機関又はその部局若しくは機関（前号イ及びロに掲げるものを除く。）の事務所において開示請求手数料又は開示実施手数料の納付を現金ですることが可能である旨及び当該事務所の所在地を当該行政機関の長が官報で公示した場合において，当該行政機関が保有する行政文書に係る開示請求手数料又は開示実施手数料を当該事務所において現金で納付する場合（次号に掲げる場合を除く。）

三　情報通信技術利用法第3条第1項の規定により同項に規定する電子情報処理組織を使用して，開示請求又は法第14条第2項若しくは第4項の規定による申出をする場合において，総務省令で定める方法により開示請求手数料又は開示実施手数料を納付する場合

4　行政文書の開示を受ける者は，開示実施手数料のほか送付に要する費用を納付して，行政文書の写しの送付を求めることができる。この場合において，当該費用は，総務省令で定める方法により納付しなければならない。

（手数料の減免）

第14条　行政機関の長（法第17条の規定により委任を受けた職員があるときは，当該職員。以下この条において同じ。）は，行政文書の開示を受ける者が経済的困難により開示実施手数料を納付する資力がないと認めるときは，開示請求1件につき2000円を限度として，開示実施手数料を減額し，又は免除することができる。

2　前項の規定による開示実施手数料の減額又は免除を受けようとする者は，法第14条第2項又は第4項の規定による申出を行う際に，併せて当該減額又は免除を求める額及びその理由を記載した申請書を行政機関の長に提出しなければならない。

3　前項の申請書には，申請人が生活保護法（昭和25年法律第144号）第11条第1項各号に掲げる扶助を受けていることを理由とする場合にあっては当該扶助を受けていることを証明する書面を，その他の事実を理由とする場合にあっては当該事実を証明する書面を添付しなければならない。

4　第1項の規定によるもののほか，行政機関の長は，開示決定に係る行政文書を一定の開示の実施の方法により一般に周知させることが適当であると認めるときは，当該開示の実施の方法に係る開示実施手数料を減額し，又は免除することができる。

（権限又は事務の委任）

第15条　行政機関の長（第4条に規定する者を除く。）は，法第17条の規定により，内閣総務官，国家安全保障局長，内閣官房副長官補若しくは内閣サイバーセキュリティセンター長，内閣広報官，内閣情報官若しくは内閣人事局長若しくは人事政策統括官，内閣府設置法（平成11年法律第89号）第17条若しくは第53条の官房，局若しくは部の長，同法第17条第1項若しくは第62条第1項若しくは第2項の職，同法第18条の重要政策に関する会議の長，同法第37条若しくは第54条の審議会等若しくはその事務局の長，同法第39条若しくは第55条の施設等機関の長，同法第40条若しくは第56条（宮内庁法（昭和22年法律第70号）第18条第1項において準用する場合を含む。）の特別の機関若しくはその事務局の長，内閣府設置法第43条若しくは第57条（宮内庁法第18条第1項に

315

おいて準用する場合を含む。）の地方支分部局の長，内閣府設置法第52条の委員会の事務局若しくはその官房若しくは部の長，同条の委員会の事務総局若しくはその官房，局，部若しくは地方事務所若しくはその支所の長，宮内庁法第3条の長官官房，侍従職等若しくは部の長，同法第14条第1項の職，同法第16条第1項の機関若しくはその事務局の長，同条第2項の機関の長若しくは同法第17条の地方支分部局の長又は国家行政組織法（昭和23年法律第120号）第7条の官房，局若しくは部の長，同条の委員会の事務局若しくはその官房若しくは部の長，同条の委員会の事務総局の長，同法第8条の審議会等若しくはその事務局の長，同法第8条の2の施設等機関の長，同法第8条の3の特別の機関若しくはその事務局の長，同法第9条の地方支分部局の長若しくは同法第20条第1項若しくは第2項の職に法第2章に定める権限又は事務のうちその所掌に係るものを委任することができる。

2　警察庁長官は，法第17条の規定により，警察法（昭和29年法律第162号）第19条第1項の長官官房若しくは局，同条第2項の部，同法第27条第1項，第28条第1項若しくは第29条第1項の附属機関又は同法第30条第1項若しくは第33条第1項の地方機関の長に法第2章に定める権限又は事務のうちその所掌に係るものを委任することができる。

3　行政機関の長は，前2項の規定により権限又は事務を委任しようとするときは，委任を受ける職員の官職，委任する権限又は事務及び委任の効力の発生する日を官報で公示しなければならない。

　　　附　則

　この政令は，法の施行の日（平成13年4月1日）から施行する。

別表（第13条関係）

行政文書の種別	開示の実施の方法	開示実施手数料の額
1　文書又は図画（2の項から4の項まで又は8の項に該当するものを除く。）	イ　閲覧	100枚までごとにつき100円
	ロ　撮影した写真フィルムを印画紙に印画したものの閲覧	1枚につき100円に12枚までごとに760円を加えた額
	ハ　複写機により用紙に複写したものの交付（ニに掲げる方法に該当するものを除く。）	用紙1枚につき10円（A2判については40円，A1判については80円）
	ニ　複写機により用紙にカラーで複写したものの交付	用紙1枚につき20円（A2判については140円，A1判については180円）
	ホ　撮影した写真フィルムを印画紙に印画したものの交付	1枚につき120円（縦203ミリメートル，横254ミリメートルのものについては，520円）に12枚までごとに760円を加えた額
	ヘ　スキャナにより読み取ってできた電磁的記録をフレキシブルディスクカートリッジに複写したものの交付	1枚につき50円に当該文書又は図画1枚ごとに10円を加えた額

〈資料〉行政機関の保有する情報の公開に関する法律施行令

		ト　スキャナにより読み取ってできた電磁的記録を光ディスク（日本工業規格 X0606 及び X6281 に適合する直径 120 ミリメートルの光ディスクの再生装置で再生することが可能なものに限る。）に複写したものの交付	1 枚につき 100 円に当該文書又は図画 1 枚ごとに 10 円を加えた額
		チ　スキャナにより読み取ってできた電磁的記録を光ディスク（日本工業規格 X6241 に適合する直径 120 ミリメートルの光ディスクの再生装置で再生することが可能なものに限る。）に複写したものの交付	1 枚につき 120 円に当該文書又は図画 1 枚ごとに 10 円を加えた額
		リ　情報通信技術利用法の適用による方法	当該文書又は図画 1 枚につき 10 円
2	マイクロフィルム	イ　用紙に印刷したものの閲覧	用紙 1 枚につき 10 円
		ロ　専用機器により映写したものの閲覧	1 巻につき 290 円
		ハ　用紙に印刷したものの交付	用紙 1 枚につき 80 円（A3 判については 140 円，A2 判については 370 円，A1 判については 690 円）
3	写真フィルム	イ　印画紙に印画したものの閲覧	1 枚につき 10 円
		ロ　印画紙に印画したものの交付	1 枚につき 30 円（縦 203 ミリメートル，横 254 ミリメートルのものについては，430 円）
4	スライド（9 の項に該当するものを除く。）	イ　専用機器により映写したものの閲覧	1 巻につき 390 円
		ロ　印画紙に印画したものの交付	1 枚につき 100 円（縦 203 ミリメートル，横 254 ミリメートルのものについては，1300 円）
5	録音テープ（9 の項に該当するものを除く。）又は録音ディスク	イ　専用機器により再生したものの聴取	1 巻につき 290 円
		ロ　録音カセットテープに複写したものの交付	1 巻につき 430 円

6 ビデオテープ又はビデオディスク	イ 専用機器により再生したものの視聴	1巻につき 290 円
	ロ ビデオカセットテープに複写したものの交付	1巻につき 580 円
7 電磁的記録（5の項，6の項又は8の項に該当するものを除く。）	イ 用紙に出力したものの閲覧	用紙 100 枚までごとにつき 200 円
	ロ 専用機器により再生したものの閲覧又は視聴	1 ファイルにつき 410 円
	ハ 用紙に出力したものの交付（ニに掲げる方法に該当するものを除く。）	用紙 1 枚につき 10 円
	ニ 用紙にカラーで出力したものの交付	用紙 1 枚につき 20 円
	ホ フレキシブルディスクカートリッジに複写したものの交付	1 枚につき 50 円に 1 ファイルごとに 210 円を加えた額
	ヘ 光ディスク（日本工業規格 X0606 及び X6281 に適合する直径 120 ミリメートルの光ディスクの再生装置で再生することが可能なものに限る。）に複写したものの交付	1 枚につき 100 円に 1 ファイルごとに 210 円を加えた額
	ト 光ディスク（日本工業規格 X6241 に適合する直径 120 ミリメートルの光ディスクの再生装置で再生することが可能なものに限る。）に複写したものの交付	1 枚につき 120 円に 1 ファイルごとに 210 円を加えた額
	チ 電子情報処理組織を使用する方法	1 ファイルにつき 210 円
	リ 幅 12.7 ミリメートルのオープンリールテープに複写したものの交付	1 巻につき 7000 円に 1 ファイルごとに 210 円を加えた額
	ヌ 幅 12.7 ミリメートルの磁気テープカートリッジに複写したものの交付	1巻につき 800 円（日本工業規格 X6135 に適合するものについては 2500 円，国際規格 14833, 15895 又は 15307 に適合するものについてはそれぞれ 8600 円, 10500 円又は 12900 円）に 1 ファイルごとに 210 円を加えた額

〈資料〉行政機関の保有する情報の公開に関する法律施行令

		ル　幅8ミリメートルの磁気テープカートリッジに複写したものの交付	1巻につき1800円（日本工業規格X6142に適合するものについては2600円、国際規格15757に適合するものについては3200円）に1ファイルごとに210円を加えた額
		ヲ　幅3.81ミリメートルの磁気テープカートリッジに複写したものの交付	1巻につき590円（日本工業規格X6129、X6130又はX6137に適合するものについては、それぞれ800円、1300円又は1750円）に1ファイルごとに210円を加えた額
8	映画フィルム	イ　専用機器により映写したものの視聴	1巻につき390円
		ロ　ビデオカセットテープに複写したものの交付	6800円（16ミリメートル映画フィルムについては13000円、35ミリメートル映画フィルムについては10100円）に記録時間10分までごとに2750円（16ミリメートル映画フィルムについては3200円、35ミリメートル映画フィルムについては2650円）を加えた額
9	スライド及び録音テープ（第9条第5項に規定する場合におけるものに限る。）	イ　専用機器により再生したものの視聴	1巻につき680円
		ロ　ビデオカセットテープに複写したものの交付	5200円（スライド20枚を超える場合にあっては、5200円にその超える枚数1枚につき110円を加えた額）

備考　1の項ハ若しくはニ、2の項ハ又は7の項ハ若しくはニの場合において、両面印刷の用紙を用いるときは、片面を1枚として額を算定する。

会計検査院法（抜粋）

（昭和22年4月19日 法律第73号）

最終改正　平成26法69

第1章　組織（抜粋）

第5節　会計検査院情報公開・個人情報保護審査会

第19条の2【設置，委員】　行政機関の保有する情報の公開に関する法律（平成11年法律第42号）第19条第1項及び行政機関の保有する個人情報の保護に関する法律（平成15年法律第58号）第43条第1項の規定による院長の諮問に応じ審査請求について調査審議するため，会計検査院に，会計検査院情報公開・個人情報保護審査会を置く。

2　会計検査院情報公開・個人情報保護審査会は，委員3人をもつて組織する。

3　委員は，非常勤とする。

第19条の3【委員の任命，任期等】　委員は，優れた識見を有する者のうちから，両議院の同意を得て，院長が任命する。

2　委員の任期が満了し，又は欠員を生じた場合において，国会の閉会又は衆議院の解散のために両議院の同意を得ることができないときは，院長は，前項の規定にかかわらず，同項に定める資格を有する者のうちから，委員を任命することができる。

3　前項の場合においては，任命後最初の国会で両議院の事後の承認を得なければならない。この場合において，両議院の事後の承認が得られないときは，院長は，直ちにその委員を罷免しなければならない。

4　委員の任期は，3年とする。ただし，補欠の委員の任期は，前任者の残任期間とする。

5　委員は，再任されることができる。

6　委員の任期が満了したときは，当該委員は，後任者が任命されるまで引き続きその職務を行うものとする。

7　院長は，委員が心身の故障のため職務の執行ができないと認めるとき，又は委員に職務上の義務違反その他委員たるに適しない非行があると認めるときは，両議院の同意を得て，その委員を罷免することができる。

8　委員は，職務上知ることができた秘密を漏らしてはならない。その職を退いた後も，同様とする。

9　委員は，在任中，政党その他の政治的団体の役員となり，又は積極的に政治運動をしてはならない。

10　委員の給与は，別に法律で定める。

第19条の4【調査審議の手続】　情報公開・個人情報保護審査会設置法（平成15年法律第60号）第3章の規定は，会計検査院情報公開・個人情報保護審査会の調査審議の手続について準用する。この場合において，同章の規定中「審査会」とあるのは，「会計検査院情報公開・個人情報保護審査会」と読み替えるものとする。

第19条の5【秘密漏示罪】　第19条の3第8項の規定に違反して秘密を漏らした者は，1年以下の懲役又は50万円以下の罰金に処する。

〈資料〉会計検査院法（抜粋）

第19条の6【規則への委任】 第19条の2から前条までに定めるもののほか，会計検査院情報公開・個人情報保護審査会に関し必要な事項は，会計検査院規則で定める。

会計検査院情報公開・個人情報保護審査会規則

（平成13年3月30日 会検規第3号）

施行　平成13・4・1（附則参照）
最終改正　平成28会検規5

（会長）
第1条　会計検査院情報公開・個人情報保護審査会（以下「審査会」という。）に，会長を置き，委員の互選によりこれを定める。

2　会長は，会務を総理し，審査会を代表する。

3　会長に事故があるときは，あらかじめその指名する委員が，その職務を代理する。

（議決方法）
第2条　審査会の議事は，出席した委員のうち，2人以上の賛成をもってこれを決する。

2　特定の事件につき特別の利害関係を有する委員は，審査会の決議があったときは，当該事件に係る議決に参加することができない。

（手続の併合又は分離）
第3条　審査会は，必要があると認めるときは，数個の審査請求に係る事件の手続を併合し，又は併合された数個の審査請求に係る事件の手続を分離することができる。

2　審査会は，前項の規定により，審査請求に係る事件の手続を併合し，又は分離したときは，審査請求人，参加人及び院長にその旨を通知しなければならない。

（院長の申出）
第4条　院長は，会計検査院法第19条の4の規定により準用される情報公開・個人情報保護審査会設置法（平成15年法律第60号。以下「審査会設置法」という。）第8条第2項第1号に規定する行政文書（以下「行政文書」という。）に記録されている情報又は会計検査院法第19条の4の規定により準用される審査会設置法第8条第3項第1号に規定する行政保有個人情報（以下「保有個人情報」という。）に含まれている情報が，その取扱いについて特別の配慮を必要とするものであるときは，審査会に対し，その旨を申し出ることができる。

2　審査会は，前項の規定による申出を受けた場合において，会計検査院法第19条の4の規定により準用される審査会設置法第9条第1項の規定により当該行政文書又は当該保有個人情報の提示を求めようとするときは，院長の意見を聴かなければならない。

（審査請求人等の意見の聴取）
第5条　審査会は，審査会に提出された意見書又は資料について，会計検査院法第19条の4の規定により準用される審査会設置法第9条第4項の規定に基づき鑑定を求めようとするときは，当該意見書又は資料を提出した審査請求人，参加人又は院長の意見を聴かなければならない。ただし，審査会が，その必要がないと認めるときは，この限りでない。

（庶務）
第6条　審査会の庶務は，会計検査院事務総長官房上席企画調査官において処理する。

（雑則）
第7条　この規則に定めるもののほか，審査

会の調査審議の手続に関し必要な事項は，会長が審査会に諮って定める。

　附　則

　この規則は，法の施行の日（平成13年4月1日）から施行する。

独立行政法人等の保有する情報の公開に関する法律

（平成13年12月5日 法律第140号）

施行　平成14・10・1（附則参照）
最終改正　平成28法89

第1章　総則

（目的）

第1条　この法律は，国民主権の理念にのっとり，法人文書の開示を請求する権利及び独立行政法人等の諸活動に関する情報の提供につき定めること等により，独立行政法人等の保有する情報の一層の公開を図り，もって独立行政法人等の有するその諸活動を国民に説明する責務が全うされるようにすることを目的とする。

（定義）

第2条　この法律において「独立行政法人等」とは，独立行政法人通則法（平成11年法律第103号）第2条第1項に規定する独立行政法人及び別表第1に掲げる法人をいう。

2　この法律において「法人文書」とは，独立行政法人等の役員又は職員が職務上作成し，又は取得した文書，図画及び電磁的記録（電子的方式，磁気的方式その他人の知覚によっては認識することができない方式で作られた記録をいう。以下同じ。）であって，当該独立行政法人等の役員又は職員が組織的に用いるものとして，当該独立行政法人等が保有しているものをいう。ただし，次に掲げるものを除く。

一　官報，白書，新聞，雑誌，書籍その他不特定多数の者に販売することを目的として発行されるもの

二　公文書等の管理に関する法律（平成21年法律第66号）第2条第7項に規定する特定歴史公文書等

三　政令で定める博物館その他の施設において，政令で定めるところにより，歴史的若しくは文化的な資料又は学術研究用の資料として特別の管理がされているもの（前号に掲げるものを除く。）

四　別表第2の上欄に掲げる独立行政法人等が保有している文書，図画及び電磁的記録であって，政令で定めるところにより，専ら同表下欄に掲げる業務に係るものとして，同欄に掲げる業務以外の業務に係るものと区分されるもの

第2章　法人文書の開示

（開示請求権）

第3条　何人も，この法律の定めるところにより，独立行政法人等に対し，当該独立行政法人等の保有する法人文書の開示を請求することができる。

（開示請求の手続）

第4条　前条の規定による開示の請求（以下「開示請求」という。）は，次に掲げる事項を記載した書面（以下「開示請求書」という。）を独立行政法人等に提出してしなければならない。

一　開示請求をする者の氏名又は名称及び住所又は居所並びに法人その他の団体にあっては代表者の氏名

二　法人文書の名称その他の開示請求に係る法人文書を特定するに足りる事項
2　独立行政法人等は，開示請求書に形式上の不備があると認めるときは，開示請求をした者（以下「開示請求者」という。）に対し，相当の期間を定めて，その補正を求めることができる。この場合において，独立行政法人等は，開示請求者に対し，補正の参考となる情報を提供するよう努めなければならない。

（法人文書の開示義務）
第5条　独立行政法人等は，開示請求があったときは，開示請求に係る法人文書に次の各号に掲げる情報（以下「不開示情報」という。）のいずれかが記録されている場合を除き，開示請求者に対し，当該法人文書を開示しなければならない。
一　個人に関する情報（事業を営む個人の当該事業に関する情報を除く。）であって，当該情報に含まれる氏名，生年月日その他の記述等（文書，図画若しくは電磁的記録に記載され，若しくは記録され，又は音声，動作その他の方法を用いて表された一切の事項をいう。次条第2項において同じ。）により特定の個人を識別することができるもの（他の情報と照合することにより，特定の個人を識別することができることとなるものを含む。）又は特定の個人を識別することはできないが，公にすることにより，なお個人の権利利益を害するおそれがあるもの。ただし，次に掲げる情報を除く。
　　イ　法令の規定により又は慣行として公にされ，又は公にすることが予定されている情報
　　ロ　人の生命，健康，生活又は財産を保護するため，公にすることが必要であると認められる情報
　　ハ　当該個人が公務員等（国家公務員法（昭和22年法律第120号）第2条第1項に規定する国家公務員（独立行政法人通則法第2条第4項に規定する行政執行法人の役員及び職員を除く。），独立行政法人等の役員及び職員，地方公務員法（昭和25年法律第261号）第2条に規定する地方公務員並びに地方独立行政法人（地方独立行政法人法（平成15年法律第118号）第2条第1項に規定する地方独立行政法人をいう。以下同じ。）の役員及び職員をいう。）である場合において，当該情報がその職務の遂行に係る情報であるときは，当該情報のうち，当該公務員等の職及び当該職務遂行の内容に係る部分
一の二　行政機関の保有する個人情報の保護に関する法律（平成15年法律第58号）第2条第9項に規定する行政機関非識別加工情報（同条第10項に規定する行政機関非識別加工情報ファイルを構成するものに限る。以下この号において「行政機関非識別加工情報」という。）若しくは行政機関非識別加工情報の作成に用いた同条第5項に規定する保有個人情報（他の情報と照合することができ，それにより特定の個人を識別することができることとなるもの（他の情報と容易に照合することができ，それにより特定の個人を識別することができることとなるものを除く。）を除く。）から削除した同条第2項第1号に規定する記述等若しくは同条第3項に規定する個人識別符号又は独立行政法人等の保有する個人情報の保護に関する法律（平成15年法律第59号）第2条第9項に規定する独立行政法人等非識別加工情報（同条第10項に規定する独立行政法人等非識別加工情報ファイルを構成するものに限る。以下この号において「独立行政法人等非識別加工

情報」という。）若しくは独立行政法人等非識別加工情報の作成に用いた同条第5項に規定する保有個人情報（他の情報と照合することができ，それにより特定の個人を識別することができることとなるもの（他の情報と容易に照合することができ，それにより特定の個人を識別することができることとなるものを除く。）を除く。）から削除した同条第2項第1号に規定する記述等若しくは同条第3項に規定する個人識別符号
二　法人その他の団体（国，独立行政法人等，地方公共団体及び地方独立行政法人を除く。以下「法人等」という。）に関する情報又は事業を営む個人の当該事業に関する情報であって，次に掲げるもの。ただし，人の生命，健康，生活又は財産を保護するため，公にすることが必要であると認められる情報を除く。
　　イ　公にすることにより，当該法人等又は当該個人の権利，競争上の地位その他正当な利益を害するおそれがあるもの
　　ロ　独立行政法人等の要請を受けて，公にしないとの条件で任意に提供されたものであって，法人等又は個人における通例として公にしないこととされているものその他の当該条件を付することが当該情報の性質，当時の状況等に照らして合理的であると認められるもの
三　国の機関，独立行政法人等，地方公共団体及び地方独立行政法人の内部又は相互間における審議，検討又は協議に関する情報であって，公にすることにより，率直な意見の交換若しくは意思決定の中立性が不当に損なわれるおそれ，不当に国民の間に混乱を生じさせるおそれ又は特定の者に不当に利益を与え若しくは不利益を及ぼすおそれがあるもの
四　国の機関，独立行政法人等，地方公共団体又は地方独立行政法人が行う事務又は事業に関する情報であって，公にすることにより，次に掲げるおそれその他当該事務又は事業の性質上，当該事務又は事業の適正な遂行に支障を及ぼすおそれがあるもの
　　イ　国の安全が害されるおそれ，他国若しくは国際機関との信頼関係が損なわれるおそれ又は他国若しくは国際機関との交渉上不利益を被るおそれ
　　ロ　犯罪の予防，鎮圧又は捜査その他の公共の安全と秩序の維持に支障を及ぼすおそれ
　　ハ　監査，検査，取締り，試験又は租税の賦課若しくは徴収に係る事務に関し，正確な事実の把握を困難にするおそれ又は違法若しくは不当な行為を容易にし，若しくはその発見を困難にするおそれ
　　ニ　契約，交渉又は争訟に係る事務に関し，国，独立行政法人等，地方公共団体又は地方独立行政法人の財産上の利益又は当事者としての地位を不当に害するおそれ
　　ホ　調査研究に係る事務に関し，その公正かつ能率的な遂行を不当に阻害するおそれ
　　ヘ　人事管理に係る事務に関し，公正かつ円滑な人事の確保に支障を及ぼすおそれ
　　ト　独立行政法人等，地方公共団体が経営する企業又は地方独立行政法人に係る事業に関し，その企業経営上の正当な利益を害するおそれ

（部分開示）
第6条　独立行政法人等は，開示請求に係る法人文書の一部に不開示情報が記録されて

いる場合において，不開示情報が記録されている部分を容易に区分して除くことができるときは，開示請求者に対し，当該部分を除いた部分につき開示しなければならない。ただし，当該部分を除いた部分に有意の情報が記録されていないと認められるときは，この限りでない。

2　開示請求に係る法人文書に前条第1号の情報（特定の個人を識別することができるものに限る。）が記録されている場合において，当該情報のうち，氏名，生年月日その他の特定の個人を識別することができることとなる記述等の部分を除くことにより，公にしても，個人の権利利益が害されるおそれがないと認められるときは，当該部分を除いた部分は，同号の情報に含まれないものとみなして，前項の規定を適用する。

（公益上の理由による裁量的開示）

第7条　独立行政法人等は，開示請求に係る法人文書に不開示情報（第5条第1号の2に掲げる情報を除く。）が記録されている場合であっても，公益上特に必要があると認めるときは，開示請求者に対し，当該法人文書を開示することができる。

（法人文書の存否に関する情報）

第8条　開示請求に対し，当該開示請求に係る法人文書が存在しているか否かを答えるだけで，不開示情報を開示することとなるときは，独立行政法人等は，当該法人文書の存否を明らかにしないで，当該開示請求を拒否することができる。

（開示請求に対する措置）

第9条　独立行政法人等は，開示請求に係る法人文書の全部又は一部を開示するときは，その旨の決定をし，開示請求者に対し，その旨及び開示の実施に関し政令で定める事項を書面により通知しなければならない。

2　独立行政法人等は，開示請求に係る法人文書の全部を開示しないとき（前条の規定により開示請求を拒否するとき及び開示請求に係る法人文書を保有していないときを含む。）は，開示をしない旨の決定をし，開示請求者に対し，その旨を書面により通知しなければならない。

（開示決定等の期限）

第10条　前条各項の決定（以下「開示決定等」という。）は，開示請求があった日から30日以内にしなければならない。ただし，第4条第2項の規定により補正を求めた場合にあっては，当該補正に要した日数は，当該期間に算入しない。

2　前項の規定にかかわらず，独立行政法人等は，事務処理上の困難その他正当な理由があるときは，同項に規定する期間を30日以内に限り延長することができる。この場合において，独立行政法人等は，開示請求者に対し，遅滞なく，延長後の期間及び延長の理由を書面により通知しなければならない。

（開示決定等の期限の特例）

第11条　開示請求に係る法人文書が著しく大量であるため，開示請求があった日から60日以内にそのすべてについて開示決定等をすることにより事務の遂行に著しい支障が生ずるおそれがある場合には，前条の規定にかかわらず，独立行政法人等は，開示請求に係る法人文書のうちの相当の部分につき当該期間内に開示決定等をし，残りの法人文書については相当の期間内に開示決定等をすれば足りる。この場合において，独立行政法人等は，同条第1項に規定する期間内に，開示請求者に対し，次に掲げる事項を書面により通知しなければならない。

一　本条を適用する旨及びその理由

二　残りの法人文書について開示決定等をする期限

（事案の移送）

第12条　独立行政法人等は，開示請求に係

る法人文書が他の独立行政法人等により作成されたものであるときその他他の独立行政法人等において開示決定等をすることにつき正当な理由があるときは，当該他の独立行政法人等と協議の上，当該他の独立行政法人等に対し，事案を移送することができる。この場合においては，移送をした独立行政法人等は，開示請求者に対し，事案を移送した旨を書面により通知しなければならない。

2　前項の規定により事案が移送されたときは，移送を受けた独立行政法人等において，当該開示請求についての開示決定等をしなければならない。この場合において，移送をした独立行政法人等が移送前にした行為は，移送を受けた独立行政法人等がしたものとみなす。

3　前項の場合において，移送を受けた独立行政法人等が，第9条第1項の決定（以下「開示決定」という。）をしたときは，当該独立行政法人等は，開示の実施をしなければならない。この場合において，移送をした独立行政法人等は，当該開示の実施に必要な協力をしなければならない。

（行政機関の長への事案の移送）

第 13 条　独立行政法人等は，次に掲げる場合には，行政機関の長（行政機関の保有する情報の公開に関する法律（平成 11 年法律第 42 号。以下「行政機関情報公開法」という。）第 3 条に規定する行政機関の長をいう。以下この条において同じ。）と協議の上，当該行政機関の長に対し，事案を移送することができる。この場合においては，移送をした独立行政法人等は，開示請求者に対し，事案を移送した旨を書面により通知しなければならない。

一　開示請求に係る法人文書に記録されている情報を公にすることにより，国の安全が害されるおそれ，他国若しくは国際機関との信頼関係が損なわれるおそれ又は他国若しくは国際機関との交渉上不利益を被るおそれがあると認めるとき。

二　開示請求に係る法人文書に記録されている情報を公にすることにより，犯罪の予防，鎮圧又は捜査その他の公共の安全と秩序の維持に支障を及ぼすおそれがあると認めるとき。

三　開示請求に係る法人文書が行政機関（行政機関情報公開法第 2 条第 1 項に規定する行政機関をいう。次項において同じ。）により作成されたものであるとき。

四　その他行政機関の長において行政機関情報公開法第 10 条第 1 項に規定する開示決定等をすることにつき正当な理由があるとき。

2　前項の規定により事案が移送されたときは，当該事案については，法人文書を移送を受けた行政機関が保有する行政機関情報公開法第 2 条第 2 項に規定する行政文書と，開示請求を移送を受けた行政機関の長に対する行政機関情報公開法第 4 条第 1 項に規定する開示請求とみなして，行政機関情報公開法の規定を適用する。この場合において，行政機関情報公開法第 10 条第 1 項中「第 4 条第 2 項」とあるのは「独立行政法人等情報公開法第 4 条第 2 項」と，行政機関情報公開法第 16 条第 1 項中「開示請求をする者又は行政文書」とあるのは「行政文書」と，「により，それぞれ」とあるのは「により」と，「開示請求に係る手数料又は開示」とあるのは「開示」とする。

3　第 1 項の規定により事案が移送された場合において，移送を受けた行政機関の長が開示の実施をするときは，移送をした独立行政法人等は，当該開示の実施に必要な協力をしなければならない。

（第三者に対する意見書提出の機会の付与等）

第 14 条　開示請求に係る法人文書に国，独

〈資料〉独立行政法人等の保有する情報の公開に関する法律

立行政法人等，地方公共団体，地方独立行政法人及び開示請求者以外の者（以下この条，第19条第2項及び第20条において「第三者」という。）に関する情報が記録されているときは，独立行政法人等は，開示決定等をするに当たって，当該情報に係る第三者に対し，開示請求に係る法人文書の表示その他政令で定める事項を通知して，意見書を提出する機会を与えることができる。

2　独立行政法人等は，次の各号のいずれかに該当するときは，開示決定に先立ち，当該第三者に対し，開示請求に係る法人文書の表示その他政令で定める事項を書面により通知して，意見書を提出する機会を与えなければならない。ただし，当該第三者の所在が判明しない場合は，この限りでない。

一　第三者に関する情報が記録されている法人文書を開示しようとする場合であって，当該情報が第5条第1号ロ又は同条第2号ただし書に規定する情報に該当すると認められるとき。

二　第三者に関する情報が記録されている法人文書を第7条の規定により開示しようとするとき。

3　独立行政法人等は，前2項の規定により意見書の提出の機会を与えられた第三者が当該法人文書の開示に反対の意思を表示した意見書を提出した場合において，開示決定をするときは，開示決定の日と開示を実施する日との間に少なくとも2週間を置かなければならない。この場合において，独立行政法人等は，開示決定後直ちに，当該意見書（第19条において「反対意見書」という。）を提出した第三者に対し，開示決定をした旨及びその理由並びに開示を実施する日を書面により通知しなければならない。

（開示の実施）

第15条　法人文書の開示は，文書又は図画については閲覧又は写しの交付により，電磁的記録についてはその種別，情報化の進展状況等を勘案して独立行政法人等が定める方法により行う。ただし，閲覧の方法による法人文書の開示にあっては，独立行政法人等は，当該法人文書の保存に支障を生ずるおそれがあると認めるときその他正当な理由があるときは，その写しにより，これを行うことができる。

2　独立行政法人等は，行政機関情報公開法第14条第1項の規定に基づく政令の規定を参酌して前項の規定に基づく電磁的記録についての開示の方法に関する定めを設けるとともに，これを一般の閲覧に供しなければならない。

3　開示決定に基づき法人文書の開示を受ける者は，政令で定めるところにより，当該開示決定をした独立行政法人等に対し，その求める開示の実施の方法その他の政令で定める事項を申し出なければならない。

4　前項の規定による申出は，第9条第1項に規定する通知があった日から30日以内にしなければならない。ただし，当該期間内に当該申出をすることができないことにつき正当な理由があるときは，この限りでない。

5　開示決定に基づき法人文書の開示を受けた者は，最初に開示を受けた日から30日以内に限り，独立行政法人等に対し，更に開示を受ける旨を申し出ることができる。この場合においては，前項ただし書の規定を準用する。

（他の法令による開示の実施との調整）

第16条　独立行政法人等は，他の法令の規定により，何人にも開示請求に係る法人文書が前条第1項本文に規定する方法と同一の方法で開示することとされている場合

（開示の期間が定められている場合にあっては，当該期間内に限る。）には，同項本文の規定にかかわらず，当該法人文書については，当該同一の方法による開示を行わない。ただし，当該他の法令の規定に一定の場合には開示をしない旨の定めがあるときは，この限りでない。

2　他の法令の規定に定める開示の方法が縦覧であるときは，当該縦覧を前条第1項本文の閲覧とみなして，前項の規定を適用する。

（手数料）

第17条　開示請求をする者又は法人文書の開示を受ける者は，独立行政法人等の定めるところにより，それぞれ，開示請求に係る手数料又は開示の実施に係る手数料を納めなければならない。

2　前項の手数料の額は，実費の範囲内において，行政機関情報公開法第16条第1項の手数料の額を参酌して，独立行政法人等が定める。

3　独立行政法人等は，経済的困難その他特別の理由があると認めるときは，行政機関情報公開法第16条第3項の規定に基づく政令の規定を参酌して独立行政法人等の定めるところにより，第1項の手数料を減額し，又は免除することができる。

4　独立行政法人等は，前3項の規定による定めを一般の閲覧に供しなければならない。

第3章　審査請求等

（審査請求及び審理員による審理手続に関する規定の適用除外等）

第18条　開示決定等又は開示請求に係る不作為について不服がある者は，独立行政法人等に対し，審査請求をすることができる。

2　開示決定等又は開示請求に係る不作為に係る審査請求については，行政不服審査法（平成26年法律第68号）第9条，第17条，第24条，第2章第3節及び第50条第2項の規定は，適用しない。

3　開示決定等又は開示請求に係る不作為に係る審査請求についての行政不服審査法第2章の規定の適用については，同法第11条第2項中「第9条第1項の規定により指名された者（以下「審理員」という。）」とあるのは「第4条の規定により審査請求がされた行政庁（第14条の規定により引継ぎを受けた行政庁を含む。以下「審査庁」という。）」と，同法第13条第1項及び第2項中「審理員」とあるのは「審査庁」と，同法第25条第7項中「あったとき，又は審理員から第40条に規定する執行停止をすべき旨の意見書が提出されたとき」とあるのは「あったとき」と，同法第44条中「行政不服審査会等」とあるのは「情報公開・個人情報保護審査会」と，「受けたとき（前条第1項の規定による諮問を要しない場合（同項第2号又は第3号に該当する場合を除く。）にあっては審理員意見書が提出されたとき，同項第2号又は第3号に該当する場合にあっては同項第2号又は第3号に規定する議を経たとき）」とあるのは「受けたとき」と，同法第50条第1項第4号中「審理員意見書又は行政不服審査会等若しくは審議会等」とあるのは「情報公開・個人情報保護審査会」とする。

（情報公開・個人情報保護審査会への諮問）

第19条　開示決定等又は開示請求に係る不作為について審査請求があったときは，独立行政法人等は，次の各号のいずれかに該当する場合を除き，情報公開・個人情報保護審査会に諮問しなければならない。

一　審査請求が不適法であり，却下する場合

二　裁決で，審査請求の全部を認容し，当該審査請求に係る法人文書の全部を開示することとする場合（当該法人文書の開

示について反対意見書が提出されている場合を除く。）
2 前項の規定により諮問をした独立行政法人等は，次に掲げる者に対し，諮問をした旨を通知しなければならない。
　一　審査請求人及び参加人（行政不服審査法第13条第4項に規定する参加人をいう。以下この項及び次条第2号において同じ。）
　二　開示請求者（開示請求者が審査請求人又は参加人である場合を除く。）
　三　当該審査請求に係る法人文書の開示について反対意見書を提出した第三者（当該第三者が審査請求人又は参加人である場合を除く。）

（第三者からの審査請求を棄却する場合等における手続）
第20条　第14条第3項の規定は，次の各号のいずれかに該当する裁決をする場合について準用する。
　一　開示決定に対する第三者からの審査請求を却下し，又は棄却する裁決
　二　審査請求に係る開示決定等（開示請求に係る法人文書の全部を開示する旨の決定を除く。）を変更し，当該審査請求に係る法人文書を開示する旨の裁決（第三者である参加人が当該法人文書の開示に反対の意思を表示している場合に限る。）

（訴訟の移送の特例）
第21条　行政事件訴訟法（昭和37年法律第139号）第12条第4項の規定により同項に規定する特定管轄裁判所に開示決定等の取消しを求める訴訟又は開示決定等若しくは開示請求に係る不作為に係る審査請求に対する裁決の取消しを求める訴訟（次項及び附則第2条において「情報公開訴訟」という。）が提起された場合においては，同法第12条第5項の規定にかかわらず，他の裁判所に同一又は同種若しくは類似の法人文書に係る開示決定等又は開示決定等若しくは開示請求に係る不作為に係る審査請求に対する裁決に係る抗告訴訟（同法第3条第1項に規定する抗告訴訟をいう。次項において同じ。）が係属しているときは，当該特定管轄裁判所は，当事者の住所又は所在地，尋問を受けるべき証人の住所，争点又は証拠の共通性その他の事情を考慮して，相当と認めるときは，申立てにより又は職権で，訴訟の全部又は一部について，当該他の裁判所又は同法第12条第1項から第3項までに定める裁判所に移送することができる。
2 前項の規定は，行政事件訴訟法第12条第4項の規定により同項に規定する特定管轄裁判所に開示決定等又は開示決定等若しくは開示請求に係る不作為に係る審査請求に対する裁決に係る抗告訴訟で情報公開訴訟以外のものが提起された場合について準用する。

第4章　情報提供

第22条　独立行政法人等は，政令で定めるところにより，その保有する次に掲げる情報であって政令で定めるものを記録した文書，図画又は電磁的記録を作成し，適時に，かつ，国民が利用しやすい方法により提供するものとする。
　一　当該独立行政法人等の組織，業務及び財務に関する基礎的な情報
　二　当該独立行政法人等の組織，業務及び財務についての評価及び監査に関する情報
　三　当該独立行政法人等の出資又は拠出に係る法人その他の政令で定める法人に関する基礎的な情報
2 前項の規定によるもののほか，独立行政法人等は，その諸活動についての国民の理解を深めるため，その保有する情報の提供

に関する施策の充実に努めるものとする。

第5章　補　則

（開示請求をしようとする者に対する情報の提供等）

第23条　独立行政法人等は，開示請求をしようとする者が容易かつ的確に開示請求をすることができるよう，公文書等の管理に関する法律第11条第3項に規定するもののほか，当該独立行政法人等が保有する法人文書の特定に資する情報の提供その他開示請求をしようとする者の利便を考慮した適切な措置を講ずるものとする。

2　総務大臣は，この法律の円滑な運用を確保するため，開示請求に関する総合的な案内所を整備するものとする。

（施行の状況の公表）

第24条　総務大臣は，独立行政法人等に対し，この法律の施行の状況について報告を求めることができる。

2　総務大臣は，毎年度，前項の報告を取りまとめ，その概要を公表するものとする。

（政令への委任）

第25条　この法律に定めるもののほか，この法律の実施のため必要な事項は，政令で定める。

附　則（抄）

（施行期日）

第1条　この法律は，公布の日から起算して1年を超えない範囲内において政令で定める日〈平成14・10・1―平成14政198〉から施行する。（後略）

（検討）

第2条　政府は，行政機関情報公開法附則第2項の検討の状況を踏まえ，この法律の施行の状況及び情報公開訴訟の管轄の在り方について検討を加え，その結果に基づいて必要な措置を講ずるものとする。

（行政機関の保有する情報の公開に関する法律の一部改正）

第3条　（略）

（行政機関情報公開法の一部改正に伴う経過措置）

第4条　前条の規定による改正後の行政機関の保有する情報の公開に関する法律第5条，第12条の2及び第13条第1項の規定は，前条の規定の施行後にされた開示請求（同法第4条第1項に規定する開示請求をいう。以下この条において同じ。）について適用し，前条の規定の施行前にされた開示請求については，なお従前の例による。

（刑事訴訟法の一部改正）

第5条　（略）

（著作権法の一部改正）

第6条　（略）

（著作権法の一部改正に伴う経過措置）

第7条　（略）

（基盤技術研究円滑化法の一部を改正する法律の一部改正）

第8条　（略）

（総務省設置法の一部改正）

第9条　（略）

別表第1（第2条関係）

名　称	根　拠　法
沖縄科学技術大学院大学学園	沖縄科学技術大学院大学学園法（平成21年法律第76号）
沖縄振興開発金融公庫	沖縄振興開発金融公庫法（昭和47年法律第31号）

〈資料〉独立行政法人等の保有する情報の公開に関する法律

外国人技能実習機構	外国人の技能実習の適正な実施及び技能実習生の保護に関する法律（平成 28 年法律第 89 号）
株式会社国際協力銀行	株式会社国際協力銀行法（平成 23 年法律第 39 号）
株式会社日本政策金融公庫	株式会社日本政策金融公庫法（平成 19 年法律第 57 号）
株式会社日本貿易保険	貿易保険法（昭和 25 年法律第 67 号）
原子力損害賠償・廃炉等支援機構	原子力損害賠償・廃炉等支援機構法（平成 23 年法律第 94 号）
国立大学法人	国立大学法人法（平成 15 年法律第 112 号）
新関西国際空港株式会社	関西国際空港及び大阪国際空港の一体的かつ効率的な設置及び管理に関する法律（平成 23 年法律第 54 号）
大学共同利用機関法人	国立大学法人法
日本銀行	日本銀行法（平成 9 年法律第 89 号）
日本司法支援センター	総合法律支援法（平成 16 年法律第 74 号）
日本私立学校振興・共済事業団	日本私立学校振興・共済事業団法（平成 9 年法律第 48 号）
日本中央競馬会	日本中央競馬会法（昭和 29 年法律第 205 号）
日本年金機構	日本年金機構法（平成 19 年法律第 109 号）
農水産業協同組合貯金保険機構	農水産業協同組合貯金保険法（昭和 48 年法律第 53 号）
放送大学学園	放送大学学園法（平成 14 年法律第 156 号）
預金保険機構	預金保険法（昭和 46 年法律第 34 号）

別表第 2（第 2 条関係）

新関西国際空港株式会社	1　関西国際空港及び大阪国際空港の一体的かつ効率的な設置及び管理に関する法律（以下この項において「設置管理法」という。）第 9 条第 1 項の事業に係る業務のうち関西国際空港に係るものであって、次のいずれかに該当するもの 　　イ　関西国際空港及び設置管理法第 9 条第 1 項第 2 号に規定する施設の設置（これらの建設に係るものを除く。）及び管理の事業に係る業務 　　ロ　設置管理法第 9 条第 1 項第 3 号の政令で定める施設及び同項第 6 号に規定する施設の管理の事業に係る業務 　　ハ　イ又はロに規定する事業に附帯する事業に係る業務 2　設置管理法第 9 条第 1 項の事業に係る業務のうち大阪国際空港に係るもの 3　設置管理法第 9 条第 2 項に規定する事業に係る業務

| 日本私立学校振興・共済事業団 | 1　日本私立学校振興・共済事業団法（以下この項において「事業団法」という。）第23条第1項第6号から第9号までに掲げる業務
2　事業団法第23条第2項に規定する業務
3　事業団法23条第3項第1号及び第2号に掲げる業務 |

独立行政法人等の保有する情報の公開に関する法律案に対する附帯決議
（平成13年11月1日 衆議院総務委員会）

　政府は，行政事務を行政機関から委任を受けて実施している，いわゆる指定法人等の情報公開の制度化について，情報公開が政府の諸活動についての国民に対する説明責任の確保であることにかんがみ，行政機関情報公開制度等の運用の実態等を踏まえつつ，検討を進めること。

独立行政法人等の保有する情報の公開に関する法律案に対する附帯決議
（平成13年11月27日 参議院総務委員会）

　政府は，本法施行に当たり，次の事項についてその実現に努めるべきである。
一，国民主権の理念にのっとり，政府の諸活動を国民に説明する責務を全うすることの重要性にかんがみ，指定法人等の情報公開について，検討を進めるとともに，本法の対象外とされた特殊法人及び認可法人においても，適切な情報提供を行うよう努めること。
二，対象法人は，開示請求権制度及び情報提供制度が的確に機能するよう，法人文書の適正な管理の確保を図るとともに，できる限り国民に分かりやすい情報の提供に努めること。
三，情報公開審査会の果たす役割の重要性にかんがみ，その体制の整備に十全を期すること。

　　　　　右決議する。

独立行政法人等の保有する情報の公開に関する法律施行令

（平成14年6月5日 政令第199号）

施行　平成14・10・1（附則参照）
最終改正　平成28政103

（法第2条第2項第3号の政令で定める施設）
第1条　独立行政法人等の保有する情報の公開に関する法律（以下「法」という。）第2条第2項第3号の政令で定める施設は，公文書等の管理に関する法律施行令（平成22年政令第250号）第5条第1項各号に掲げる施設とする。

（法第2条第2項第3号の歴史的な資料等の範囲）
第2条　法第2条第2項第3号の歴史的若しくは文化的な資料又は学術研究用の資料は，公文書等の管理に関する法律施行令第6条に規定する方法により管理されているものとする。

（法第2条第2項第4号の区分の方法）
第3条　法第2条第2項第4号の別表第2の下欄に掲げる業務に係る文書，図画及び電磁的記録（以下この条において「文書等」という。）と同欄に掲げる業務以外の業務に係る文書等との区分の方法は，専ら同欄に掲げる業務に係る文書等が，同欄に掲げる業務以外の業務に係る文書等とは別の文書等ファイル（能率的な事務又は事業の処理及び文書等の適切な保存の目的を達成するためにまとめられた，相互に密接な関連を有する文書等の集合物をいう。）に保存されていることとする。

（開示請求書の記載事項）
第4条　開示請求書には，開示請求に係る法人文書について次に掲げる事項を記載することができる。
一　求める開示の実施の方法
二　事務所における開示（次号に規定する方法及び電子情報処理組織を使用して開示を実施する方法以外の方法による法人文書の開示をいう。以下この号，次条第1項第3号及び第2項第1号並びに第9条第1項第3号において同じ。）の実施を求める場合にあっては，当該事務所における開示の実施を希望する日
三　写しの送付の方法による法人文書の開示の実施を求める場合にあっては，その旨

2　前項第1号，次条第1項第1号及び第2号，第9条第1項第1号並びに第10条第2項において「開示の実施の方法」とは，文書又は図画については閲覧又は写しの交付の方法として独立行政法人等が定める方法をいい，電磁的記録については法第15条第1項の規定により独立行政法人等が定める方法をいう。

3　第1項第2号及び次条第1項第5号において「電子情報処理組織」とは，独立行政法人等の使用に係る電子計算機（入出力装置を含む。以下この項において同じ。）と開示を受ける者の使用に係る電子計算機とを電気通信回線で接続した電子情報処理組織をいう。

〈資料〉独立行政法人等の保有する情報の公開に関する法律施行令

(法第9条第1項の政令で定める事項)
第5条　法第9条第1項の政令で定める事項は，次に掲げる事項とする。
　一　開示決定に係る法人文書について求めることができる開示の実施の方法
　二　前号の開示の実施の方法ごとの開示の実施に係る手数料（以下「開示実施手数料」という。）の額（法第17条第3項の規定により開示実施手数料を減額し，又は免除すべき開示の実施の方法については，その旨を含む。）
　三　事務所における開示を実施することができる日，時間及び場所並びに事務所における開示を希望する場合には法第15条第3項の規定による申出をする際に当該事務所における開示を実施することができる日のうちから事務所における開示の実施を希望する日を選択すべき旨
　四　写しの送付の方法による法人文書の開示を実施する場合における準備に要する日数及び送付に要する費用
　五　電子情報処理組織を使用して法人文書の開示を実施する場合における準備に要する日数その他当該開示の実施に必要な事項（独立行政法人等が電子情報処理組織を使用して法人文書の開示を実施することができる旨を定めている場合に限る。）
2　開示請求書に前条第1項各号に掲げる事項が記載されている場合における法第9条第1項の政令で定める事項は，前項の規定にかかわらず，次の各号に掲げる場合の区分に応じ，当該各号に定める事項とする。
　一　前条第1項第1号の方法による法人文書の開示を実施することができる場合（事務所における開示については，同項第2号の日に実施することができる場合に限る。）　その旨並びに前項第1号及び第3号から第5号までに掲げる事項（同条第1項第1号の方法に係るものを除く。）並びに前項第2号に掲げる事項
　二　前号に掲げる場合以外の場合　その旨及び前項各号に掲げる事項

(法第14条第1項の政令で定める事項)
第6条　法第14条第1項の政令で定める事項は，次に掲げる事項とする。
　一　開示請求の年月日
　二　開示請求に係る法人文書に記録されている当該第三者に関する情報の内容
　三　意見書を提出する場合の提出先及び提出期限

(法第14条第2項の政令で定める事項)
第7条　法第14条第2項の政令で定める事項は，次に掲げる事項とする。
　一　開示請求の年月日
　二　法第14条第2項第1号又は第2号の規定の適用の区分及び当該規定を適用する理由
　三　開示請求に係る法人文書に記録されている当該第三者に関する情報の内容
　四　意見書を提出する場合の提出先及び提出期限

(開示の実施の方法等の申出)
第8条　法第15条第3項の規定による申出は，書面により行わなければならない。
2　第5条第2項第1号の場合に該当する旨の法第9条第1項に規定する通知があった場合（開示実施手数料が無料である場合に限る。）において，第4条第1項各号に掲げる事項を変更しないときは，法第15条第3項の規定による申出を改めて行うことを要しない。

(法第15条第3項の政令で定める事項)
第9条　法第15条第3項の政令で定める事項は，次に掲げる事項とする。
　一　求める開示の実施の方法（開示決定に係る法人文書の部分ごとに異なる開示の実施の方法を求める場合にあっては，そ

の旨及び当該部分ごとの開示の実施の方法）
　二　開示決定に係る法人文書の一部について開示の実施を求める場合にあっては，その旨及び当該部分
　三　事務所における開示の実施を求める場合にあっては，当該事務所における開示の実施を希望する日
　四　写しの送付の方法による法人文書の開示の実施を求める場合にあっては，その旨
2　第5条第2項第1号の場合に該当する旨の法第9条第1項に規定する通知があった場合（開示実施手数料が無料である場合を除く。）における法第15条第3項の政令で定める事項は，前項の規定にかかわらず，法人文書の開示を受ける旨とする。

（更なる開示の申出）
第10条　法第15条第5項の規定による申出は，次に掲げる事項を記載した書面により行わなければならない。
　一　法第9条第1項に規定する通知があった日
　二　最初に開示を受けた日
　三　前条第1項各号に掲げる事項
2　前項の場合において，既に開示を受けた法人文書（その一部につき開示を受けた場合にあっては，当該部分）につきとられた開示の実施の方法と同一の方法を当該法人文書について求めることはできない。ただし，当該同一の方法を求めることにつき正当な理由があるときは，この限りでない。

（写しの送付の求め）
第11条　法人文書の開示を受ける者は，開示実施手数料のほか，独立行政法人等の定めるところにより送付に要する費用を納付して，法人文書の写しの送付を求めることができる。
2　独立行政法人等は，前項の規定による定めを一般の閲覧に供しなければならない。

（情報提供の方法及び範囲）
第12条　法第22条第1項に規定する情報の提供は，事務所に備えて一般の閲覧に供する方法及びインターネットの利用その他の情報通信の技術を利用する方法により行うものとする。
2　法第22条第1項の政令で定める情報は，次に掲げるものとする。
　一　独立行政法人等の組織に関する次に掲げる情報
　　イ　当該独立行政法人等の目的，業務の概要及び国の施策との関係
　　ロ　当該独立行政法人等の組織の概要（当該独立行政法人等の役員の数，氏名，役職，任期及び経歴並びに職員の数を含む。）
　　ハ　当該独立行政法人等の役員に対する報酬及び退職手当の支給の基準並びに職員に対する給与及び退職手当の支給の基準
　二　独立行政法人等の業務に関する次に掲げる情報
　　イ　当該独立行政法人等の事業報告書，業務報告書その他の業務に関する直近の報告書の内容
　　ロ　当該独立行政法人等の事業計画，年度計画その他の業務に関する直近の計画
　　ハ　当該独立行政法人等の契約の方法に関する定め
　　ニ　当該独立行政法人等が法令の規定により使用料，手数料その他の料金を徴収している場合におけるその額の算出方法
　三　独立行政法人等が作成している貸借対照表，損益計算書その他の財務に関する直近の書類の内容
　四　独立行政法人等の組織，業務及び財務

〈資料〉独立行政法人等の保有する情報の公開に関する法律施行令

についての評価及び監査に関する次に掲げる情報
イ　次に掲げる独立行政法人等の区分に応じ，それぞれ次に定める業務の実績等に係る評価の結果に関する情報
(1)　独立行政法人通則法（平成 11 年法律第 103 号）第 2 条第 2 項に規定する中期目標管理法人　同法第 32 条第 1 項の規定に基づく同項各号に規定する当該事業年度における業務の実績に係る評価の結果のうち直近のもの並びに同項の規定に基づく同項第 2 号に規定する中期目標の期間の終了時に見込まれる中期目標の期間における業務の実績に係る評価の結果及び同項の規定に基づく同項第 3 号に規定する中期目標の期間における業務の実績に係る評価の結果のうち直近のもの
(2)　独立行政法人通則法第 2 条第 3 項に規定する国立研究開発法人　同法第 35 条の 6 第 1 項の規定に基づく同項各号に規定する当該事業年度における業務の実績に係る評価の結果のうち直近のもの並びに同項の規定に基づく同項第 2 号に規定する中長期目標の期間の終了時に見込まれる中長期目標の期間における業務の実績に係る評価の結果，同項の規定に基づく同項第 3 号に規定する中長期目標の期間における業務の実績に係る評価の結果及び同条第 2 項の規定に基づく評価の結果のうち直近のもの
(3)　独立行政法人通則法第 2 条第 4 項に規定する行政執行法人　同法第 35 条の 11 第 1 項の規定に基づく評価の結果のうち直近のもの及び同条第 2 項の規定に基づく評価の結果のうち直近のもの
(4)　国立大学法人法（平成 15 年法律第 112 号）第 2 条第 5 項に規定する国立大学法人等　同法第 31 条の 2 第 1 項の規定に基づく同項各号に規定する当該事業年度における業務の実績に係る評価の結果のうち直近のもの並びに同項の規定に基づく同項第 2 号に規定する中期目標の期間の終了時に見込まれる中期目標の期間における業務の実績に係る評価の結果及び同項の規定に基づく同項第 3 号に規定する中期目標の期間における業務の実績に係る評価の結果のうち直近のもの
(5)　総合法律支援法（平成 16 年法律第 74 号）第 13 条に規定する日本司法支援センター　同法第 41 条の 2 第 1 項の規定に基づく同項各号に規定する当該事業年度における業務の実績に係る評価の結果のうち直近のもの並びに同項の規定に基づく同項第 2 号に規定する中期目標の期間の終了時に見込まれる中期目標の期間における業務の実績に係る評価の結果及び同項の規定に基づく同項第 3 号に規定する中期目標の期間における業務の実績に係る評価の結果のうち直近のもの
ロ　当該独立行政法人等に係る行政機関が行う政策の評価に関する法律（平成 13 年法律第 86 号）第 3 条第 1 項並びに第 12 条第 1 項及び第 2 項の規定に基づくそれぞれの直近の政策評価の結果のうち当該独立行政法人等に関する部分
ハ　当該独立行政法人等に係る総務省設置法（平成 11 年法律第 91 号）第 4 条第 1 項第 12 号の規定に基づく直近の

評価及び監視の結果のうち当該独立行政法人等に関する部分
　ニ　監事又は監査役の直近の意見
　ホ　公認会計士又は監査法人の直近の監査の結果
　ヘ　当該独立行政法人等に係る会計検査院の直近の検査報告のうち当該独立行政法人等に関する部分
五　法第22条第1項第3号に規定する法人の名称，その業務と当該独立行政法人等の業務の関係，当該独立行政法人等との重要な取引の概要並びにその役員であって当該独立行政法人等の役員を兼ねている者の氏名及び役職

（情報提供の対象となる法人の範囲）
第13条　法第22条第1項第3号の政令で定める法人は，独立行政法人等（当該独立行政法人等により財務及び営業又は事業の方針を決定する機関を支配されている法人で総務省令で定めるものを含む。）が他の法人の財務及び営業又は事業の方針の決定に対して重要な影響を与えることができる場合における当該他の法人として総務省令で定めるものをいう。

　　附　則（抄）

（施行期日）
第1条　この政令は，法の施行の日（平成14年10月1日）から施行する。

情報公開・個人情報保護審査会設置法

(平成15年5月30日 法律第60号)

施行　平成17・4・1（附則参照）
最終改正　平成28法51

第1章　総則

（趣旨）
第1条　この法律は，情報公開・個人情報保護審査会の設置及び組織並びに調査審議の手続等について定めるものとする。

第2章　設置及び組織

（設置）
第2条　次に掲げる法律の規定による諮問に応じ審査請求について調査審議するため，総務省に，情報公開・個人情報保護審査会（以下「審査会」という。）を置く。
一　行政機関の保有する情報の公開に関する法律（平成11年法律第42号）第19条第1項
二　独立行政法人等の保有する情報の公開に関する法律（平成13年法律第140号）第19条第1項
三　行政機関の保有する個人情報の保護に関する法律（平成15年法律第58号）第43条第1項
四　独立行政法人等の保有する個人情報の保護に関する法律（平成15年法律第59号）第43条第1項

（組織）
第3条　審査会は，委員15人をもって組織する。
2　委員は，非常勤とする。ただし，そのうち5人以内は，常勤とすることができる。

（委員）
第4条　委員は，優れた識見を有する者のうちから，両議院の同意を得て，内閣総理大臣が任命する。
2　委員の任期が満了し，又は欠員を生じた場合において，国会の閉会又は衆議院の解散のために両議院の同意を得ることができないときは，内閣総理大臣は，前項の規定にかかわらず，同項に定める資格を有する者のうちから，委員を任命することができる。
3　前項の場合においては，任命後最初の国会で両議院の事後の承認を得なければならない。この場合において，両議院の事後の承認が得られないときは，内閣総理大臣は，直ちにその委員を罷免しなければならない。
4　委員の任期は，3年とする。ただし，補欠の委員の任期は，前任者の残任期間とする。
5　委員は，再任されることができる。
6　委員の任期が満了したときは，当該委員は，後任者が任命されるまで引き続きその職務を行うものとする。
7　内閣総理大臣は，委員が心身の故障のため職務の執行ができないと認めるとき，又は委員に職務上の義務違反その他委員たるに適しない非行があると認めるときは，両議院の同意を得て，その委員を罷免することができる。
8　委員は，職務上知ることができた秘密を

漏らしてはならない。その職を退いた後も同様とする。

9　委員は，在任中，政党その他の政治的団体の役員となり，又は積極的に政治運動をしてはならない。

10　常勤の委員は，在任中，内閣総理大臣の許可がある場合を除き，報酬を得て他の職務に従事し，又は営利事業を営み，その他金銭上の利益を目的とする業務を行ってはならない。

11　委員の給与は，別に法律で定める。

（会長）

第5条　審査会に，会長を置き，委員の互選によりこれを定める。

2　会長は，会務を総理し，審査会を代表する。

3　会長に事故があるときは，あらかじめその指名する委員が，その職務を代理する。

（合議体）

第6条　審査会は，その指名する委員3人をもって構成する合議体で，審査請求に係る事件について調査審議する。

2　前項の規定にかかわらず，審査会が定める場合においては，委員の全員をもって構成する合議体で，審査請求に係る事件について調査審議する。

（事務局）

第7条　審査会の事務を処理させるため，審査会に事務局を置く。

2　事務局に，事務局長のほか，所要の職員を置く。

3　事務局長は，会長の命を受けて，局務を掌理する。

第3章　審査会の調査審議の手続

（定義）

第8条　この章において「諮問庁」とは，次に掲げる者をいう。

一　行政機関の保有する情報の公開に関する法律第19条第1項の規定により審査会に諮問をした行政機関の長

二　独立行政法人等の保有する情報の公開に関する法律第19条第1項の規定により審査会に諮問をした独立行政法人等

三　行政機関の保有する個人情報の保護に関する法律第43条第1項の規定により審査会に諮問をした行政機関の長

四　独立行政法人等の保有する個人情報の保護に関する法律第43条第1項の規定により審査会に諮問をした独立行政法人等

2　この章において「行政文書等」とは，次に掲げるものをいう。

一　行政機関の保有する情報の公開に関する法律第10条第1項に規定する開示決定等に係る行政文書（同法第2条第2項に規定する行政文書をいう。以下この項において同じ。）（独立行政法人等の保有する情報の公開に関する法律第13条第2項の規定により行政文書とみなされる法人文書（同法第2条第2項に規定する法人文書をいう。次号において同じ。）を含む。）

二　独立行政法人等の保有する情報の公開に関する法律第10条第1項に規定する開示決定等に係る法人文書（行政機関の保有する情報の公開に関する法律第12条の2第2項の規定により法人文書とみなされる行政文書を含む。）

3　この章において「保有個人情報」とは，次に掲げるものをいう。

一　行政機関の保有する個人情報の保護に関する法律第19条第1項，第31条第1項又は第40条第1項に規定する開示決定等，訂正決定等又は利用停止決定等に係る行政保有個人情報（同法第2条第5項に規定する保有個人情報をいう。以下この項において同じ。）（独立行政法人等

〈資料〉情報公開・個人情報保護審査会設置法

の保有する個人情報の保護に関する法律第22条第2項又は第34条第2項の規定により行政保有個人情報とみなされる法人保有個人情報（同法第2条第5項に規定する保有個人情報をいう。次号において同じ。）を含む。）
二　独立行政法人等の保有する個人情報の保護に関する法律第19条第1項，第31条第1項又は第40条第1項に規定する開示決定等，訂正決定等又は利用停止決定等に係る法人保有個人情報（行政機関の保有する個人情報の保護に関する法律第22条第2項又は第34条第2項の規定により法人保有個人情報とみなされる行政保有個人情報を含む。）

（審査会の調査権限）

第9条　審査会は，必要があると認めるときは，諮問庁に対し，行政文書等又は保有個人情報の提示を求めることができる。この場合においては，何人も，審査会に対し，その提示された行政文書等又は保有個人情報の開示を求めることができない。

2　諮問庁は，審査会から前項の規定による求めがあったときは，これを拒んではならない。

3　審査会は，必要があると認めるときは，諮問庁に対し，行政文書等に記録されている情報又は保有個人情報に含まれている情報の内容を審査会の指定する方法により分類又は整理した資料を作成し，審査会に提出するよう求めることができる。

4　第1項及び前項に定めるもののほか，審査会は，審査請求に係る事件に関し，審査請求人，参加人（行政不服審査法（平成26年法律第68号）第13条第4項に規定する参加人をいう。次条第2項及び第16条において同じ。）又は諮問庁（以下「審査請求人等」という。）に意見書又は資料の提出を求めること，適当と認める者にそ

の知っている事実を陳述させ又は鑑定を求めることその他必要な調査をすることができる。

（意見の陳述）

第10条　審査会は，審査請求人等から申立てがあったときは，当該審査請求人等に口頭で意見を述べる機会を与えなければならない。ただし，審査会が，その必要がないと認めるときは，この限りでない。

2　前項本文の場合においては，審査請求人又は参加人は，審査会の許可を得て，補佐人とともに出頭することができる。

（意見書等の提出）

第11条　審査請求人等は，審査会に対し，意見書又は資料を提出することができる。ただし，審査会が意見書又は資料を提出すべき相当の期間を定めたときは，その期間内にこれを提出しなければならない。

（委員による調査手続）

第12条　審査会は，必要があると認めるときは，その指名する委員に，第9条第1項の規定により提示された行政文書等若しくは保有個人情報を閲覧させ，同条第4項の規定による調査をさせ，又は第10条第1項本文の規定による審査請求人等の意見の陳述を聴かせることができる。

（提出資料の写しの送付等）

第13条　審査会は，第9条第3項若しくは第4項又は第11条の規定による意見書又は資料の提出があったときは，当該意見書又は資料の写し（電磁的記録（電子的方式，磁気的方式その他人の知覚によっては認識することができない方式で作られる記録であって，電子計算機による情報処理の用に供されるものをいう。以下この項及び次項において同じ。）にあっては，当該電磁的記録に記録された事項を記載した書面）を当該意見書又は資料を提出した審査請求人等以外の審査請求人等に送付するものとす

る。ただし，第三者の利益を害するおそれがあると認められるとき，その他正当な理由があるときは，この限りでない。
2 審査請求人等は，審査会に対し，審査会に提出された意見書又は資料の閲覧（電磁的記録にあっては，記録された事項を審査会が定める方法により表示したものの閲覧）を求めることができる。この場合において，審査会は，第三者の利益を害するおそれがあると認めるとき，その他正当な理由があるときでなければ，その閲覧を拒むことができない。
3 審査会は，第1項の規定による送付をし，又は前項の規定による閲覧をさせようとするときは，当該送付又は閲覧に係る意見書又は資料を提出した審査請求人等の意見を聴かなければならない。ただし，審査会が，その必要がないと認めるときは，この限りでない。
4 審査会は，第2項の規定による閲覧について，日時及び場所を指定することができる。

（調査審議手続の非公開）

第14条　審査会の行う調査審議の手続は，公開しない。

（審査請求の制限）

第15条　この法律の規定による審査会又は委員の処分又はその不作為については，審査請求をすることができない。

（答申書の送付等）

第16条　審査会は，諮問に対する答申をしたときは，答申書の写しを審査請求人及び参加人に送付するとともに，答申の内容を公表するものとする。

第4章　雑　則

（政令への委任）

第17条　この法律に定めるもののほか，審査会に関し必要な事項は，政令で定める。

（罰則）

第18条　第4条第8項の規定に違反して秘密を漏らした者は，1年以下の懲役又は50万円以下の罰金に処する。

　　　附　則

この法律は，行政機関の保有する個人情報の保護に関する法律の施行の日〈平成17・4・1―平成15政547〉から施行する。ただし，第4条第1項中両議院の同意を得ることに関する部分は，公布の日から施行する。

情報公開・個人情報保護審査会設置法施行令

（平成15年12月25日 政令第550号）

施行　平成17・4・1（附則参照）
最終改正　平成28政103

（議決方法）
第1条　情報公開・個人情報保護審査会設置法（以下「法」という。）第6条第1項の合議体は、これを構成するすべての委員の、同条第2項の合議体は、過半数の委員の出席がなければ、会議を開き、議決することができない。
2　法第6条第1項の合議体の議事は、その合議体を構成する委員の過半数をもって決する。
3　法第6条第2項の合議体の議事は、出席した委員の過半数をもって決し、可否同数のときは、会長の決するところによる。
4　特定の事件につき特別の利害関係を有する委員は、情報公開・個人情報保護審査会（以下「審査会」という。）の決議があったときは、当該事件に係る議決に参加することができない。

（手続の併合又は分離）
第2条　審査会は、必要があると認めるときは、数個の審査請求に係る事件の手続を併合し、又は併合された数個の審査請求に係る事件の手続を分離することができる。
2　審査会は、前項の規定により、審査請求に係る事件の手続を併合し、又は分離したときは、審査請求人、参加人及び諮問庁にその旨を通知しなければならない。

（諮問庁の申出）
第3条　諮問庁は、行政文書等に記録されている情報又は保有個人情報に含まれている情報が、その取扱いについて特別の配慮を必要とするものであるときは、審査会に対し、その旨を申し出ることができる。
2　審査会は、前項の規定による申出を受けた場合において、法第9条第1項の規定により当該行政文書等又は当該保有個人情報の提示を求めようとするときは、当該諮問庁の意見を聴かなければならない。

（審査請求人等の意見の聴取）
第4条　審査会は、審査会に提出された意見書又は資料について、法第9条第4項の規定に基づき鑑定を求めようとするときは、当該意見書又は資料を提出した審査請求人、参加人又は諮問庁の意見を聴かなければならない。ただし、審査会が、その必要がないと認めるときは、この限りでない。

（審査会の事務局長等）
第5条　審査会の事務局長は、関係のある他の職を占める者をもって充てられるものとする。
2　審査会の事務局に、課を置く。
3　前項に定めるもののほか、審査会の事務局の内部組織の細目は、総務省令で定める。

（雑則）
第6条　この政令に定めるもののほか、審査会の調査審議の手続に関し必要な事項は、会長が審査会に諮って定める。

　　　附　則

　この政令は、行政機関の保有する個人情報

の保護に関する法律（平成15年法律第58号）の施行の日（平成17年4月1日）から施行する。

判例・審査会答申索引

〈最高裁判所〉

最大決昭和 44・11・26 刑集 23 巻 11 号 1490 頁 …………………………………… 10, 35
最決昭和 52・12・19 刑集 31 巻 7 号 1053 頁 ………………………………………… 72
最決昭和 53・5・31 刑集 32 巻 3 号 457 頁 …………………………………………… 35, 72
最大判昭和 53・10・4 民集 32 巻 7 号 1223 頁 ……………………………………… 107
最判昭和 56・3・27 民集 35 巻 2 号 417 頁 …………………………………………… 173
最決平成元・1・30 刑集 43 巻 1 号 19 頁 ……………………………………………… 35
最判平成 7・2・24 民集 49 巻 2 号 517 頁 ……………………………………………… 83
最判平成 7・4・27 判例集不登載 ……………………………………………………… 121
最判平成 11・2・4 判例集不登載 ………………………………………………………… 90
最判平成 11・6・11 判例集不登載 ……………………………………………………… 91
最判平成 11・11・19 民集 53 巻 8 号 1862 頁 ………………………………………… 127
最判平成 13・3・27 民集 55 巻 2 号 530 頁 ………………………………………… 132, 135
最判平成 13・5・29 判時 1754 号 63 頁 ………………………………………………… 92
最判平成 13・7・13 判例自治 223 号 22 頁 ………………………………………… 223, 225
最判平成 13・12・18 民集 55 巻 7 号 1603 頁 ………………………………………… 93
最判平成 14・2・28 民集 56 巻 2 号 467 頁 …………………………………………… 135
最判平成 14・9・12 集民 207 号 77 頁 ………………………………………………… 101
最決平成 15・9・25 判例集不登載 ……………………………………………………… 164
最判平成 15・11・11 民集 57 巻 10 号 1387 頁 …………………………………… 74, 82, 96
最判平成 15・11・11 判時 1847 号 21 頁 ……………………………………………… 135
最判平成 16・2・24 判時 1854 号 41 頁 ………………………………………………… 58
最判平成 17・6・14 判時 1905 号 60 頁 ………………………………………………… 45
最判平成 18・4・20 集民 220 号 165 頁 ………………………………………………… 93
最判平成 19・4・17 判時 1971 号 109 頁 …………………………………………… 135, 136
最判平成 19・5・29 判時 1979 号 52 頁 ……………………………………………… 77, 118
最決平成 21・1・15 民集 63 巻 1 号 46 頁 …………………………………………… 35, 227
最決平成 21・2・17 判例集不登載 …………………………………………………… 110, 116
最決平成 21・6・18 判例集不登載 ……………………………………………………… 99
最判平成 21・7・9 判時 2057 号 3 頁 ………………………………………………… 78, 116, 117
最判平成 23・10・14 集民 238 号 57 頁 ……………………………………………… 99, 100
最判平成 23・10・14 判時 2159 号 59 頁 ……………………………………………… 77
最判平成 26・7・14 判時 2242 号 51 頁 ………………………………………………… 149
最判平成 28・3・10 判時 2306 号 44 頁 ………………………………………………… 181
最判平成 30・1・19 判時 2377 号 4 頁 ……………………………………………… 111, 135

〈高等裁判所〉

東京高判平成3・5・31行集42巻5号959頁……229
大阪高判平成6・6・29判タ890号85頁……121
名古屋高金沢支判平成7・1・30判タ884号133頁……183
大阪高判平成9・4・16判タ956号172頁……92
東京高判平成9・5・13判時1604号39頁……57
東京高判平成10・3・25判時1668号44頁……91
東京高判平成10・3・30判例集不登載……90
東京高判平成11・11・18判例集不登載……229
仙台高判平成13・6・28判例集不登載……119
名古屋高判平成14・12・5判例集不登載……134
東京高判平成15・3・26判例集不登載……164
名古屋高判平成15・5・8判例集不登載……76, 94
松山地判平成15・10・2判時1858号134頁……73
高松高判平成16・4・15判タ1150号125頁……73
仙台高判平成16・9・30判例集不登載……120
高松高判平成17・1・25判タ1214号184頁……123, 126, 127
東京高判平成17・2・9東高民時報56巻1～12号1頁……43
名古屋高判平成17・11・17判例集不登載……135
大阪高判平成18・3・29判例集不登載……117
高松高判平成18・9・29判タ1237号211頁……115
福岡高判平成18・10・19判時1970号50頁……97
大阪高判平成18・12・22判タ1254号132頁……80, 134
東京高判平成19・6・13判例自治329号72頁……117, 119
広島高判平成19・6・29判例集不登載……184
高松高判平成19・8・31判例集不登載……164
東京高判平成19・11・16訟月55巻11号3203頁……99, 105
東京高判平成20・1・31判例集不登載……109, 120, 185
福岡高決平成20・5・12判時2017号28頁……226, 227
東京高判平成20・5・29判例集不登載……141
東京高判平成20・7・29判例集不登載……115
東京高判平成20・12・17判例集不登載……76
仙台高判平成21・1・29判時2052号24頁……118
仙台高判平成21・4・28訟月55巻11号3286頁……111, 120
福岡高判平成21・6・23判例集不登載……88
東京高判平成21・10・28判例集不登載……215
東京高判平成22・6・23判例集不登載……109
東京高判平成22・11・11判例自治349号11頁……164
東京高判平成23・7・20判例自治354号9頁……60, 158
東京高判平成23・9・29判時2142号3頁……149
東京高判平成23・11・30訟月58巻12号4115頁……62, 158

東京高判平成 24・3・15 判例集不登載 ………………………………………… 154
東京高判平成 24・11・29 判時 2170 号 33 頁 ………………………………… 203
大阪高判平成 24・11・29 判時 2185 号 49 頁 ……………………………… 75, 76
名古屋高判平成 25・10・30 判例自治 388 号 36 頁 …………………………… 158
大阪高判平成 27・1・29 判例集不登載 ………………………………………… 181
大阪高判平成 29・9・22 判例集不登載 ………………………………………… 53

〈地方裁判所〉
東京地判昭和 33・12・24 民集 20 巻 5 号 1125 頁 ……………………………… 9
大阪地判昭和 44・6・26 行集 20 巻 5＝6 号 769 頁 …………………………… 284
大阪地判昭和 45・10・27 行集 26 巻 9 号 1185 頁 …………………………… 284
東京地判昭和 62・11・20 判時 1258 号 22 頁 …………………………………… 76
横浜地判平成元・5・23 行集 40 巻 5 号 480 頁 ………………………………… 229
東京地判平成 4・10・15 判時 1436 号 6 頁 ………………………………… 130, 132
岡山地判平成 4・12・9 判例集不登載 …………………………………………… 92
仙台地判平成 8・7・29 判時 1575 号 31 頁 ……………………………………… 74
東京地判平成 9・9・25 判時 1630 号 44 頁 ……………………………………… 90
前橋地判平成 10・3・24 判時 1660 号 56 頁 …………………………………… 229
横浜地判平成 14・3・18 判例自治 231 号 33 頁 ………………………………… 166
仙台地決平成 14・3・29 判例集不登載 ………………………………………… 212
東京地判平成 14・4・22 判例集不登載 ………………………………………… 160
名古屋地判平成 14・5・24 訟月 50 巻 1 号 237 頁 …………………………… 134
横浜地判平成 14・10・23 判例集不登載 …………………………………… 158, 163
名古屋地判平成 14・10・30 判時 1812 号 79 頁 ………………………………… 94
東京地判平成 15・6・18 判例集不登載 ………………………………………… 94
さいたま地判平成 15・7・9 判例自治 259 号 18 頁 …………………………… 147
東京地判平成 15・9・5 訟月 50 巻 5 号 1548 頁 ……………………………… 124
東京地判平成 15・9・16 訟月 50 巻 5 号 1580 頁 ……………………………… 119
東京地判平成 15・10・31 判例集不登載 ………………………………………… 164
仙台地判平成 15・12・1 判時 1882 号 11 頁 …………………………………… 135
仙台地判平成 16・2・24 訟月 50 巻 4 号 1349 頁 ……………………………… 120
東京地判平成 16・6・24 判例集不登載 ………………………………………… 43
名古屋地判平成 16・7・15 判例自治 266 号 13 頁 ……………………………… 72
大阪地判平成 16・9・8 判例集不登載 …………………………………………… 94
東京地判平成 16・12・1 判例集不登載 ………………………………………… 94
東京地判平成 16・12・24 判タ 1211 号 69 頁 …………………………………… 99
大津地判平成 17・1・31 判タ 1216 号 133 頁 ………………………………… 117
大阪地判平成 17・3・17 判タ 1182 号 182 頁 …………………………………… 98
名古屋地判平成 17・3・28 判例集不登載 ……………………………………… 94
高知地判平成 17・5・27 判タ 1237 号 217 頁 ……………………………… 114, 115
東京地判平成 18・2・28 判時 1948 号 35 頁 ……………………………… 109, 120

東京地判平成 18・9・26 判時 1962 号 62 頁 …………………………………………	102
名古屋地判平成 18・10・5 判タ 1266 号 207 頁……………………………………	100, 101
札幌地判平成 18・11・16 判タ 1239 号 129 頁 ………………………………………	128
新潟地判平成 18・11・17 判タ 1248 号 203 頁 ………………………………………	117, 119
東京地判平成 19・1・26 訟月 55 巻 11 号 3235 頁……………………………………	45, 99, 105
大阪地判平成 19・1・30 判例集不登載 ………………………………………………	101
山口地判平成 19・2・8 判例集不登載…………………………………………………	184, 185
徳島地判平成 19・2・22 判例集不登載 ………………………………………………	164
東京地判平成 19・3・15 判例集不登載 ………………………………………………	50
福岡地判平成 19・6・26 判例集不登載 ………………………………………………	275
大阪地判平成 19・6・29 判タ 1260 号 186 頁 ………………………………………	125
東京地判平成 19・7・12 判例集不登載 ………………………………………………	82
東京地判平成 19・7・26 判例集不登載 ………………………………………………	184
大阪地判平成 19・8・30 判タ 1261 号 191 頁 ………………………………………	161
東京地判平成 19・9・20 判時 1995 号 78 頁 …………………………………………	141
佐賀地判平成 19・10・5 判例自治 307 号 10 頁 ……………………………………	164
さいたま地判平成 19・10・31 判例集不登載………………………………………	164
東京地判平成 19・11・16 判例集不登載………………………………………………	116
東京地判平成 19・12・26 判時 1990 号 10 頁 ………………………………………	165
東京地判平成 20・1・18 判例集不登載 ………………………………………………	115
東京地判平成 20・1・25 判例集不登載 ………………………………………………	116
仙台地判平成 20・3・11 判例集不登載 ………………………………………………	110, 120
東京地判平成 20・3・28 判例集不登載 ………………………………………………	76, 81, 116
仙台地判平成 20・3・31 判例自治 324 号 88 頁 ……………………………………	91, 118, 120
東京地判平成 20・4・22 判例集不登載 ………………………………………………	100
福岡地判平成 20・4・22 判例集不登載 ………………………………………………	142
名古屋地判平成 20・7・30 判例集不登載 ……………………………………………	60, 65
広島地判平成 20・8・28 判例集不登載 ………………………………………………	105
東京地判平成 20・11・27 判例集不登載………………………………………………	100, 116
仙台地判平成 21・1・29 判例集不登載 ………………………………………………	159
名古屋地判平成 21・3・25 判例集不登載 ……………………………………………	100
東京地判平成 21・5・21 判例集不登載 ………………………………………………	100
東京地判平成 21・5・25 判例集不登載 ………………………………………………	214
大阪地判平成 21・9・17 判例集不登載 ………………………………………………	216
東京地判平成 21・12・16 判例集不登載………………………………………………	108, 120
東京地判平成 22・1・22 判例集不登載 ………………………………………………	160
東京地判平成 22・3・25 判例集不登載 ………………………………………………	105
東京地判平成 22・4・9 判時 2076 号 19 頁 …………………………………………	147
東京地判平成 22・4・23 判時 2110 号 31 頁 …………………………………………	142
神戸地判平成 22・9・14 判例集不登載 ………………………………………………	80
横浜地判平成 22・10・6 判例自治 345 号 25 頁 ……………………………………	60, 158

東京地判平成23・2・18 判例集不登載……………………………………66, 153, 154
東京地判平成23・4・12 判例集不登載 ……………………………………………234
東京地判平成23・5・26 訟月58巻12号4131頁 ……………………………62, 158
甲府地判平成23・7・5 判例集不登載………………………………………………230
東京地判平成23・8・2 判時2149号61頁……………………………………123, 124
東京地判平成24・7・10 判時2170号37頁 …………………………………………202
横浜地判平成25・3・6 判時2195号10頁 …………………………………………139
名古屋地判平成25・3・28 判例自治388号41頁 …………………………………158
高知地判平成25・3・29 判例集不登載 ……………………………………………128
東京地判平成27・2・27 判タ1423号233頁 …………………………………76, 134
京都地判平成27・6・19 判例集不登載………………………………………………77
鹿児島地判平成27・12・15 判時2298号28頁 ………………………………………77
大阪地判平成28・6・15 判時2324号84頁 …………………………………………158
大阪地判平成28・9・9 判例集不登載 ………………………………………53, 147
那覇地判平成29・3・7 判例自治425号28頁 ………………………………………224

〈内閣府情報公開（・個人情報保護）審査会答申〉
平成14・4・12（平成14年度第8号）…………………………………………………86
平成14・7・17（平成14年度第123号）……………………………………………132
平成14・9・20（平成14年度（行情）第181号）……………………………………83
平成15・7・14（平成15年度（行情）第188号）……………………………………83
平成15・11・28（平成15年度（行情）第412号）……………………………………79
平成16・2・20（平成15年度（行情）第617号）……………………………………98
平成17・3・15（平成16年度（行情）第630号）……………………………………97
平成18・6・30（平成18年度（行情）第155号）………………………………84, 293
平成19・2・9（平成18年度（行情）第379号）……………………………………88
平成19・10・15（平成19年度（行情）第268号）………………………………97, 105
平成20・7・29（平成20年度（行情）第175号）……………………………………79
平成20・11・5（平成20年度（行情）第308号）……………………………………60
平成21・4・9（平成21年度（行情）第5号）………………………………………100
平成21・9・3（平成21年度（行情）第192号）……………………………………89
平成22・3・16（平成21年度（行情）第603号）……………………………………130

事項索引

あ 行

安威川ダム訴訟 …………………………121
アカウンタビリティ…………… 1, 32, 49, 218,
                              247, 289, 292
案内所 ……………………………217, 255
委員（情報公開・個人情報保護審査会の）
　…………………………………279, 294
意見書 ………170, 172, 173, 201, 251, 275, 278
　　――の閲覧 ………………………286
　　――へのアクセス ………………281
意見聴取
　　任意的―― ………………………170
　　必要的―― ………………………172
意見陳述 …………………………276, 279
意思形成過程情報 ……………………120
移　送 …………………………167, 209, 249
　　独立行政法人への―― ……………168
一般人基準 …………………………80
インカメラ審理 ……………144, 225, 269, 289
ヴォーン・インデックス ………………275
写しの交付 ………………………176, 251, 287
閲覧（行政文書の）…………176, 251, 252, 288
オンブズマン ……………………198, 259
オンライン開示 …………………178, 247
オンライン納付 ………………………190

か 行

会計検査院…………………………42
会計検査院規則（会計検査情報公開・個
　人情報保護審査会規則）………228, 294
会計検査院情報公開・個人情報保護審査会
　…………………42, 197, 203, 228, 260
　　――の委員 ………228, 261, 264, 295
開示（行政文書の）………………2, 56
　　他の法令による―― ………………181
開示決定 …………………………144, 252
　　――の期限 …………160, 163, 167, 249
開示請求………………56, 57, 59, 247, 250
　　――にかかる手数料 …………185, 250
　　オンラインによる―― ……64, 190, 247
開示請求権………………………56, 247
開示請求者………………………59, 205
開示請求書 ……………………………192
開示の実施 ……………………………176, 251
　　――にかかる手数料 …………185, 250
会長（情報公開・個人情報保護審査会の）
　…………………………………264
外務省秘密電文漏洩事件 ………………10, 35
閣議文書…………………………………39
環境情報法 …………………………7, 45, 64
鑑　定 ……………………………………275
管理（control）テスト ………………51
議　会……………………………………44
義務付け訴訟 …………………………162
共済組合 ………………………………246
行政運営情報 …………………………124
行政改革委員会…………………………11
行政改革プログラム ……………………12
行政機関…………………………………38
　　――の長 ……………………57, 203
行政機関個人情報保護法（行政機関の保有
　する個人情報の保護に関する法律）……75
行政機関情報公開法（行政機関の保有する
　情報の公開に関する法律）………………1
行政機関情報公開法施行令 ……………13
行政機関の保有する情報の公開に関する法
　律の施行期日を定める政令 ………13, 221
行政機関の保有する情報の公開に関する法
　律の施行に伴う関係法律の整備等に関す
　る法律（整備法）………………………228
行政機関非識別加工情報 ………………95
行政執行法人 …………………………87
行政情報化推進基本計画 ………………49

行政情報公開基準	11, 56, 73
行政情報公開部会	12
行政情報の提供・利用促進に関する基本的方針	218
行政手続オンライン化法（行政手続等における情報通信の技術の利用に関する法律）	63, 159
行政手続等における情報通信の技術の利用に関する法律の施行に伴う行政機関の保有する情報の公開に関する法律に係る対象手続等を定める省令	63, 159, 190, 247
行政文書	44, 58, 169, 250, 269
——と著作権法	229
行政文書の開示　→開示	
行政文書の管理方策に関するガイドライン	13
虚偽情報	90
国の安全等に関する情報	106, 140, 248
グローマー拒否	139
建議	293
権限の委任	192
権利濫用	157, 163
公安委員会	40
公益減免（手数料の）	190
公益上の義務的開示	86, 97, 103, 137, 172, 243
公益上の裁量的開示	69, 72, 137, 172, 243, 249
公開性（openness）	32
合議制機関	259
合議制機関情報	121
公共の安全等に関する情報	113, 140, 248
抗告訴訟	174, 223, 252
公示送達	173
口頭意見陳述	280
公表権	229, 243
公文書館	54
公文書管理法	16
公務員等の職務遂行にかかる情報	74, 87, 247
公領域（public domain）情報	82

国民主権	32, 56, 244
個人識別情報	75
個人事業情報	73, 96
個人に関する情報	73, 131, 137, 140, 247
国　会	42, 122, 125
国家公安委員会	40

さ　行

再開示制度	180
裁決機関	199
裁判管轄	209
裁判所	42, 122, 125
参加人	204, 205, 277, 283
事案処理手続	50
ジェームズ・マディソン	33
施行期日	221
施行状況調査	217
施行日前文書	47
死者に関する情報	81
視聴覚障害者	177
執行停止の申立て	197
実質秘	72
指定管理者	241
司法行政文書	43
司法審査	223, 270
合理性の——	107
事務局（情報公開・個人情報保護審査会の）	266
事務局長（情報公開・個人情報保護審査会の）	266
事務の委任	192
事務または事業に関する情報	124, 140, 248
氏名表示権	230, 243
諮問（審査会への）	197, 201, 253
——の通知	203
諮問機関	198
諮問庁	270, 274, 276, 283
自由選択主義	197
縦　覧	183
出訴期間	180
出版の自由に関する法律	3

守秘義務	72, 228, 263, 271, 294
情報開示請求制度	1, 182, 244
情報公開	1, 2, 65
指定法人の——	241
地方公共団体の——	219
情報公開権利宣言	10
情報公開・個人情報保護審査会（→審査会）	138, 144, 197, 199, 258
——の委員	261, 262
情報公開・個人情報保護審査会設置法	13
情報公開・個人情報保護審査会設置法施行令	13
情報公開条例	2, 11, 40, 44, 69, 75, 93, 98, 121, 124, 129, 199, 200, 202, 204, 219, 229, 270
情報公開審査会令	13
情報公開訴訟（→抗告訴訟，取消訴訟，不作為の違法確認訴訟）	209, 243
情報公開8原則	11, 98
情報公開法制の確立に関する意見	12
情報公開法についての検討方針	12
情報公開法の制度運営に関する検討会	13, 226
——報告	178, 221, 243
情報公開法要綱	10
情報公開法要綱案	12
情報公開法要綱案の考え方	12
情報公開モデル条例案	11, 98
情報公表義務制度	1, 182, 218
情報コミッショナー	33, 199
情報単位論	132
情報提供（制度）	1, 65, 214, 218, 240, 244, 253, 255
情報提供等記録開示システム（マイナポータル）	218
情報を与えられた市民	33
書面主義	63
資料	274, 276, 278
——の閲覧	283, 286
——の閲覧請求権	283
——の開示決定	291

知る権利	9, 34
審議，検討または協議に関する情報	120, 140, 248
審査会	269
審査会保有文書	272
審査基準	71
審査請求	138, 143, 162, 174, 252, 283, 290
第三者の——	197, 206
審査請求人	204, 274, 275, 283
審査庁	277
請求遮断効・争点遮断効の法理	212
政府情報開示請求権	34
説明責務（→アカウンタビリティ）	32, 246
組織共用文書	50, 120, 246
訴　訟	
——の移送	209, 253
——の管轄	192, 209
損害賠償請求訴訟	162
存否応答拒否	140, 249

た　行

第三者	170, 173, 204, 250, 285, 291
——の審査請求	197, 206
——の取消訴訟	206
第三者情報	105, 170, 197, 285
大量請求（行政文書の開示請求）	163
ダグラス・グラマン事件	10
地方公共団体	122
地方独立行政法人	122
中央省庁等改革関係法施行法	240
中間的付随処分	290
著作権	251
著作権法	229
ディスクロージャー	1, 244
適用除外（行政機関情報公開法の）	53, 232
手数料	178, 180, 185, 250, 252
——の納付	190
開示請求にかかる——	185, 250
開示の実施にかかる——	185, 250
デュー・プロセス	172
電子情報	4, 48

事項索引

電子署名……………………………63, 247
電子政府の総合窓口………………64, 217
電磁的記録……48, 129, 176, 243, 246, 251, 253
電子納付……………………………………190
電子メール……………………………………52
答申書(審査会の)………………………292
特殊法人………………………………239, 245
特殊法人情報公開検討委員会 …………240
特殊法人の財務諸表等の作成及び公開の推
  進に関する法律 ………………………244
特定管轄裁判所 …………………………209
特定人基準 …………………………………81
特定地方独立行政法人……………………87
特定秘密……………………………270, 295
特定秘密の保護に関する法律……36, 270, 296
特別の法律により設立される民間法人 …239
独立一体説 →情報単位論
独立行政法人 …………………122, 240, 244
独立行政法人通則法 ……………………244
独立行政法人等情報公開法(独立行政法人
  等の保有する情報の公開に関する法律)
  ………………………………………13, 168
独立行政法人等情報公開法施行令……14, 243
土地管轄 ……………………………192, 210
取消訴訟……………………………144, 193
  第三者の―― ……………………………206

な 行

内　閣 ………………………………………125
認可法人 ……………………………240, 245

は 行

博多駅テレビフィルム提出命令事件 …10, 35
ハロルド・クロス …………………………4
非公開約束条項 …………………………102
表現の自由 …………………………………34

開かれた政府パートナーシップ …………9
不開示情報…………………………70, 129, 247
複製権 ……………………………………229
不作為の違法確認訴訟 …………………162
附帯決議(行政機関情報公開法案に対す
  る) ………………………………………13
部分開示 …………………………129, 243, 249
  個人に関する情報の―― ………………131
不便宜法廷・連邦礼譲の法理 …………212
プライバシー ………………………75, 173
プライバシー情報型 ………………………75
文書閲覧窓口 ………………………………10
文書管理 ……………………………48, 254
文書管理規程 ………………………………50
文書不存在 ………………………………146
ベトナム秘密文書報道事件 ………………10
法人等に関する情報………………96, 140, 248
法人文書 …………………169, 246, 249, 254
法人文書ファイル管理簿 ………………254
補佐人 ……………………………………277
補　正………………………………64, 161, 214
本人開示……………………………………93, 105

ま 行

密約訴訟 …………………………………147
みなし拒否制度 …………………………162
民間法人化された特殊法人 ………239, 240
モザイク・アプローチ(mosaic approach)
  ……………………………………………75

ら 行

立証責任……………………………………71
理由提示 ……………………131, 143, 145, 175
連邦情報自由法……………4, 32, 51, 81, 129, 189
ロッキード事件……………………………10

新・情報公開法の逐条解説〔第8版〕
New Commentary on Information Disclosure Laws, 8th ed.

2002年1月30日　初　版第1刷発行
2004年3月30日　第2版第1刷発行
2006年5月30日　第3版第1刷発行
2008年5月10日　第4版第1刷発行
2010年8月15日　第5版第1刷発行
2014年3月25日　第6版第1刷発行
2016年10月30日　第7版第1刷発行
2018年12月10日　第8版第1刷発行
2023年6月20日　第8版第3刷発行

著者　宇　賀　克　也
発行者　江　草　貞　治
発行所　株式会社　有　斐　閣
郵便番号 101-0051
東京都千代田区神田神保町2-17
https://www.yuhikaku.co.jp/

印刷・株式会社理想社／製本・大口製本印刷株式会社
©2018, Katsuya Uga. Printed in Japan
落丁・乱丁本はお取替えいたします。

★定価はカバーに表示してあります。
ISBN 978-4-641-22757-6

[JCOPY] 本書の無断複写（コピー）は、著作権法上での例外を除き、禁じられています。複写される場合は、そのつど事前に（一社）出版者著作権管理機構（電話03-5244-5088, FAX03-5244-5089, e-mail:info@jcopy.or.jp）の許諾を得てください。

本書のコピー，スキャン，デジタル化等の無断複製は著作権法上での例外を除き禁じられています。本書を代行業者等の第三者に依頼してスキャンやデジタル化することは，たとえ個人や家庭内での利用でも著作権法違反です。